外交学院法律原理与司法适用系列丛书
本丛书受涉外卓越法律人才培养计划项目资助

欧盟刑事司法合作领域相互承认原则研究

暨相关法律文件

高秀东◎主编

中国法制出版社
CHINA LEGAL PUBLISHING HOUSE

序　言

各国在民商事领域相互承认司法决定或司法判决由来已久，而基于国家公权力核心部分之一的刑事司法权做出的司法决定一般仅限于本国主权领域，而没有延及领域外的效力。在欧洲一体化进程中，统一市场和申根协议下的无国界人员自由通行制度以及成员国之间法律制度的差异，导致欧盟内部的洗钱、贩毒、非法移民等跨国犯罪活动日益猖獗。欧盟为了建立和发展一个“自由、安全和公正”区域的目标，在1999年的坦佩雷欧洲理事会上将相互承认原则确立为刑事司法合作领域的基本原则，自2000年开始，通过“坦佩雷计划”“海牙计划”和“斯德哥尔摩计划”三个五年计划，在刑事司法领域全面推进相互承认原则的贯彻和实施，大大简化并改善了传统上冗长烦琐的刑事司法合作程序，加快了合作速度，开创了在主权国家之间普遍相互承认刑事司法决定或判决的新模式。

本书在欧盟层面上讨论刑事司法合作领域的相互承认原则及其法律制度，28个成员国贯彻相互承认原则的法律不在本书讨论范围之内。

本书共分上下两编：上编是对欧盟刑事司法合作领域相互承认原则的研究，下编是欧盟在刑事司法合作领域推行相互承认原则的15个法律文件的中文翻译稿。上编由本人独立完成。下编作为本人在国际刑法研究生教学过程中的一次尝试，由外交学院历年选修过国际刑法的部分硕士研究生、本人指导过的部分硕士研究生和本人共同参与完成。具体分工，按排版顺序介绍如下：第1、9、14个文件由本人翻译，第2个文件由任平丽、任会会和刘欣欣翻译，第3个文件由李翔、唐怡、常娟和马丽凤翻译，第4个文件由王佳、鄢晓红、黄艳和陈平翻译，第5个和第12个文件由高毛英翻译，第6个文件由胡莹翻译，第7个和第13个文件由姚远翻译，第8个文件由常娟、卢尚强、杨莉萍和王佳翻译，第 10 个文件由姚远和高毛英翻译，第 11 个文件由程国家翻译，第 15 个文件由郭子钰翻译。这些学生都有很好的英语基础和法学功底，和他们的合作令人愉快。全部翻译稿均由本人统一校对完成，因水平有限，错讹之处在所难免，恳请方家不吝指正。

高秀东

目　录

上编　欧盟刑事司法合作领域相互承认原则研究

下编　欧盟刑事司法合作领域相互承认的法律文件

上编

欧盟刑事司法合作领域相互承认原则研究

高秀东 *

* 外交学院国际法系教授。

一、相互承认原则在欧盟刑事司法合作领域的确立和发展

（一）相互承认原则在欧洲市场一体化过程中的确立和适用

欧洲共同体（以下简称欧共体）建立之初，为了解决共同体内存在的各种贸易壁垒问题，1969 年 5 月 28 日，欧共体颁布了《消除成员国间由于法律、法规或行政行为差异而导致的贸易技术壁垒的总纲要》和两个重要的理事会决议，其中一个就是《检验的相互承认原则的理事会决议》，该决议规定，“在欧共体某一成员国合法生产、销售的产品，可以自由运往其他成员国销售，而无须更改、检验和易名”。该决议标志着欧共体开始在贸易领域实行相互承认原则。相互承认原则得到确立的标志性案例是 1979 年著名的 Cassis de Dijon 案。德国 Rewe—Zentrale AG 公司试图从法国进口一种名为“Cassis de Dijon”的醋栗甜酒，而按照德国法的规定，只有酒精浓度超过 25% 的水果酒才能在德国市场上销售，所以德国当局以这种酒的酒精浓度只有 15%—20% 为由禁止其进口。该公司认为德国的上述规定属于一种“与数量限制有相同作用的措施”，从而阻止了这一类酒从法国进入德国市场。德国政府提出抗辩，认为这一规定的理由在于：一方面，是为了保护公共健康，因为低度酒比高度酒更容易上瘾；另一方面，则是为了保护消费者免受不正当竞争之害，因为低度酒不用像高度酒一样被课征高额税收，它们与后者相比具有竞争优势。欧洲法院对该案最根本的设想是：一旦货物在某一成员国内被合法地投入市场，它们就可以不受限制地进入其他成员国，除非进口国具有能够成立的强制性要求例外情形。因此，欧洲法院驳回了德国的抗辩理由，做出如下两点判决：第一，在共同体一国合法生产或销售的产品，原则上可以自由地在共同体内

流动，在第三国生产的、已合法投放在共同体一国市场上的产品也适用同样的原则。第二，由于各国法规的差异造成的贸易壁垒，只有以健康、安全或环境等原因限制贸易流动且又没有其他选择可以减轻贸易壁垒时才可被接受。而且法规与目标间应该有因果关系，且法规与要达到的目标之间应成“比例”。随后，欧盟委员会在解释性公报中阐明和解释了在该案中适用的相互承认原则：成员国在原则上不能禁止在另一成员国合法生产和销售的产品在该国境内销售，即使该产品是依据不同于东道国的技术或质量要求生产的。当一个产品是完全符合输出国或者母国的法律规定（如公共安全、消费者保护或环境保护等）生产的，进口国或者东道国不能仅仅因为主张该产品不符合该国标准而禁止该产品在其境内销售。[①] 相互承认原则不涉及成员国将规制权能转移到共同体，但是，它确立了共同体市场规制的一个重要框架：一方面，它限制了成员国的规制能力；另一方面，它以相互承认的方式确立了在共同市场上的规制原则：将某个成员国的规制市场的权力延伸到其他成员国，同时，对产品流入国规制市场的权力进行了限制和削弱。相互承认原则的整体后果是导致了成员国对市场规制的放松。而对于生产商，特别是出口生产商，在共同体市场上，它只要遵守了生产地成员国的市场规制，便可以在整个共同体市场上销售其产品，这减轻了生产商遵守规制的成本。[②] 欧盟委员会在1985年《完成内部市场白皮书》中进一步将此原则延伸至服务贸易，以促进银行业自由化及金融整合。[③] 在随后的一些判例中，相互承认原则应用范围逐渐被扩大，从货物自由到服务自由、人员自由。[④]

1986年2月，各成员国正式签署为建成大市场而对《罗马条约》进行修

---

① First Biennial Report—SEC（1999）1106—on the application of the principle of mutual recognition accompanying the communication，p.2，转引自王丽娜：《欧洲联盟法中的相互承认：一项创新性原则》，载《中国欧洲学会欧洲法律会2008年年会论文集》，第212—213页。

② 参见程卫东：《法律创新与欧洲一体化》，载米健主编：《欧盟法与欧洲一体化》，法律出版社2009年版，第18页。

③ 参见王丽娜：《欧洲联盟法中的相互承认：一项创新性原则》，载《中国欧洲学会欧洲法律会2008年年会论文集》，第209页。

④ 参见王丽娜：《欧洲联盟法中的相互承认：一项创新性原则》，载《中国欧洲学会欧洲法律会2008年年会论文集》，第213页。

改的《欧洲单一文件》(1987 年 7 月 1 日生效)，确定于 1992 年年底建立一个没有边界的欧共体“统一大市场”，“统一大市场”的目标是逐步取消各种非关税壁垒，包括有形障碍（海关关卡、过境手续、卫生检疫标准等）、技术障碍（法规、技术标准）和财政障碍（税别、税率差别），于 1993 年 1 月 1 日起实现商品、人员、资本和劳务自由流通。《马斯特里赫特条约》B 条，将“建立一个没有内部边界的区域，通过加强经济和社会发展的协调一致，以及通过依照本条约规定建立起最终包括单一货币在内的经济和货币联盟，来促进经济和社会的可持续与平衡发展”作为欧盟的总政治目标之一。[①]1993 年 1 月 1 日，欧共体宣布其“统一大市场”基本建成，并正式投入运行。1995 年 3 月 26 日《申根协定》在德、法、荷、比、卢、西、葡等国正式生效，后来又逐步扩大到意、奥等国，基本实现了欧盟内部人员的自由流通。作为一项新的规制共同市场的重要法律原则，相互承认原则对减少共同体内部技术贸易壁垒，促进欧洲市场一体化与欧共体内部贸易自由化，发挥了重要作用。

（二）相互承认原则在刑事司法合作领域的引入

在欧洲一体化进程中，人们逐渐发现，统一市场和申根协议下的无国界人员自由通行制度，在带给人们便利的同时，也给成员国及其人民带来新的危险，特别是跨国犯罪、非法移民以及利用成员国之间法律制度的差异来钻法律漏洞。而在欧盟内部，洗钱、贩毒、非法移民等跨国犯罪活动日益猖獗的同时，不少成员国却因担心失去司法和警察事务等国家主权而使成员国之间在打击犯罪的刑事司法合作方面步履维艰。

传统的刑事司法合作，依据的是国际条约，其最大特征是“请求”原则：一个主权国家向另一个主权国家发出请求，然后由被请求国决定是否遵从这一合作请求。有时候，遵从原则相当严格，给被请求国留下的可供选择的余地很小；而有时候，被请求国在做出是否合作的决定的时候又有相当大的自由。但几乎在所有的情形下，请求国能做的，就是必须等待被请求国的答复。

---

① 参见欧共体官方出版局编：《欧洲联盟法典》（第二卷），苏明忠译，国际文化出版公司 1998 年版，第 10 页。

这种传统模式既缓慢又麻烦，能否合作成功具有很大的不确定性。面对因取消边境检查而激增的跨国犯罪，这种模式显然已经无法适应打击犯罪的需求。在这种情形下，欧盟借用在建立“单一市场”过程中发挥过很好作用的“相互承认”概念，以期有利于国家之间的司法合作。但是，“单一市场”中相互承认原则的主要目的是保证欧盟公民的自由流动，而刑事司法合作下的相互承认，主要目的是为国家做出的司法裁决能够自由流动，是有利于国家而不是有利于个人的。在个人可以在欧盟自由流动的情况下，无论他在哪个国家，都要受制于某个国家做出的不利刑事裁决，从这个角度看，相互承认原则是不利于个人的。①

司法合作方面的相互承认，简单地说，就是某个成员国做出的决定，如一个成员国的法官依据其职权做出的判决，将自动地被所有其他成员国接受，并在这些国家具有相同或至少是相似的效力。②

从历史上看，各国都把刑事裁决看作国家主权的行使，因此拒绝承认外国的刑事裁决。相互承认司法裁决，意味着一个主权国家完全执行另一成员国司法机关的判决（尽管这并非一个绝对的原则，在实践中该原则会遇到各种各样的限制）。而其他成员国做出的裁决是建立在基于不同价值构建的不同法律秩序之上的，因此，一国没有义务执行体现不属于本国价值的裁决。③但是，这种严格的立场不能说没有矛盾。各国在不承认外国刑事裁决的同时，却通过引渡、执行外国刑事裁决和冻结、扣押犯罪收益，对外国刑事裁决的后果给予了认可。因此，有学者认为，教条地否认外国的刑事裁决逐渐变得没有任何意义，应该改变立场，更广泛地承认外国的刑事裁决，通过使外国刑事裁决结果在其他国家的国内诉讼中得到更广泛的承认，打开增强国际刑

---

① See M.Möstl, “Preconditions and Limits of Mutual Recognition”, *47 Common Market Law Review* (2010), 409.

② See Communication from the Commission to the Council and the European Parliament: *Mutual Recognition of Final Decisions in Criminal Matters*, Brussels, 26.7.2000, COM (2000) 495 final, introduction.

③ 参见［西班牙］华金·冈萨雷斯·伊瓦涅斯：《作为一种新型引渡规则的欧洲逮捕令：欧盟对“禁止双重归罪原则”的政治学方法》，郭志媛译，载陈光中主编：《刑事再审程序与人权保障》，北京大学出版社 2005 年版，第 121 页。

事司法合作的大门。①

事实上，随着欧洲一体化的进程，各国刑法所保护的价值逐渐融合，不承认外国刑事裁决的原则逐渐受到质疑。在建立一个“自由、安全和公正”的区域的背景下，相互承认司法裁决具有确保某一成员国的司法裁决在整个欧盟境内发生法律效力的目的。在刑事司法领域适用相互承认原则，一是为了加强成员国之间的司法合作，二是为了增强对个人权利的保护。此外，适用相互承认原则，有利于罪犯回归社会的过程。相互承认彼此的生效判决，可以确保某个成员国做出的判决在另一个成员国不受质疑，这也有助于在欧盟范围内增加法律的确定性。在刑事领域适用相互承认原则，是基于成员国间对彼此刑事司法体系的相互信任，而相互信任又是基于他们对自由、民主的共同信仰以及对人权、基本自由和法律规则的共同尊重。②

在《欧洲联盟条约》制定之前，一些国际刑事司法合作的法律文件已经体现了相互承认原则。随后，该原则在欧盟框架内也得到了承认。包含相互承认原则的刑事法律文件有：欧洲委员会 1970 年 5 月 28 日的《关于刑事判决国际效力的海牙公约》、1983 年 3 月 21 日的《欧洲被判刑人移管公约》、1991 年 11 月 13 日于欧共体政治合作框架内签署的《欧共体成员国之间执行外国刑事判决的公约》和 1998 年 6 月 17 日的《关于剥夺驾驶资格的欧盟公约》等。

相互承认司法裁决意味着，其他成员国必须承认该判决，不能基于同一事实再重新起诉该人，法院做出的终审判决不能再被质疑，也即包含了“一事不再理”原则。《欧共体成员国间禁止双重危险的公约》（1987 年 5 月 25 日）、《刑事诉讼移转公约》（1972 年 5 月 15 日）、《执行 1985 年 6 月 14 日申根协定的公约》（1990 年 6 月 19 日）都包含了“一事不再理原则”。在欧盟框架内，《保护欧洲财政利益的公约》（1995 年 6 月 26 日）和《针对欧共体官员或欧盟成员国官员的反腐败公约》（1997 年 5 月 26 日）也包含了该原则。遗憾的是，

---

① See M.Cherif Bassiouni，*Introduction to International Criminal Law*，New York：Translational Publishers，2003，pp.357-358.

② See *Programme of measures to implement the principle of mutual recognition of decisions in criminal matters*（2001/C 12/02），Official Journal of the European Communities，15.1.2001，introduction.

这些公约目前都还没有生效。[①] 而且，就这些公约的内容而言，许多相互承认的问题都没能得到解决，如对审前令状的承认，对其他国家先前做出的有罪判决的考虑等，所以，它们也不足以建立一个全面的相互承认制度。[②]

1998 年 6 月 15 日至 16 日在卡迪夫召开的欧洲理事会提出了刑事司法领域的相互承认问题。会议决议第 39 段指出：欧洲理事会强调，在打击跨境犯罪方面，有效的司法合作非常重要。为了开展更密切的合作，需要加强国家司法体系的能力，并且有必要对更广泛地相互承认彼此法院的判决的范围做出界定。[③]

1998 年 12 月 3 日，欧盟司法与内务委员会通过了《欧盟理事会和欧盟委员会关于怎样最好地执行〈阿姆斯特丹条约〉关于建立一个“自由、安全和公正”区域的规定的行动计划》，该计划第 45 段第 6 项指出：在《阿姆斯特丹条约》生效两年后，应启动一个有利于相互承认和执行刑事判决的程序。[④]

（三）相互承认原则在欧盟刑事司法合作领域的确立

1999 年 10 月 16 日至 17 日，欧洲理事会在芬兰召开了具有里程碑意义的坦佩雷会议。这次会议是欧盟在统一市场、统一货币和统一外交防务政策取得重大进展之后，开始重视统一司法体系，并将其作为欧盟一体化的一大支柱的一个标志性会议。这次会议是欧盟首脑们第一次专门开会讨论司法问题，大会为欧盟未来的司法趋同确定了指导原则，并提出了不少具体建议。从这个意义上说，这次会议是欧盟司法建设的新起点。这次会议取得的里程碑式的成绩就是在司法领域推行相互承认原则。

---

① See *Programme of measures to implement the principle of mutual recognition of decisions in criminal matters*（2001/C 12/02），Official Journal of the European Communities，15.1.2001.

② See Communication from the Commission to the Council and the European Parliament：*Mutual Recognition of Final Decisions in Criminal Matters*，Brussels，26.7.2000，COM（2000）495 final，par.4.

③ Presidency Conclusions—Cardiff，15 and 16 June 1998，par.39，SN 150/1/98 REV 1.

④ *Action Plan of the Council and the Commission on How Best to Implement the the Provisions of the Treaty of Amsterdam on an Area of Freedom，Security and Justice*，Official Journal（OJ）C 19/1 of 23 January 1999，par.45.

坦佩雷会议的决议可以说是一个完整表述相互承认原则的文件。其第 5 段宣称："……不能让罪犯利用成员国司法制度的差异而有机可乘。在捍卫个人和经济经营者的基本司法确定性时，判决和裁定必须在欧盟范围内得到尊重与执行。欧盟成员国间的司法体系必须更一致、更趋同。"其第 33 段至第 37 段规定了相互承认司法裁定原则。第 33 段规定："促进成员国间相互承认司法裁定与判决以及立法上的接近，有利于职能机关之间的合作和对个人权利的司法保护。因此，欧洲理事会赞成相互承认原则，并认为，它应成为欧盟范围内民事和刑事司法合作的基石。该原则应适用于司法判决和司法机关做出的其他决定。"第 34 段规定了民事司法领域的相互承认："在民事事项上，欧洲理事会建议欧盟委员会提交一个议案，以进一步减少被请求国在承认和执行判决时至今还需要的中间措施。首先废除在承认和执行小额消费或贸易索赔以及家庭诉讼领域（诸如生活费和访问权的诉讼）的判决方面的中间程序。这类判决应当在欧盟范围内自动承认，不能有任何拒绝承认的中间程序或理由。同时还要就民事程序法的具体环节制定最低标准。"第 35 段专门对各成员国刑事领域内的相互承认做出规定："在刑事事务方面，欧洲理事会敦促各成员国加快签署 1995 年和 1996 年《欧盟引渡公约》，并认为，在符合《欧洲联盟条约》第 6 条规定的前提下，只要能够确定某人是做出终审判决后逃避司法之人，就应该在成员国之间废除正式的引渡程序而代之以移交该人的简易程序。在不妨碍公正审判的原则下，应考虑加快引渡程序。欧洲理事会请欧盟委员会依据《申根执行协定》制定这方面的议案。"第 36 段规定："相互承认原则也应适用于审前程序中做出的决定，特别是那些能使有权机关快速保全证据和扣押那些容易转移的资产的决定。任何成员国主管机关合法收集的证据，依据适用国家的标准，在他国法院应被视为可采信证据。"第 37 段规定："欧洲理事会恳请欧盟理事会和欧盟委员会在 2000 年 12 月之前制订一项适用相互承认原则的措施方案。在尊重成员国基本法律原则的前提下，该方案应包括制定欧洲执行令，以及制定有利于适用相互承认原则所需的最低共同标准的程序法。"①

---

① Tampere European Council 15 and 16 October 1999 Presidency Conclusions，http://www.europarl.europa.eu/summits/tam_en.htm#b.

坦佩雷会议形成的主席决议也被称为建设一个“自由、安全和正义”区域的为期五年的“坦佩雷计划”，它标志着欧盟正式将相互承认原则确立为刑事司法合作的基石。

根据坦佩雷会议决议，2000 年 7 月 26 日，欧盟委员会提交给欧盟理事会和欧洲议会《关于相互承认生效刑事判决的公报》[①]，该公报介绍了委员会几个月来为贯彻相互承认原则所做的工作，对相互承认刑事判决涉及的主要问题或将来可能遇到的困难进行了解释和探讨，如有关相互承认刑事判决的名词解释，判决的执行，“一事不再理”原则，双重犯罪原则，适用相互承认的各种处罚措施，个人权利的保护，等等。

2000 年 11 月 30 日，欧盟理事会通过了《在刑事裁定方面执行相互承认原则的措施方案》，提出了 24 项贯彻相互承认原则的具体措施，并按照执行的轻重缓急，划分了 6 个等级。第一等级的措施有 4 项：①寻求可行的方法，以确保成员国之间不引用 1959 年《欧洲刑事司法协助公约》的有关规定对其第 5 条有关强制措施的规定提出保留；②起草相互承认证据冻结令的文件；③起草相互承认资产冻结令的文件；④通过对道路交通犯罪的经济处罚的相互承认的文件。第二等级的措施有 8 项：①在向其他成员国申请查询有关人员的犯罪记录时采用统一格式；②对欧盟成员国之间交换有罪宣判信息的可行性进行研究；③寻求合适途径，以建立基于承认并立即执行逮捕令的移交机制；④对欧盟成员国之间交换正在进行的刑事诉讼或起诉信息的最佳方法，进行可行性研究；⑤起草相互承认经济处罚的文件；⑥检查 1990 年《欧洲反洗钱公约》第 18 条规定的拒绝执行没收令的理由是否符合相互承认原则；⑦起草适用于所有成员国的有关剥夺资格的各种处遇措施；⑧起草一份或数份文件，以使剥夺资格的决定在欧盟范围内具有法律效力。在 2002 年年底之前，这两个等级的措施应在执行上取得实质性进展。第三等级的措施有 4 项：①制定非羁押性的判决前监督措施一览表；②起草适用“或引渡或执行判决”原则的文件；③对包括剥夺自由在内的终审判决的更为现代化的相互承认机制的需求进行评估；④起草文件，以对那些企图逃避司法的已被判决之人适用“或移送或

① Communication from the Commission to the Council and the European Parliament: *Mutual Recognition of Final Decisions in Criminal Matters*, Brussels, 26.7.2000, COM (2000) 495 final.

执行有关他的判决”原则。第四等级的措施有 3 项：①采用“在做出本国判决时把外国先前做出的刑事判决也考虑在内”的原则；②起草有助于解决成员国之间管辖权冲突的文件；③将被判人移管的范围扩大到成员国的居民。第五等级的措施有 2 项：①起草有关承认和立即执行非羁押性的判决前监督措施的文件；②对提供关于适用于所有成员国的剥夺资格的各种处遇措施的信息的最佳方法和适用措施，进行可行性研究。第六等级的措施有 2 项：①对《执行申根协定公约》第 54 条到第 57 条有关“一事不再理”原则的规定进行重新审查；②制定文件，以加强对判决后决定的相互承认。还有一项措施没划分优先等级：建立评估机制。[①]

在“坦佩雷计划”实施五年之内，在刑事司法合作领域，已经逐步出台了一些贯彻相互承认原则的法律文件。2002 年 6 月 13 日，欧盟理事会通过了第一个推行相互承认原则的法律文件——《欧洲逮捕令和成员国之间移交程序的框架决定》。2003 年 7 月 22 日，通过了《在欧盟范围内执行财产冻结令或证据冻结令的框架决定》。2003 年 11 月 14 日，欧盟委员会提交了《关于〈欧洲证据令框架决定〉的议案》[②]。2004 年 8 月 17 日，欧盟委员会提交了《关于相互承认非羁押性质的审前监督措施绿皮书》[③]，2005 年 2 月 24 日通过了《将相互承认原则适用于经济处罚的框架决定》。至此，相互承认原则在欧盟刑事司法合作领域基本得到确立。

（四）相互承认原则在欧盟刑事司法合作领域的推进

欧盟委员会注意到，在实践中，有的成员国仍然拒绝承认由其他成员国做出的刑事判决。为了加强成员国之间的相互信任，2005 年 5 月 19 日，欧盟

---

① See *Programme of measures to implement the principle of mutual recognition of decisions in criminal matters*（2001/C 12/02），Official Journal of the European Communities，15.1.2001.

② *Proposal for a Council Framework Decision on the European Evidence Warrant for obtaining objects, documents and data for use in proceedings in criminal matters*, Brussels，14.11.2003，COM（2003）688 final.

③ *Green Paper on mutual recognition of non-custodial pre-trial supervision measures*, Brussels，17.8.2004，COM（2004）562 final.

委员会向欧盟理事会和欧洲议会提交了《关于相互承认刑事司法判决和加强成员国之间相互信任的公报》。委员会主要依据“海牙计划”就执行相互承认原则的计划还没有实施的部分重新调整了以后需要着手进行的优先事项，并就相关进程进行了分析。在审前阶段，再次强调了要制定《欧洲证据令的框架决定》和制定非羁押性质的监督措施。在相互承认终审判决方面，再次强调了要相互交换有罪宣判和剥夺资格的信息，贯彻“一事不再理”原则，充分考虑其他成员国先前做出的有罪判决。委员会还强调，相互信任是相互承认顺利进行的关键。各成员国要通过采取立法行动高度保护个人权利并采取实际措施给法律工作者较强的共同法律文化的归属感来加强相互之间的信任。立法行动就是在刑事立法上相互接近，特别是在刑事程序法方面加强对个人权利的保护，使被承认的判决符合保护个人权利的高标准，如无罪推定、缺席审判和证据收集的最低标准；在刑事实体法方面也应该考虑尽量接近，如关于刑事责任和犯罪的定义以及相应的罚金。在实际措施方面，委员会建议加强评估机制，以适当地评估司法体系的实际需要，特别是在新的法律文件出台前找出其潜在的障碍。要对实施欧盟法律文件的具体条件和最佳做法以及符合实际需要的路径进行评估。在司法体系之间增加信任尤其重要。委员会提议要加强法律工作者之间的网络联系并重视法律培训。①

2005 年 8 月 12 日，欧盟理事会和委员会通过了《实施加强欧盟“自由、安全和公正”的“海牙计划”的行动方案》，在刑事司法合作方面，进一步明确了执行相互承认原则需要采取的具体措施，包括：发布交换有罪宣判信息及其效力的白皮书；制定在新的刑事诉讼中对成员国先前做出的有罪判决进行考虑的提案；制定把有罪判决信息向国籍国告知并由其保存的提案；关于创建非欧盟成员国人员在欧盟被宣判有罪的信息索引的公报及立法议案；制定欧洲执行令和成员国之间被判刑人移管的议案；制定非羁押性质的审前监督措施的议案；关于剥夺资格的公报；提交关于执行《欧洲逮捕令及成员国之间移交程序的框架决定》的报告；制定关于剥夺驾驶资格的议案；提交

① See Communication from the Commission to the Council and the European Parliament: *Communication on the mutual recognition of judicial decisions in criminal matters and the strengthening of mutual trust between Member States*, Brussels, 19.5.2005, COM (2005) 195 final.

关于执行2003年7月22日通过的《在欧盟范围内执行财产冻结令或证据冻结令的框架决定》的报告；提交关于执行《将相互承认原则适用于经济处罚的框架决定》的报告；制定关于承认和执行替代性措施和缓刑判决的议案；提交完成欧洲证据令的议案。①

在执行“海牙计划”的五年期间，欧盟出台了在刑事司法合作领域推行相互承认原则的一系列文件，主要有：《相互交换从犯罪记录中提取的信息的决定》（2005年11月21日第2005/876/JHA号）、《将相互承认原则适用于没收令的框架决定》（2006年10月6日第2006/783/JHA号）、《欧盟成员国在新刑事诉讼中考虑先前做出的有罪判决的框架决定》（2008年7月24号第2008/675/JHA号）、《为了在欧盟内部执行科处监禁刑或剥夺自由的处遇的刑事判决而将相互承认原则适用于这类判决的框架决定》（2008年11月27日第2008/909/JHA号）、《为了对缓刑处遇和替代性制裁进行监督而将相互承认原则适用于判决和缓刑裁定的框架决定》（2008年11月27日第2008/947/JHA号）、《为了获取用于刑事诉讼的物品、文件和数据的欧洲证据令的框架决定》（以下简称欧洲证据令）（2008年12月18日第2008/978/JHA号）、《在欧盟成员国之间将相互承认原则适用于替代临时羁押的监督令的框架决定》（理事会、2009年10月23日第2009/829/JHA号）和《在刑事诉讼中防止和解决管辖权冲突的框架决定》（理事会2009年11月30日第2009/948/JHA号）。这一系列法律文件的颁布和施行，标志着相互承认原则向欧盟刑事司法合作领域纵深发展并得到全面推进。

（五）相互承认原则在欧盟刑事司法合作领域的巩固

相互承认原则在欧盟刑事司法合作领域立法方面的重要进展是被庄严载入2009年12月1日生效的《里斯本条约》。该条约第69A条第1款规定：“欧盟刑事司法合作的基础是对判决和司法决定的相互承认原则……”《里斯本条

① See *Council and Commission Action Plan implementing the Hague Programme on strengthening freedom, security and justice in the European Union*（2005/C 198/01），Official Journal of the European Union，12.8.2005，C 198/18.

约》对欧盟政治经济事务作了更紧密也更广泛的安排，取消了欧盟三支柱的划分，将“边境检查、豁免和移民以及司法合作和警察事务”统一在“自由、安全和公正”领域。为了巩固现有成果，迎接新的挑战，在《里斯本条约》生效后，2009 年 12 月 10 日至 11 日召开的欧洲理事会表决通过了下一个五年计划，即 2010 年至 2014 年的“斯德哥尔摩计划”，该计划将集中于巩固和执行现有的法律框架。①

在司法合作领域，“斯德哥尔摩计划”重温了坦佩雷会议决议，再次重申，加强对司法判决的相互承认有利于司法合作和对个人权利的司法保护，相互承认原则应成为民事和刑事司法合作领域的基石。为了发展相互承认原则的需要，欧盟应当确立最低权利标准和关于刑事犯罪的定义和处罚的最低规则，继续加强成员国法律制度的相互信任。欧洲司法区还应当通过提高公民的整体权利意识和帮助他们实现正义，让公民不论在欧盟的哪个地方都能维护自己的权利。②

在相互承认方面，欧洲理事会肯定了在实施有关相互承认的执行方案方面已经取得了一定进步，并且强调成员国应当采取一切必要措施将在欧洲层面确立的规则转化为国内法，并对其进行评估，继续进一步实施相互承认原则。欧洲理事会主张，相互承认应扩展到所有形式的具有司法性质的判决和决定，根据各国的法律制度，这些判决和决定可以是刑事的，也可以是行政的。应继续寻求在跨国犯罪的情况下建立以相互承认为基础的取证制度。这方面现有的文件是不成体系的。新制度既要以相互承认为基础，又要同时考虑到传统刑事司法协助的灵活性。为此，欧洲理事会邀请欧盟委员会：制定一个全面性的关于证据收集制度的议案，在对其影响性进行评估后，代替包括 2008 年的《欧洲证据令》在内的所有现有的证据制度，新制度应尽可能包括所有形式的证据在内，还应包括执行的截止日期以及尽可能对拒绝执行的理由进

---

① See Communication from the Commission to the Council, the European Parliament, the European Economic and Social Committee and the Committee of the Regions of 10 June 2009—*Justice, freedom and security in Europe since 2005: an evaluation of the Hague Programme and Action Plan*, COM (2009) 263 final—Not published in the Official Journal.

② See *The Stockholm Programme—An open and secure Europe serving and protecting citizens* (2010/C 115/01), Official Journal of the European Union, 4.5.2010, C 115/12.

行限制；研究是否有其他有利于证据采信的方法；研究某些调查措施经过与执行国相关机关的联系或协商，是否能由请求国或签发国的执法机关或司法机关依据《欧盟运作条约》第 89 条[①]的规定在执行国境内执行，并在必要时提交相关议案；研究成员国机关在不使用强制措施或不通过另一成员国的司法机关介入的情况下，是否以及如何能从另一成员国的私人或公共机构获取信息；研究《欧洲逮捕令》的评估结果并在适当时提交在移交程序中提高对个人的有效及司法保护的议案；对道路交通犯罪的处罚和行政决定的跨境执行中存在的司法和行政障碍进行全面研究，并在需要时，提出立法和非立法建议以提高欧盟的道路交通安全。[②]

欧盟致力于信息交换的系统化，并且作为一个长期目标，致力于对剥夺资格的决定的相互承认。为此，欧盟理事会邀请欧盟委员会研究成员国对剥夺资格的决定的使用情况，并向理事会提出关于剥夺资格的信息交换的措施方案，并通过采取长期的循序渐进的办法，使那些对个人安全和经济生活影响最大的剥夺资格的决定得到优先承认。[③]

在司法合作方面，欧洲理事会强调各成员国和欧洲司法局应全面贯彻 2008 年 12 月 16 日理事会第 2009/426/JHA 号《关于加强欧洲司法局的决定》。该决定和《里斯本条约》一起，为未来几年欧洲司法局在发起调查和解决管辖权冲突方面提供了发展的契机。在对该决定的执行情况进行评估的基础上，根据《里斯本条约》的相关规定，将有可能赋予欧洲司法局各成员国代表以更大权力，或加强欧洲司法局全体代表的权力，或设立欧洲公共检察官办公室。[④]

---

① 《欧洲联盟运作条约》第 89 条规定："理事会应通过特别立法程序制定条件和限制，在该条件和限制下，本法第 82 条和第 87 条所指的成员国的有权机关经与另一成员国的相关机关联系或协商，可以在该另一成员国境内执行行动。理事会应在征询欧洲议会意见后经全体一致表决通过。"该条约第 82 条和第 87 条所指的成员国有权机关，即警察和司法机关。第 89 条的规定，意即在理事会制定相关法律后，一成员国的执法或司法机关可以在另一成员国境内执行行动。

② See *The Stockholm Programme—An open and secure Europe serving and protecting citizens*（2010/C 115/01），Official Journal of the European Union，4.5.2010，C 115/12.

③ See *The Stockholm Programme—An open and secure Europe serving and protecting citizens*（2010/C 115/01），Official Journal of the European Union，4.5.2010，C 115/12–13.

④ See *The Stockholm Programme—An open and secure Europe serving and protecting citizens*（2010/C 115/01），Official Journal of the European Union，4.5.2010，C 115/13.

为了全面执行“斯德哥尔摩计划”，2010年4月20日，欧盟委员会向欧洲议会、欧盟理事会、欧洲经济和社会委员会和欧洲区域委员会提交了《关于〈为欧洲公民提供一个“自由、安全和公正”的区域——执行“斯德哥尔摩计划”的行动方案〉的公报》，为执行“斯德哥尔摩计划”制订了详细的行动方案。在刑事司法方面，该公报重申，相互承认不仅是建立欧洲“单一市场”的基石，同时也是建立欧洲司法区的基石。相互承认的有效运作离不开法官、司法人员、企业和市民之间的相互信任。相互信任需要确立最低规则标准以及加强对不同法律传统和方法的理解。[①]在充分尊重辅助性原则和连贯性原则的前提下，刑事司法战略应指导制定刑事实体法和程序法在欧盟范围内相互接近的政策，今后工作的重点将继续集中于相互承认，在某些情况下，各国对犯罪的认定及其处罚应协调一致。[②]在刑事领域的相互承认方面，提出了进一步贯彻实施的8项具体行动方案和日程表：① 2010年和2013年提交第2006/783/JHA号《欧洲没收令》的执行报告；② 2010年和2014年提交关于第2002/584/JHA号《欧洲逮捕令》的执行报告；③ 2011年提交关于“基于相互承认原则并覆盖所有证据形式的全面性刑事取证制度”的立法议案；④ 2011年提交关于“为了保证证据的可采性，确立刑事取证的共同标准”的立法议案；⑤ 2012年提交关于“赋予欧洲司法局发起调查权，使欧洲司法局的内部结构更有成效，并使欧洲议会和国家议会参与评估欧洲司法局的行动”的立法议案；⑥ 2013年提交关于“相互承认剥夺资格的处罚”的立法议案；⑦ 2013年提交关于“建立欧洲公共检察官办公室”的公报；⑧ 2011年提交关于“相互承认包括与道路交通犯罪有关的经济处罚在内的经济处罚”的立法议案。这8

① See Communication from the Commission to the European Parliament, the Council, the European Economic and Social Committee and the Committee of the Regions—*Delivering an area of freedom, security and justice for Europe's citizens—Action Plan Implementing the Stockholm Programme*, COM (2010) 0171 final, p.4.

② See Communication from the Commission to the European Parliament, the Council, the European Economic and Social Committee and the Committee of the Regions—*Delivering an area of freedom, security and justice for Europe's citizens—Action Plan Implementing the Stockholm Programme*, COM (2010) 0171 final, p.5.

项措施的实施责任人都是欧盟委员会。[①]

在此期间颁布的相互承认文件有:《在刑事诉讼中获得口译和翻译权利的指令》(欧洲议会和欧盟理事会 2010 年 10 月 20 日第 2010/64/EU 号)、《关于欧洲保护令的指令》(欧洲议会和欧盟理事会 2011 年 12 月 13 日第 2011/99/EU 号)和《关于欧洲刑事调查令的指令》(欧洲议会和欧盟理事会 2014 年 4 月 3 日第 2014/41/EU 号)。

随着“斯德哥尔摩计划”的全面实施，相互承认原则必将在欧盟得到进一步巩固。

---

① See Communication from the Commission to the European Parliament, the Council, the European Economic and Social Committee and the Committee of the Regions—*Delivering an area of freedom, security and justice for Europe's citizens—Action Plan Implementing the Stockholm Programme*, COM (2010) 0171 final, pp.18–19.

二、欧盟刑事司法合作领域相互承认原则的主要内容

为了在刑事司法合作领域贯彻和推行相互承认原则，从2002年开始，欧洲理事会制定了15项具有强制效力的法律文件，这些文件主要以框架决定和指令的形式发布，共有12项框架决定和3项指令。通过这些法律文件，欧盟刑事司法合作领域相互承认原则主要体现为以下几个方面的内容：

（一）对欧洲逮捕令的相互承认

欧盟理事会于2002年6月13日通过了《关于欧洲逮捕令和欧盟成员国之间移交程序的框架决定》[①]（第2002/584/JHA号）（本框架决定也简称为“欧洲逮捕令”），规定自本框架决定生效日即从2004年1月1日起，本框架决定将代替欧盟成员国之间在引渡方面适用的下列公约的相同规定，但不影响这些公约仍然适用于成员国和第三国的引渡关系：（a）1957年12月13日《欧洲引渡公约》，1975年10月15日该公约的附加议定书，1978年3月17日该公约的第二附加议定书和1977年1月27日《打击恐怖主义的欧洲公约》中有关引渡的规定；（b）1989年5月26日《欧共体12成员国之间简化和现代化提交引渡请求措施的协定》；（c）1995年3月10日《欧盟成员国间简化引渡程序公约》；（d）1996年9月27日《欧盟成员国间引渡公约》。[②]可见，欧洲逮捕令是在欧盟范围内取代传统引渡制度而施行的一种逮捕和移交犯人的

---

① Council Framework Decision 2002/584/JHA of 13 June 2002 on the European arrest warrant and the surrender procedures between Member States，OJ L 190，18.7.2002，pp.1–20.

② Council Framework Decision 2002/584/JHA，art.31（1）.

刑事司法合作的新制度、新模式。它是由某个欧盟成员国为了对被请求人提起刑事指控或执行判处监禁刑的生效判决或剥夺自由的羁押令而签发的请求另一成员国逮捕并移交该人的司法决定，是欧盟范围内第一个有系统地适用相互承认司法判决原则的具体措施。[①]它把传统的由主权国家之间通过外交途径和行政手段来移交人犯的制度转变为一种崭新的纯粹通过两国司法机关之间来移交人犯的模式，是对传统引渡制度的变革和创新。

1.“欧洲逮捕令”的含义及内容

欧洲逮捕令是某个成员国为了让另一个成员国对被请求人进行逮捕和移交并为了对被请求人提起刑事指控或执行监禁刑的判决或羁押令而签发的司法决定。[②]欧洲逮捕令必须包含被请求人的身份信息、签发机关信息、生效裁定、犯罪性质以及其处罚，等等。[③]成员国对欧洲逮捕令的执行是基于相互承认原则。[④]

2. 欧洲逮捕令适用的范围

欧洲逮捕令适用于以下情形：根据签发国法律最低刑期可处 12 个月以上监禁刑或羁押令的行为，或者已经做出最低期限为 4 个月的判决或羁押令的情形。[⑤]

3. 对双重犯罪原则的限制适用

该框架决定还列出了一个严重犯罪清单，对这些犯罪的移交可以不适用双重犯罪原则。这些严重犯罪是依据签发国法律可处 3 年以上监禁刑或羁押令的严重犯罪，如有组织犯罪、恐怖主义犯罪、买卖人口以及对儿童进行性剥削或从事儿童色情活动等。[⑥]欧盟理事会还可以在以后经与欧洲议会协调一致，对该犯罪清单进行扩充和修改。[⑦]对犯罪清单以外的其他犯罪仍然适用双

---

① Council Framework Decision 2002/584/JHA，preamble 6.

② Council Framework Decision 2002/584/JHA，art.1（1）.

③ Council Framework Decision 2002/584/JHA，art.8.

④ Council Framework Decision 2002/584/JHA，art.1（2）.

⑤ Council Framework Decision 2002/584/JHA，art.2（1）.

⑥ Council Framework Decision 2002/584/JHA，art.2（2）.

⑦ Council Framework Decision 2002/584/JHA，art.2（3）

重犯罪原则。[①]

4. 拒绝执行逮捕令的理由

拒绝执行逮捕令的理由主要涉及双重犯罪原则、“一事不再理”原则、管辖竞合或执行国代为执行等，具体又分为应当拒绝的强制理由和可以拒绝的任择理由。

（1）强制理由

在下列情形下，执行国的司法机关应当拒绝执行欧洲逮捕令：逮捕令针对的犯罪属于执行国赦免的范围，执行国对该罪有权依本国法提起诉讼；被请求人已经因同一行为被签发国以外的成员国做出终审裁判；被签发逮捕令的人由于年龄原因可能不能对导致逮捕令的行为负刑事责任。[②]

（2）任择理由

在下列情形下，执行国司法机关可以拒绝执行逮捕令：

不符合双重犯罪原则的情形：对于严重犯罪清单以外的轻罪，根据执行国法律不构成犯罪，但涉及关税、税收和汇兑的行为，不能以执行国与签发国法律关于税收的种类或税收、关税和汇兑的规则不同为理由而拒绝执行逮捕令。

适用“一事不再理”原则的情形：被请求人因同一行为正在执行国被起诉；执行国或签发国以外的其他成员国已经对同一行为做出不起诉或中止诉讼的决定或其他终局性决定；被请求人已经因同一行为被成员国以外的第三国做出终审判决，这种情形可能包括已经做出判决、判决已经被执行或者依据判刑国法律即将被执行或者可能不久要被执行。

管辖权冲突的情形：执行国法律禁止刑事起诉或惩罚被请求人并且其行为属于该成员国刑事管辖的范围；与欧洲逮捕令相关的犯罪依据执行国法律被认为全部或部分实施于执行国领域或可视为其领域的地方或者是在签发国领域外实施的并且执行国法律不允许起诉在其领域外实施的相同犯罪。

代为执行的情形：以执行为目的而签发的欧洲逮捕令，被请求人正留在执行国或为执行国国民或居民，该国承诺依据本国法代为执行该判决或羁

---

① Council Framework Decision 2002/584/JHA，art.2（4）.

② Council Framework Decision 2002/584/JHA，art.3.

押令。[①]

5. 被逮捕人的权利保障

当被请求人被逮捕时，执行国主管司法机关应当依法将欧洲逮捕令及其内容告知该人并征询其是否同意被移交给签发国司法机关。基于执行欧洲逮捕令的目的而被捕的被请求人应当依据执行国法律有权获得律师协助和同声传译。[②]

为了保证当事人的权利，本框架决定还要求签发国在特定情况下做出保证，才可以执行欧洲逮捕令。如果据以签发欧洲逮捕令的判决或羁押令是在缺席审判的情况下签发的，那么签发国司法机关要保证欧洲逮捕令的当事人将有机会在签发国得到重新审理并且出席审判。[③] 如果据以签发欧洲逮捕令的犯罪可处终身监禁刑或终身羁押令，则签发国的法律对所处刑罚或措施的再审要有所规定。最迟在 20 年之后，当事人可以请求适用签发国法律和实践赋予的宽恕措施，以达到不执行这种刑罚或措施的目的。[④] 当欧洲逮捕令的当事人是执行国国民或居民时，该人在聆讯后将被移送回到执行国执行签发国判决的处罚。[⑤]

6. 欧洲逮捕令的移交程序

欧洲逮捕令可以由签发国的签发机关直接送交给执行国的执行机关，[⑥] 也可以通过欧洲司法网送交或通过国际刑警组织送交。[⑦]

当某人基于欧洲逮捕令被捕时，执行司法机关应当依据本国法就是否应继续羁押被请求人做出决定。依据执行国法律，该人在任何时候都可以被临时释放，其条件是执行国主管机关采取了它认为为了防止该人逃跑所需的一切手段。[⑧]

---

① Council Framework Decision 2002/584/JHA，art.4.

② Council Framework Decision 2002/584/JHA，art.11.

③ Council Framework Decision 2002/584/JHA，art.5（1）.

④ Council Framework Decision 2002/584/JHA，art.5（2）.

⑤ Council Framework Decision 2002/584/JHA，art.5（3）.

⑥ Council Framework Decision 2002/584/JHA，art.9.

⑦ Council Framework Decision 2002/584/JHA，art.10.

⑧ Council Framework Decision 2002/584/JHA，art.12.

移交程序可分为被请求人同意移交与拒绝移交两种。如果已经被捕的被请求人表示同意移交，那么，这种同意应当根据执行国的国内法，向执行国司法机关做出。执行国应通过必要措施确保这种同意是当事人自愿做出的，完全知道这样做的后果，并有权得到律师的帮助。原则上，同意不可被撤回。但各成员国也可以依据可适用的国内法规则做出同意可以被撤回的规定。[①]在不同意移交的情况下，执行国司法机关应对该人进行听证，[②]然后在限定的时间内根据本框架决定规定做出是否移交该人的决定。[③]在被请求人同意移交的情形下，执行欧洲逮捕令的终局性决定应在其表示同意的10天内做出。在其他情形下，执行欧洲逮捕令的终局性决定应当在逮捕被请求人的60天内做出。[④]

7. 移交的效力

本框架决定对特定性原则和禁止再移交原则有所突破。执行国可向理事会总秘书处表示，除非在移交决定中明确表示反对，可以推定他已经同意签发国对被移交人在移交前所犯下的移交罪行之外的其他罪行进行起诉、判决或执行。[⑤]执行国还可以向理事会总秘书处表示，除了明确表示反对的特殊情形，可以推定他已经同意签发国将被移交人再次移交给执行国以外的其他成员国。[⑥]

（二）对欧洲冻结令的相互承认

2003年7月22日，欧盟理事会通过了《在欧盟范围内执行财产冻结令或证据冻结令的框架决定》[⑦]（第2003/577/JHA号）（本框架决定也简称为“欧洲

---

① Council Framework Decision 2002/584/JHA，art.13.

② Council Framework Decision 2002/584/JHA，art.14.

③ Council Framework Decision 2002/584/JHA，art.15.

④ Council Framework Decision 2002/584/JHA，art.17（2）and（3）.

⑤ Council Framework Decision 2002/584/JHA，art.27（1）.

⑥ Council Framework Decision 2002/584/JHA，art.28（1）.

⑦ Council Framework Decision 2003/577/JHA of 22 July 2003 on the execution in the European Union of orders freezing property or evidence，OJ L 196，2.8.2003，pp.45–55.

冻结令”)，其目的是建立规则，依据此规则，成员国在其领域内应当承认和执行由另一成员国司法机关在刑事诉讼框架内签发的冻结令。[①]这标志着欧盟理事会将相互承认原则扩大适用于审前程序签发的令状，特别是那些能使主管司法机关对容易转移的证据和财产进行保护和扣押的令状。[②]

1. 欧洲冻结令的含义

“欧洲冻结令”是指基于保全证据或将来用于没收的目的，当该证据或财产位于另一个成员国境内时，为了暂时阻止对该财产或证据的破坏、改造、移动、转移或处置，某个欧盟成员国主管司法机关在刑事诉讼的框架内签发或批准的财产冻结令或证据冻结令，该证据或财产所在地的成员国应当予以承认或执行。这里的“财产”包括任何种类的财产，无论是有形的或无形的，动产或不动产，以及证明这些财产所有权或利益的法律文件和文书。同时签发国主管司法机关认为这种财产是犯罪收益，或等同于这种收益的全部或部分价值，或者是犯罪工具或对象。“证据”是指在刑事诉讼中可作为证据的物品、文件或数据。[③]

2. 双重犯罪原则的限制适用

本框架决定列出了一个严重犯罪清单，如果这些犯罪按照签发国法律可处不低于 3 年的监禁刑，则不受双重犯罪原则的限制。这些犯罪是参加犯罪组织、恐怖主义、贩卖人口、对儿童进行性剥削和从事儿童色情活动以及非法买卖毒品等。该犯罪清单并不是穷尽型的，理事会还可以经与欧洲议会协商一致，在任何必要的时候将其他犯罪添加到该犯罪清单。没有被该犯罪清单覆盖的轻罪还要受双重犯罪原则的检验。[④]

3. 执行冻结令的程序

（1）送交冻结令

冻结令和证明它真实性的证明文件，应由签发它的司法机关，在允许执行国确认其真实性的条件下，采取能生成书面记录的任何方法，直接送交给

---

① Council Framework Decision 2003/577/JHA，art.1.

② Council Framework Decision 2003/577/JHA，preamble.2.

③ Council Framework Decision 2002/584/JHA，art.2.

④ Council Framework Decision 2002/584/JHA，art.3（2）and（3）.

主管执行的司法机关。如果签发国司法机关不知道证据或财产所在国负责执行冻结令的司法机关，它应采取一切所需方法进行查询，包括通过欧洲司法网的联系点进行查询。如果收到冻结令的执行国司法机关无权承认冻结令，同时为执行也采取了必要的措施，那么它应该把冻结令移交给主管执行的司法机关，并应告知签发国签发冻结令的司法机关。[①]

（2）承认并立即执行冻结令

因为签发冻结令的目的是保全证据和随后对被冻结的财产进行没收，[②]所以，对冻结令的执行体现了快速有效的原则。除了拒绝承认和执行或延迟执行的情形，执行国主管司法机关在接到冻结令的 24 小时内应尽快依冻结令做出承认决定并进行传达，按照执行本国做出的冻结令相同的方式，立即为迅速执行而采取所需措施。在执行冻结令所遵守的法律方面，执行国的司法机关既要保证取证的手续和程序不违背执行国的法律原则，同时也应该遵守签发国主管司法机关明确要求的手续和程序。冻结令附加的任何强制性措施都应该适用执行国的程序性规则。在完成冻结后，应立即以任何能够生成书面记录的方式，将执行冻结令的报告交给签发国的主管机关。[③]

4. 对被冻结证据或财产的处置

签发国可请求执行国将被冻结的证据移交给签发国，或者请求执行国随后对被冻结的财产进行没收。这两项请求均应由签发国提交，由执行国适用刑事司法协助规则和关于没收的国际合作规则进行处理，但这种司法协助所涉及的犯罪如果是犯罪清单所列犯罪且根据签发国法律最低可处 3 年以上监禁刑，则不得以双重犯罪原则为由拒绝将冻结的证据移交给签发国。[④]在被移交或被没收前，这些证据或财产应一直持续冻结在执行国。[⑤]

5. 拒绝承认或执行的理由

执行国的主管司法机关在下列情形下可以拒绝承认或执行冻结令：没有提

① Council Framework Decision 2002/584/JHA，art.3（1）（3）（4）.

② Council Framework Decision 2002/584/JHA，art.3（1）.

③ Council Framework Decision 2002/584/JHA，art.5.

④ Council Framework Decision 2002/584/JHA，art.10.

⑤ Council Framework Decision 2002/584/JHA，art.6（1）.

交第 9 条规定的证明文件，或证明文件不完整，或明显与冻结令不符；依据执行国法律享有豁免权或特权，不可能执行冻结令；证明文件提供的信息表明：为签发冻结令的犯罪而提供司法协助将会违反“一事不再理”原则；如果冻结令针对的行为不在犯罪清单内且根据执行国法律并不构成犯罪，但是，在与税收或关税有关的情形下，执行国的法律并没有设置与签发国相同的税种或征收同样的税，并不能成为拒绝执行冻结令的理由。[①] 财产或证据已经灭失或者已经被破坏，或者在证明文件提到的地点无法找到该财产或证据，或者财产或证据所在地表述得不够准确，由于这些原因而导致不可能执行冻结令。[②]

6. 推迟执行的理由

在下列情形下，执行国的主管司法机关可以对送交来的冻结令推迟执行：执行冻结令可能不利于正在进行的刑事调查；相关财产或证据已经被刑事诉讼中的冻结令冻结；该财产已经被执行国其他程序的冻结令所冻结并依据其国内法该冻结令比在刑事诉讼中签发的冻结令优先。[③]

推迟执行冻结令的报告，连同推迟的理由，如果可能的话，还包括推迟的预期日期，都应以任何能生成书面记录的方式立即通知签发国主管机关。[④]

推迟的理由一旦消失，执行国的主管司法机关就应该立即为执行冻结令采取必要的措施，并以能生成书面记录的任何方式通知签发国的主管机关。[⑤]

7. 对执行冻结令的法律救济和补偿

为了保障包括善意第三方在内的各方合法利益，成员国应该做出必要安排，采取无终止效力的法律救济来对抗对冻结令的执行。法律救济的诉讼应该依据各自的国内法向签发国或执行国的法院提起，但对签发冻结令的实质性理由的质疑只能在签发国法院提起诉讼。如果诉讼是在执行国提起的，那么应将此事连同起诉理由通知签发国的司法机关，以便在它认为需要时提交答辩状。诉讼的结果也要告知签发国司法机关。签发国和执行国应采取必要

---

① Council Framework Decision 2002/584/JHA，art.7（1）.

② Council Framework Decision 2002/584/JHA，art.7（4）.

③ Council Framework Decision 2002/584/JHA，art.8（1）.

④ Council Framework Decision 2002/584/JHA，art.8（2）.

⑤ Council Framework Decision 2002/584/JHA，art.8（3）.

措施以帮助各利益方行使法律救济的权利，特别要提供给各利益方充分的信息，并应保证，任何对提起诉讼的时间限制，只能在保障各利益方可能采取有效的法律救济的情况下进行。①

当执行国因执行冻结令给上述各利益方造成损害时，签发国应对执行国对损害各方支付的所有金额进行补偿，除非损害全部或者部分是由执行国的行为造成的。②

（三）对经济处罚的相互承认

2005 年 2 月 24 日，欧盟理事会通过了《将相互承认原则适用于经济处罚的框架决定》③（第 2005/214/JHA 号）。其前言指出，相互承认原则应当适用于由司法机关或行政机关科处的经济处罚，以利于这种处罚在科处国以外的其他成员国得到执行。④

1. 相关名词解释

“经济处罚”是指强制性要求支付一定数额的金钱、赔偿被害人、支付法院或行政机关的诉讼费用或支付公共基金或被害人援助组织一定数额的金钱，但不应包括没收犯罪工具或犯罪收益的命令以及民事赔偿的命令。“裁定”是指强令自然人或法人支付一定数额金钱作为惩罚的终局性裁定，它可由具有刑事管辖权的法院做出，也可以由行政机关做出。⑤

2. 经济处罚裁定书的送交与承认

当做出经济处罚的裁定书所针对的自然人或法人在另一个成员国有财产或收入，或者该另一成员国是该自然人的经常居住地或法人的注册地时，做出该经济处罚的成员国主管机关可以将裁定书直接送交给该另一成员国的主管机关。该裁定书应附带一份证明文件以证明其真实性。科处国在任何时候

① Council Framework Decision 2002/584/JHA，art.11.

② Council Framework Decision 2002/584/JHA，art.12（1）.

③ Council Framework Decision 2005/214/JHA of 24 February 2005 on the application of the principle of mutual recognition to financial penalties，OJ L 76，22.3.2005，pp.16–30.

④ Council Framework Decision 2005/214/JHA，preamble.2.

⑤ Council Framework Decision 2005/214/JHA，art.1.

只能将一份裁定书送交给一个执行国。[①]

执行国的主管机关对于科处国送交来的裁定，不需要其他正式程序就应当予以承认，并且应当立即采取一切必要措施予以执行，除非该主管机关决定援引不承认或不执行的理由拒绝执行。[②]

3. 犯罪清单上的严重犯罪不受双重犯罪原则的限制

本框架决定列出了一个包括参加组织、恐怖主义、贩卖人口、对儿童进行性剥削和从事儿童色情活动以及非法贩卖毒品等犯罪在内的严重犯罪清单，这些犯罪只要在科处国具有可罚性，就不受双重犯罪原则的限制，执行国不需要对这些犯罪进行双重犯罪的核查。理事会还可以在任何必要的时候经与欧洲议会协商一致，将其他犯罪添加到该犯罪清单上。本犯罪清单以外的其他轻罪还要受双重犯罪原则的约束。

4. 拒绝承认与执行的理由

在下列情形下，科处国送交来的经济处罚裁定可以被拒绝承认与执行：如果科处国没有提供证明文件或证明文件不完整或明显与裁定内容不符；执行国或科处国和执行国以外的第三国已经就被处罚人的同一行为做出处罚裁定，并且在后一种情形下，裁定已经被执行；在所涉犯罪为犯罪清单以外的犯罪的情况下，根据执行国法律，与裁定相关的行为不构成犯罪，也即不符合双重犯罪的标准；执行国法律禁止裁定的执行，并且根据该国法律，该国对与裁定相关的行为有管辖权；与裁定相关的行为根据执行国法律，全部或部分是在执行国领域内或在可视为其领域的地方实施的，或者是在科处国领域外实施的，而执行国法律不准许起诉发生在它领域外的犯罪；根据执行国法律存在豁免情形，以致不可能执行裁定；根据执行国法律，裁定所针对的自然人由于他或她的年龄原因不能对导致判决的行为承担刑事责任；根据随裁定书送交的证明文件，当事人本人或其代理人在书面程序中没有被依法告知其抗辩权和行使抗辩权的诉讼期间或者没有亲自出庭，除非证明文书表明该人或其代理人已经依法被告知相关诉讼或者该人已经表示对案件不进行抗辩；经济处罚额等于或低于 70 欧元。执行国主管机关在决定全部或部分不承认或不执行之前，应通

① Council Framework Decision 2005/214/JHA，art.4.

② Council Framework Decision 2005/214/JHA，art.6.

过适当方式与科处国的主管机关进行协商，并且在适当时候要求他们毫不迟延地提供所需要的信息。①

5. 执行经济处罚的裁定时所依据的法律

对科处国判处的经济处罚裁定的执行应像执行执行国科处的经济处罚一样适用执行国法律。执行国相关部门可自行决定执行程序及执行措施，包括终止执行的情形。即使执行国不承认法人刑事责任原则，对法人科处的经济处罚也应执行。②

大赦和特赦既可由科处国批准也可由执行国批准，但在一般情况下，只有科处国可以对判决进行复审。③

6. 不交纳经济处罚的替代性措施：监禁或其他制裁措施

当裁定不可能被全部或部分执行时，如果执行国法律有规定并且科处国在证明文件中允许适用，执行国可以适用包括监禁在内的替代性制裁措施。替代措施的严厉程度应根据执行国的法律来决定，但不应超过科处国送交的证明文件表明的最大限度。④

（四）对欧洲没收令的相互承认

2006 年 10 月 6 日，欧盟理事会通过了《将相互承认原则适用于没收令的框架决定》⑤（第 2006/783/JHA 号），本框架决定也简称为“欧洲没收令”。

欧洲理事会坦佩雷会议决议第 51 段表述了欧盟彻底根除洗钱犯罪并采取具体措施来追踪、冻结、扣押以及没收犯罪收益的决心。1990 年 9 月 8 日欧洲委员会通过《关于洗钱以及搜查、扣押和没收犯罪收益的公约》（以下简称“1990 年公约”）。公约要求缔约国承认和执行另一缔约国签发的没收令，或者为了取得没收令向缔约国的有权机关提出申请以及，如果没收令得到承认后，

---

① Council Framework Decision 2005/214/JHA，art.7.

② Council Framework Decision 2005/214/JHA，art.9.

③ Council Framework Decision 2005/214/JHA，art.11.

④ Council Framework Decision 2005/214/JHA，art.10.

⑤ Council Framework Decision 2006/783/JHA of 6 October 2006 on the application of the principle of mutual recognition to confiscation orders，OJ L 328，24.11.2006，pp.59–78.

执行该没收令。缔约国在两种情形下可以拒绝其他缔约国提出的没收请求：根据被请求国法律，与请求没收相关的行为不构成犯罪，或者不允许对与请求没收相关的犯罪类型采取没收措施。2000 年 11 月 30 日，欧盟委员会通过了《在刑事裁定方面贯彻相互承认原则的措施方案》，其中第 6 种和第 7 种措施就是要将相互承认原则优先适用于证据和财产的冻结。此外，该方案的第 3.3 段关于相互承认没收令的目标是基于赔偿刑事犯罪的被害人的目的而依据相互承认原则促进成员国执行由另一成员国签发的没收令，并对现有的“1990 年公约”第 18 条规定的拒绝执行没收令的理由进行审查，看其是否全部符合相互承认原则。[①] 为了实现此目的，欧洲没收令在其适用范围内减少拒绝执行的理由，并且阻止成员国间把没收令转变为国内没收令。欧盟理事会第 2001/500/JHA 号框架决定[②] 制定了关于洗钱、鉴定、追踪、冻结、扣押和没收工具及犯罪收益的规则。根据该框架决定，只要犯罪行为可以被处以不低于 1 年的剥夺自由令或者羁押令，成员国就不得对“1990 年公约”第 2 条做出保留。2003 年 7 月 22 日，欧盟理事会通过了《关于在欧盟范围内执行财产冻结令或证据冻结令的 2003/577/JHA 号框架决定》。[③]

有组织犯罪的主要动机是获得财产收益。为了卓有成效地打击有组织犯罪，任何阻止和打击此类犯罪的努力必须着眼于追踪、冻结、扣押和没收犯罪收益。尽管在欧洲范围内已经有了以上关于犯罪收益的追踪、冻结、扣押和没收的法律文件，但是，在欧盟框架内，仅仅通过冻结或者扣押等临时法律措施来确保相互承认是不够的，要想有效控制经济犯罪，还需要相互承认对犯罪收益的没收令。[④]

欧洲没收令的目的是便利成员国之间在相互承认和执行财产没收令方面的合作，以使成员国有义务在其领域内承认和执行由另一成员国有权法庭签发的刑事没收令。

---

① See *Programme of measures to implement the principle of mutual recognition of decisions in criminal matters* (2001/C 12/02), Official Journal of the European Communities, 15.1.2001, C 12/17.

② OJ L 182, 5.7.2001, p.1.

③ OJ L 196, 2.8.2003, p.45.

④ Council Framework Decision 2006/783/JHA, preamble 7.

欧洲没收令与2005年2月24日欧盟理事会第2005/212/JHA号《没收与犯罪有关的收益、工具和财产的框架决定》密切相关。第2005/212/JHA号框架决定的目的是确保所有成员国都有规制没收犯罪收益的有效规则，特别是有组织犯罪者所持有的资产来源的证明责任的有效规则。①

1. 欧洲没收令的送交、承认与执行

（1）欧洲没收令的送交

如果没收令的签发机关有合理理由认为没收令当事人在另一成员国境内有财产或收入或没收令所涉及的财产在另一成员国境内，那么它可以把没收令连同证明文件，按照附件中规定的标准格式，直接送交给该成员国有权执行没收令的主管机关。如果签发没收令的国家无法确定送交没收令的具体国家，那么它可以把没收令送交给没收令当事人的经常居住地或注册地所在成员国的主管机关。②

在下列情况下，涉及具体财产的没收令可以同时送交给一个以上的执行国：签发国主管机关有合理理由相信，没收令涉及的不同财产位于不同的执行国境内；没收令所涉财产的没收行动牵涉一个以上的执行国，或者没收令涉及的某项具体财产位于特定的两个以上执行国之中的某个国家。当签发国主管机关认为特别需要时，涉及一定数额金钱的没收令可以同时被送交给一个以上的执行国，如根据理事会第2003/577/JHA号框架决定，所涉财产尚未被冻结，或者在签发国和任何一个执行国可被没收的财产价值都不够没收令所要求的金额。除了以上情形，没收令在任何时候都不能同时送交给一个以上成员国。③

（2）对没收令的承认和执行

执行国主管机关在收到没收令后不需经过其他正式手续即应予以承认，并且，除非主管机关决定援引不承认或不执行理由或者援引推迟执行理由，否则其应立即采取执行所需的一切措施。对于没收财产的没收令，在签发国和执行国法律许可的情况下，可以在执行国以支付与没收财产价值相等金钱

① Council Framework Decision 2006/783/JHA，preamble 8.

② Council Framework Decision 2006/783/JHA，art.4.

③ Council Framework Decision 2006/783/JHA，art.5.

的方式执行没收令。对于没收金钱的没收令，在执行机关得不到该笔钱款的情况下，可以为达到执行没收令的目的而执行任何财产。如果没收的是金钱，则执行国主管机关在需要时应将没收金额按照签发没收令时的兑换汇率换算成执行国的货币金额。①

如果执行国主管机关收到两个或两个以上针对同一自然人或法人签发的没收金钱的令状，而该人在执行国没有足够的财产以供所有没收令都能得以执行，或这些没收令都指向同一项财产，则执行国主管机关应当根据本国法律并适当考虑各种情形，包括被冻结资产的涉案程度、犯罪行为的相对严重性和犯罪地点、各个没收令的签发日期以及送交日期，做出哪一个或哪几个没收令应予执行的决定。②

没收令的执行应由执行国法律予以规制，并且执行国主管机关有权独自决定执行的程序和所有的相关措施。③

执行费用由执行国承担，当执行国认为花费巨大或者有特别支出时，可以提议签发国分担，签发国基于执行国给出的详细说明应对此提议予以考虑。④

2. 送交欧洲没收令的后果及终止执行

签发没收令的国家将没收令送交至一个或一个以上的执行国，并不限制它自己执行该没收令的权利。当没收金钱的没收令送交至一个或一个以上执行国时，执行所得总额不能超出没收令规定的最高金额。当存在超出最高金额的风险，或者没收令已全部或部分在签发国或其他执行国被执行时，或者签发国有关机关收到有关人员自愿缴付的一定数额的金钱，签发国主管机关都应通知执行国主管机关。⑤如果没收令不再具有强制力或者因其他原因将从执行国被撤回，签发国主管机关应立即以任何能产生书面记录的决定或措施的方式通知执行国主管机关。执行国主管机关只要收到通知，就应立即终止

---

① Council Framework Decision 2006/783/JHA，art.7.

② Council Framework Decision 2006/783/JHA，art.11.

③ Council Framework Decision 2006/783/JHA，art.12.

④ Council Framework Decision 2006/783/JHA，art.20.

⑤ Council Framework Decision 2006/783/JHA，art.14.

执行该没收令。[①]

3. 对被没收财产的处置

总的来说，被没收财产的处置权归执行国。执行没收令取得的金钱由执行国作处置如下：金额如果低于或等于10000欧元，应直接归属于执行国；在其他情形下，执行国应将所取得总额的50%交给签发国。执行没收令取得的非金钱财产，执行国可以采取下列方式之一予以处置：出售财产，然后将出售所得按照金钱处置方式进行处置；可将财产移交给签发国，如果没收令包括一定数额的金钱，经签发国同意，可以只把财产移交至签发国；在不能适用前两种方式处置时，可以按照执行国法律以其他方式处置没收来的财产。但是，如果没收令涉及的特定财产构成执行国国家文化遗产的组成部分，则不能要求其出售或者返还该特定财产。此外，签发国和执行国还可以另行协商处置没收来的财产。[②]

此外，欧洲没收令还部分废除了双重犯罪原则，列出了拒绝承认与执行以及推迟执行的理由，这方面内容基本都与《将相互承认原则适用于经济处罚的框架决定》相类似。

（五）对有罪判决效力的相互承认

对被告做出终局性判决后，又因同一被告的另一项犯罪需要做出一项新判决，当事国对之前已经被判有罪的事实必须予以考虑，如考虑该人是一个累犯，应判处更重的刑罚。没有国际公约处理这方面的问题，也可能用不着国际法律规则来处理这个问题，因为国家法律体系可以把事实情节和被起诉人的犯罪记录交给法官自由裁量。但是，需要有足够的途径保证司法机关能够了解被告先前的犯罪记录，而不能期望被告人会主动告知司法机关他先前的有罪宣判。[③]

---

① Council Framework Decision 2006/783/JHA，art.15.

② Council Framework Decision 2006/783/JHA，art.16.

③ See Communication from the Commission to the Council and the European Parliament：*Mutual Recognition of Final Decisions in Criminal Matters*，Brussels，26.7.2000，COM（2000）495 final，par.6.3.

为了能够承认由其他成员国做出的判决，一个国家首先得知道有这种判决存在以及它的内容是什么。在有些情况下，被告可能主动向有关机关告知，之前其他国家曾针对他做出过刑事判决，如果这么做可以适用“一事不再理”原则而对他有利。但是在另外的情况下，被告却不愿让当事国知道他曾经在别的成员国被宣判有罪。即使在当事人告知了有关机关后，该机关还得去核实这个信息是否可靠。在这种情形下，由于许多由其他成员国做出的判决不是由当事国的工作语言起草的而需要翻译，所以，由于缺乏犯罪记录的了解途径，许多国家的法院做出判决往往只依据本国对犯罪记录的登记，而不知道其他国家的有罪判决，其后果是犯罪分子通过在欧盟成员国之间的流动而轻易地隐藏了自己的犯罪记录。

许多国内刑法虽然都对数罪规定了较单一犯罪较重的刑罚，但对数罪规定的处罚原则并不是严格的相加原则。例如，一个职业偷车者在某个成员国偷了15辆机动车，每偷一辆车的刑罚是3年监禁，但并不会被判处45年监禁。如果一个人在15个成员国偷了15辆车，这15个成员国可以独立地同时起诉该人，每个国家都可以判处该人3年监禁。这可以导致以下情形，当该罪犯在第一个国家服完刑后，他可能被引渡到另一个成员国继续服刑。依此类推。在原有的引渡程序下，可以灵活地避免该人实际服满45年刑期。但是，在相互承认制度下，所有判决都会在欧盟范围内得到承认，该人的实际服刑期就会服满45年。[①]

所以要考虑建立一个机制，以避免这种情况发生，因为这与在欧盟建立一个“自由、安全和公正”的司法区域的目标不符。一种可能性是对起诉进行协调，也即只要有一个国家提起诉讼，就应在欧洲犯罪记录信息系统进行登记，其他国家了解到起诉情况后，就对发生在本国的犯罪行为放弃管辖权，让最先起诉的这个成员国负责整个案件的审理，这样就可以避免对数罪处罚的简单相加。[②]

---

① See Communication from the Commission to the Council and the European Parliament: *Mutual Recognition of Final Decisions in Criminal Matters*, Brussels, 26.7.2000, COM (2000) 495 final, par.6.3.

② See Communication from the Commission to the Council and the European Parliament: *Mutual Recognition of Final Decisions in Criminal Matters*, Brussels, 26.7.2000, COM (2000) 495 final, par.6.3.

欧盟理事会2008年7月24号通过了第2008/675/JHA号《在新提起的刑事诉讼中考虑欧盟成员国先前做出的有罪判决的框架决定》,[①]为成员国设定了对其他成员国做出的有罪判决进行考虑的最低义务限度，[②]当某个成员国的法律承认先前由本国做出的有罪判决的效力时，由其他成员国先前做出的有罪判决的效力能够在该国的新的刑事诉讼程序中得到承认。[③]如果某个成员国在刑事诉讼中得知另一成员国之前做出过有罪判决，那么它应当尽可能地善意对待有关当事人，就如同先前的有罪判决是由本国做出的。[④]但是，本框架决定不谋求各国立法对现有有罪判决的效力的统一，对其他国家先前做出的有罪判决进行考虑的义务只存在于根据国内法应对本国先前做出的有罪判决进行考虑的场合。[⑤]如果考虑到当事人的具体情况，认为在国内法的限度内所科处刑罚的严酷性与该犯罪不成比例，并且，如果能够通过较低的刑罚达到惩罚的目的，而且这么做单纯从国内法的角度是可行的，那么它就可以相应地降低惩罚的层次。[⑥]

与其他相互承认的法律文件不同，本框架决定的目标并不是在一个成员国内执行由其他成员国做出的司法裁决，而只是在本国新提起的刑事诉讼程序中承认由其他成员国先前做出的有罪判决的效力。但是，如果获得的有罪判决的信息是不充分的，或者有罪判决是对同一行为做出的，或者先前的处罚是本国法律体系没有的，则成员国没有义务对这些有罪判决进行考虑的义务。[⑦]

本框架决定规定了成员国在新提起的刑事诉讼中考虑由另一成员国做出的有罪判决的义务。每个成员国都应当保证：如果在针对某人提起的新的刑事诉讼中，通过可以适用的司法协助文件或通过交换犯罪记录的信息，已经

---

① Council Framework Decision 2008/675/JHA of 24 July 2008 on taking account of convictions in the Member States of the European Union in the course of new criminal proceedings，OJ L 220，15.8.2008，pp.32–34.

② Council Framework Decision 2008/675/JHA，preamble 3.

③ Council Framework Decision 2008/675/JHA，preamble 6.

④ Council Framework Decision 2008/675/JHA，preamble 8.

⑤ Council Framework Decision 2008/675/JHA，preamble 5.

⑥ Council Framework Decision 2008/675/JHA，preamble 9.

⑦ Council Framework Decision 2008/675/JHA，preamble 6.

得知了其他成员国先前针对同一个人的不同犯罪事实做出过有罪判决，那么，应当像考虑本国先前做出的有罪判决那样考虑该判决，并且应当根据国内法，赋予其与本国先前做出的有罪判决同等的效力。这种考虑的义务贯穿于整个刑事诉讼阶段，包括审前阶段、审判阶段和执行有罪判决阶段。但这种考虑，不具有使提起新诉讼的成员国撤销或重审先前做出的有罪判决或与执行该判决有关的决定的效力。如果正在进行的新诉讼所涉犯罪是在先前的有罪判决已经做出之前或执行完毕之前实施的，那么，当对外国有罪判决适用本国规则将限制法官在新的诉讼中科处刑罚时，这种考虑的义务不具有要求成员国适用本国规则来科处刑罚的效力。但是，成员国应当保证在这种情形下他们的法庭能够在其他方面考虑由其他成员国先前做出的有罪判决。①

先前的有罪判决信息可以通过适用 2000 年 5 月 29 日《欧盟成员国之间刑事司法协助公约》② 和 2009 年 1 月 26 日第 2009/315/JHA 号《关于成员国之间交换犯罪记录信息的组织和内容的框架决定》③ 而获得。

2012 年 4 月，欧洲犯罪记录信息系统（European Criminal Records Information System，ECRIS）正式建立，欧盟成员国之间可以有效地进行犯罪记录的信息交换。不管有罪判决是哪个欧盟成员国做出的，法官和检察官都可以轻松登录该系统了解任何一个欧盟公民的犯罪记录。犯罪人的国籍国负责保存和更新该人的犯罪记录。当有罪判决是由非国籍国做出时，判决国应立即把判决信息发给罪籍国进行登记和更新。犯罪记录平时保存在国家数据库中，当其他成员国发出请求时，通过统一的欧洲标准格式以电子方式交换信息。标准格式主要包括罪名和刑罚两部分。④

---

① Council Framework Decision 2008/675/JHA，art.3.

② Council Act of 29 May 2000 establishing in accordance with Article 34 of the Treaty on European Union the Convention on Mutual Assistance in Criminal Matters between the Member States of the European Union（2000/C 197/01），Official Journal of the European Communities，12.7.2000，C 197/1.

③ Council Framework Decision 2009/315/JHA of 26 February 2009 on the organization and content of the exchange of information extracted from the criminal record between Member States，Official Journal L 093，07/04/2009 pp.23-32.

④ See ECRIS（European Criminal Records Information System）http：//ec.europa.eu/justice/criminal/european-e-justice/ecris/. 最后访问时间：2015 年 12 月 27 日。

（六）对欧洲被判刑人移管令的相互承认

2008 年 11 月 27 日，欧盟理事会通过了《为了在欧盟执行科处监禁刑或剥夺自由的处遇的刑事判决而将相互承认原则适用于这类判决的框架决定》[①]（第 2008/909/JHA 号）（以下简称《被判刑人移管框架决定》）。本框架决定将相互承认原则扩大适用于对监禁刑或剥夺自由的处遇的刑事判决，其目的是建立一套适用于成员国本着协助被判刑人回归社会的目的而承认由另一成员做出的判决和执行刑罚的规则。[②]

1. 本框架决定与之前规制被判刑人移管的法律文件的关系

欧盟之前调整被判刑人移管的公约主要是 1983 年 3 月 21 日通过的《关于被判刑人移管的欧洲理事会公约》。根据该公约，被判刑人仅可移送至其国籍国服满剩余刑期，且应得到被判刑人及所涉国家的同意。1997 年 12 月 18 日通过的该公约的附加议定书允许在一定条件下不经被判刑人同意即可移送，但该议定书尚未得到所有成员国的批准。这两个文件均未对为了执行判决或命令而规定接管被判刑人的基本义务。[③] 这两个文件与本框架决定的区别主要在于：首先，前者的目的重在被判刑人的移交，而后者的目的是相互承认和执行刑事判决。在本框架决定下，有时并不发生被判刑人的移交的客观行为，因为被判刑人可能已处于另一国境内。[④] 其次，本框架决定的被判刑人参与诉讼不再受制于“所有案件都需要征得其同意才可将判决移送至其他成员国”的规定。[⑤] 最后，判决的执行在一定条件下不需要执行国的事先同意。[⑥]

自 2011 年 12 月 5 日起，在成员国之间，本框架决定应取代这两个文件

---

① Council Framework Decision 2008/909/JHA of 27 November 2008 on the application of the principle of mutual recognition to judgments in criminal matters imposing custodial sentences or measures involving deprivation of liberty for the purpose of their enforcement in the European Union，Official Journal L 327 ，05/12/2008 pp.27–46.

② Council Framework Decision 2008/909/JHA，art.3.

③ Council Framework Decision 2008/909/JHA，preamble 4.

④ 参见吴建辉：《刑事司法互助在欧洲联盟法之发展》，载《司法新声》2012 年第 103 期，第 16 页。

⑤ Council Framework Decision 2008/909/JHA，preamble 5.

⑥ Council Framework Decision 2008/909/JHA，art.8.

以及1970年5月28日的《刑事判决国际效力的欧洲公约》、执行1985年6月14日的《关于逐步取消共同边境检查的申根公约》的1990年6月19日公约第5章第3编和1991年11月13日的《欧洲共同体成员国间执行外国刑事判决公约》。[①]

2. 移送判决和证明文件到另一成员国的条件

（1）征得被判刑人同意的移管

一般情况下，移管需征得被判刑人同意方可进行。这是被判刑人移管的传统规则。

如果被判刑人在签发国或执行国境内并且表示同意移管，那么，签发国主管机关可以将判决连同证明文件一并移送到以下任一成员国：（a）被判刑人现居住的国籍国；或者（b）被判刑人国籍国，虽然该人现在不在该国居住，但根据包含在判决、司法决定或行政决定内的驱逐令或者其他在判决后采取的措施，该人执行完刑罚被释放后将被驱逐至该国；或者（c）其主管机关同意接收判决和证明文件的（a）项或（b）项规定以外的其他成员国。[②]

经签发国主管机关与执行国主管机关协商后，签发国主管机关认为由执行国执行判决有助于被判刑人回归社会时，可进行判决或证明文书的移送。[③]

在移送判决和证明文书前，签发国主管机关应通过适当方式与执行国主管机关进行协商。协商时，执行国主管机关可向签发国主管机关说明由执行国执行刑罚无助于实现被判刑人的社会康复和成功回归社会的目的。签发国主管机关应考虑该意见并做出是否撤回证明文件的决定。[④]

执行国主管机关可主动请求签发国移送判决和证明文件。被判刑人也可以依据本框架决定请求签发国主管机关或执行国主管机关启动移送判决和证明文件的程序。根据本款提出的请求不为签发国创设移送判决和证明文件的义务。[⑤]

---

① Council Framework Decision 2008/909/JHA，art.26.

② Council Framework Decision 2008/909/JHA，art.4（7）.

③ Council Framework Decision 2008/909/JHA，art.4（2）.

④ Council Framework Decision 2008/909/JHA，art.4（3）（4）.

⑤ Council Framework Decision 2008/909/JHA，art.4（5）.

（2）不需要被判刑人同意的移管

为了有利于被判刑人回归社会，本框架决定还规定了无须征得被判刑人同意的移管。

判决连同证明文件移送至以下成员国时无须被判刑人同意：（a）被判刑人现在居住的国籍国；（b）被判刑人国籍国，虽然他或她不在该国居住，但根据包含在判决、司法决定或行政决定内的驱逐令或者其他在判决后采取的措施，他或她执行完刑罚被释放后将被驱逐至该国；（c）被判刑人的逃往国，或者鉴于签发国对他或她提起的未决的刑事诉讼或根据签发国的有罪判决，被判刑人的遣返国。①

在签发国决定移管的所有案件中，如果被判刑人仍在签发国境内时，他或者他的法定代理人就应得到口头或书面表达自己意见的机会。被判刑人的意见应转达至执行国。移管决定应通知到被判刑人。②

（3）不需要事先经过执行国同意的移管

如果成员国不是被判刑人的国籍国，或者即使是国籍国，但该人不居住在该国并且刑罚执行完毕也不可能被驱逐回该国，那么该成员国可以在批准本框架决定之时或之后通知理事会秘书处，在它和其他已经发表了同样声明的成员国之间，对下面情形中的被判刑人移管不需要事先同意：（a）如果被判刑人现在生活在执行国且已合法地连续居住了5年以上，且将取得该国的永久居留权，并且/或者（b）被判刑人是执行国的公民。③

（4）判决和证明文件的移送程序

判决或其经过核实证明的副本和证明文件，应由签发国主管机关以任何可保存书面记录的方式直接移送至执行国主管机关，以使执行国确定其真实性。如果执行国要求，应将判决原件或其经过核实证明的副本和证明文件的原件移送至执行国。所有的官方交流都应在主管机关之间直接进行。无论何时，签发国都只能将判决和证明文件移送至一个执行国。如果签发国主管机关不知道执行国的主管机关，那么，它可以通过包括欧洲司法网的联络点在内的方式采取一切方法进行查询。当收到判决和证明文件的执行国相关机关

① Council Framework Decision 2008/909/JHA，art.6（2）.

② Council Framework Decision 2008/909/JHA，art.6（3）（4）.

③ Council Framework Decision 2008/909/JHA，art.4（7）.

没有承认并采取必要执行措施的权力时，它应当依据职权将判决连同证明文件转送至执行国主管机关并同时通知签发国主管机关。①

3. 对判决的承认和执行

除决定拒绝承认和执行的情形外，执行国主管机关应承认依照法定程序送交来的判决，并采取一切必要措施执行处罚。当且仅当处罚超出其本国法律对相似罪行规定的最重刑时，执行国的主管机关可以对该处罚加以调整。调整后的处罚不应低于执行国法律规定的对类似罪行所处的最重刑。当处罚的性质与执行国法律规定不相容时，执行国主管机关可使之适用于其本国法律规定的相似罪行的处罚或措施，该处罚或措施应与签发国判处的刑罚最大限度地匹配，且不应将该处罚转变为金钱处罚。②

4. 特定性原则

本框架决定规定了特定性原则，即被移管人，不得因他被移管前所犯的被移管之罪以外的其他罪行遭到起诉、判刑和其他剥夺自由的措施。

但是，本框架决定也规定了不能适用该原则的例外情形：被移管人被释放后的45天内本有机会离开执行国却未离开或离开后又返还的；所犯罪行不受监禁刑或羁押令的处罚；刑事诉讼不会引起限制人身自由措施的适用；对被判刑人的处罚是非剥夺自由的处罚或处遇，尤其是替代性质的经济处罚或处遇，即使这种处罚或处遇可能导致对人身自由的限制；被判刑人同意移管；被判刑人在被移管后明确放弃与移管前的犯罪有关的受特定性原则保护的权利等。③

如同其他相互承认的法律那样，本框架决定还列出了一个严重犯罪清单，对这部分犯罪不适用双重犯罪原则的核查，还明示了拒绝承认与执行的理由，以及部分承认与执行的情形和推迟承认与执行的条件。

（七）对缓刑等非羁押性裁判的相互承认

2008年11月27日，欧盟理事会通过了《为了对缓刑处遇和替代性制裁

① Council Framework Decision 2008/909/JHA，art.5.

② Council Framework Decision 2008/909/JHA，art.8.

③ Council Framework Decision 2008/909/JHA，art.18.

措施进行监督而将相互承认原则适用于此类判决和缓刑裁定的框架决定》[①]（第2008/947/JHA 号），（以下简称为欧洲缓刑监督令）。它将相互承认原则扩大适用于非羁押性的裁定，并将这些非羁押措施的监督权移交给被判刑人的居住地国执行。

欧洲理事会曾于 1964 年 11 月 30 号通过了《对附条件判决或附条件释放的人员予以监督的公约》，该公约只得到 12 个成员国的批准，且对某些情形提出大量保留条款。而本框架决定建立在相互承认原则和所有成员国共同参与的基础上，对附条件判决和附条件释放人员的监督提供了一个更为有效的法律文件。[②]

本框架决定的目标是当被判处缓刑、附条件判决、替代性制裁措施及附条件释放的人不居住在定罪国时，由另一成员国对定罪国判处的缓刑监督令或替代性制裁的监督令予以承认并代为执行，通过使被判刑人员保持家庭、语言、文化和其他方面的联系，增加服刑人员重新融入社会的希望，但同时也是为了监督服刑人员对缓刑处遇和替代性制裁措施的服从，防止累犯的发生，并在保护受害者和普通公众方面给予应有的关注。[③]

1. 适用相互承认原则的非羁押性判决和缓刑决定

（1）非羁押性判决。适用相互承认原则的非羁押性判决是指科处国法院确定自然人实施了犯罪行为并做出下列处理决定的终局性裁定或命令：①附条件释放的判决：已经判处监禁刑或涉及剥夺人身自由的处遇，但随后的缓刑决定已经准许附条件释放；②暂缓执行判决：是指对已经生效的包含一项或多项缓刑处遇措施的监禁判决或涉及剥夺人身自由的其他处遇措施附条件的全部或部分推迟执行。这种缓刑处遇措施可以包含在判决中，或由主管机关以单独的缓刑裁定书的形式予以决定；③附条件判决：是指一项判决，在该判决中，由于科处一项或多项用以代替监禁判决或剥夺自由的处遇的缓刑处遇措

① Council Framework Decision 2008/947/JHA of 27 November 2008 on the application of the principle of mutual recognition to judgments and probation decisions with a view to the supervision of probation measures and alternative sanctions，OJ L 337，16.12.2008，pp.102–122.

② Council Framework Decision 2008/947/JHA，preamble，4.

③ Council Framework Decision 2008/947/JHA，preamble，8.

施，判处的刑罚有条件地被推迟执行了。这种缓刑处遇措施可以包含在判决中，或由主管机关以单独的缓刑裁定书的形式予以决定；④替代性制裁：是指监禁判决、剥夺自由的处遇或罚金以外的科处强制性义务或指令的一种制裁方法。[①]

（2）缓刑裁定。适用相互承认原则的缓刑裁定是指科处国主管机关基于下列判决做出的判决或终局性裁定：①准许附条件释放。“附条件释放”系指被判刑人在部分执行了监禁判决或剥夺自由的处遇后，通过科处一项或多项缓刑处遇得以提前释放的主管机关依据国内法做出的终局性裁定；或②科处缓刑处遇。“缓刑处遇”系指科处国主管机关根据国内法对自然人科处的强制性义务和指令，它与暂缓执行判决、附条件判决和附条件释放联系在一起。[②]

2. 缓刑处遇和替代性制裁措施的种类

本框架决定应适用的缓刑处遇或替代性制裁主要有：①被判刑人向特定机关报告变更居所或工作场所的义务；②在科处国或执行国不得进入特定地点、场所或指定区域的义务；③不得离开执行国领域的义务；④与下列行为有关的指令：行为、居所、教育、培训、休闲活动，或者对从事职业行为的限制；⑤在特定时间向特定机关报告的义务；⑥避免接触特定人员的义务；⑦避免接触被判刑人曾用来犯罪或可能用来犯罪的特定物品的义务；⑧对犯罪行为造成的损害进行经济赔偿的义务和 / 或提供遵守该义务证明的义务；⑨从事社区服务的义务；⑩与缓刑考察官或对被判刑人负责的社区服务机构的代表合作的义务；接受药物治疗或戒瘾治疗的义务。[③]

3. 执行国有权对缓刑处遇或替代性制裁措施进行调整

如果缓刑处遇或替代性制裁措施的性质或期限以及缓刑考验期的期限不符合执行国的法律，则执行国主管机关可以对它们进行调整，以使其与依据本国法对同类犯罪适用的缓刑处遇或替代性制裁措施的性质或期限相一致。被调整后的缓刑处遇、替代性制裁措施或缓刑的期限应当尽可能与科处国原来所科处的相一致。当缓刑处遇、替代性制裁措施或缓刑考验期的调整是由

---

① Council Framework Decision 2008/947/JHA，art.2.

② Council Framework Decision 2008/947/JHA，art.2.

③ Council Framework Decision 2008/947/JHA，art.4（1）.

于它的期限超出了执行国法律规定的最长期限时，调整后的缓刑处遇、替代性制裁措施或缓刑考验期的期限不得低于依据执行国法律对相同犯罪适用的最长期限。调整后的缓刑处遇、替代性制裁措施或缓刑考验期不得重于或长于原来科处的缓刑处遇、替代性制裁措施或缓刑考验期。[①]执行国主管机关应当毫不迟延地以任何能够生成书面记录的方式，将就此事项做出的决定及其理由通知科处国主管机关。[②]

4. 执行国在监督过程中做出决定的权力和适用的法律

缓刑处遇和替代性制裁措施的监督和执行应当适用执行国的法律。[③]

当被判刑人不遵守监督令或又犯新罪的情况下时，执行国主管机关有权做出修改包含缓刑处遇或替代性制裁措施中的义务或指令，或者修改缓刑考验期；撤销对判决的暂缓执行，或者撤销附条件释放的决定；将替代性制裁措施或附条件判决改为监禁判决或剥夺自由的处遇。

当执行国主管机关在上述情况下做出决定时，它应当毫不迟延地以任何能够生成书面记录的方式，将该决定通知科处国主管机关。如果科处国主管机关要求，则执行国主管机关应当将据以做出判决的犯罪根据执行国的法律可处的最长期限，以及当被判刑人违反缓刑处遇或替代性制裁措施可能被科处剥夺自由的最长期限。[④]

每个成员国可以在本框架决定通过之时或之后，发表一项声明：作为一个执行国，它将在特定情形下拒绝做出撤销缓刑或附条件执行或科处剥夺自由的处罚的决定。这些特定情形包括：当原判决为替代性制裁措施时，判决不包含监禁判决或剥夺自由的处遇；判决与附条件释放有关；根据执行国法律，与判决有关的行为不构成犯罪。但如果执行国主管机关认为需要对不遵守缓刑处遇或替代性制裁措施的情形执行剥夺自由的刑罚或改为剥夺自由的处遇时，该主管机关应当将管辖权返还给科处国主管机关，[⑤]并有义务将有关违反监督

---

① Council Framework Decision 2008/947/JHA，art.9.

② Council Framework Decision 2008/947/JHA，art.16（1）and 18（5）.

③ Council Framework Decision 2008/947/JHA，art.13（1）（4）.

④ Council Framework Decision 2008/947/JHA，art.16（2）.

⑤ Council Framework Decision 2008/947/JHA，art.14（3）.

令或犯新罪的发现告知科处国主管机关，后者有权就这种情况撤销对判决的暂缓执行，或者撤销附条件释放的决定，或者将替代性制裁措施或附条件判决改为监禁判决或剥夺自由的处遇。[①]

5. 执行义务的终止和将执行权返还给科处国的条件

如果被判刑人逃离执行国或在执行国领域内不再拥有合法和经常性居所，执行国主管机关可以将缓刑处遇或替代性制裁措施的监督权以及对判决做出进一步决定的管辖权返还给科处国主管机关。如果科处国对该人提起了新的刑事诉讼，则该国主管机关可以要求执行国主管机关将监督权以及做出进一步决定的管辖权返还给科处国主管机关。在此种情况下，执行国主管机关可以将管辖权返还给科处国主管机关。当管辖权返还给科处国时，该国主管机关就恢复了管辖权。为了进一步执行缓刑处遇或替代性制裁，科处国主管机关应当考虑缓刑处遇或替代性制裁措施在执行国的执行期限和遵守程度以及执行国在被判刑违反缓刑规定或犯新罪情况下做出的任何决定。[②]

同其他相互承认的法律文件一样，本框架决定还就部分废除双重犯罪原则，拒绝承认与监督的理由等进行了明确的规定，在此不一一赘述。

（八）对欧洲证据令的相互承认

2008 年 12 月 18 日，欧盟理事会通过了《为了获取用于刑事诉讼的物品、文件和数据的欧洲证据令的框架决定》[③]（第 2008/978/JHA 号），本框架决定也被简称为“欧洲证据令”。

欧洲理事会 2003 年 7 月 22 日通过的第 2003/577/JHA 号《在欧盟范围内执行财产冻结令和证据冻结令的框架决定》满足了对防止证据被毁灭、转化、转移、转让或销毁的命令的迅速相互承认的需要。但是，这只能解决刑事司

---

① Council Framework Decision 2008/947/JHA，art.17（1）.

② Council Framework Decision 2008/947/JHA，art.20.

③ Council Framework Decision 2008/978/JHA of 18 December 2008 on the European evidence warrant for the purpose of obtaining objects，documents and data for use in proceedings in criminal matters，OJ L 350，30.12.2008，pp.72–92.

法领域中关于证据的部分刑事合作问题，而随后的证据移交还要靠相互协助程序。[1]欧洲证据令与司法协助程序是并存的，但是这种并存是过渡性质的。当“海牙计划”关于证据收集的其他相互承认文件全部制定出来后，他们和本框架决定一起，将构成一个完备的相互承认证据的体系，以代替现存的司法协助程序。[2]

1. 欧洲证据令的签发

欧洲证据令是指当作为刑事诉讼证据的物品、文件或数据位于另一个成员国领域内，或者，在电子数据的情况下，另一个成员国依据其法律可以直接获得该数据时，成员国主管机关为了从该另一个成员国获取这些证据而签发的一项司法决定。[3]

有权签发欧洲证据令的机关包括法官、法庭、调查官、检察官，以及在特定情况下，根据签发国法律有资格像刑事诉讼中的调查机关一样在跨国案件中有权安排取证的任何其他司法机关。

根据签发国的国内法，欧洲证据令只限于在以下诉讼程序中签发：由司法机关或向司法机关针对刑事犯罪提起的刑事诉讼；行政机关或司法机关对具有可罚性的违法行为提起的诉讼，并且该诉讼做出的裁决可能导致向有刑事管辖权的法院寻求救济的诉讼程序。[4]

欧洲证据令只能针对位于执行国的物品、文件或数据，而不应要求执行机关：对犯罪嫌疑人、证人、专家或任何其他人员进行当面询问、获得陈述或者其他形式的听证；进行身体检查或直接从任何人身上获取肉体物质或生物数据，包括DNA样本或指纹；获取实时信息，如窃听、秘密监视或监控银行账户；对现有的物品、文件或数据进行分析；获取公开的通信数据。[5]但是，如果这些物品、文件或数据在该证据令签发前已在执行机关的控制之下，那么欧洲证据令也可针对此类物品、文件或数据而签发。[6]此外，虽然欧洲证据令原则

---

① Council Framework Decision 2008/978/JHA，preamble 5.

② Council Framework Decision 2008/978/JHA，preamble 25.

③ Council Framework Decision 2008/978/JHA，art.1 and 2（b）.

④ Council Framework Decision 2008/978/JHA，art.5.

⑤ Council Framework Decision 2008/978/JHA，art.4（2）.

⑥ Council Framework Decision 2008/978/JHA，art.4（4）.

上不要求执行机关对相关人员进行询问，但只要签发机关提出要求，欧洲证据令也可以包括执行时在场人员做出的与证据令事项直接相关的陈述。①

签发机关只能在符合以下条件时签发欧洲证据令：以诉讼为目的获取物品、文件或搜索数据是必要的和适当的；如果这些物品、文件或数据位于签发国领域内，根据签发国的国内法，在类似案件中是可以获取的，即便使用的是不同的程序方法。这些条件应当由签发国逐案评估。②

2. 欧洲证据令的承认和执行

执行机关对送来的欧洲证据令应当承认，不需要其他正式手续。并且，执行机关应当立刻采取必要的措施，以与本国机关获取物品、文件或数据相同的方式执行该证据令，除非该机关决定援引本框架决定的有关规定决不承认或不执行或推迟执行。执行国有责任依据其国内法选择合适的方法并且决定是否有必要为提供该项协助而使用强制措施。每个成员国都应当保证：在执行国国内类似案件中可能使用的任何措施，为了执行欧洲证据令都可以使用，包括搜查或扣押。但如果证据令不是法官、法庭、调查官或检察官签发的并且未经上述机关中的任一机关确认以使之生效，那么，在特殊案件中，执行机关可以决定不采取搜查和扣押措施来执行证据令。在做出这种决定之前，执行机关应当征求签发国主管机关的意见。③

3. 拒绝承认与执行的理由

本框架决定规定的拒绝承认与执行的理由主要有：执行该证据令将违反“一罪不二审”原则；在应当适用双重犯罪原则的情形下，证据令涉及的犯罪依据执行国法律不构成犯罪；依据执行国法律，不可能任何方法执行欧洲证据令；被执行对象依据执行国法律享受豁免权和特权；欧洲证据令还没有生效；欧洲证据令涉及的犯罪全部或部分发生在执行国领域内；该犯罪是在签发国领域外实施的，并且执行国法律对于领域外实施的该类犯罪行为不允许启动司法程序；在特定案件中，欧洲证据令的执行会损害重要的国家安全利益、危及信息来源或涉及使用与特殊情报活动相关的机密信息；或签发机关提供的表格

① Council Framework Decision 2008/978/JHA，art.4（6）.

② Council Framework Decision 2008/978/JHA，art.7.

③ Council Framework Decision 2008/978/JHA，art.11（1）（2）（3）（4）.

不完整或从表面上看明显不正确，并且在执行机关指定的最后期限内仍未完成或更正。[①]

4. 双重犯罪原则的排除

本框架决定对双重犯罪原则的规定又有了进一步突破。在不需要采取搜查或扣押措施的情况下，欧洲证据令的承认或执行一律不受双重犯罪原则的限制。在必须采取搜查或扣押措施的情形下，根据签发国法律可处以 3 年以上监禁刑或羁押令的严重罪行在任何情况下都不受双重犯罪原则的限制。这些严重犯罪包括参加犯罪组织、恐怖主义犯罪、贩卖人口、儿童性剥削或性交易以及毒品犯罪等。如果欧洲证据令所涉犯罪不是犯罪清单上所列的这些罪行，但它的执行需要搜查或扣押，则欧洲证据令的承认和执行可受双重犯罪原则的限制。但与税收或关税、海关和汇兑相关的罪行，不能以执行国征收关税或税收的种类与签发国不同，或执行国规制税收或关税、海关和汇兑的法律与签发国不同，而拒绝承认与执行。欧盟理事会在与欧洲议会协商一致的情况下，可以把其他犯罪添加到犯罪清单上，以进一步扩大对双重犯罪原则的限制适用。[②]

5. 承认、执行和移交的最后期限

如果签发国在欧洲证据令中说明由于程序上的最后期限或其他特殊紧急情势必须采取较短的最后期限，则执行国应尽可能充分考虑此要求。

拒绝承认或执行欧洲证据令的决定应在主管执行机关收到欧洲证据令 30 天之内尽快做出。除非有本框架决定规定的推迟理由或证据令要求取得的物品、文件或数据已经在执行机关控制之下，则主管执行机关应在收到欧洲证据令 60 天之内毫不迟延地控制该物品、文件或数据。如果在某个具体案件中上述最后期限对主管执行机关来说是不可行的，则该执行机关应毫不迟延地尽一切方法将延迟理由及采取行动预计需要的时间告知签发国的主管机关。

除非有本框架决定规定的正在进行的未决法律救济程序或推迟执行理由，执行国应该毫不迟延地把根据欧洲证据令取得的所有物品、文件和数据传递移交给签发国，并表明，当签发国不再需要上述物品、文件和数据时，是否

① Council Framework Decision 2008/978/JHA，art.13.

② Council Framework Decision 2008/978/JHA，art.14.

需要将其返还给执行国。[①]

（九）对缺席判决的相互承认

2009 年 2 月 26 日，欧盟理事会通过了《修订第 2002/584/JHA 号、第 2005/214/JHA 号、第 2006/783/JHA 号、第 2008/909/JHA 号和第 2008/947/JHA 号框架决定，增强当事人程序权利，促进相互承认原则在缺席判决中适用的框架决定》[②]（第 2009/299/JHA 号框架决议）。本框架决定的目的在于允许执行机关执行缺席判决，为某个成员国（执行国）承认并 / 或执行由另一成员国（签发国）在当事人缺席的情况下做出的司法裁判规定了共同规则，[③] 同时充分尊重当事人的抗辩权利。

被告人亲自出席庭审的权利，正如欧洲人权法院所解释的，包含在《保护人权和基本自由公约》第 6 条规定的被告人有权得到公正审判的权利之中。该法院也声明，被告人亲自出席庭审的权利并不是绝对的，在特定情形下，被告人可以基于自由意愿，通过明示或默示的方式，明确放弃这种权利。[④] 在此之前通过的适用相互承认原则的各种框架决定，不总是适用于被告人缺席审判情况下做出的判决，这可能会阻碍司法合作。[⑤] 在当事人未被通知参加诉讼的情形下，这些框架决定规定的解决方案不能令人满意。第 2005/214/JHA 号《将相互承认原则适用于经济处罚的框架决定》、第 2006/783/JHA 号《将相互承认原则适用于没收令的框架决定》、第 2008/909/JHA 号《为了在欧盟执行监禁刑或剥夺自由的处遇的刑事判决而将相互承认原则适用于这类判决的框架决定》和第 2008/947/JHA 号《为了对缓刑处遇和替代性制裁进行监督而将

---

① Council Framework Decision 2008/978/JHA，art.15.

② Council Framework Decision 2009/299/JHA of 26 February 2009 amending Framework Decisions 2002/584/JHA，2005/214/JHA，2006/783/JHA，2008/909/JHA and 2008/947/JHA，thereby enhancing the procedural rights of persons and fostering the application of the principle of mutual recognition to decisions rendered in the absence of the person concerned at the trial，OJ L 81，27.3.2009，pp.24–36.

③ Council Framework Decision 2009/299/JHA，art.1（3）.

④ Council Framework Decision 2009/299/JHA，preamble 1.

⑤ Council Framework Decision 2009/299/JHA，preamble 2.

相互承认原则适用于判决和缓刑决定的框架决定》允许执行机关拒绝执行此类裁决。第 2008/584/JHA 号《欧洲逮捕令和成员国之间移交程序的框架决定》允许执行机关要求签发逮捕令的机关做出保证，保证当事人在移交给签发国后有机会申请重新审理这个案件，并有机会在做出裁决时出庭。这种保证是否充足是由执行机关做出判断的，因此逮捕令可能会被拒绝执行。①

因此，有必要对拒绝承认缺席判决的事由做出明确且共同的规定。本框架决定不规定包括程序要求在内的达到本框架决定目的的具体的形式和方法，这属于成员国国内法调整的问题。②

为修正其他框架决定而做出的本框架决定，为执行缺席判决设定了一些条件，在符合这些条件的情形下，缺席裁定不应当被拒绝执行。③ 如果当事人本人曾收到过传票，并因此得知做出终局裁判的时间和地点，或者确实通过其他途径得知了审判的时间和地点的官方消息，在这两种情形下做出的缺席判决，不应当被拒绝承认和执行。在这种场合，可以理解为，当事人“按时”收到了做出判决的时间和地点这类信息，能够及时参与审判并有效行使其抗辩权。④ 当有关当事人知道庭审时间安排并由其授权的法律顾问为其进行实际有效辩护的情况下，缺席判决不应当被拒绝承认与执行。在这种场合下，法律顾问是由当事人挑选、指派或支付费用，还是由国家指派或支付费用，都不应该成为问题。这可以理解为，有关当事人是故意选择让法律顾问代表其出庭而不是自己亲自出庭。法律顾问的指派以及相关事务属于国内法事项。⑤

（十）对欧洲监督令的相互承认

2009 年 10 月 23 日，欧盟理事会通过了《在欧盟成员国之间将相互承认

① Council Framework Decision 2009/299/JHA，preamble 3.

② Council Framework Decision 2009/299/JHA，preamble 4.

③ Council Framework Decision 2009/299/JHA，preamble 6.

④ Council Framework Decision 2009/299/JHA，preamble 7.

⑤ Council Framework Decision 2009/299/JHA，preamble 10.

原则适用于替代临时羁押的监督令的框架决定》[①]（第 2009/829/JHA 号），本框架决定也可以简称为“欧洲监督令”。它是为相互承认和执行刑事诉讼中的监督令而制定规则。

这些规则的目的在于使面临其他成员国刑事诉讼的某一成员国居民能够在等待审判时由其居住国的司法机关予以监督，从而增强对公众的保护。在此之前，当某人面临将要提起的审判时，现有制度只有两种选择：要么临时羁押，要么行为不受监督。这种制度必然给公众带来风险，因而需要重新对“保护公众”进行定义。因此，与其目的相一致，本框架决定对被告的行为予以监督。这一措施将对守法公民的居住安全权产生进一步的影响。[②]

欧洲监督令所制定规则的目的也在于巩固欧盟的自由权利和无罪推定原则，并在对判决前的个人实行监督时确保成员国之间的合作。因此，与其目的相一致，本框架决定提倡在适当时候用非监禁措施替代临时羁押，甚至按照当事国法律，从诉讼一开始就不能适用临时羁押。[③]如果面临审判的人不居住在审判国，那么，他可能会受到与审判国居民区别对待的风险，因为居民可以被采取非羁押性质的措施，而非居民在审前可能需要被居住国逮捕还押给审判国。在这个正义没有内部边界的欧洲共同区域内，有必要采取行动确保审判国的非居民与居民在刑事诉讼中受到同等对待。[④]

本框架决定制定的规则包括：承认由其他成员国签发的作为临时羁押替代措施的监督令，执行对自然人科处的监督令，并在该人违反监督令时将该人移送给签发国。[⑤]

本框架决定的目的如下：确保正义的正当程序，特别确保有关人员将出庭受审；在适当情况下，提倡在刑事诉讼中对诉讼发生地成员国的非居民使用非

---

① Council Framework Decision 2009/829/JHA of 23 October 2009 on the application, between Member States of the European Union, of the principle of mutual recognition to decisions on supervision measures as an alternative to provisional detention, OJ L 294, 11.11.2009, pp.20–40.

② Council Framework Decision 2009/829/JHA, preamble 3.

③ Council Framework Decision 2009/829/JHA, preamble 4.

④ Council Framework Decision 2009/829/JHA, preamble 5.

⑤ Council Framework Decision 2009/829/JHA, art.1.

羁押措施；促进对受害人和公众的保护。①

1. 欧洲监督令及其内容

欧洲监督令是由签发国主管机关根据其国内法和程序在刑事诉讼中签发的，要求对自然人强制采取一项或多项监督措施以代替临时羁押的一项具有可执行性的决定。②

监督措施是指根据签发国的国内法和程序强加在自然人身上的义务和指令，③具体包括：基于在刑事诉讼中收到传票以出席听证会或出席庭审的目的，个人变更住所时告知执行国主管机关的义务；不得进入签发国或执行国特定场所、地点或指定区域的义务；在特定时间段内不得离开指定地点的义务；不得离开执行国领域的义务；在规定时间向指定机关报告的义务；避免与已确定的与犯罪有关的特定人员接触的义务。④

此外，本框架决定还列出了一个其他监督措施的清单，供各成员国选择适用。这些其他措施包括：不从事与已确定的犯罪有关的特定活动的义务，包括涉入特定的职业或领域；不驾驶车辆的义务；缴纳保证金或提供其他形式的保证的义务；接受有益于健康的治疗或戒除毒瘾的治疗的义务；避免与已确定的犯罪有关的特定事物接触的义务。⑤

2. 欧洲监督令及其证明文件的送交程序

当签发国主管机关适用本框架决定将欧洲监督令送交给另一成员国时，它应确保附随一份按照标准格式制作的证明文件。欧洲监督令或其经过认证的复印件连同证明文件，应该由签发国主管机关以能够生成书面记录以便让执行国确认其真实性的方式直接送交给执行国主管机关。如果要求执行国要求，欧洲监督令的原件或其经过认证的复印件连同证明文件原件应被送往执行国。所有的官方沟通应在主管机关之间直接进行。⑥

签发国主管机关在送交欧洲监督令时应说明监督令的适用期限、是否可

---

① Council Framework Decision 2009/829/JHA，art.2（1）.

② Council Framework Decision 2009/829/JHA，art.4（a）.

③ Council Framework Decision 2009/829/JHA，art.4（b）.

④ Council Framework Decision 2009/829/JHA，art.8（1）.

⑤ Council Framework Decision 2009/829/JHA，art.8（2）.

⑥ Council Framework Decision 2009/829/JHA，art.10（1）（2）.

能更新该监督令以及执行监督措施可能需要的时间。[①]

欧洲监督令连同证明文件一次只能送交给一个执行国。[②]

如果签发国主管机关不知道执行国的主管机关，为了获取该信息，应进行所需要的一切询问，包括通过根据理事会 1998 年 6 月 29 日第 98/428/JHA 号《建立欧洲司法网络的联合行动》[③] 建立的欧洲司法网的联络点进行询问。[④]

当执行国收到欧洲监督令和证明文件的机关无权承认该监督令时，该机关应依其职权将该监督令和证明文件移交给主管机关。[⑤]

3. 对欧洲监督令的承认和执行

执行国主管机关应该在收到欧洲监督令和证明文件的 20 个工作日内尽快承认该监督令，除决定不承认外，并应毫无延迟地采取各种必要措施对监督措施予以执行。如果有人对欧洲监督令已经提起法律救济程序，那么，对监督令承认的时间限制应再延长 20 个工作日。如果执行国主管机关在特殊情况下不能遵守时间限制，那么它应及时将迟延执行的理由以及预计做出最终决定的时间告知签发国主管机关。如果证明文件不完整或者明显与监督令不符，主管机关可以推迟做出承认监督令的决定，直到在合理的时间限制内该证明文件能够补充完整或者得到更正。[⑥]

如果监督措施的性质有悖于执行国法律，则成员国主管机关可以对该措施进行调整以使其与根据本国法对相同行为实施的监督措施一致。改变监督措施应及时告知签发国。改变后的监督措施不能比原来的监督措施严格。[⑦]

监督措施的执行应由执行国法律予以规范。[⑧]

4. 签发国主管机关有权采取后续措施

签发国主管机关有权依据其国内法采取与监督令有关的所有后续决定。

---

① Council Framework Decision 2009/829/JHA，art.10（5）.

② Council Framework Decision 2009/829/JHA，art.10（6）.

③ OJ L 191，7.7.1998，p.4.

④ Council Framework Decision 2009/829/JHA，art.10（7）.

⑤ Council Framework Decision 2009/829/JHA，art.10（8）.

⑥ Council Framework Decision 2009/829/JHA，art.12.

⑦ Council Framework Decision 2009/829/JHA，art.13（1）（2）.

⑧ Council Framework Decision 2009/829/JHA，art.16.

这种后续决定包括：更新、审查和撤回监督令；改变监督措施；签发逮捕令或其他具有相同效力的可执行的司法决定。① 在签发国主管机关改变监督措施的情形下，如果该措施的性质不符合与执行国法律，则执行国的主管机关可以对该措施进行调整；如果该措施不属于本框架决定列举的监督措施的类型也不属于执行国告知总秘书处可以执行的其他监督措施的类型，则执行国可以拒绝执行该措施。②

本框架决定还规定了双重犯罪原则的例外以及拒绝承认与执行的理由，这方面内容与其他相互承认法律文件大致相同，在此不一一赘述。

（十一）对刑事管辖权的相互承认

《欧洲联盟条约》第 31 条 b 款规定，刑事司法合作的共同行动包括预防成员国之间的管辖权冲突。欧盟的法律文件往往对刑事管辖权规定了多个管辖理由。③ 在适用普遍管辖原则时，多个国家对同一案件具有管辖权的情形变得尤为突出。但是，对这种多国具有管辖权的未决案件，以前既没有相关的管辖规则，多个管辖理由也没有先后顺序，往往只能靠协调解决。在某些情况下，可以集中起诉。④

2009 年 11 月 30 日，欧盟理事会通过了第 2009/948/JHA 号《在刑事诉讼中预防和解决管辖权冲突的框架决定》。⑤ 本框架决定的目标是，当两个或两个以上成员国同时对同一个人的同一个行为提起刑事诉讼时，促进这些成员

---

① Council Framework Decision 2009/829/JHA，art.18（1）.

② Council Framework Decision 2009/829/JHA，art.18（4）.

③ 例如，1997 年 2 月 24 日《关于打击贩卖人口和儿童性剥削的联合行动》，Title II/A/f（OJ L 63 of 4 March 1997）；1997 年 5 月 26 日《打击欧共体官员或欧盟成员国官员腐败犯罪的公约》第 7 条（OJ C 195 of 25 June 1997）；1998 年 12 月 21 日《在欧盟成员国将参加犯罪组织规定为一项犯罪的联合行动》第 4 条（OJ L 351 of 29 December 1998）；1998 年 12 月 22 日《打击私营部门腐败行为的联合行动》第 7 条（OJ L 358 of 31 December 1998）。

④ 像 1995 年《保护欧共体金融利益公约》第 6 条和 1998 年 12 月 21 日《在欧盟成员国将参加犯罪组织规定为一项犯罪的联合行动》第 4 条规定的那样。

⑤ Council Framework Decision 2009/948/JHA of 30 November 2009 on prevention and settlement of conflicts of exercise of jurisdiction in criminal proceedings，OJ L 328，15.12.2009，pp.42–47.

国主管机关之间的联系和合作，以避免这种平行诉讼产生相互抵触的处理结果，从而提高诉讼的效率和对“一事不再理”原则的遵从。[①]

正如欧共体法院解释的那样，“一事不再理”原则由荷、比、卢经济联盟成员国政府和德国、法国之间于1985年6月14日订立的《关于执行〈逐渐取消共同边界检查的申根协议〉的公约》第54条确立。该原则的主要内容是：承认一项裁决，就意味着，在对该裁决所针对的同一事项进行重新调查、起诉或审判时，必须考虑先前已经存在这项裁决。一个人一旦因某事项而被某个成员国适用法律规范做出一项裁决，他就不能再因同一事实而被任何成员国再次判决。[②]

欧盟成员国的法律在适用该原则时有两种方式：一种方式是，如果某一事项在另一个国家已经有过一项有罪判决，那么在对同一事项做出第二次判决时，先前做出的判决可能导致减免刑罚，也即“抵免原则”；另一种方式是，禁止对同一个人的同一事项进行二次判决，也即“穷尽程序原则”。全面推行相互承认原则，应采取“穷尽程序原则”，也即，如果某人在某个成员国因实施犯罪行为而被判有罪或因证据不足而撤销诉讼，即使另一个成员国对该案有管辖权或者可以做出量刑不同的判决，都不能再对该人的同一事实进行起诉。[③]

1. 解决管辖权冲突的有效方法

为了避免平行诉讼产生相互抵触的后果和浪费有关主管机关的时间和资源，各成员国的主管机关应通过直接相互磋商，以在有效解决这个问题方面达成共识。解决管辖权冲突的一种显著有效的解决方法就是将所有刑事诉讼集中在一个成员国进行，如通过刑事诉讼移转，将所有的刑事诉讼集中于一个成员国。当各主管机关不能形成统一认识时，可以把案件提交给欧洲司法局。[④]

---

① Council Framework Decision 2009/948/JHA，art.1.

② Council Framework Decision 2009/948/JHA，preamble 3.

③ See Communication from the Commission to the Council and the European Parliament：*Mutual Recognition of Final Decisions in Criminal Matters*，Brussels，26.7.2000，COM（2000）495 final，par.6.2.

④ Council Framework Decision 2009/948/JHA，preamble 4 and 14.

在强制起诉义务占主导地位的国家，将案件移转给另一个国家审理后，这种强制起诉义务应当被理解为：当任一成员国确保了对特定刑事犯罪的刑事起诉后，有管辖权的国家就履行了强制起诉的义务。①

2. 对其他成员国进行的平行诉讼的确认义务和答复义务

当一个成员国的主管机关有合理理由相信，基于同一个事实涉及同一个人的平行诉讼程序中正在另一个成员国进行，那么它应当联系该另一个成员国的主管机关。对于是否存在合理理由的疑问，应当只能由联系国审查。合理理由可以并尤其应包括以下情形：犯罪嫌疑人或被告人提供个人资料时诉称，其基于相同的事实正在被另一个成员国同时刑事起诉，或者另一个成员国的主管机关请求相互司法协助时，暴露出这种平行刑事诉讼的存在，或者警察机关提供了这方面的信息。②

被联系的机关应当在联系机关指定的任何合理的最后期限内，或者如果没有指定最后期限的话，应当在毫不当迟延的情况下，对上述请求做出答复，并且告知联系机关是否在本国发生了平行诉讼。在得知犯罪嫌疑人或被告人已经被临时羁押的情形下，这项请求应当作紧急事项对待。③

3. 交换信息的最低限度

本框架决定对联系机关与被联系机关交换的信息的最低限度进行了强制性规定，即有些信息是必须提供的。所提供的信息应当明显便利于正确识别涉案人员身份和分别进行的平行诉讼的性质和阶段。④主管机关在与另一个成员国联系，以确认是否有平行诉讼时，应提供以下信息：主管机关的联系方式；对本国正在进行的刑事诉讼的涉案行为的事实和情节的描述；如果有可能的话，有关犯罪嫌疑人和被告人身份以及被害人的详细资料；刑事诉讼已经进行到的阶段；如果有可能的话，关于临时羁押或监禁犯罪嫌疑人或被告人的信息。⑤被联系机关做出的答复应当包括以下信息：针对同一个行为的刑事诉讼

---

① Council Framework Decision 2009/948/JHA，preamble 12.

② Council Framework Decision 2009/948/JHA，preamble 5.

③ Council Framework Decision 2009/948/JHA，art.6.

④ Council Framework Decision 2009/948/JHA，preamble 6.

⑤ Council Framework Decision 2009/948/JHA，art.8.

是否正在进行或者是否曾经进行过，是否涉及同一个人；如果以上答复有一项是肯定的，则还应包括：主管机关的联系方式；这些诉讼的阶段，或者在已经做出终局性裁定的情况下，该裁定的性质。[①]

4. 主管机关之间的直接磋商

主管机关之间的直接联系应该成为本框架决定下合作的首要原则。[②]

当确定平行诉讼存在时，为了避免这种平行诉讼导致相互抵触的结果，以及就有效解决问题达成共识，有关成员国的主管机关应当进入直接磋商阶段。适当的解决办法是可以将这些平行进行的刑事诉讼集中在一个成员国进行。[③]

成员国的主管机关为了达成共识而进行直接磋商时，他们应当考虑案件的事实和价值，以及他们认为有关的所有因素。[④] 主管机关应当对包括 2003 年欧洲司法局年报上发表的指导性意见等相关标准进行充分考虑，同时还应当考虑：主要犯罪事实发生地，损失持续发生地，犯罪嫌疑人或被告人所处的位置以及被移交或被引渡到其他国家的可能性，犯罪嫌疑人或被告人的国籍或住所，受害人和证人的重大利益，证据可采性或可能发生的任何延误。[⑤]

主管机关之间直接磋商的义务，不排除在欧洲司法局的协助下进行这种直接磋商的可能性。[⑥] 由于欧洲司法局特别适合于为解决管辖权的冲突提供协助，因此，当不能达成共识时，将案件提交给欧洲司法局也是一个有用办法。应该指出的是，依照经 2008 年 12 月 16 日理事会第 2009/426/JHA 号《关于加强欧洲司法局的决定》[⑦] 修正的 2002 年 2 月 28 日理事会第 2002/187/JHA 号《为了加强同暴力犯罪作斗争而建立欧洲司法局的决定》[⑧] 第 13 条第 7 款 a 项的规定，任何已经出现或可能出现管辖权冲突的案件，都应当报告给欧洲司法局，

① Council Framework Decision 2009/948/JHA，art.9.

② Council Framework Decision 2009/948/JHA，preamble 8.

③ Council Framework Decision 2009/948/JHA，art.10（1）.

④ Council Framework Decision 2009/948/JHA，art.11.

⑤ Council Framework Decision 2009/948/JHA，preamble.9.

⑥ Council Framework Decision 2009/948/JHA，preamble.10.

⑦ OJ L 138，4.6.2009，p.14.

⑧ OJ L 63，6.3.2002，p.1.

并且，如果至少有一个参与直接磋商的主管机关认为适当，就可以随时将该案件提交给欧洲司法局。[①]

（十二）对欧洲保护令的相互承认

2011年12月13日，欧洲议会和欧盟理事会通过了《关于欧洲保护令的指令》[②]（第2011/99/EU号），本指令可以简称为“欧洲保护令”。根据“斯德哥尔摩计划”，为了让犯罪被害人在欧盟范围内得到有效的特别保护措施，本指令制定出一套协调一致的全面保护刑事犯罪被害人的措施。[③]

1. 欧洲保护令的目的

2009年11月26日欧洲议会《关于消除对妇女暴力行为的决议》号召各成员国改善国内法律和政策以打击各种形式的对妇女的暴力行为，采取行动（特别是防范措施）处理针对妇女的暴力行为的诉讼，并号召欧盟保障暴力行为的受害人得到帮助和支持的权利。2010年2月10日欧洲议会《关于欧盟男女平等的2009号决议》赞成推行欧洲被害人保护令的议案。[④]欧盟理事会在2011年6月10日《关于加强和保护被害人尤其是刑事诉讼被害人权利的路线图的决议》中指出，必须在欧盟层面上采取措施以加强被害人的权利及保护犯罪被害人，并提请欧盟委员会最终提出合适的议案。在这个框架下，应创立一种机制以保证成员国之间相互承认犯罪被害人保护措施的司法裁定。根据该决议，本指令应当通过民事保护措施的适当机制得到补充。[⑤]

在一个没有国界的共同司法领域，成员国给予自然人的保护应当在该人将要迁往或已经迁入的其他成员国得到维持和继续。欧盟公民依据《欧洲联盟条约》第3条第2款和《欧洲联盟运作条约》第21条在欧盟成员国领域内

① Council Framework Decision 2009/948/JHA，preamble.10.

② Directive 2011/99/EU of the European Parliament and of the Council of 13 December 2011 on the European protection order，OJ L 338，21.12.2011，pp.2-18.

③ Directive 2011/99/EU，preamble 3.

④ Directive 2011/99/EU，preamble 4.

⑤ Directive 2011/99/EU，preamble 5.

合法行使他们自由迁移或居住的权利时，不会因此而发生失去保护的后果。①

为了实现这些目标，本指令确立了这样的规则，即由刑事犯罪被害人原来居住的成员国对其采取的保护措施可以继续适用于该人决定居住或停留的另一个成员国。②

保护措施的目的一是专门保护刑事犯罪被害人免受犯罪行为的侵害，如通过阻止任何形式的骚扰，防止犯罪行为对被害人的生活或身体、精神和性的完整性的危及；通过防止绑架、跟踪和其他间接胁迫方式，保护该人的尊严或人身自由不受威胁；另一个目的是防止新的犯罪行为或减小先前犯罪行为的后果。考虑到各种犯罪的差异性，该保护措施的目的是保护所有被害人而非仅仅保护性暴力的被害人。③

本指令适用于刑事诉讼中采取的保护措施而不适用于民事诉讼中采取的保护措施。根据本指令，一项保护措施的执行并不以终局性裁定确定刑事犯罪的成立为必要条件，也与采取保护措施的机关是刑事性质的、行政性质的还是民事性质的无关。本指令不强迫成员国修改国内法以便能够在刑事诉讼中采取保护措施。④

本指令适用于对犯罪被害人或可能成为犯罪被害人的人采取的保护措施，而不适用于保护证人的措施。⑤

2. 欧洲保护令的内容和签发

"欧洲保护令"是指由成员国司法机关或与之相当的机关做出的对被害人采取保护措施的决定。基于该决定，另一个成员国的司法机关或与之相当的机关依据其国内法采取一项或多项适当措施以继续保护该被害人。⑥

欧洲保护令只有基于被保护人的申请，⑦ 在签发国先前已经对引起危险的人采取了下列一项或多项禁止或限制性保护措施的情况下才可签发：禁止该人

---

① Directive 2011/99/EU，preamble 6.

② Directive 2011/99/EU，preamble 7.

③ Directive 2011/99/EU，preamble 9.

④ Directive 2011/99/EU，preamble 10.

⑤ Directive 2011/99/EU，preamble 11.

⑥ Directive 2011/99/EU，art.2（1）.

⑦ Directive 2011/99/EU，art.6（2）.

进入被保护人居住或造访的特定场所、地点或指定区域；禁止或管制与被保护人的一切形式的联系，包括通过电话、电子邮件或普通邮件、传真或其他形式联系；或者禁止或管制与被保护人接近的距离超过规定的距离。①

当被保护人决定居住或已经居住在另一个成员国时，或者当被保护人决定停留或已经停留在另一个成员国时，可以签发欧洲保护令。在决定签发欧洲保护令时，签发国的主管机关应当特别考虑被保护人准备在执行国停留的时间以及所需要保护的严重程度。②

欧洲保护令应当以规定的标准格式签发，主要应包括以下信息：被保护人的身份和国籍，如果是未成年人或无行为能力人，那么他的监护人或法定代表人的身份和国籍；被保护人准备居住或停留在执行国的起始日或停留期限；签发国主管机关的详细信息和联系方式；验证包含在据以签发欧洲保护令的保护措施中的法律行为；犯罪的基本事实情况；禁止或限制事项及其期限，以及违反的处罚建议；作为执行保护措施的手段，已经对被保护人或引起危险的人使用的技术装置；引起危险的人的身份和国籍以及联系方式等。③

3. 签发国的权限

签发国主管机关对以下事项有做出决定的专属权限：更新、审查、修正、撤销和撤回保护措施以及欧洲保护令；如果已经基于第 2008/947/JHA 号框架决定第 2 条意义上的判决或基于第 2009/829/JHA 号框架决定第 4 条意义上的监督处遇决定采取了保护措施，那么，作为撤销保护措施的后果，科处监禁处遇。做出上述决定时适用签发国法律。④

4. 对欧洲保护令的承认和执行

当执行国主管机关收到送交交来的欧洲保护令时，除非具有拒绝承认的理由，它应当立即承认该保护令并做出决定，采取依据其国内法可以在类似情况下采取的措施，以保护被保护人。可以采取的措施包括刑事、行政或民

① Directive 2011/99/EU，art.5.

② Directive 2011/99/EU，art.6（1）.

③ Directive 2011/99/EU，art.7.

④ Directive 2011/99/EU，art.13（1）.

事措施。①

在承认欧洲保护令时，应优先考虑的同样适用于国内类似案件的具体情况，包括事项的紧急性，被保护人到达执行国领域的预期日期以及，可能的话，被保护人面临危险的程度。②

5. 拒绝承认或执行的理由

执行国主管机关可以在下列情形下拒绝承认欧洲保护令：欧洲保护令不完整或者在限定期限内没有被补充完整；签发国先前并没有采取过禁止或限制措施；与保护措施相关的行为，依据执行国法律不构成刑事犯罪；保护措施根据执行国法律属于赦免事项并且本国有管辖权；引起危险的人在执行国享有豁免权；根据执行国法律，针对犯罪行为提起的刑事指控已经超过法定时效；承认欧洲保护令将违反"一事不再理"原则；根据执行国法律，引起危险的人没达到承担刑事责任的年龄；与保护措施有关的刑事犯罪，全部或其主要发生在本国领域内。当执行国主管机关依据上述理由拒绝承认欧洲保护令时，它应当立即将拒绝情况及拒绝理由通知签发国和被保护人，并告知被保护人依据其国内法请求采取保护措施以及反对这种拒绝承认决定的法律救济手段。③

6. 执行国适用的法律和权限

在承认欧洲保护令之后，执行国应适用本国法律决定在本国采取的保护措施并执行这种措施。在违反了执行国采取的一项或多项措施的情况下，执行国主管机关为了终止违反行为，在签发国随后做出决定之前，有权采取紧急措施或临时措施，有权做出非刑事决定，如果违反行为依据执行国法律构成犯罪，有权科处刑罚或其他处遇措施。如果依据执行国法律，在类似情况下没有可以采取的措施，那么执行国主管机关应将违反情况向签发国主管机关报告。④

执行国主管机关可以在下列情形下终止基于欧洲保护令而采取的措施：被保护人已经不在执行国领域；根据执行国的国内法，为执行欧洲保护令而

① Directive 2011/99/EU，art.9（1）.

② Directive 2011/99/EU，art.15.

③ Directive 2011/99/EU，art.10（1）.

④ Directive 2011/99/EU，art.11.

采取的措施的最长期限已经届满；在签发国修正了欧洲保护令的情形下，修正后的禁止或限制事项不在本指令所述的类型内，或者随欧洲保护令移送来的信息不完整或者在执行国主管机关指定的期限时没有补充完整时，拒绝执行，等等。①

7. 费用

执行本指令所产生的费用，除完全产生于签发国领域的费用外，根据执行国法律，应当由执行国承担。②

（十三）对欧洲刑事调查令的相互承认

2014 年 4 月 3 日，欧洲议会和欧盟理事会通过了《关于欧洲刑事调查令的指令》③（第 2014/41/EU 号）。

由于欧盟现有的有关成员国之间在跨境取证和证据移送制度方面进行合作的法律文件不理想或不成体系，所以需要基于相互承认原则制定新方法。这种新方法的依据是一份被称为《欧洲调查令（EIO）》的单一文件。签发调查令的目的是使一种或几种具体的调查方法可以基于收集证据的目的而在执行调查令的国家得到实施。这包括对已经被执行机关拥有的证据的取得。

2017 年 5 月 22 日之后，在成员国之间，本指令将取代第 2008/978/JHA 号《为了获取用于刑事诉讼的物品、文件和数据的欧洲证据令的框架决定》。受本指令约束的成员国，在有关冻结证据方面，本指令代替了第 2003/577/JHA 号《在欧盟范围内执行财产冻结令或证据冻结令的框架决定》的相关规定。④

1. 欧洲调查令及其签发条件

欧洲调查令（EIO）是一项由某个成员国（签发国）的司法机关签发或确

---

① Directive 2011/99/EU，art.14.

② Directive 2011/99/EU，art.18.

③ Directive 2014/41/EU of the European Parlament and of the Council of 3 April 2014 regarding the European Investigation Order in criminal matters，OJ L 130/1，1.5.2014.

④ Directive 2014/41/EU，art.34（1）and（2）.

认的、由另一个成员国（执行国）采取一种或几种具体的调查方法以获取证据的司法命令。欧洲调查令也可以为了获取已经被执行国的主管机关所拥有的证据而签发。[①] 欧洲调查令也可以为补充先前签发的欧洲调查令而签发新的欧洲调查令。[②]

欧洲调查令可以根据签发国法律，在下列程序中签发：①司法机关提起或向司法机关提起的与刑事犯罪有关的刑事程序；②因为违反法律规则而由行政机关提起的与可罚行为有关的程序，在该程序中，有管辖权的法庭可以就特定的刑事事务做出裁定；③根据签发国法律，因为违反法律规则而由司法机关提起的与可罚行为有关的程序，在该程序中，有管辖权的法庭可以就特定的刑事案件做出裁定；④与上述①、②和③相应的程序，在这些程序中，应对犯罪或违法行为负责或应受处罚的是签发国的法人。[③] 如果基于以上程序的目的并考虑到嫌疑人或被告人的权利，签发欧洲调查令是必须的和适当的，并且在国内类似案件的同等条件下，可以下令采取欧洲调查令所指的调查方法，那么签发机关在逐案评估的基础上，就可以签发欧洲调查令。[④]

欧洲调查令必须以本指令附件 A 中确定的统一格式签发，并应由签发机关证明正确无误，必须包括以下信息：①有关签发机关以及确认机关的信息；②欧洲调查令的目的和理由；③已经掌握的相关人员的必要信息；④对调查或诉讼所涉的犯罪行为的描述，以及适用的签发国刑事法律的相关条款；⑤对所请求的调查方法的描述以及需要取得的证据。[⑤]

2. 移交欧洲调查令

欧洲调查令应当在能让执行机关确定其真实性的条件下，以能够留下书面记录的方式由签发机关送交给执行机关。进一步的官方联系应在签发机关和执行机关之间直接进行。各成员国还可以指定中央机关以协助主管机关。根据国内司法体系结构的需要，成员国可以让中央机关负责欧洲调查令的行

---

① Directive 2014/41/EU，art.1（1）.

② Directive 2014/41/EU，art.8.

③ Directive 2014/41/EU，art.4.

④ Directive 2014/41/EU，art.6.

⑤ Directive 2014/41/EU，art.5（1）.

政移交和接收，以及有关欧洲调查令的其他官方公报。当收到欧洲调查令的执行国机关没有资格承认该命令或没有资格采取必要措施执行该命令时，它应当依照职权将该欧洲调查令移交给执行机关并告知签发机关。[①]

3. 对欧洲调查令的承认和执行

除非执行机关决定援引本指令所规定的不承认或不执行或延期执行的理由，执行机关对于依照本指令移交来的欧洲调查令，不需要其他的手续就应予承认，并应保证，就像有关的调查方法是由执行国自己的主管机关命令的那样，以同样方法和同等模式予以执行。除非本指令另作说明，只要签发机关明确指定的手续和程序不违反执行国的基本法律原则，执行机关就应当遵守。如果执行机关收到的欧洲调查令不是由有权签发的机关签发的，它应当将欧洲调查令退回签发机关。当签发国的特定机关在国内相同的情况下对欧洲调查令指定的调查方法提供协助时，签发机关可以请求签发国的相关机关协助欧洲调查令的执行。如果这种协助不违反执行国的基本法律原则或者不妨害本国的基本安全利益，执行机关应当接受这种请求，但是签发国的机关在执行国执行欧洲调查令时应遵守执行国的法律并须经签发国和执行国一致同意，他们在执行国不具有任何执法权。[②]

执行机关应尽可能在有权执行的机关收到欧洲调查令后 30 天内对承认或执行欧洲调查令做出决定。[③] 如果在特定情况下，执行机关不可能遵从以上规定日期，那么它应当立即通知签发机关，说明延迟理由以及预计做出决定所需要的时间。在这种情况下，最多可延长 30 天。[④] 如果由于程序的截止日期、犯罪的严重性或其他特殊紧急情况，签发机关在欧洲调查令中表示需要的期限比本条所规定的期限更短，或者签发机关已经在欧洲调查令中表明，必须在指定的时间内采取调查方法，执行机关则应当对这种请求尽可能给予充分考虑。[⑤]

---

① Directive 2014/41/EU，art.7.

② Directive 2014/41/EU，art.9.

③ Directive 2014/41/EU，art.12（3）.

④ Directive 2014/41/EU，art.12（5）.

⑤ Directive 2014/41/EU，art.12（2）.

4. 拒绝承认或执行欧洲调查令的理由

执行国可以基于以下理由拒绝承认或执行欧洲调查令：

（1）依据执行国法律，因为有豁免或特权而不可能执行欧洲调查令，或者存在着有关出版自由和在其他媒体上的表达自由的刑事责任的裁定或限制从而不可能执行欧洲调查令；

（2）执行欧洲调查令在特定情况下可能损害国家基本利益、危害信息来源或涉及使用与特定情报有关的机密信息；

（3）在某些程序中签发的欧洲调查令和调查方法不可能在执行国的类似案件中得到授权；

（4）执行欧洲调查令将违反"一事不再理"原则；

（5）欧洲调查令所针对的刑事犯罪是在签发国领域外实施的，并且全部或部分实施于执行国领域，且与签发欧洲调查令相关的行为在执行国不是犯罪行为；

（6）承认或执行欧洲调查令将违反执行国依据《欧洲联盟条约》第6条和宪章的义务；

（7）据以签发欧洲调查令的行为依据执行国法律不构成犯罪，但是，如果该犯罪属于附件D所列的犯罪清单上的犯罪且在签发国可处3年以上监禁刑或羁押令的，则除外；或者

（8）依据执行国法律，欧洲调查令所指定的调查方法仅限适用于某些犯罪或有最低处罚门槛的犯罪，而欧洲调查令所涉及的犯罪并不属于这类犯罪。①

当欧洲调查令相关的犯罪与税收或关税、海关和兑换有关时，执行机关不应因为执行国法律没有征收相同种类的税收或关税或没有与签发国法律相同的税收、关税、海关和兑换规则而拒绝承认或执行。②

所指的不予承认或执行欧洲调查令的决定，不管是全部还是部分不承认或执行，执行机关都应以适当方式与签发机关进行协商，并且在适当的时候

① Directive 2014/41/EU，art.11（1）.

② Directive 2014/41/EU，art.11（3）.

请求签发机关及时提供所需的补充资料。①

5. 要求执行国采取的调查方法

调查方法可以是刑事诉讼中为了获取证据而进行的普通调查方法，也可以是某些特殊的调查方法，如为了让某人作证而将该人临时移送到签发国或执行国作证，通过电话会议、视频会议或其他视听传播进行作证，对银行或其他金融机构的账户进行核实调查、秘密调查、窃听电信等，还可以为防止破坏、转换、搬迁、转让或处置可作为证据使用的物品而要求执行国采取相应的临时措施。

这些调查方法与个人财产、隐私及其他权利紧密相关，所以本指令再三强调在调查时要保密、保护个人数据及其他个人权利。

当欧洲调查令指定的调查方法在执行国法律中不存在或者在国内相同情况下不能使用时，或者执行机关认为其他调查方法比欧洲调查令指定的方法更少干扰但又可以取得同样效果时，执行机关可以寻求欧洲调查令指定的方法以外的其他方法以执行欧洲调查令。②

6. 移交证据

作为执行欧洲调查令的结果，执行机关应当没有任何不适当延误地将取得的证据或已经被执行国主管机关拥有的证据移交给签发国。③ 在法律救济未做出决定之前，除非欧洲调查令中有足够的理由表明，立即移交证据对适当的调查行为或保护个人权利是必要的，否则移交可以延迟。但是，如果证据移交会对有关人员引起严重的并且是不可逆转的损害，则证据移交应当推迟。④

在移交证据时，执行机关应当表明，当签发国不再需要这些证据时，是否需要将这些证据归还给执行国。⑤ 当相关物品、文件或数据已经与用于执行国的有关程序时，执行机关可以明确请求并经与签发机关协商之后临时将证

---

① Directive 2014/41/EU，art.11（4）.

② Directive 2014/41/EU，art.10.

③ Directive 2014/41/EU，art.13（1）.

④ Directive 2014/41/EU，art.13（2）.

⑤ Directive 2014/41/EU，art.13（3）.

据附条件移交，条件即签发国不再需要证据时或在两机关商定的任何时间立即将证据归还给执行国。[①]

7. 法律救济

成员国应保证对欧洲调查令指定的调查方法可以适用与国内类似情况下的同等法律救济。[②]在不损害执行国对基本权利的保障的情况下，对签发欧洲调查令的实质理由的质疑只限于在签发国采取的行动。[③]签发机关和执行机关应采取适当措施保证提供依据国内法可以适用的有关寻求法律救济的可能性的信息，并保证在适当的时间内可以有效适用这些救济方法，[④]寻求法律救济的时间限制与国内相同情况下提供的法律救济一样并且当事人可以有效利用这些法律救济方法。[⑤]对欧洲调查令的反对不能推迟调查方法的执行，除非在国内类似情况下可以这样做。[⑥]签发国应根据本国法律对已经提起的反对承认或执行欧洲调查令的控诉进行考虑。[⑦]

8. 费用

除非本指令另有说明，执行国应承担与执行欧洲调查令有关的发生在执行国的所有费用。[⑧]当执行机关认为执行欧洲调查令的费用可能会异常高时，它可以与签发机关协商，看该费用是否可以分摊以及如何分摊，或者欧洲调查令是否需要修改。执行机关应提前将它认为花费过高部分的具体情况告知签发机关。[⑨]在没有就过高费用达成协议时，签发机关可以决定全部或部分撤回欧洲调查令或者继续要求欧洲调查令，但要承担花费过巨部分的费用。

① Directive 2014/41/EU，art.13（4）.

② Directive 2014/41/EU，art.14（1）.

③ Directive 2014/41/EU，art.14（2）.

④ Directive 2014/41/EU，art.14（3）.

⑤ Directive 2014/41/EU，art.14（4）.

⑥ Directive 2014/41/EU，art.14（6）.

⑦ Directive 2014/41/EU，art.14（7）.

⑧ Directive 2014/41/EU，art.21（1）.

⑨ Directive 2014/41/EU，art.21（2）.

三、欧盟刑事司法合作领域相互承认法律文件的效力及相互承认制度的特点

（一）欧盟刑事司法合作领域相互承认法律文件的效力

欧盟法律由条例（Regulations）、指令（Directives）、决定（Decisions）、推荐规范（Recommendations）、意见（Opinions）组成。有些具有强制效力，有些不具有。有些适用于所有欧盟成员国，有的则只适用于个别国家或组织。条例是一种具有强制力的法案，必须在所有的欧盟国得到贯彻执行。指令是给所有欧盟成员国指定一项必须达到的目标，但如何实现这个目标要由成员国自己来决定。例如，欧盟关于工作时间的指令，规定了超长时间工作是非法的，并制定了最短休息时间和最长工作时间，但具体如何执行这项指令则由各成员国自己决定。决定是只对那些它所针对的国家或单位（如一个欧盟成员国或一个公司）具有强制力的法律，并且可以直接适用。例如，欧盟委员会发布的《对微软公司滥用市场垄断地位处以罚款的决定》就是只针对微软公司发布的决定。推荐规范不具有强制力，不规定强制义务而只具有指导作用。意见也不规定强制义务，不具有强制力，它可由欧盟的主要机构，如欧盟委员会、欧盟理事会、欧洲议会、欧洲区域委员会和欧洲经济和社会委员会，在法律制定过程中，从各自的领域或从经济和社会的角度给出自己的意见。①

---

① 参见欧盟网站 Regulations，Directives and other acts，http://europa.eu/eu-law/decision-making/legal-acts/index_en.htm.

根据 1992 年的《欧洲联盟条约》，欧盟由三大支柱组成：第一支柱为“欧洲各大共同体”，涉及经济、社会、环境等政策；第二支柱为“共同外交与安全政策”，涉及外交、军事等政策；第三支柱为“刑事领域的警务合作与司法合作”，涉及共同合作打击刑事犯罪，该支柱前身是“司法与内政事务部门”。欧盟的第三支柱在“政府间”合作层面上运作，在这一领域内，各成员国在统一的欧盟组织结构之内仍是自己当家做主。①

框架决定是 1997 年 10 月 2 日签订的《阿姆斯特丹条约》在第三支柱下增设的一项新的法律措施，其目的是促使各成员国的法律和法规接近一致，以便成员国间更高效地开展政府间合作。根据该条约 K 条第 2 款的规定，框架决定由欧盟理事会根据任何成员国或委员会的倡议，以全体一致同意的方式通过。框架决定中所规定的应达到何种结果的要求对全体成员国都具有约束力，但采取何种方式和方法以达到框架决定所要求的结果则由各成员国的政府部门行使管辖权。对成员国来说，框架决定虽具有强制力，但并不具有直接适用的效力。②

“指令”属于第一支柱层面上的欧共体法，其效力由《欧共体条约》第 249 条（原第 189 条）予以规定：“指令中所规定的应达到何种结果的要求对任何接受指令的成员国都具有约束力，但采取何种形式和方法以便达到指令所要求的结果则由该成员国的机构行使管辖权。”③

从以上规定可以看出，第三支柱下的框架决定与第一支柱中的“指令”极为类似。④而在第三支柱下产生的决策实践趋于确认这两种工具的近似性。⑤

---

① ［荷兰］约翰·A. E. 维瓦勒：《刑事法律的欧洲化与刑事法律领域的欧洲一体化》，廖明、季美君译，载《比较法研究》2005 年第 5 期。

② 欧共体官方出版局：《欧洲联盟条约》（第二卷），苏明忠译，国际文化出版公司 2005 年版，第 222 页。

③ 参见欧共体官方出版局：《欧洲联盟条约》（第一卷），苏明忠译，国际文化出版公司 2005 年版，第 196 页。

④ 参见曾令良：《欧洲联盟法总论——以〈欧洲宪法条约〉为新视角》，武汉大学出版社 2007 年版，第 16 页；［法］德尼·西蒙：《欧盟法律体系》，王玉芳、李滨、赵海峰译，北京大学出版社 2007 年版，第 297 页。

⑤ ［法］德尼·西蒙：《欧盟法律体系》，王玉芳、李滨、赵海峰译，北京大学出版社 2007 年版，第 297 页。

框架决定与指令一个最重要的相似点是：成员国都有在规定期限内适用指令或框架决定的义务，如将指令或框架决定的内容转化为相关的国内法。根据各国的具体情况，适用方式和方法可以不同。在绝大多数情况下，由于需要修改国内法，因而需要国内立法权的介入。即使在极个别的情况下不需要修改国内法，指令和框架决定的适用也需要体制的变化、法律和实践的解释的变化以及国际法方面的变化。另外，成员国都有义务向欧盟理事会和委员会报告指令和框架决定在本国适用的情况。

但是，指令与框架决定在某些方面也存在差别。其根本区别在于：首先，成员国不遵守相关规定的法律后果不同。如果成员国不执行或不正确执行指令或框架决定，那么对成员国的制裁措施不同。依据《欧共体条约》第226条，欧盟委员会可以将成员国不执行或不正确执行指令的事项交由欧洲法院裁决，但是这种措施不适用于第三支柱领域。目前还没有一种正式措施来制裁不执行或不正确执行框架决定的成员国。① 其次，两者的制定程序不同。框架决定由欧盟理事会制定，而指令既可以由欧盟理事会制定，也可以由欧盟理事会、欧洲议会和欧盟委员会共同制定，还可以由欧盟委员会单独制定。框架决定必须以全体一致同意的方式通过，而指令往往以多数票通过。欧洲议会在制定框架决定的过程中只起咨询作用，而不起决定作用。② 最后，针对的事务以及法律效力不同。指令针对的事务广泛，而框架决定只能针对第三支柱下的事务做出。当指令针对的是非刑事事务时，有时可以直接适用，③ 而框架决定不能直接适用。

欧盟在刑事合作事务上主要采用指令和框架决定这两种法律形式，是由刑事立法的基本理念决定的。欧共体时期的基础条约，包括欧洲经济共同体条约、欧洲煤钢共同体条约和欧洲原子能共同体条约，原本都是经济领域的合作，不涉及刑事司法领域的超国家事务。因为刑事司法方面的事务正如德

---

① AdamG ó rski (Piotr Hofma ń ski (ed), The European Arrest Warrant and its Implementation in the Member States of the European Union, Wydawnictwo C.H.Beck Warszawa 2008, pp.4–5.

② AdamG ó rski (Piotr Hofma ń ski (ed), The European Arrest Warrant and its Implementation in the Member States of the European Union, Wydawnictwo C.H.Beck Warszawa 2008, pp.5–6.

③ 参见曾令良：《欧洲联盟法总论——以〈欧洲宪法条约〉为新视角》，武汉大学出版社2007年版，第174—175页。

国宪法第 103 条第 2 款所明确规定的：刑法必须以具有直接民意基础的立法行为来赋予其正当性。像欧盟这种本质上是各国政府之间的行政合作体系所做的决策无法满足刑事法方面的严格要求。因此，在这个理念的基础上，欧盟在刑事方面的法律多采用指令或框架决定形式，即使有强制力，也不具有直接适用性，只是在一些具体问题上制定一个目标，让各个成员国通过国内立法达成这个目标。

欧洲法院在 Pupino 案[①]的初步裁决中，强调了第三支柱下的框架决定对成员国的强制约束力以及它与欧共体法的指令的相似性。根据该裁决，法院有义务将国内法的解释与第三支柱下的法律用语和目的相一致。这就说明，第一支柱下法律的强制性已经扩展到第三支柱下的法律。欧洲法院还推导出，国内法院将国内法解释得与框架决定相一致的义务来源于忠诚合作的原则，离开忠诚合作原则，就无法实现欧盟在警察与刑事司法合作领域的使命。欧洲法院的裁决表明，第三支柱领域内的法律正在向欧共体法靠拢。

以《欧洲逮捕令的框架决定》为例，在该框架决定生效之前，欧洲范围内追捕和移交逃犯的事项主要依靠引渡条约来进行。[②]从欧洲近五十年来的实践来看，由于各国国内法律制度的差异，一方面使得引渡的程序异常烦琐，

① Pupino 是一名意大利女教师，被指控对数名不满 5 岁的学生犯下不当使用惩戒罪和重伤害罪。意大利检察官在法庭外对这些学生进行了听证，而根据意大利的刑事诉讼法，只有涉及性犯罪的案件才能不公开地举行听证，但《欧盟理事会关于刑事诉讼中的被害人地位的框架决定》（第 2001/220/JHA 号）似乎允许对易受伤害的被害人进行不公开的听证或取证。意大利法院提请欧洲法院对该框架决定进行解释。欧洲法院在裁决中认为，成员国的法院有义务做出与框架决定相一致的解释。本案中的受害儿童有权利进行庭外听证和取证，这与他们有权得到公正审判的权利是一致的。本案详情参见 Judgment of the Court（Grand Chamber）of 16 June 2005 in Case C-105/03，http：//curia.europa.eu/juris/liste.jsf？ language=en&num=C-105/03（2016 年 3 月 28 日访问）。

② 欧盟乃至欧洲范围内的引渡条约主要有：1957 年《欧洲引渡公约》及其两个附加议定书、《惩治恐怖主义的欧洲公约》（1977 年）、为了严格适用《惩治恐怖主义公约》而达成的《都柏林协定》（1979 年）、《在欧共体成员国间适用〈移交被判刑人公约〉的协定》（1987 年 5 月 25 日布鲁塞尔）、《欧共体成员国间将提交引渡请求的方法简化和现代化的协定》（1989 年 5 月 26 日于 Donostia—San Sebastian）、《刑事程序移转协定》（1990 年 11 月 6 日于罗马）、《执行外国刑事判决的公约》（1991 年 11 月 13 日于海牙）（See Rob Blekxtoon & Wouter van Ballegooij，Handbook on the European Arrest Warrant，T.M.C.ASSER Press，p.18，2005）以及《关于实施 1985 年 6 月 14 日〈在成员国关系中逐步取消在共同边境上检查的申根协定〉的公约》（1990 年 6 月 19 日）。

另一方面也使得各国在加入这些引渡条约时或者对某些条款做出保留，或者干脆不签署，使得公约无法真正生效。[①]虽然框架决定与引渡条约一样，是基于政府间合作的层面而由国家签订的合作协议，但它与引渡条约最大的不同在于它不是普通的国际法，而属于欧盟法范畴。它是由成员国的理事会经全体一致的方式全票通过的，一经生效即对各成员国有法律约束力，各成员国应修改国内法中与之不同的规定以使其得到全面执行，它既有利于促进各成员国法律的接近与趋同，也有利于使框架决定在欧盟成员国间得到全面贯彻和执行。

欧洲法院于 2007 年 5 月 3 日曾通过其做出的初步裁决，充分肯定了《欧洲逮捕令框架决定》的有效性。比利时的一个非政府组织到法院起诉，要求废除比利时 2003 年 12 月 19 日将《欧洲逮捕令框架决定》转化为比利时国内法的法律，认为《欧洲逮捕令框架决定》是无效的，理由是：欧洲逮捕令下的事项应该采用公约的方式来执行，而不能采用框架决定的方式来执行，因为根据《欧洲联盟条约》第 34 条第 2 款 b 项的规定，框架决定只能基于使成员国间的法律或规则接近的目的而制定，而现在的欧洲逮捕令框架决定并非如此。比利时宪法法院就《欧洲逮捕令框架决定》的有效性问题提请欧洲法院进行初步裁决。欧洲法院认为，《欧洲逮捕令框架决定》是基于相互承认原则，为了执行刑事判决或提起刑事控诉，而对被判有罪的人或犯罪嫌疑人，用司法机关之间的移交机制代替成员国间的引渡机制。相互承认由不同的成员国根据签发国的法律签发的逮捕令，需要成员国在刑事司法合作领域内法律和规则的接近，还有刑事司法合作的条件、程序和国家司法机关间移交效果的接近或趋同。《欧洲逮捕令框架决定》的各个方面都体现了这个目的，如对“犯罪清单”中列出的 32 种犯罪取消双重犯罪原则，强制或任择性地拒绝执行逮捕令的理由，逮捕令的内容和格式，逮捕令的递交和有关递交的具体程序，对被请求人或被逮捕人的最低权利保障，执行逮捕令的时间限制和程序，移交人员的时间限制等。此外，《欧洲联盟条约》第 34 条第 2 款赋予欧盟理事会采取各种形式的法律文件（包括共同立场、框架决定、决定和公约四种形式）

① Rob Blekxtoon & Wouter van Ballegooij, *Handbook on the European Arrest Warrant*, T.M.C.ASSER Press, 2005, pp.15–25.

来促进各成员国间的合作的权利，并且也没对采取何种法律文件规定一个优先顺序，理事会完全有自由裁量权来决定采用何种形式的法律文件来规范欧洲逮捕令，现在采用了框架决定的形式而没有采用公约的形式，是完全有效的。[①]

2009年12月1日生效的《里斯本条约》对欧盟政治领域的事务做了更紧密也更广泛的安排，欧盟三支柱的名称不再适合用来描述欧盟任务，因此被停用。在《里斯本条约》架构下，欧盟刑事司法合作是欧盟政治任务之一，依据《欧盟运作条约》第3部分第82条到第86条所设立，原来第三支柱下的“刑事领域的警务合作与司法合作”被分为“刑事事项的警务合作”与“刑事司法合作”两部分。这两部分与政治事务领域的其他事项，如边境管制、难民政策、移民政策、民事司法合作，都是基于共同将欧盟建立成为一个“自由、安全与公正”区域的理念而在欧盟领域内进行的各项活动。

《里斯本条约》之前，“刑事领域的警务合作与司法合作”的性质比较接近欧盟成员国政府之间的合作事项，而不是联盟的共同任务，因此该领域的法律文件不是通过欧盟的一般立法程序制定的，而是由负责欧盟共同外交和安全政策、司法、内政等方面的政府间合作与协调事务的欧盟理事会制定。《里斯本条约》则将“欧盟刑事司法合作”划归欧盟的一般立法程序，由欧盟委员会提出立法议案，然后由欧盟理事会和欧洲议会在平等地位下通过后形成法律。所以，我们也可看到，贯彻相互承认原则的法律文件如果是在《里斯本条约》生效前制定的，由欧盟理事会单独制定；如果是在其生效后制定的，则由欧盟理事会和欧洲议会共同制定。

这些法律文件的主要目标在于，以欧盟立法取代传统以国际公约为主导的司法协助模式，这个目标也符合《里斯本条约》生效后，将“自由、安全和正义”区域的事务划归到欧盟与成员国的共同权限，从而适用欧盟普通立

---

① See Judgment of the Court (Grand Chamber) 3 May 2007 In Case C-303/05, Advocaten voor de Wereld VZW v.Leden van de Ministerraad, http://eur-lex.europa.eu/legal-content/EN/TXT/HTML/?isOldUri=true&uri=CELEX:62005CJ0303. 最后访问时间：2016年3月26日。

法程序的精神。[①]

（二）欧盟刑事司法合作领域相互承认制度的特点

1. 相互承认以成员国之间的相互信任为基础

在欧盟范围内贯彻相互承认刑事司法裁决原则以成员国之间对彼此刑事司法制度的相互信任为基础。相互承认原则被广泛理解为基于以下理念产生并得到推行：当某个国家已经对某一事项做出刑事裁决时，其他国家如果不可能采取与该国相同或类似的方法处理该事项，就得把判决国做出的判决看作与本国做出的判决等价的判决予以接受和承认。相互信任是相互承认原则的一个重要因素。承认国不仅信任做出裁决的国家所依据规则的适当性，而且信任这些规则能够得到正确适用。基于该等价原理和相互信任，应允许其他国家做出的裁决在本国司法影响的范围内具有效力。在此基础上，某个国家机关做出的裁决就能被另一个国家当作自己做出的裁决予以接受，即使与此相当的机关在另一个国家并不存在，或者并不能做出这种裁决，或者在类似案件中会做出完全不同的裁决。承认外国的刑事裁决，可以理解为根据做出裁决的国家的刑法的预先规定，该裁决具有超出裁决国以外的法律效力，或者理解为，根据承认国刑法的预先规定，该裁决可以被认为在本国具有法律效力。虽然并不总是这样，但在通常情况下，相互承认的概念与国家行事方式的标准化程度密切相关。这种标准化事实上经常使另一个国家更容易接受某个国家得出的结论，而另一方面，相互承认又使得标准化变得不是那么必须。[②]

建立相互信任取决于两个因素：其一，不同的法律制度必须建立在相同的民主政治原则、尊重人权和人的基本自由的基础之上。在欧盟范围内，其相互信任的基础是共同尊重《欧洲联盟条约》规定的人权和基本自由。欧盟委

---

① 参见吴建辉：《刑事司法互助在欧洲联盟法之发展》，载《司法新声》2012年第103期，第25页。

② See Communication from the Commission to the Council and the European Parliament: *Mutual Recognition of Final Decisions in Criminal Matters*, Brussels, 26.7.2000, COM (2000) 495 final, par.3.1.

员会《在欧盟范围内保障犯罪嫌疑人和刑事被告人程序性权利的绿皮书》[①]强调了基本权利与相互承认司法判决的不可分割性。其二，不同法律制度之间必须具有一定程度的近似性。相互信任将随着国内司法制度的趋同而培养起来。趋同意味着减少犯罪分子可以利用的法律差别并能够使各国司法制度更加趋于接近和一致。[②]

坦佩雷会议决议第 33 段指出，贯彻相互承认原则也有利于对个人权利的司法保护。个人权利不仅不应在推行该原则的过程中受到侵害，而且还应得到进一步提高。这方面应以 1950 年《欧洲人权公约》的相关规定特别是其第 5 条、第 6 条和第 7 条的规定为基石，还应在某些具体程序方面制定更详细的规定。[③]为了有效保障上述各项权利，坦佩雷会议决议第 37 段号召，适用相互承认原则，需要在程序性法律方面建立共同最低标准。欧洲理事会认识到，相互承认不能完全代替法律的相互接近，而是应该同时进行。首先，确定在哪些领域需要制定程序性的共同最低标准规则；其次，制定这些规则。[④]

相互承认的所有法律文件基本上都在前言部分开宗明义地强调尊重基本权利并遵守《欧盟基本权利宪章》特别是其第六章所反映的且经《欧洲联盟条约》第 6 条所确认的各项原则，[⑤]在正文部分声明该法律文件不具有修正《欧

① GREEN PAPER FROM THE COMMISSION: *Procedural Safeguards for Suspects and Defendants in Criminal Proceedings throughout the European Union*, par.1.7, Brussels, 19.2.2003 COM (2003) 75 final.

② 参见［西班牙］华金·冈萨雷斯·伊瓦涅斯：《作为一种新型引渡规则的欧洲逮捕令：欧盟对“禁止双重归罪原则”的政治学方法》，郭志媛译，载陈光中主编：《刑事再审程序与人权保障》，北京大学出版社 2005 年版，第 122 页。

③ See Communication from the Commission to the Council and the European Parliament: *Mutual Recognition of Final Decisions in Criminal Matters*, Brussels, 26.7.2000, COM (2000) 495 final, par.10.

④ See Communication from the Commission to the Council and the European Parliament: *Mutual Recognition of Final Decisions in Criminal Matters*, Brussels, 26.7.2000, COM (2000) 495 final, par.11.

⑤ Council Framework Decision 2002/584/JHA, preamble 12; 2003/577/JHA, preamble 6, 2005/214/JHA, preamble 5; 2006/783/JHA, preamble 13; 2006/783/JHA, preamble 11; 2008/909/JHA, preamble 13; 2008/947/JHA, preamble 5; 2008/978/JHA, preamble 27; 2009/829/JHA, preamble 16; 2009/948/JHA, preamble 20; 2011/99/EU, preamble 37; 2014/41/EU, preamble 39.

洲联盟条约》第6条所确认的尊重基本权利和基本法律原则的义务的效力。[①]《欧盟基本权利宪章》第六章共4条，规定了欧盟公民享有的“司法权利”：其第47条规定了“得到有效法律救济以及公平法院之权利”，其第48条规定了“无罪推定与防御权”，其第49条规定了“罪刑法定原则与罪刑比例原则”，其第50条规定了“一行为不受两次追诉及不受两次处罚之原则”。

刑事诉讼中的程序性权利是保证成员国在司法合作中相互信任的重要因素。为了有利于成员国之间建立最基本的相互信任，欧盟致力于对刑事诉讼中的程序性权利制定共同的最低标准。根据2009年11月30日欧盟理事会通过的第2009/C 295/01号《关于加强刑事犯罪嫌疑人或被告人权利路线图的决议》[②]，欧洲议会和欧盟理事会制定了保障刑事诉讼和欧洲逮捕令程序中犯罪嫌疑人和被告人权利的第2010/64/EU号《有权获得口译和翻译权利的指令》[③]、第2012/13/EU号《关于刑事诉讼中被告知权的指令》[④]和第2013/48/EU号《关于在刑事诉讼和欧洲逮捕令程序中有权获得律师帮助，以及当被剥夺自由时有权告知第三方并有权与第三方和领事机构通信的指令》[⑤]，以在欧盟成员国之间统一保障犯罪嫌疑人和被告人程序性权利的最低标准。为了防止违反“一事不再理”原则，欧盟理事会通过了第2009/948/JHA号《在刑事诉讼中防止和解决管辖权冲突的框架决定》，防止同一个人因同一事实在不同成员国同时被刑事起诉。为了保护迁移到另一个成员国的被害人，欧洲议会和欧盟理事

---

① Council Framework Decision 2002/584/JHA，art.1（3）；2003/577/JHA，art.1；2005/214/JHA，art.3；2006/783/JHA，art.1（2）；2006/783/JHA，1（2）；2008/909/JHA，art.3（4）；2008/947/JHA，art.1（4）；2008/978/JHA，art.1（3）；2009/829/JHA，art.5；2014/41/EU，art.1（4）.

② RESOLUTION OF THE COUNCIL of 30 November 2009 on a Roadmap for Strengthening Procedural Rights of Suspected or Accused Persons in Criminal Proceedings（2009/C 295/01），Official Journal of the European Union，4.12.2009，C 295/1-3.

③ Directive 2010/64/EU of the European Parliament and of the Council of 20 October 2010 on the right to interpretation and translation in criminal proceedings，OJ L 280，26.10.2010，pp.1-7.

④ Directive 2012/13/EU of the European Parliament and of the Council of 22 May 2012 on the right to information in criminal proceedings，OJ L 142，1.6.2012，pp.1-10.

⑤ Directive 2013/48/EU of the European Parliament and of the Council of 22 October 2013 on the right of access to a lawyer in criminal proceedings and in European arrest warrant proceedings，and on the right to have a third party informed upon deprivation of liberty and to communicate with third persons and with consular authorities while deprived of liberty，OJ L 294，6.11.2013，pp.1-12.

会通过了第 2011/99/EU 号《关于欧洲保护令的指令》，通过阻止任何形式的骚扰，保护被害人免遭犯罪行为对其身体、精神和性的完整性的危及，通过防止绑架、跟踪和其他间接胁迫方式，保护被害人的尊严或人身自由不受威胁。

在某种程度上，相互信任促进了各成员国法律的相互接近。有学者认为，在欧洲统一市场下的相互承认原则，是对各国规则相互接近的补充，而在刑事司法合作领域，相互承认原则是对各国法律相互接近的替代性措施，[①] 通过相互承认达到各成员国法律相互接近的效果。

2. 由司法机关或主管机关直接开展合作，对生效裁决直接承认并执行，极大地简化了合作程序，加快了合作速度

传统刑事司法合作都是在国际公约或国际组织框架下进行的，都属于政府间层面的合作，大多需要经过行政和司法的双重审查，程序烦琐，耗时漫长，需要请求方和被请求方投入大量人力物力。相互承认原则的目的就是要改变这种耗时费力的传统合作模式，所有合作都在司法机关或主管机关之间直接进行，不需要通过政府间合作关系，也无须进行行政审查，只要签发司法机关或主管机关将按照统一格式签发的终局性裁决书交给其他成员国的执行机关或主管机关，其他成员国就有义务承认和执行该裁决书。

需要注意的是，司法合作没有一个明确的定义，司法机关也没有一个明确定义，提到司法机关的法律文件，都把界定的权利留给成员国，由成员国决定哪些机关在本国的刑事司法体系中是司法机关。在相互承认的法律文件中，司法合作并不都需要司法机关的介入。交换犯罪记录信息就是一个简单的例子。根据欧盟理事会 2009 年 1 月 26 日第 2009/315/JHA 号《关于成员国之间交换犯罪记录信息的组织和内容的框架决定》第 3 条和第 4 条的规定，交换犯罪记录信息是犯罪档案机关，也即司法行政机关之间的合作，不需要司法机关介入，也不需要其允许或下令进行犯罪记录的信息交换。第 2008/909/JHA 号《欧洲被判刑人移管框架决定》也是一个适例，移送被剥夺自由的被判刑人只在矫正机关之间进行就可以了，不需要司法机关之间的

---

① 在刑事法领域，相互接近这个概念通常是指刑事实体法，但有时也包括刑事程序法，参见 M.Fichera，“The European Arrest Warrant and the Sovereign State：A Marriage in Convenience ？”，15 *European Law Journal*（2009/1），p.74.

合作。此外，相互承认法律文件对主管机关的界定不仅仅限于司法机关，也包括非司法机关。第 2008/947/JHA 号《为了对缓刑处遇和替代性制裁措施进行监督而将相互承认原则适用于此类判决和缓刑决定的框架决定》第 3 条第 2 款规定，成员国可以指定非司法机关作为主管机关做出本框架决定下的决定，如果该机关依照其国内法或程序有权做出性质类似的决定。建立欧洲司法局的理事会第 2002/187/JHA 号决定第 2 条指出，欧洲司法局由每个成员国选派一个国家成员组成，国家成员根据成员国的法律体系，可以是检察官、法官或行使同等权力的警察官员。这就意味着，在代表欧盟司法合作中具有重要象征意义的欧洲司法局是由司法和非司法机关组成的。第 2005/214/JHA 号《将相互承认原则适用于经济处罚的框架决定》第 1 条规定，做出经济处罚决定的可以是有权对刑事犯罪和破坏法律规则的行为进行处理或处罚的法院以外的其他机关。国外有学者将司法机关之间的合作称为司法合作（judicial cooperation），而将包括了警察和海关、司法与执行机关在刑事事务方面的合作称为刑事事务的国际合作或国际刑事合作（international cooperation in criminal matters），后者含义更为广泛。①

相互承认的多个法律文件都对这种司法机关或主管机关之间直接进行的移交程序以及承认和执行程序进行了明确规定。例如，“成员国之间的引渡程度应予废除，并应代之以司法机关之间的移交程序。”②“当知道被请求人所在的地点时，签发司法机关可以直接将欧洲逮捕令送交给执行司法机关。”③签发司法机关，采取能生成书面记录的方法，直接将欧洲冻结令送交给主管执行的司法机关。④判决或其经过核实证明的副本和证明文件，应由签发国主管机关以任何可生成书面记录的方式直接移交至执行国主管机关。所有的官方联系都应在主管机关之间直接进行。⑤科处国主管机关应当通过能生成书面记录

---

① Wendy De Bondt and Gert Vermeulen, “First things first: Characterising mutual recognition in criminal matters”, in Marc Cools et al. (eds.), *EU Criminal Justice*, *Financial & Economic Crime*: *New Perspectives*, Maklu Publishers, 2011, p.22.

② See Council Framework Decision 2002/584/JHA, preamble 5.

③ See Council Framework Decision 2002/584/JHA, art.9（1）.

④ See Council Framework Decision 2003/577/JHA, art.4（1）.

⑤ See Council Framework Decision 2008/909/JHA, art.5（1）.

以便让执行国确认其真实性的任何方式，将判决和缓刑裁定连同第 1 款提及的证明文件直接移交给执行国主管机关。“……所有的官方联系都应在主管机关之间直接进行。”[①]欧洲证据令应当由签发国主管机关送交执行国主管机关。[②]监督令或其经过认证的复印件连同证明文件，应该由签发国主管机关以能够生成书面记录以便让执行国确认其真实性的任何方式直接送交给执行国主管机关。如果执行国要求，监督令的原件或其经过认证的复印件连同证明文件原件应被送往执行国。所有的官方沟通应在主管机关之间直接进行。[③]当签发国主管机关将欧洲保护令传递给执行国主管机关时，它应当以可以留下书面记录以便让执行国主管机关确定其真实性的方式来传递。所有官方联系都应当在主管机关之间直接进行。[④]

这种直接合作模式大大加快了合作事项的进度。以欧洲逮捕令为例，在传统引渡制度下，欧盟成员国之间移交一个逃犯平均需要耗时 9 个多月的时间，[⑤]而在欧洲逮捕令下，如果被请求人同意被移交，那么法院应在该人同意后 10 日内做出执行逮捕令的生效决定；[⑥]在其他情况下，应在逮捕被请求人后 60 日内做出生效决定；[⑦]如果因特殊情形，生效决定无法在上述时间内做出，那么，执行国的司法机关应迅速将迟延的理由报告另一国签发逮捕令的司法机关，在这种情形下，做出生效决定的时间可以再延长 30 天。[⑧]被请求人应在执行逮捕令的决定发出后 10 日内被移交。[⑨]这样来计算，从逮捕到实际移交，最长时间应不超过 100 天。而据欧盟委员会 2006 年《关于成员国执行欧洲逮捕令的评估报告》称，自欧洲逮捕令实施以来，成员国间移交逃犯实际

---

① See Council Framework Decision 2008/947/JHA，art.6（2）.

② See Council Framework Decision 2008/978/JHA，art.8（1）.

③ See Council Framework Decision 2009/829/JHA，art.10（2）.

④ See Directive 2011/99/EU，art.9（1）.

⑤ See *Report from the Commission based on Article 34 of the Council Framework Decision of 13 June 2002 on the European arrest warrant and the surrender procedures between Member States*，2.2.2，Brussels，24.1.2006.

⑥ See Council Framework Decision 2002/584/JHA，art.17（2）.

⑦ See Council Framework Decision 2002/584/JHA，art.17（3）.

⑧ See Council Framework Decision 2002/584/JHA，art.17（4）.

⑨ See Council Framework Decision 2002/584/JHA，art.23（2）.

所需的时间已从过去的平均 9 个月缩短到 43 天，在被请求人同意移交的情形下，该时间更缩短至 13 天。[①] 传统引渡素以代价昂贵、耗时费力而著称，而逮捕令下时间的缩短就意味着移交成本的降低和效率的提升，这必然会刺激成员国通过签发逮捕令来追回逃犯的积极性。据 2006 年评估报告称，截止到 2004 年 9 月，也即欧洲逮捕令实施 9 个月间，已签发了 2603 张逮捕令，653 人被逮捕，104 人被移交，拒绝移交的比例很小，[②] 这足以说明，欧洲逮捕令的实施彻底改变了传统引渡制度下冗长耗时的局面，使国与国之间的人员移交发生了根本性改变。[③]

司法机关或主管机关之间的直接合作，彻底取消了传统合作关系中的行政审查。以引渡为例。引渡被视为国家的主权行为，往往是通过外交途径来解决的，主管引渡的中央机关一般是行政机关，行政审查是绝大多数国家必不可少的程序，在有些国家，行政机关对司法审查的结果具有最后否决权。在欧洲逮捕令程序下，移交逃犯不需要经过国家行政主管机关的批准，只有司法机关才能决定人员的移交，排除了具有政治性质的行政审查机关的介入。在执行欧洲逮捕令时，中央机关所扮演的角色应限于实务性的和行政性的协助，[④] 如果需要，可以负责传递和接收欧洲逮捕令以及其他官方公报等工作，[⑤] 而不能作为决策机构，决定实质性的问题。有权拒绝执行欧洲逮捕令的机关只能是司法机关，[⑥] 而非行政审查机关、中央机关或政治性机构等。取消行政审查程序，被许多人认为是欧洲逮捕令迈出的最重要几步中的一步。它远比实体要求方面的变化更为重要。将基于刑事追诉目的的人员移交决定权集中

---

① See *Report from the Commission based on Article 34 of the Council Framework Decision of 13 June 2002 on the European arrest warrant and the surrender procedures between Member States*, 2.2.2, Brussels, 24.1.2006.

② See *Report from the Commission based on Article 34 of the Council Framework Decision of 13 June 2002 on the European arrest warrant and the surrender procedures between Member States*, 2.2.1, Brussels, 24.1.2006.

③ 参见高秀东：《欧洲逮捕令及其对我国区际移交逃犯的启示》，载《法学杂志》2010 年第 4 期，第 75 页。

④ See Council Framework Decision 2002/584/JHA, preamble.9.

⑤ See Council Framework Decision 2002/584/JHA, art.7（2）.

⑥ See Council Framework Decision 2002/584/JHA, art.3 and 4.

于司法机关，意味着一个重大变革，因为法院在引渡程序中的必要性和合法性即使在20世纪也受到过质疑。在引渡程序中，法院甚至曾被看作一件例外或奇怪的事情。但是，法院在引渡程序中的合法性地位，在人权保护方面越来越得到提升。[①]取消行政干预，对保护被请求人的权利意义重大。公正审判所要求的辩护权、听证权、被审权和上诉权等，在行政审查程序中得不到任何保障。此外，有些问题的决定权也超出了行政机关的权限，如“死刑不引渡”问题。[②]

相互承认的快捷性也体现在被判刑人移管中。传统被判刑人移管重在对被判刑人进行移交，要有将被判刑人移交到服刑国的实际行动，并且需要征得被判刑人和执行国同意。相互承认下被判刑人移管的目的是相互承认和执行刑事判决，当被判刑人已经处于另一成员国境内时，并不发生移交被判刑人的客观行为。此外，当被判刑人将被移送到他所居住的国籍国或将要被驱逐或被遣返的国家时，移管并不需经过被判刑人的同意。[③]在一定条件下，移管甚至不需要经过执行国的事先同意：成员国可以在批准本框架决定之时或之后通知理事会秘书处，在它和其他已经发表了同样声明的成员国之间，对下面情形中的被判刑人移管不需要事先同意：（a）如果被判刑人现在生活在执行国且已合法地连续居住了5年以上，且将取得该国的永久居留权，并且/或者（b）被判刑人是执行国的公民。[④]

再以对经济处罚的相互承认为例。对较轻的交通犯罪所处的轻微处罚，简便快捷的相互承认制度显示出它的优越性。传统的国际执行所产生的费用往往比经济处罚本身还高。但是，如果轻微的处罚在另一国得不到执行，就会传达这样的错误信号或容易导致这样的错误印象，即只要跨越国境，对犯罪所处的罚金就不会被执行。这看来不符合“自由、安全和公正”区域的理念。从另一方面来说，犯有轻微罪行的人也难以接受，仅仅因为所犯罪行在另一

① See Rob Blekxtoon & Wouter van Ballegooij, *Handbook on the European Arrest Warrant*, T.M.C.ASSERPress, 2005, pp.44–45.

② 参见高秀东:《欧洲逮捕令及其对我国区际移交逃犯的启示》, 载《法学杂志》2010年第4期, 第75—76页。

③ See Council Framework Decision 2008/909/JHA, art.6（2）.

④ See Council Framework Decision 2008/909/JHA, art.4（7）.

个国家，他就得付出比经济处罚本身还高的程序性费用。基于相互承认的经济处罚制度仅产生低额的程序性费用，易于为被处罚人接受。

直接承认并执行外国的生效裁决，就意味着不需要将其他国家的生效裁决转换成本国的新裁决。在全面推行相互承认原则以前，在包含有相互承认的国际法律文件中，执行外国裁决只能通过将该裁决转化为本国的一项新裁决的方式间接执行，1991 年《执行外国刑事判决的欧洲公约》和 1998 年《剥夺驾驶资格的欧盟公约》都在这方面提供了一些可供选择的操作方法。但是，坦佩雷会议决议显然提倡优先适用直接执行模式。相互承认的总目标是尽可能地在欧盟范围内赋予终局性裁决完全的和直接的效力。

相互承认的法律文件规定，对于其他成员国移送来的生效裁决，除决定援引拒绝承认或执行的理由外，都不需要其他手续，应当承认并立即执行。例如，《欧洲冻结令框架决定》规定，对于送交来的欧洲冻结令，执行国主管司法机关应当直接承认，并应以执行本国冻结令相同的方式，立即为迅速执行而采取相关措施。① 关于经济处罚的裁定、② 欧洲没收令、③ 欧洲移管令、④ 欧洲证据令、⑤ 欧洲监督令 ⑥ 等都有相同规定。⑦

但是，执行机关有权在执行过程中对原裁决进行变通。例如，当经济处罚不可能被全部或部分执行时，执行国可以适用包括监禁在内的替代性措

① See Council Framework Decision 2003/577/JHA，art.5（1）.

② See Council Framework Decision 2005/214/JHA，art.6.

③ See Council Framework Decision 2006/783/JHA，art.7.

④ See Council Framework Decision 2008/909/JHA，art.8.

⑤ See Council Framework Decision 2008/978/JHA，art.11.

⑥ See Council Framework Decision 2008/947/JHA，art.8.

⑦ 相互承认的理想模式是，相互承认的文件直接并且自动生效，压根不需要额外的确认程序。但是，在实践中，当当事人或相关机构不懂裁决所使用的语言时，至少需要翻译文本。此外，还需要确认裁决是不是有权机关做出的生效裁决。如果裁决属于有限相互承认的类型，那么还需确认裁决是否在承认的范围之内。如果相互承认的裁决需要在特定的程序保障下做出，那么还需确认该裁决是否得到了相应的程序性保障。事实上，执行国在承认裁决之前核实的每个点，都会使确认程序变得复杂并延长，从而有违相互承认的主要优势——快速而简单。过于烦琐的确认程序会使相互承认制度在实践中运作起来类似传统的“请求”合作制度。

施。[①] 如果执行国主管机关不能得到没收令涉及的一定数额的金钱，则可以执行其他财产。[②] 有时，执行机关还可以对原裁决进行实质性的修改。例如，当被判刑人不遵守缓刑处遇或替代性制裁措施或又犯新罪时，执行国主管机关有权对缓刑判决、附条件释放、附条件判决和替代性制裁措施做出后续裁定，这种后续裁定包括：修改包含在缓刑处遇或替代性制裁措施中的义务或指令，或者修改缓刑考验期；撤销对判决的暂缓执行，或者撤销附条件释放的决定；将替代性制裁措施改为监禁刑或剥夺自由的处遇。[③] 为了终止违反欧洲保护令的行为，在签发国做出决定之前，执行国还可以依照本国法采取紧急措施或临时措施。[④]

3. 相互承认范围广泛，已涵盖并远远超出传统刑事司法合作的范畴

1970 年《关于刑事判决的国际效力的欧洲公约》第 2 条涵盖了剥夺自由刑、经济处罚、没收和剥夺资格刑，但是被请求国可以拒绝执行剥夺资格刑。1991 年《欧共体成员国之间执行外国刑事判决的公约》只涵盖了监禁刑和经济处罚。1998 年《剥夺驾驶资格公约》只处理剥夺资格的刑罚执行问题。

相互承认原则广泛适用于具有司法性质的审前程序、审判程序和执行程序中的各种终局性裁定和判决。根据各国的司法体系，这些裁判可以是刑事的，也可以是行政的或民事的。

给“终局性裁决”特别是“终局性”下一个确切定义，相当困难。终局性裁决可以理解为一项行为，通过这项行为，某个事项以一种强制方式得到解决。欧盟委员会建议，作为一个具有可操作性的定义，“终局性裁决”是指对刑事案件做出的不再有普通上诉程序或者即使有上诉可能但不影响其立即生效的包括刑事实体判决在内的一切决定。这个定义基本与《民事和贸易事项的管辖和判决执行公约》（1968 年布鲁塞尔公约）中对民事和贸易领域的判

---

① See Council Framework Decision 2005/214/JHA，art.10.

② See Council Framework Decision 2006/783/JHA，art.7（3）.

③ See Council Framework Decision 2008/947/JHA，art.14.

④ See Directive 2011/99/EU，art.11（2）（c）.

决的相互承认的定义相同。① 这个具有可操作性的定义倾向于不仅将法院做出的判决包括在内，而且包括其他具有终局性效力的决定，如依据某个成员国的法律，被害人和被告人达成的调解协议，或者犯罪嫌疑人和公诉机关达成的协议，只要他们具有针对同一行为不再提起诉讼的法律效力，就都包括在内。② 在这种情况下，一个需要解决的重要问题是，由行政机关做出的决定是否也适用相互承认原则。例如，1968 年布鲁塞尔公约第 25 条限制了对法院或法庭做出的判决的承认和执行的范围。但是，根据某些欧盟成员国的法律规定，行政机关可以就某些刑事事项方面做出决定。因此，如果不把这类决定包括在内，相互承认制度就是不完整的。这也与 1970 年《关于刑事判决国际效力的欧洲公约》第 1b 条的规定和 1991 年《欧共体成员国之间执行外国刑事判决的公约》第 1.1.a 条的规定是一致的。而且，从实际层面出发，在欧盟某些成员国，以法人名义或者为法人利益而从事的刑事犯罪所承担的责任还不具有刑事性质。基于有权做出决定的机关的不同，其法律后果也不同。③ 按照传统的理解，刑事法是一个国家作为对不符合本国社会规范的行为采取的应对措施而预先规定的制裁规则，目的是预防罪犯再犯并且预防其他人实行类似行为。近年来，这个概念的外延得到了扩展，把对罪犯的康复治疗的因素也包括在内了，如对有毒品依赖性的罪犯判处的毒品处遇令。④ 欧洲已经在超出欧盟的层面上采取措施，对法人的犯罪行为规定了相应责任。这种责任可以是刑事法性质的，但是，只要能够保证为了法人的利益而由在法人内部担任领导职务的自然人所从事的刑事犯罪承担责任，那么在处理刑事事项时

---

① See Communication from the Commission to the Council and the European Parliament: *Mutual Recognition of Final Decisions in Criminal Matters*, Brussels, 26.7.2000, COM (2000) 495 final, par.3.2.

② See Communication from the Commission to the Council and the European Parliament: *Mutual Recognition of Final Decisions in Criminal Matters*, Brussels, 26.7.2000, COM (2000) 495 final, par.3.2.

③ See Communication from the Commission to the Council and the European Parliament: *Mutual Recognition of Final Decisions in Criminal Matters*, Brussels, 26.7.2000, COM (2000) 495 final, par.3.2.

④ 毒品处遇令是对罪犯宣布缓刑，暂时不关押进监狱，而是对其进行针对毒品依赖性的治疗和司法监督。

也会采取非刑事性质的制裁措施。[①]

欧盟在刑事司法领域推行相互承认原则的总目标是要将相互承认原则适用于刑事诉讼的各个阶段。从目前发布的相互承认法律文件来看，这个目标已经得以实现。

有几部相互承认法律文件可以适用于整个刑事诉讼阶段。例如，欧洲逮捕令可以基于起诉目的或执行监禁判决或羁押令而签发，[②]所以它可以适用于刑事诉讼的所有阶段。欧洲冻结令的目的是保全证据或没收财产而签发的，不仅可以适用于审前程序，而且可以适用于执行程序，所以它可适用于刑事诉讼的各个阶段。[③]《在新提起的刑事诉讼中考虑欧盟成员国先前做出的有罪判决的框架决定》适用于审前阶段、审判阶段和执行有罪判决阶段。[④]欧洲证据令同样适用于刑事诉讼的各个阶段，从有资格签发的主体来看，它可以由法官或法庭签发，也可以由调查官或检察官签发；[⑤]从签发的诉讼阶段来看，它可以在向司法机关提起的诉讼中签发，也可以在向法院起诉之前，由行政机关在审前程序中签发。[⑥]

有的相互承认法律文件仅适用于审前程序。例如，欧洲监督令的目的就是当某个成员国居民面临其他成员国的刑事诉讼时，在等待审判的过程中，由其居住国的司法机关予以监督，使其免于被提起诉讼的国家羁押，从而可以与审判国的居民享受同等的审前非羁押待遇，免除在欧盟区域内区别对待的风险。[⑦]

---

① 例如，《保护欧洲共同体财政利益的公约》第二附加议定书（OJ C 221 of 19 July 1997）第3条，1998年12月21日《关于在欧盟成员国范围内将加入犯罪组织规定为一项刑事犯罪的共同行动》（OJ L 351 of 29 December 1998）第3条，2000年5月29日《通过对伪造欧元的刑事处罚和其他制裁措施加强对欧元保护的框架决定》（OJ L 140 of 14 June 2000）第8条，See Communication from the Commission to the Council and the European Parliament：*Mutual Recognition of Final Decisions in Criminal Matters*，Brussels，26.7.2000，COM（2000）495 final，par.3.3.

② See Council Framework Decision 2002/584/JHA，art.1（1）.

③ See Council Framework Decision 2003/577/JHA，preamble 2 and art.3（1）.

④ See Council Framework Decision 2008/675/JHA，art.3（2）.

⑤ See Council Framework Decision 2008/978/JHA，preamble 8.

⑥ See Council Framework Decision 2008/978/JHA，art.5.

⑦ See Council Framework Decision 2009/829/JHA，preamble 3 and 5.

有几部相互承认法律文件则仅适用于有罪判决后的执行程序。例如，《将相互承认原则适用于经济处罚的框架决定》的目的是执行在科处国以外的其他成员国执行由司法或行政机关科处的经济处罚，所以它只适用于判决后的执行程序。①欧洲没收令的目的是成员国承认并执行由其他成员国法庭签发的刑事没收令。②所以相互承认原则仅适用于执行阶段。欧洲被判刑人移管令是为了有利于被判刑人回归社会，而由其国籍国或居住国承认并执行由其他成员国做出的监禁判决或剥夺自由的处遇。③所以它也只适用于判决后的执行程序。欧洲缓刑监督令的目的是当被判处缓刑或其他非羁押制裁措施的罪犯不居住在定罪国时，为了有利于被判刑人重返社会，提高对受害人和社会公众的保护，以及便利缓刑和其他非羁押制裁措施的适用，而让其居住国承认该类判决，并对被判刑人进行监督。④所以它也只适用于审判后对判决的执行阶段。第2009/299/JHA号将相互承认原则适用于缺席判决的框架决定，其目的是促进成员国之间相互承认在被告缺席下做出的刑事判决，⑤为成员国相互承认缺席判决设定一些条件，当具备这些条件时，缺席判决就不应当被拒绝。⑥所以也只适用于判决后的执行阶段。

正如有的学者所言，欧盟在刑事正义上的司法协助，已逐渐扩展到传统主权国家刑罚权的核心。⑦

4. 在一定范围内取消了双重犯罪原则的限制

在传统的刑事司法协助中，像引渡、刑事诉讼移转、被判刑人移管等，都实行双重犯罪原则，即请求国和被请求国的法律都承认涉案的行为构成犯罪才能实行司法合作。近年来承认外国刑事判决的国际法律文件，如1991年《欧共体成员国之间执行外国刑事判决的公约》第5条b款和1970年《关于

---

① See Council Framework Decision 2005/214/JHA，preamble 2 and art.1 and 5.

② See Council Framework Decision 2006/783/JHA，art.1.

③ See Council Framework Decision 2008/909/JHA，art.3.

④ See Council Framework Decision 2008/947/JHA，art.1（1）and（2）.

⑤ See Council Framework Decision 2009/299/JHA，art.1.

⑥ See Council Framework Decision 2009/299/JHA，preamble 6.

⑦ 吴建辉:《刑事司法互助在欧洲联盟法之发展》，载《司法新声》2012年第103期，第24页。

刑事判决国际效力的欧洲公约》第4条第1款都规定，如果不符合双重犯罪原则，可以拒绝承认外国的刑事判决。

如果废除双重犯罪原则，并且没有就某一事项确立专属管辖权的规则，就可能会出现以下两种情况：一种情况是某个成员国制裁的行为在另一成员国并不构成犯罪，而后一成员国却有义务承认前者做出的判决，并且在某种情况下必须执行这一有罪判决；另一种相反的情况是，认为某种行为构成刑事犯罪的某个成员国必须承认另一个认为该行为合法的成员国做出的撤销诉讼的决定。例如，在成员国A，安乐死是犯罪行为，而在成员国B，只要当事人做出书面同意的意思表达，安乐死就是合法的。依据各自的国内法，这两个成员国对该事项都有管辖权。一个通过书面表达愿意实施安乐死并想在成员国A获得豁免的人，如果在成员国B被起诉了，就可能基于已经做出书面同意而被撤销诉讼，这一决定将在成员国A得到承认。①

为了避免这种情况发生，在贯彻相互承认原则时，将双重犯罪原则的废除限制在特定范围内，即限制在对严重犯罪的相互承认上，这些严重犯罪各国基本都承认是犯罪，分歧不大。

另外，如果在相互承认刑事判决时也坚持双重犯罪原则，被请求国必然会启动确认程序，确定涉案行为依据本国刑法是否同样构成犯罪。这样一来，一是额外地增加了确认程序，二是在某些情形下可能会导致该确认程序的延长。比如，可能需要重新确认犯罪人到底做了些什么。按照判决国法律，有些事实因素可能不具有相关性而没有进行调查，而按照执行国法律，这些因素可能非常关键。在这种情况下，可能需要对已经做出终局性判决的案件再次启动调查程序，对其他证据进行审查。克服这种困难的方法是将某些成员国认为构成犯罪而其他成员国不认为构成犯罪的行为从相互承认中排除出去。例如，将某些犯罪数量很少并且与特别敏感领域有关的犯罪，如流产、安乐死、非法出版罪、软毒品犯罪等。但是，这种方法也可能导致在决定哪些犯罪属

① See Communication from the Commission to the Council and the European Parliament: Mutual Recognition of Final Decisions in Criminal Matters, Brussels, 26.7.2000, COM (2000) 495 final, footnote.17.

于排除范围时相当困难。[①]

相互承认法律文件最终没有采纳剔除法，没有对不适用相互承认原则的犯罪进行剔除，而是采用明示法，将适用相互承认原则的 32 种最严重犯罪列了一个犯罪清单，对这些犯罪，如果根据签发国法律可以科处较重的监禁刑或羁押令，那么，针对这些犯罪的裁定就不必经双重犯罪原则验证，签发国可以径行移交，执行国可以直接承认和执行。双重犯罪原则的例外在相互承认法律文件中得到普遍规定，第 2002/584/JHA 号框架决定第 2 条、第 2003/577/JHA 号框架决定第 3 条、第 2005/214/JHA 号框架决定第 5 条、第 2006/783/JHA 号框架决定第 6 条、第 2008/909/JHA 号框架决定第 7 条、第 2008/947/JHA 号框架决定第 10 条、第 2008/978/JHA 号框架决定第 14 条，以及第 2009/829/JHA 号框架决定第 14 条都做了类似规定。这 32 种最严重的犯罪包括参加犯罪组织，恐怖活动，买卖人口，对儿童进行性剥削或从事儿童色情活动，非法交易麻醉药品和精神药品，非法交易武器、军火和爆炸物，腐败，欺诈，洗钱，伪造货币和计算机犯罪，等等。[②]

这对双重犯罪原则是一个颠覆。对于被请求国不认为是犯罪的引渡请求，双重犯罪原则被认为是最能保护被请求引渡人权利的一项基本原则。双重犯罪原则部分是基于拉丁法谚“无法律就无处罚”，部分是基于互惠原则，即对本国不认为是犯罪的行为不会提出引渡请求，那么本国也就没有义务答应别国就同类行为的引渡请求。[③]它在欧洲大陆法系国家的地位一直很稳固，所以在《欧洲逮捕令框架决定》部分取消该原则后引发了极大争议。比利时 Advocaten voor de Wereld VZW 法律工作者协会曾向比利时仲裁法院诉称《欧洲逮捕令框架决定》是无效的，其中的一个理由就是《欧洲逮捕令框架决定》第 2 条第 2 款对所列 32 种犯罪取消了双重犯罪原则，违反了罪刑法定原则。根据罪刑法定原则，立法必须对犯罪及其刑罚给予明确和准确的规定。欧洲

---

① See Communication from the Commission to the Council and the European Parliament: Mutual Recognition of Final Decisions in Criminal Matters, Brussels, 26.7.2000, COM (2000) 495 final, par.8.

② See Council Framework Decision 2002/584/JHA, art.2.

③ Ivan A Shearer, *Extradition in International Law*, Oceana, 1971, p.197，转引自柯庆忠：《欧盟引渡制度之新变革——以欧洲逮捕令为逮捕及解送之新制》，载《东吴法律学报》第 18 卷第 3 期，第 153 页。

法院2007年的初步裁决认为，《欧洲逮捕令框架决定》并没有侵犯该原则。它指出，《欧洲逮捕令框架决定》并没有统一规定所列举犯罪的构成要件及其应判处的刑罚，它的适用仍然取决于签发逮捕令的成员国的国内法律的规定，因为欧盟成员国都必须加入《欧洲人权公约》，所以成员国的法律都是尊重基本权利和基本的法律原则的，包括罪刑法定原则。《欧洲逮捕令框架决定》对某些犯罪取消双重犯罪原则，并没有改变签发逮捕令的国家在尊重基本权利和基本法律原则方面的义务。该协会又诉称，《欧洲逮捕令框架决定》违反了平等原则和无差别原则，因为犯罪清单列出的犯罪取消了双重犯罪原则，而其他罪却还保留着双重犯罪原则。欧洲法院也否定了这种观点，它认为，不再需要双重犯罪原则的犯罪清单所列出的，都是严重危害到公共秩序和公共安全的犯罪，适合更简便的移交程序。[①] 对部分严重犯罪取消双重犯罪原则，是出于公共秩序和公共安全的考虑。[②]

5. 个别情况下限定了特定性原则的适用

在传统刑事司法合作制度中，特定性原则的目的是避免请求国规避拒绝合作的事由而提出虚假的合作请求。它要求请求国不能对被请求人在被移交以前所犯的其他罪行提起诉讼或执行判决，被请求人移交回去后只能就请求合作所针对的罪行进行审判或执行。它是基于国家之间的不信任、为了保护被请求人的权利而设计的，是刑事司法合作制度中很重要的一个原则。在相互承认原则下的刑事司法合作中特定性原则在某种程度上得到放松。《欧洲逮捕令框架决定》第27条规定，如果被判刑人被转移到签发逮捕令的国家执行刑罚后，如果他在执行刑罚前所犯的罪行是轻罪，仅涉及或可能涉及非剥夺人身自由的刑罚时，在这种情况下，就不适用特定性原则。各成员国也可预先向理事会表示，如无特殊情形，可以推定它已经同意签发国对被移交人在移交前所犯下的其他罪行进行起诉、判决或为了执行监禁判决或羁押令而羁

① Judgment of the Court（Grand Chamber）3 May 2007，In Case C-303/05，Advocaten voor de Wereld VZW v.Leden vande Ministerraad，http：//eur-lex.europa.eu/legal-content/EN/TXT/HTML/？isOldUri=true&uri=CELEX：62005CJ0303，最后访问时间：2016年3月26日。

② 参见高秀东：《欧洲逮捕令及其对我国区际移交逃犯的启示》，载《法学杂志》2010年第4期，第74—75页。

押。《被判刑人移管框架决定》第 18 条第 2 款也做了类似规定。

另外，在执行欧洲逮捕令时，成员国可预先决定是否同意再移交，也即，成员国可以向理事会总秘书处表示，其执行欧洲逮捕令如无相反的反对意见，即可视为其同意签发国再次依据另一欧洲逮捕令将被逮捕人移交给另一成员国。[①]

6. 取消了本国国民不引渡或本国国民不移交原则

《欧盟成员国间引渡公约》已经开始取消本国国民不引渡原则，规定不得以被请求人为本国公民而拒绝引渡，但同时又准许缔约国对该条款给予保留，[②]《欧洲逮捕令框架决定》则彻底取消了该原则，但如移交的是本国国民，签发逮捕令的国家应保证将该人送回本国执行刑罚。在欧盟的范围内，成员国的国民不仅是某国的国民，而且是欧盟的公民。因此，在《欧洲逮捕令框架决定》中，无论是强制性的还是任择性的拒绝引渡理由都没有规定本国国民不引渡。[③] 当欧洲逮捕令是基于刑事起诉的目的而针对执行国国民或居民而签发时，逮捕令可以附条件执行，即在签发逮捕令的国家做出生效裁定后，再将该人送回执行国以执行签发逮捕令的国家判处的监禁刑或发出的羁押令。[④] 这样规定，不仅仅是为了维护执行国的主权，更重要的是为了让被判刑人重返社会的矫正目的。

因欧盟成员国大多数为大陆法系国家，传统上信守本国国民不引渡原则，把本国国民有权在本国受到刑事审判看作一国国民享有的最起码的权利，有些国家甚至将该原则列为宪法保护的基本权利。[⑤] 欧洲逮捕令生效后，准许移交本国国民的规定就与大陆法系国家的法律发生了冲突，有的甚至是宪法

① See Council Framework Decision 2002/584/JHA，art.28（1）.

② 参见《欧盟成员国间引渡公约》第 7 条，载赵秉志主编：《欧盟刑事司法协助研究暨相关文献中英文本》，中国人民公安大学出版社 2003 年版，第 237 页。

③ See Council Framework Decision 2002/584/JHA，art.3 and 4.

④ See Council Framework Decision 2002/584/JHA，art.5（3）.

⑤ 例如，斯洛伐克宪法第 23 条第 4 款，俄罗斯宪法第 61 条第 1 款、蒙古宪法第 15 条第 2 款、拉脱维亚宪法第 98 条、安哥拉宪法第 27 条第 1 款、克罗地亚宪法第 9 条第 2 款、波兰宪法第 55 条第 1 款、葡萄牙宪法第 33 条、厄瓜多尔宪法第 25 条及罗马尼亚宪法第 19 条，均明文规定国民不引渡原则。参见柯庆忠：《欧盟引渡制度之新变革——以欧洲逮捕令为逮捕及解送之新制》，载《东吴法律学报》第 18 卷第 3 期，第 155 页。

冲突。波兰宪法法院、德国宪法法院和塞浦路斯宪法法院都曾做出著名判决，宣布本国转化《欧洲逮捕令框架决定》的国内立法违宪。后来，这三个国家都修改了宪法，允许在一定条件下将本国公民移交给欧盟成员国。德国于 2000 年 11 月 29 日修改其基本法第 16 条第 2 款为："国民不得引渡于外国，但在符合法治国原则的情况下，得以法律就引渡至欧盟国或国际法庭为其他规定。"①

7. 相互承认促进法律趋同，同时在法律有差异的情况下，通过规定拒绝承认或执行的理由来缩小合作义务的范围

相互承认要求各成员国接受彼此不同的刑事司法制度并进行合作，如果各国间法律制度差异太大，可能会导致合作无法进行，那么就采取让各国刑事法律趋同的办法来解决问题。虽然人们经常说刑法触及一个国家最内在的一致性与完整性，但为了使相互承认成为可能，刑法的趋同势在必行。如果趋同不可能或没有机会，那么就通过在相互承认的法律文件中规定拒绝承认或执行的理由来缩小合作义务的范围。

在适用相互承认原则时，签发命令只由签发国的法律来规制，执行国的地位经常被概括为接受外国判决的效力并执行它。在缺乏拒绝理由时，执行国必须接受其他成员国在管辖机关、属物、属时和属人方面的差异。例如，欧盟各国对法人对犯罪的责任规定不尽相同，但现在都不再成为拒绝合作的理由。第 2005/214/JHA 号《将相互承认原则适用于罚金的框架决定》第 9 条第 3 款规定："即使执行国不承认法人刑事责任原则，对法人科处的罚金也应执行。"但是这种接受不是绝对的，因为各国刑事司法制度不可避免地存在差异，所以相互承认的法律文件相应地也规定了各种拒绝承认与执行的理由。长期以来，人们的理想是发现一条路径可以限制拒绝理由并在一个单一的"自由、安全和公正"领域让某个成员国做出的决定可以自由运行。但是，这显然过于理想而不符合现实。相互承认制度中的拒绝理由可以划分为两类：第一类，适用于国内刑法的基本原则并且应经必要变更继续适用于跨境情形。这一类拒绝理由的明显例子是"一事不再理"原则。"一事不再理"原

---

① 参见柯庆忠：《欧盟引渡制度之新变革——以欧洲逮捕令为逮捕及解送之新制》，载《东吴法律学报》第 18 卷第 3 期，第 161 页。

则是载入所有欧洲法律体系的基本法律原则，根据该原则，一个人不能因同一事实被起诉两次。相互承认绝不会限制这种拒绝理由；相反，对这种刑法基本原则的承认还应大力促进。第 2002/584/JHA 号框架决定第 3 条第 2 款、第 2003/577/JHA 第 7 条第 1 款（c）项、第 2005/214/JHA 第 7 条第 2 款（a）项、第 2006/783/JHA 号第 8 条第 2 款（a）项、第 2008/909/JHA 号第 9 条第 1 款（c）项、第 2008/947/JHA 号第 11 条第 1 款（c）项、第 2008/978/JHA 号第 13 条第 1 款（a）项、第 2011/99/EU 号第 10 条第 1 款（g）项和第 2014/41/EU 号第 11 条第 1 款（d）项都规定了该原则。第二类，在成员国刑事司法制度差异太大而不能相互承认彼此司法决定的情况下，用来限制相互承认效力的事由。这一类拒绝理由的明显例子是，如果做出生效司法裁决的行为依照执行国法律不构成犯罪，则执行国可以拒绝承认或执行。相互承认法律文件的普遍做法是列出 32 种最严重犯罪清单，只要求成员国把这些行为规定为犯罪，而对其他犯罪允许成员国适当地保留差异，对那些差异没严重到影响合作的犯罪仍适用双重犯罪原则。例如，《欧洲逮捕令框架决定》第 4 条、《欧洲冻结令框架决定》第 7 条和《相互承认经济处罚框架决定》第 7 条等都将按照执行国法律不构成犯罪的行为，作为执行国可以拒绝执行的理由。

规定一定数量的拒绝理由，以便使各成员国在合作时求同存异，相互承认制度也就具有了一定程度的灵活性，能够为大多数国家所接受和认同。

结　语

从以上分析可以看出，为了将欧盟建设成一个“自由、安全和公正”的区域，近十五年来，欧盟在刑事司法合作领域推行相互承认原则可以说不遗余力。从1999年坦佩雷会议确立该原则伊始，通过“坦佩雷计划”“海牙计划”和“斯德哥尔摩计划”三个五年计划，配之以各种具体措施方案和“路线图”，从目前制定的法律文件来看，可以说，逐年制订的计划基本上已经得到贯彻落实，一个全面相互承认生效刑事司法裁决的制度已经在欧盟刑事司法合作领域基本建成。

与传统刑事司法合作制度相比，相互承认制度由司法机关或主管机关直接开展合作，对生效裁决直接承认并执行，对32种最严重犯罪取消了双重犯罪原则的限制，个别情况下限定了特定性原则的适用，取消了本国国民不引渡或本国国民不移交原则，极大地简化了合作程序，加快了合作速度，其范围已涵盖并远远超出传统刑事司法合作的范畴，广泛适用于具有司法性质的审前程序、审判程序和执行程序中的各种刑事、行政或民事性质的终局性裁定和判决。

但是，也有学者指出，相关法律文件的分析显示出，相互承认最近的发展状况正朝着两个相反的方向发展：一方面，相互承认正变得越来越强大，因为它有《欧盟运作条约》第82条为基础，并将日益显著地发展成为未来几年司法合作的主要的和起支配作用的原则。另一方面，相互承认正在走下坡路，因为在“9·11”恐怖袭击事件后，由政治气候创造的好机会已经结束，运作相互承认的关键因素——欧盟成员国之间的高度信任，已经被不信任和不愿意取代。与欧洲逮捕令有关的宪法问题和更多有关宪法的具体问题经常被作为第二个方面的现实例子加以引证。[①] 此外，相互承认原则使国家的刑事司法权及于主权领域外，刑事司法合作由政治层面转向司法层面，国家使用刑事强制措施的权力及于整个欧盟，而不再只局限于本国主权领域，国家强制力因而失去了传统意义上的专属权。《里斯本条约》使相互承认对主权国家产生了更多问题。《里斯本条约》之前，欧盟在刑事事务方面的行动需经成员国全体一致同意，而在《里斯本条约》生效之后，刑事事务方面的行动不再需要全体一致同意，结果是，相互承认的法律文件在某些成员国不同意的情况下得以通过。

但是，无论如何，欧盟在刑事司法合作方面已经超越历史迈出了大大的一步。欧盟在超国家层面上相互承认司法裁决已经在事实上突破了国家刑事专属权。下一步的问题是如何使各国刑事法律逐渐趋同，如何在存异的情况下更多、更快、更有效地开展司法合作。

有学者将相互承认制度称为欧盟决策者创造的用于处理跨境事务的与 28 个欧盟成员国的国家刑事司法制度并存的第 29 种制度。[②] 这第 29 种制度在实践中到底功效如何，我们还将随着时间的推移进一步拭目以待。

---

① Wendy De Bondt and Gert Vermeulen, "First things first: Characterising mutual recognition in criminal matters", in Marc Cools et al. (eds.), *EU Criminal Justice, Financial & Economic Crime: New Perspectives*, Maklu Publishers, 2011, p.18.

② Wendy De Bondt and Gert Vermeulen, "First things first: Characterising mutual recognition in criminal matters", in Marc Cools et al. (eds.), *EU Criminal Justice, Financial & Economic Crime: New Perspectives*, Maklu Publishers 2011, p.26.

下编

欧盟刑事司法合作领域相互承认的法律文件

《欧洲逮捕令和成员国之间移交程序的框架决定》①

（根据《欧洲联盟条约》第六编通过）

欧盟理事会 2002 年 6 月 13 日第 2002/584/JHA 号

欧盟理事会，

考虑到《欧洲联盟条约》，特别是其第 31 条 a 款和 b 款以及第 34 条第 2 款 b 项，

考虑到欧盟委员会的提案②，

考虑到欧洲委员会的意见③，

鉴于：

（1）根据 1999 年 10 月 15 日和 16 日在坦佩雷召开的欧洲理事会会议决议，特别是其第 35 条，在欧盟成员国之间，对于逃避司法制裁的已决犯的正式引渡程序，应当废除；对于犯罪嫌疑人的引渡程序，应当加速。

（2）欧盟理事会于 2000 年 11 月 30 日通过了一项计划，④提出了逮捕令的相互执行问题。该计划是有关执行由坦佩雷会议决议第 37 段设想的在刑事裁定方面适用相互承认原则的措施的。

（3）成员国均为或多为引渡公约的缔约国，这些引渡公约包括 1957 年 12 月 13 日的《欧洲引渡公约》和 1977 年 1 月 27 日的《打击恐怖主义的欧洲公约》。北欧国家也有措辞相同的引渡法。

（4）此外，下面三项全部或部分处理引渡事务的公约已得到各成员国同

① 翻译：高秀东。

② OJ C 332 E，27.11.2001，p.305.

③ Opinion delivered on 9 January 2002（not yet published in the official Journal）.

④ OJ C 12 E，15.1.2001，p.10.

意并构成欧盟法的一部分：1990 年 6 月 19 日《关于执行〈1985 年 6 月 14 日逐渐废除边界检查的申根协定〉的公约》①（关于该公约缔约国之间的关系），1995 年 3 月 10 日《欧盟成员国简易引渡程序公约》②和 1996 年 9 月 27 日《欧盟成员国引渡公约》③。

（5）为将欧盟建成一个“自由、安全和公正”的区域，成员国之间的引渡程序应予废除，并应代之以司法机关之间的移交程序。基于执行或起诉的目的，对已决犯或犯罪嫌疑人适用全新的简化的移交程序，可以避免目前复杂的引渡程序中潜在的迟延。在一个“自由、安全和公正”的区域内，成员国之间沿用至今的传统合作关系应由一个刑事司法裁定可以自由流动的体系代替，这种刑事司法裁定包括判决前做出的各种决定和命令以及终局性裁判。

（6）本框架决定规定的欧洲逮捕令是在刑事司法领域推行相互承认原则的第一个具体措施，该原则被欧洲理事会称为司法合作的基石。

（7）由于取代 1957 年 12 月 13 日《欧洲引渡公约》建立的多边引渡体系的目的无法由成员国单方面达成，并且依其范围和影响，在欧盟层面上能更好地实现该目标，所以理事会可以根据《欧洲联盟条约》第 2 条和《建立欧共体条约》第 5 条规定的辅助性原则采取相应措施。根据《建立欧共体条约》第 5 条确立的比例性原则，本框架决定不得超出为达成目的所需要的范围。

（8）执行欧洲逮捕令的决定必须受到充分控制，也即被请求人逮捕地国的司法机关将对该人的移交做出决定。

（9）中央机关在执行逮捕令时所扮演的角色，应限制为实务性的和行政性的协助。

（10）欧洲逮捕令机制是以成员国之间的高度信任为基础的。只有当成员国严重并持续对《欧洲联盟条约》第 6 条第 1 款确立的各项原则进行破坏时，经欧盟理事会根据该条约第 7 条第 1 款，认为有第 7 条第 2 款规定的严重后果发生，欧洲逮捕令的执行才可以暂停。

---

① OJ L 239，22.9.2000，p.19.

② OJ C 78，30.3.1995，p.2.

③ OJ C 313，13.10.1996，p.12.

（11）欧洲逮捕令应取代先前所有的引渡文件，包括《执行申根协定公约》与引渡有关的第3编。

（12）本框架决定尊重基本权利，并遵守《欧盟基本权利宪章》[①]特别是其第6章所反映的且经《欧洲联盟条约》第6条所确认的各项原则。如果基于客观因素有理由相信，欧洲逮捕令的签发是因为他或她的性别、种族、宗教、人种、国籍、语言、政治见解或性取向而想起诉或惩罚该人，或者该人的地位因为这些理由可能受到歧视，那么，本框架决定的任何内容都不能被解释为禁止拒绝移交该人。

本框架决定不阻止任何成员国适用本国与正当程序、结社自由、出版自由和在其他媒体上的表达自由有关的宪法规则。

（13）当他或她在他国面临死刑、酷刑或其他不人道或有辱人格的待遇或处罚的风险时，不能将该人移交、驱逐或引渡给该国。

（14）因为所有成员国均已批准了1981年1月28日《与自动处理个人资料有关的保护个人公约》，所以在执行本框架决定时处理的个人资料应当受该公约各项原则的保护。

已经通过的本框架决定如下：

第一章　总则

第1条　欧洲逮捕令的定义和执行它的义务

1. 欧洲逮捕令是某个成员国为了让另一个成员国对被请求人进行逮捕和移交并为了对被请求人提起刑事指控或执行监禁刑的判决或羁押令而签发的司法决定。

2. 成员国应该基于相互承认原则和本框架决定的条款执行欧洲逮捕令。

3. 本框架决定不具有修正《欧洲联盟条约》第6条确认的尊重基本权利和基本法律原则的义务的效力。

第2条　欧洲逮捕令的适用范围

1. 欧洲逮捕令可以对根据签发国法律最低刑期可处12个月以上监禁刑或羁押令的行为签发，或者在已经做出判决或羁押令的情形下，可以对最低期

---

① OJ C 364，18.12.2000，p.1.

限为4个月的判决或命令签发。

2. 下列犯罪，如果依据签发国法律可处3年以上监禁刑或羁押令，依据本框架决定，无须经双重犯罪原则验证，即可根据欧洲逮捕令进行移交：

——参加犯罪组织，

——恐怖主义，

——买卖人口，

——对儿童进行性剥削或从事儿童色情活动，

——非法交易麻醉药品和精神药品，

——非法交易武器、军火及爆炸物，

——腐败，

——欺诈，包括影响1995年7月26日《保护欧洲共同体财政利益公约》意义范围内的欧共体财政利益，

——清洗犯罪收益，

——伪造包括欧元在内的货币，

——计算机犯罪，

——环境犯罪，包括非法交易濒危动物种类和濒危植物种子及其他物种，

——非法入境及居留，

——谋杀和严重伤害，

——非法交易人体器官和人体组织，

——绑架，非法羁押和劫持人质，

——种族主义和仇外，

——有组织或武装抢劫，

——非法交易包括古董和艺术品在内的文物，

——诈骗，

——敲诈勒索，

——伪造及假冒产品，

——伪造及买卖行政文件，

——伪造支付手段，

——非法交易荷尔蒙物质和其他生长激素，

——非法交易核物质或放射性物质，

——买卖被盗车辆，

——强奸，

——放火，

——国际刑事法院管辖的犯罪，

——非法劫持航空器或船只，

——恶意破坏。

3. 理事会依据《欧洲联盟条约》第39条第1款规定的条件与欧洲议会协商一致以后，在任何时候都可以将犯罪的其他类别添加到本条第2款的犯罪清单中。理事会应当根据委员会依据本法第34条第3款提交的报告来审查该犯罪清单应否扩大或修改。

4. 对于本条第2款犯罪清单之外的犯罪，移交可能要受到签发欧洲逮捕令的行为依据执行国法律构成犯罪这个条件的影响，而不管其构成条件是什么或该犯罪是如何被描述的。

第3条　应当拒绝执行逮捕令的理由

在下列情形下，执行国的司法机关应当拒绝执行欧洲逮捕令：

1. 逮捕令针对的犯罪属于执行国赦免的范围，执行国对该罪有权依本国法提起诉讼；

2. 执行国司法机关得知，被请求人已经因同一行为被签发国以外的成员国做出终审裁判，这种情形可能包括已经做出判决、判决已执行或依据判刑国法律最近将要执行或不久可能被执行；

3. 依据执行国法律，被签发逮捕令的人由于年龄原因可能不能对导致逮捕令的行为负刑事责任。

第4条　可以拒绝执行逮捕令的理由

在下列情形下，执行国司法机关可以拒绝执行逮捕令：

1. 在第2条第4款所述的情形下，按照执行国法律，导致逮捕令的行为不构成犯罪；但是，对于涉及税收、关税和汇兑的行为，不能以执行国与签发国法律关于税收的种类或税收、关税和汇兑的规则不同为理由而拒绝执行逮捕令。

2. 逮捕令针对的人正在执行国因导致逮捕令的同一行为被起诉。

3. 执行国司法机关已经做出决定，不对导致逮捕令的犯罪提起诉讼，或者暂停诉讼，或者在其他成员国对被请求人实施的与导致逮捕令的行为相同的行为做出终审判决时，不提起进一步的诉讼程序。

4. 执行国法律禁止刑事起诉或惩罚被请求人并且其行为属于该成员国刑事管辖的范围。

5. 执行国司法机关得知被请求人已经因同一行为被第三国做出终审判决，这种情形可能包括已经做出判决、判决已经被执行或者依据判刑国法律即将被执行或者可能不久要被执行。

6. 欧洲逮捕令是基于执行监禁刑或羁押令的目的而签发的，被请求人正留在执行国或为执行国国民或居民，该国承诺依据本国法执行该判决或羁押令。

7. 当欧洲逮捕令相关的犯罪：

（a）依据执行国法律被认为全部或部分实施于执行国领域或可视为其领域的地方；或者

（b）是在签发国领域外实施的并且执行国法律不允许起诉在其领域外实施的相同犯罪。

第5条　签发国在特殊案件中的保证

依据执行成员国的法律，执行司法机关可以在下列条件下执行欧洲逮捕令：

1. 为了执行缺席审判状态下做出的判决或羁押令已经签发了欧洲逮捕令，而该缺席判决是因为当事人没有被传唤或没有被告知出席听证的时间和地点而导致的，则移交可在具备以下条件时方能进行：签发国司法机关能够做出保证，该项保证被认为足以保障欧洲逮捕令的当事人将有机会在签发国得到重新审理并且出席审判。

2. 如果据以签发欧洲逮捕令的犯罪可处终身监禁刑或终身羁押令，则只有在具备以下条件时才可以执行该项逮捕令：签发国在其法律体系中对所处刑罚或措施的再审有所规定，这种再审是基于当事人的请求而提起的。最迟在20年之后，当事人可以请求适用签发国法律和实践赋予的宽恕措施，以达到不执行这种刑罚或措施的目的。

3. 当受制于欧洲逮捕令的人是执行国的国民或居民时，移交应在具备以下条件时方能进行：为了执行签发国科处的监禁刑或羁押令，该人在聆讯后将被送回到执行国。

第6条　主管司法机关的确定

1. 签发司法机关应为依据签发国法律有权签发欧洲逮捕令的本国司法机关。

2. 执行司法机关应为依据执行国法律有权执行欧洲逮捕令的本国司法机关。

3. 各成员国应将依据本国法确定的主管司法机关告知理事会总秘书处。

第7条　依靠中央机关

1. 各成员国可以指定一个中央机关，或者如果其法律体系有规定，可以指定更多中央机关来协助主管机关的工作。

2. 如果成员国国内法律体系组织需要，它可以让其中央机关负责行政传递和接收欧洲逮捕令及与之相关的其他官方信件。

有意利用本条规定的成员国应将指定的中央机关及其相关信息告知理事会总秘书处。这些表示对签发国的所有机关都有约束力。

第8条　欧洲逮捕令的内容及其格式

1. 欧洲逮捕令应包含以下信息，这些信息在附件中以表格形式给出：

（a）被请求人的身份和国籍；

（b）签发司法机关的名称、地址、电话、传真号码和电子邮箱；

（c）有关一项可执行的判决、一张逮捕证或其他具有同等效力的可执行的司法裁决的证据，这些司法裁决都是在第1条和第2条的范围内送来的；

（d）犯罪的性质和法律分类，特别是与第2条有关的犯罪；

（e）对实施犯罪的环境进行描述，包括时间、地点以及被请求人对该犯罪的参与程度；

（f）科处的刑罚（如果有终审判决的话），或者签发国法律对该犯罪规定的刑罚幅度；

（g）如果可能，该犯罪的其他后果。

2. 欧洲逮捕令必须被翻译成执行国的官方语言或其中一种官方语言。在本框架决定通过之时或之后，任何成员国都可以向理事会总秘书处交存一份声明，表明其将接收被翻译成一种或多种欧共体组织的官方语言的文本。

第二章　移交程序

第 9 条　送交欧洲逮捕令

1. 当知道被请求人所在的地点时，签发司法机关可以直接将欧洲逮捕令送交给执行司法机关。

2. 无论怎样，签发司法机关都可以在申根信息系统（SIS）内对被请求人发出通缉。

3. 根据 1990 年 6 月 19 日《执行 1985 年 6 月 14 日关于逐渐取消共同边境控制的申根协定的公约》第 95 条的规定，该通缉应当具有法律效力。申根信息系统中的通缉应与包含有第 8 条第 1 款列出的信息的欧洲逮捕令效力相等。

在过渡阶段，也即在申根信息系统能够传递第 8 条所列的所有信息之前，在执行司法机关接收按照正当程序和标准格式送来的欧洲逮捕令之前，通缉应相当于欧洲逮捕令。

第 10 条　送交欧洲逮捕令的具体程序

1. 如果签发司法机关不知道执行国的主管司法机关，则其为了从执行国获取相关信息，应进行必需的查询，包括通过欧洲司法网[①]的联络点进行查询。

2. 如果签发司法机关愿意，逮捕令的送交可以通过欧洲司法网的安全通信系统进行。

3. 如果不可能请求 SIS 的服务，则签发司法机关可以请求国际刑警组织来送交欧洲逮捕令。

4. 签发司法机关可以以任何能生成书面记录以便让执行国确认其真实性的安全方法递送欧洲逮捕令。

5. 在传递执行欧洲逮捕令所需的文件和验证其真实性时遇到的所有困难均应由有关司法机关通过直接联系加以处理，或者适当时，与中央机关进行直接联系。

---

① 理事会 1998 年 6 月 29 日第 98/428/JHA 号《关于创建欧洲司法网的联合行动》（OJ L 191, 7.7.1998，p.4）。

6. 如果收到欧洲逮捕令的机关不是主管机关，那么它应主动将该欧洲逮捕令转交给本国的主管机关，并且应相应地通知签发司法机关。

第 11 条　被请求人的权利

1. 当被请求人被逮捕时，执行国主管司法机关应当依法将欧洲逮捕令及其内容以及同意被移交给签发国司法机关的可能性告知该人。

2. 基于执行欧洲逮捕令的目的而被捕的被请求人应当依据执行国法律有权获得律师协助和同声传译。

第 12 条　继续羁押被请求人

当某人基于欧洲逮捕令被捕时，执行司法机关应当依据本国法就是否应继续羁押被请求人做出决定。依据执行国法律，该人在任何时候都可以被临时释放，其条件是执行国主管机关采取了它认为为了防止该人逃跑所需的一切手段。

第 13 条　同意移交

1. 如果已经被捕的该人表示同意移交，那么，这种同意以及放弃第 27 条第 2 款所指的依据特定性原则所享有的权利的表示，应当根据执行国的国内法，向执行司法机关做出。

2. 各成员国应通过必要措施确保第 1 款所指的同意和放弃是在以下情形下做出的：当事人自愿做出表示并且完全知道这样做的后果。被请求人这么做时，应当有权得到律师的帮助。

3. 第 1 款所指的同意以及放弃应根据执行国的国内法确立的程序予以记录。

4. 原则上，同意不可被撤回。各成员国可以依据可适用的国内法规则做出规定：同意和适当的放弃可以被撤回。在这种情形下，不能将同意和撤回之间的时间计入第 17 条确立的对时间限制的考虑范围内。想利用本条规定的成员国应在本框架决定通过时报告理事会总秘书处，并应对撤回同意的特别程序以及对该程序的修改予以规定。

第 14 条　对被请求人的听证

当被捕之人没有像第 13 条所指的那样同意移交时，依据执行国法律，该人有权请执行司法机关听他或她陈述理由。

第 15 条　移交决定

1. 执行司法机关应当在限定的时间内和本框架决定规定的条件下做出是

否移交该人的决定。

2. 如果执行司法机关认为签发国送来的信息不足以允许它做出移交的决定，那么它应该请求以急件形式补充所需的信息，特别是与第3条至第5条和第8条有关的信息，并且考虑到遵守第17条规定的时间限制的需要，可以对接收补充信息的时间予以限制。

3. 签发司法机关可以在任何时候向执行司法机关传递其他有用信息。

第16条 有多项请求时的决定

1. 如果两个或两个以上的成员国对同一个人签发了欧洲逮捕令，则应由执行司法机关适当考虑所有情形后决定应当执行哪个欧洲逮捕令，尤其是应该考虑犯罪的严重性和地点、欧洲逮捕令签发的时间，以及签发该逮捕令的目的是起诉还是执行监禁刑或羁押令。

2. 执行司法机关在做出本条第1款的决定时可以向欧盟司法组织（Eurojust）咨询。

3. 当欧洲逮捕令和第三国提出的引渡请求发生冲突时，哪个请求优先应由执行国主管机关适当考虑所有情形尤其是本条第1款所指的情形和可以适用的有关公约规定的那些情形后予以决定。

4. 本条规定不妨碍成员国在《国际刑事法院规约》下的义务。

第17条 决定是否执行欧洲逮捕令的时间限制和程序

1. 欧洲逮捕令应作为紧急事项处理并执行。

2. 在被请求人同意移交的情形下，执行欧洲逮捕令的终局性决定应在其表示同意的10天内做出。

3. 在其他情形下，执行欧洲逮捕令的终局性决定应当在逮捕被请求人的60天内做出。

4. 如果有特殊情形而导致欧洲逮捕令不能在本条第2款或第3款限定的时间内执行的，则执行司法机关应当立即将此情形通知签发司法机关，并给出迟延的理由。在这种情形下，时间限制可以再延长30天。

5. 在做出执行欧洲逮捕令的终局性决定之前，执行司法机关应当保证有效移交该人所需的实质性条件一直存在。

6. 拒绝执行欧洲逮捕令的任何决定必须给出理由。

7. 成员国遇有特殊情形不能遵守本条规定的时间期限时，应当报告欧盟司法组织，说明迟延的理由。此外，当某一成员国的欧洲逮捕令多次被另一成员国迟延执行时，它应当将此情形报告欧盟理事会，以便评估在成员国层面上对本框架决定的执行。

第18条　做出移交决定前的情形

1. 当欧洲逮捕令基于刑事起诉的目的已经被签发时，执行司法机关必须：

（a）或者同意对被请求人进行第19条规定的听证；

（b）或者同意暂时移交被请求人。

2. 暂时移交的条件和期限应由签发和执行司法机关之间协议决定。

3. 在暂时移交的情形下，作为移交程序的组成部分，被移交的人应当能返回执行国出席有关他或她本人的听证会。

第19条　在做出移交决定前对被请求人进行听证

1. 被请求人应当由司法机关进行听证，听证时由根据请求法院所在的成员国的法律指派的人员进行协助。

2. 对被请求人的听证应当符合执行国法律和签发与执行司法机关之间的协议规定的条件。

3. 主管执行的司法机关可以指定本国的另一个司法机关参加对被请求人的听证会，以确保本条及所设置的条件得到正确适用。

第20条　特权与赦免

1. 当被请求人在执行成员国享有管辖或执行的特权或赦免时，第17条所述的时间期限不能开始计算。但该期限应当从执行司法机关被告知该项特权或赦免已经被取消之时起计算。

执行成员国应当保证，当该人不再享有这种特权或赦免时，有效移交该人的实质条件仍然存在。

2. 当取消特权和赦免的权力属于执行国的某个机关时，执行司法机关应当请求该机关立即行使这项权力。当取消特权和赦免的权力属于其他国家或国际组织时，应由签发司法机关请求其行使这种权力。

第21条　国际义务的冲突

当被请求人已从第三国引渡到执行成员国，并且该人受其引渡所适用的协定的特定性条款的保护时，本框架决定不妨碍执行国所承担的义务。执行国应当立即采取一切必要措施，请求被请求人引渡移出国同意将该人移交到签发欧洲逮捕令的国家。在这些特定性原则停止适用之前，不能开始起算第17条所指的时间期限。在被请求人引渡移出国做出同意的决定之前，执行成员国将保证有效移交的实质条件一直存在。

第22条 做出决定时的通知

执行司法机关决定依欧洲逮捕令采取行动时应当立即将该决定通知签发司法机关。

第23条 对人员移交的限制

1. 被请求人应当尽快在相关机关一致同意的期日被移交。

2. 他或她的移交应当在执行欧洲逮捕令的终局性决定做出后10日之内完成。

3. 如果因成员国无法控制的情形而导致不能在第2款规定的时间期限内移交被请求人，执行和签发的司法机关应当立即相互沟通并商定一个新的移交日期。在这种情形下，移交应于新日期开始后10天内完成。

4. 由于重大的人道主义理由，如有实质理由相信，移交将明显危及被请求人的生命或健康，移交可以例外地被暂时推迟。这些理由一旦不存在，欧洲逮捕令就应当得到执行。执行司法机关应当立即告诉签发司法机关并且商定一个新的移交日期。在这种情形下，移交应当在新日期开始后10天完成。

5. 在本条第2款至第4款规定的期限届满之后，如果该人还被羁押着，那么他应当被释放。

第24条 推迟或附条件移交

1. 在决定执行欧洲逮捕令之后，为了在执行成员国起诉该人，或者为了在本国领域内执行针对欧洲逮捕令以外的该人的其他行为的判决，执行司法机关可以推迟移交被请求人。

2. 作为延迟执行的替代措施，执行司法机关可以附条件地将被请求人暂时移交给签发国，所附条件由执行和签发司法机关之间的相互协议来规定。该协议须由书面制定并且所设条件应对签发国的所有机关具有约束力。

第25条 过境

1. 为了执行监禁判决或羁押令的目的而请求本国国民或居民过境时，各成员国如果拒绝该请求对本国有利。除了这种情形，各成员国接到有关下列情况的资料就应当允许正在被移交的被请求人过境其领域：

（a）欧洲逮捕令上载明的该人的身份和国籍；

（b）有效的欧洲逮捕令；

（c）犯罪的性质和法律分类；

（d）包括时间和地点在内的对犯罪情形的描述。

当基于起诉目的的欧洲逮捕令的对象是过境成员国的国民或居民时，过境可以附条件进行，该条件为：当完成听证后，该人将被送回过境成员国，以执行由签发国判处的监禁刑或羁押令。

2. 各成员国应指定一个机关负责接收过境请求和所需文件以及其他与过境请求有关的官方信件。成员国应当将指定的机关报告理事会总秘书处。

3. 过境请求及第 1 款所列的相关资料，可以任何能生成书面记录的方式提交给根据第 2 款指定的机关。过境国应当以相同程序告知它的决定。

4. 本框架决定不适用于以飞机载送而非预定降落地的情形。但是，在非预定降落已经发生的情形下，签发国应当将第 1 款所述的资料提供给根据第 2 款指定的机关。

5. 如果过境之人是从第三国引渡到某成员国的，则可以变通适用本条规定。此时，“欧洲逮捕令”的表述应替换成“引渡请求”。

第三章　移交的效力

第 26 条　扣除在执行国被羁押的期间

1. 签发成员国应当从监禁判决或羁押令确定的总羁押期中扣除因执行欧洲逮捕令而羁押的期间。

2. 为此，在移交时，有关欧洲逮捕令被请求人羁押期间的所有资料都应当由执行司法机关或根据第 7 条指定的中央机关转交给签发司法机关。

第 27 条　可能起诉其他罪行

1. 各成员国可向理事会总秘书处表示，当签发国为已经做出同样表示的其他成员国时，除非执行司法机关在特殊情况下在移交决定中明确表示反对，可以推定执行国已经同意签发国对被移交人在移交前所犯下的移交罪行之外的其他罪行进行起诉、判决或为了执行监禁判决或羁押令而羁押。

2. 除了第 1 款和第 3 款所指的情形，被移交之人不可以因为他在被移交之前犯下的移交罪行之外的其他罪行而被起诉、判决或剥夺自由。

3. 第 2 款不适用于以下情形：

（a）当该人有机会离开被移送到的成员国而在被释放后的 45 天内还没有离开，或者离开后又返回该国；

（b）所涉罪行不能被科处监禁刑或羁押令；

（c）刑事诉讼不能导致对人身自由的限制；

（d）即使该人应处之刑罚或处遇可导致人身自由的限制，但该人实际未被科处剥夺自由的刑罚或处遇，而是用罚金或其他处遇方法替代。

（e）根据第 13 条的规定，在该人同意移交的同时，声明放弃受特定性原则保护的权利；

（f）该人被移交后已经表示对他移交前所犯的具体罪行放弃受特定性原则保护的权利。根据签发国国内法，放弃的声明应当向签发国主管司法机关做出并应被记录下来。放弃声明应在该人自愿并清楚地知道其后果的情形下做出。为此目的，该人有权得到律师的帮助。

（g）移交该人的执行司法机关做出了第 4 款中的同意表示。

4. 应当提交给执行司法机关一份请求其同意的请求函，并附上第 8 条第 1 款所述的资料和第 8 条第 2 款所指的译本。当所请求的犯罪的主体属于本框架决定可以移交的对象时，应当同意这种请求。如果存在第 3 条规定的情形，应当拒绝表示同意；可以拒绝表示同意的情形，只存在于第 4 条规定的情形。在收到请求函后的 30 日内应做出是否同意的决定。

在第 5 条所述的情形下，签发国必须给出相关保证。

第 28 条　移交或随后的引渡

1. 各成员国可以向理事会总秘书处表示，当签发国为已经做出同样表示的其他成员国时，除非执行司法机关在特殊情况下在移交决定中明确表示反对，可以推定执行国已经同意签发国根据执行国以外的其他成员国针对被移交人在移交前所犯的罪行而签发的欧洲逮捕令将该人移交给该国。

2. 在下列情形下，根据欧洲逮捕令被移交到签发国的人无须执行国同意，即可根据执行国以外的其他国家针对该人被移交前所犯的罪行而签发的欧洲逮捕令，被移交给该国：

（a）被请求人有机会离开被移送到的国家而在被释放后 45 天没有离开，或者在离开后又返回该国；

(b) 被请求人同意依据欧洲逮捕令被移交给执行国以外的其他国家。根据签发国国内法，同意应向该国主管司法机关表示并生成记录。同意必须是在该人自愿并清楚地知道其后果的情形下做出的。为此目的，被请求人有权得到律师帮助。

(c) 根据第 27 条第 3 款 (a)(e)(f) 和 (g) 项，被请求人不受特定性原则的保护。

3. 根据下列规则，执行司法机关同意将该人移交给其他国家：

(a) 已经提交了第 9 条所述的请求同意函，并附有第 8 条第 1 款所述的资料和第 8 条第 2 款所述的译本；

(b) 当被请求的犯罪属于本框架决定规定的应予移交的罪行时，应当同意移交；

(c) 应在收到请求函 30 日内做出是否同意的决定；

(d) 如果有第 3 条规定的情形，应当拒绝同意；如果有第 4 条规定的情形，可以拒绝同意。

在第 5 条规定的情形下，签发国必须给出相关保证。

4. 尽管有第 1 款规定，未经移出国主管机关同意，依据欧洲逮捕令被移交之人不能被引渡给第三国。同意引渡不能违背其加入的有关公约和本国法。

第 29 条　物的移交

1. 经签发司法机关请求或它自己建议，执行司法机关应当根据其国内法扣押和移交以下财产：

(a) 作为证据而请求的，或

(b) 已为被请求人获得的犯罪结果。

2. 第 1 款所指的财产即使在被请求人死亡或逃跑而导致欧洲逮捕令无法执行的情况下也应当被移交。

3. 如果第 1 款所指的财产在执行国领域因为未决刑事诉讼的需要可能会被扣押或没收，则执行国可以暂时保留该财产，也可在它能被返还的前提下，临时将其移交给签发国。

4. 执行国或第三国对第 1 款所指财产享有的权利应当保留。当这种权利存在时，刑事诉讼一终止，签发国就应当将该财产返还给执行国而不能向其索要费用。

第 30 条 费用

1. 执行国在本国领域内因执行欧洲逮捕令而产生的费用应当自己承担。

2. 所有其他费用应当由签发国承担。

第四章 一般和最后条款

第 31 条 与其他法律文件的关系

1. 自 2004 年 1 月 1 日起，本框架决定将代替成员国之间在引渡方面适用的下列公约的相同规定，但不影响这些公约仍然适用于成员国和第三国的引渡关系：

（a）1957 年 12 月 13 日《欧洲引渡公约》，1975 年 10 月 15 日该公约的附加议定书，1978 年 3 月 17 日该公约的第二附加议定书和 1977 年 1 月 27 日《打击恐怖主义的欧洲公约》中有关引渡的规定；

（b）1989 年 5 月 26 日《欧共体 12 成员国之间简化和现代化提交引渡请求措施的协定》；

（c）1995 年 3 月 10 日《欧盟成员国间简化引渡程序公约》；

（d）1996 年 9 月 27 日《欧盟成员国间引渡公约》；

（e）1990 年 6 月 19 日《在逐渐取消共同边界检查方面执行 1985 年 6 月 14 日申根协定的公约》第 4 章的标题 3。

2. 本框架决定通过后，各成员国可以继续适用生效的双边或多边协定或安排，只要这些协定或安排可以让本框架决定的目的得以延伸或扩大，并且有助于进一步简化或便利欧洲逮捕令的移交程序。

成员国在本框架决定生效后仍可缔结双边或多边协定或安排，只要这些协定或安排能够使本框架决定的规定得以延伸或扩大并且有助于进一步简化或便利欧洲逮捕令的移交程序，特别是可能缩短第 17 条规定的时间期限，扩大第 2 条第 2 款所列的犯罪清单，进一步限制第 3 条和第 4 条所列的拒绝理由，或者降低第 2 条第 1 款和第 2 款规定的门槛。

第 2 款第 2 项所指的协定或安排在任何情形下都不影响缔约国与非缔约国成员国之间的关系。

在本框架决定生效后 3 个月之内，成员国应当将本款第 1 项所指的现存的并仍希望继续适用的协定或安排报告理事会和委员会。

在签订本款第 2 项所指的新的协定或安排后的 3 个月内，成员国也应将此告知理事会和委员会。

3. 成员国的某些区域或成员国负责其外部关系的区域适用第 1 款所指的公约或协定而不适用本框架决定时，那些区域与其他成员国的关系仍由这些文件来调整。

第 32 条　过渡条款

2004 年 1 月 1 日前收到的引渡请求将继续适用现存的与引渡有关的文件。在此之后接收的引渡请求将适用成员国根据本框架决定制定的相关规则。但是，在理事会通过本框架决定之时，任何成员国均可发表一个声明，表明作为执行国，仍可适用 2004 年 1 月 1 日前的引渡制度，继续受理对特定日期之前实施的犯罪的引渡请求。该日期不能晚于 2002 年 8 月 7 日。这种声明将在《欧共体官方公报》上公布，并可以随时撤回。

第 33 条　有关奥地利和直布罗陀的规定

1. 在奥地利《引渡与司法协助法》第 12 条第 1 款修改之前，最迟到 2008 年 12 月 31 日，如果被请求人是奥地利国民，并且依据奥地利法律，签署欧洲逮捕令的行为不具有可罚性，则它可以允许执行司法机关拒绝执行欧洲逮捕令。

2. 本框架决定适用于直布罗陀。

第 34 条　执行

1. 在 2003 年 12 月 31 日之前，成员国应当采取所需措施遵守本框架决定的规定。

2. 成员国应向理事会总秘书处和委员会递交将本框架决定对成员国规定的义务转化为国内法的文本。同时，各成员国可以表明，将立即将本框架决定适用于那些已经做出相同表示的国家。

理事会总秘书处应当就根据第 7 条第 2 款、第 8 条第 2 款、第 13 条第 4 款和第 25 条第 2 款接收的资料通报各成员国和委员会。并应当在《欧共体官方公报》上予以公布。

3. 根据理事会总秘书处通报的资料，委员会应当最迟在 2004 年 12 月 31 日之前，就本框架决定的执行情况，向欧洲委员会和理事会提交一份报告，如果需要，还应当附带立法议案。

4. 理事会应当在 2003 年下半年对成员国具体适用本框架决定的实际情况和申根信息系统的功能进行评估。

第35条 生效

本框架决定应当于其在《欧共体官方公报》公布后20天生效。

致理事会主席 M.RAJOY BREY

2002年6月13日于卢森堡

附件

欧洲逮捕令①

本令状由主管司法机关签发。为了提起刑事诉讼或执行监禁判决或羁押令，我请求对下面所述之人进行逮捕并移交。

（a）与被请求人身份有关的信息
名：____________________
姓：____________________
婚前姓，如果有的话：____________________
别名，如果有的话：____________________
性别：____________________
国籍：____________________
出生日期：____________________
出生地：____________________
居住地和/或所知道的地址：____________________
被请求人懂得的语言（如果知道）：____________________
明显标记/对被请求人的描述：____________________
被请求人的照片或指纹（如果有并且能被提交的话），或者该人的联系方式，以便联系该人取得这种信息或DNA数据（如果这种证据能够提供但是还没有包括在内的话）
____
____

① 当执行国明确时，该令状必须写成或翻译成执行国的一种官方语言或它接受的任何其他语言。

（b）签发逮捕令的决定
1. 逮捕令或具有同等效力的司法决定：________________
类型：________________
2. 可执行的裁决：________________
____
编号：________________

（c）说明刑期
1. 该犯罪可处监禁判决或羁押令的最长刑期：________________
____
2. 监禁判决或羁押令实际科处的刑期：________________
剩余刑期：________________

（d）缺席判决以及：
—— 涉案人员本人已经被传唤或者已经被告知导致缺席判决的听证会的时间和地点，或者
—— 涉案人员本人没有被传唤或者没有被告知导致缺席判决的听证会的时间和地点，但是在移交后享有下列法律保障（建议给出这种保障）
具体的法律保障：
____
____

（e）犯罪：
本逮捕令相关的罪名共有：________________
描述包括时间、地点和被请求人参与程度在内的实施犯罪的情节：________________
____
____
犯罪的性质和法律分类以及适用的法典或法律条款：________________
____

Ⅰ.如果适用，在下列犯罪清单中勾选一种或几种犯罪。依据签发成员国法律，该犯罪在签发国可以监禁判决或羁押令处以最高不少于3年的刑期：

☐ 参加犯罪组织；

☐ 恐怖主义；

☐ 买卖人口；

☐ 对儿童进行性剥削或从事儿童色情活动；

☐ 非法交易麻醉药品和精神药品；

☐ 非法交易武器、军火及爆炸物；

☐ 腐败；

☐ 欺诈，包括影响1995年7月26日《保护欧洲共同体财政利益公约》意义范围内的欧共体财政利益；

☐ 清洗犯罪收益；

☐ 伪造包括欧元在内的货币；

☐ 计算机犯罪；

☐ 环境犯罪，包括非法交易濒危动物种类和濒危植物种子及其他物种；

☐ 非法入境及居留；

☐ 谋杀和严重伤害；

☐ 非法交易人体器官和人体组织；

☐ 绑架，非法羁押和劫持人质；

☐ 种族主义和仇外；

☐ 有组织或武装抢劫；

☐ 非法交易包括古董和艺术品在内的文物；

☐ 诈骗；

☐ 敲诈勒索；

☐ 伪造及假冒产品；

☐ 伪造及买卖行政文件；

☐ 伪造支付手段；

☐ 非法交易荷尔蒙物质和其他生长激素；

☐ 非法交易核物质或放射性物质；

☐ 买卖被盗车辆；

☐ 强奸；

☐ 放火；

☐ 国际刑事法院管辖的犯罪；

☐ 非法劫持航空器或船只；

☐ 恶意破坏。

Ⅱ. 对没有被以上第Ⅰ项犯罪清单包括在内的其他犯罪的全面描述：______________

____

____

（f）与案件有关的其他情况（可选填的信息）：

（注意：此项可以包括域外管辖、期限的中止和犯罪的其他后果）

____

____

（g）本逮捕令也可用于对可以作为证据的有关财产的扣押和移交：

本逮捕令也可用于对被请求人因犯罪而获得的财产的扣押和移交：

描述该财产（及所处地点）（如果知道）：

____

____

（h）本逮捕令所针对的犯罪可被处终身监禁判决或终身羁押令：

——签发国法律体系允许对所科处的刑罚或处遇重新审查，该审查基于请求或至少在20年后才能进行，目的是不执行这种刑罚或处遇。

——签发国法律体系允许该人依据签发国法律或惯例有权申请宽恕，目的是不执行这种刑罚或处遇。

（i）签发逮捕令的司法机关：

官方名称：

它的代表人[①]的名字：________________

职务（头衔或/级别）：________________

文件编号：________________

地址：________________

电话：（国家代码）（地区/城市代码）________________

电子邮箱：________________

实际安排移交的联络人的联系方式：________________

____

当中央机关负责转交和行政接收欧洲逮捕令时：

中央机关的名称：

____

联系人，如果有的话（头衔/级别和名字）：

____

地址：________________

电话：（国家代码）（地区/城市代码）________________

传真：（国家代码）（地区/城市代码）________________

电子邮箱：________________

签发司法机关及/或其代表的签署：

____

名字：________________

职务（头衔/级别）：________________

日期：________________

官方印章（如果可以）________________

① 在不同的语境下，包括司法机关的负责人。

《在欧盟范围内执行财产冻结令或证据冻结令的框架决定》[①]

（根据《欧洲联盟条约》第六编通过）
欧盟理事会 2003 年 7 月 22 日第 2003/577/JHA 号

欧盟理事会，

考虑到《欧洲联盟条约》，特别是其第 31（a）条和第 34（2）（b）条，

考虑到法国共和国，瑞典王国和比利时王国[②]的倡议，

考虑到欧洲议会[③]的意见，

鉴于：

（1）1999 年 10 月 15 日到 16 日在坦佩雷召开的欧洲理事会会议确认了相互承认原则，该原则应成为欧盟内部民事和刑事司法合作的基石。

（2）相互承认原则也应适用于审前程序签发的各种令状，特别是那些能使主管司法机关对容易转移的证据和财产进行保护和扣押的令状。

（3）依据坦佩雷会议决议，理事会于 2000 年 11 月 29 日通过了一项在刑事事项方面执行相互承认原则的措施方案，提出要优先（第 6 项和第 7 项措施）通过一项文件，将相互承认原则适用于证据和财产的冻结。

（4）基于相互承认原则和司法决定的立即执行，成员国之间合作的前提是相信被承认和执行的决定将始终遵循合法性，辅助性和相称性原则而做出。

（5）赋予当事人或正当利益第三方的权利应当受到保护。

---

① 翻译分工：任平丽：前言，第 1—3.3 条；任会会：第 3.4—15 条；刘欣欣：附件。

② OJ C 75，7.3.2001，p.3.

③ 2002 年 6 月 11 日提交的意见（没有在《欧共体官方公报》上公布）。

（6）本框架决定尊重基本权利并遵循《欧洲联盟条约》第6条所承认和《欧洲联盟基本权利宪章》尤其是其第六章所反映的各项原则。当基于客观因素有理由相信一项冻结令的签发是基于他或她的性别、种族、宗教、人种、血统、国籍、语言、政治见解或性取向而起诉或惩罚该人，或该人的地位由于这些原因可能受到歧视，则本框架决定的任何内容都不能解释为禁止拒绝冻结已经被签发冻结令的财产。

本框架决定不妨碍任何成员国适用其与正当程序、结社自由、出版自由和在其他媒体上言论自由有关的宪法原则。

已经通过的本框架决定如下：

第一编　范围

第1条　目的

本框架决定的目的是建立规则，依据此规则，成员国在其领域内应当承认和执行由另一成员国司法机关在刑事诉讼框架内签发的冻结令。本框架决定不具有修改《欧州联盟》第6条尊重基本人权和基本法律原则义务的效力。

第2条　定义

基于本框架决定的目的：

（a）"签发国"系指某个成员国，在该成员国内，由其国内法所界定的司法机关在刑事诉讼的框架内已签发、批准或以任何方式确认了一项冻结令；

（b）"执行国"系指财产或证据位于其领域内的成员国；

（c）"冻结令"系指签发国主管司法机关所采取的任何措施，目的是暂时阻止对可予以没收的财产或证据的破坏、改造、移动、转移或处置；

（d）"财产"包括任何种类的财产，无论是有形的或无形的，动产或不动产，以及证明这些财产所有权或利益的法律文件和文书。同时签发国主管司法机关认为这种财产：

——是第3条提到的犯罪行为的收益，或等同于这种收益的全部或部分价值，或

——构成了这种犯罪行为的工具或对象；

（e）"证据"系指在有关第3条提到犯罪行为的刑事诉讼中可作为证据的物品、文件或数据。

第3条　犯罪

1. 本框架决定适用于为下列目的而签发的冻结令：

（a）保全证据，或

（b）随后对财产的没收。

2. 下列罪行由签发国法律规定为犯罪行为，如果他们在签发国可判处三年以上的监禁刑，那么这些罪行应不受双重犯罪原则的核查：

——参加犯罪组织，

——恐怖主义，

——贩卖人口，

——对儿童进行性剥削和从事儿童色情活动，

——非法买卖麻醉药品和精神药物，

——非法买卖武器，弹药和爆炸物，

——腐败，

——欺诈，包括影响1995年7月26日《关于保护欧洲共同体金融利益公约》范围内的欧共体的财政利益，

——清洗犯罪收益，

——伪造包括欧元在内的货币，

——计算机犯罪，

——环境犯罪，包括非法交易濒危动物物种和濒危植物物种种子及其他物种，

——非法入境及居留，

——谋杀和严重伤害，

——非法交易人体器官和人体组织，

——绑架，非法羁押和劫持人质，

——种族主义和仇外，

——有组织抢劫或武装抢劫，

——非法交易包括古董和艺术品在内的文物，

——诈骗，

——敲诈勒索，

——伪造及假冒产品，

——伪造及买卖行政文件，

——伪造支付手段，

——非法交易荷尔蒙物质和其他生长激素，

——非法交易核物质或放射性物质，

——买卖被盗车辆，

——强奸，

——纵火，

——国际刑事法庭管辖的犯罪，

——非法劫持航空器或船只，

——恶意破坏。

3. 理事会依据《欧州联盟条约》第 39 条第 1 款规定的条件与欧洲议会进行协商以后，在任何时候都可以在全体一致同意的情形下，将犯罪的其他类别添加到本条第 2 款的犯罪清单中。理事会应按照欧盟委员会依据本框架决定第 14 条提交的报告来审查应否将犯罪清单扩大或修改。

4. 对于没有被本条第 2 款涵盖的其他情形，执行国可以承认并执行基于本条第 1 款 a 项之目的而签发的冻结令，只要导致冻结令的行为依据执行国法律构成犯罪即可，而不管签发国法律对该行为的构成要件及其描述是怎样规定的。

第二编 执行冻结令的程序

第 4 条 送交冻结令

1. 本据框架决定含义范围内的冻结令，连同本法第 9 条规定的证明文件，应由签发它的司法机关，在允许执行国确认其真实性的条件下，采取能生成书面记录的任何方法，直接送交给主管执行的司法机关。

2. 在本法第 14 条第 1 款规定的日期之前，联合王国和爱尔兰可以分别做出声明：冻结令连同证明文件必须通过中央机关或声明中指定的特定机关传送。这样的声明可以被后来的声明修改或随时撤销。任何声明或撤销须到欧盟理事会总秘书处备案，并通知欧盟委员会。为了扩大本条第 1 款的效力，这些成员国可随时通过新的声明限制这种声明的范围。当实施申根协定的互助公约对他们生效后，他们就应该限制这种声明的范围。

3. 签发国司法机关如果不知道主管执行的司法机关，为了从执行国获得有关信息，它应采取一切所需方法进行查询，包括通过欧洲司法网[①]的联系点进行查询。

4. 如果收到冻结令的执行国司法机关无权承认冻结令，同时为执行也采取了必要的措施，那么它应该把冻结令移交给主管执行的司法机关，并应告知签发国签发冻结令的司法机关。

第5条　承认并立即执行

1. 对于依据本法第4条之规定送交来的且无须其他正式手续的冻结令，执行国主管司法机关应予承认，并应如同执行执行国机关做出的冻结令相同的方式，立即为迅速执行而采取所需措施，除非该机关决定根据本法第7条规定拒绝承认或拒绝执行，或依据本法第8条之规定延迟执行。

在执行冻结令时，执行国的司法机关无论何时都要确保取证的有效性，且取证的手续和程序不违背执行国的法律原则，同时也应该遵守签发国主管司法机关明确要求的手续和程序。

应立即以任何能够生成书面记录的方式，将执行冻结令的报告交给签发国的主管机关。

2. 冻结令附加的任何强制性措施都应该适用执行国的程序性规则。

3. 执行国主管司法机关在收到冻结令的24小时内，应尽快就冻结令的裁决做出决定并进行传达。

第6条　冻结持续的期间

1. 财产应该持续冻结在执行国，直到签发国对本法第10条第1款a项或b项下的请求做出了明确回应。

2. 但是，在与签发国沟通之后，执行国可依据其本国法律规定和司法实践，结合案件的具体情况，为限制财产冻结的期间而设定适当的条件。如果执行国依据设定的条件想解除冻结，则它应该告知签发国，因为签发国应该有机会对此发表意见。

3. 冻结令一旦取消，签发国的司法机关就应该立即通知执行国的司法机关。在这种情况下，执行国有义务尽快解除冻结措施。

---

① Council Joint Action 98/428/JHA of 29 June 1998 on the Creation of the European Judicial Network（OJ L 191，7.7.1998，p.4）.

第7条 不承认或不执行的理由

1. 执行国的主管司法机关在下列情形下可以拒绝承认或执行冻结令：

（a）没有提交本法第9条规定的证明文件，或证明文件不完整，或明显与冻结令不符；

（b）依据执行国法律享有豁免权或特权，不可能执行冻结令；

（c）证明文件提供的信息表明：依据本法第10条为签发冻结令的犯罪而提供司法协助将会违反“一事不再理”原则；

（d）在本法第3条第4款规定的任一情形下，如果冻结令针对的行为根据执行国法律并不构成犯罪；但是，在与税收或关税有关的情形下，执行国的法律并没有设置与签发国相同的税种或征收同样的税，并不能成为拒绝执行冻结令的理由。

2. 在本条第1款（a）项的情形下，主管司法机关可以：

（a）为证明文件的提交、完善或更正规定一个最后期限；或者

（b）接受一个效力相同的文件；或者

（c）如果它认为提供的信息已经足够，不提任何要求。

3. 任何拒绝承认或执行的决定以及随后对签发国主管司法机关的通知应该以任何能生成书面记录的形式做出。

4. 财产或证据已经灭失或者已经被破坏，或者在证明文件提到的地点无法找到该财产或证据，或者财产或证据所在地表述得不够准确，由于这些原因而导致不可能执行冻结令的，即便与签发国进行过沟通，也应该立即通知签发国的主管司法机关。

第8条 推迟执行的理由

1. 执行国的主管司法机关可以对依据第4条规定送交来的冻结令推迟执行：

（a）执行冻结令可能不利于正在进行的刑事调查，直到它认为的合理时间；

（b）相关财产或证据已经被刑事诉讼中的冻结令冻结，直到该冻结令解除；

（c）刑事诉讼中涉及没收后果的财产冻结令，该财产已经被执行国其他程序的冻结令所冻结，直到该冻结令解除。但是，这种情况只适用于依据国

内法该冻结令比在刑事诉讼中签发的冻结令优先的情况。

2. 推迟执行冻结令的报告，连同推迟的理由，如果可能的话，还包括推迟的预期日期，都应以任何能生成书面记录的方式立即通知签发国主管机关。

3. 推迟的理由一旦消失，执行国的主管司法机关就应该立即为执行冻结令采取必要的措施，并以任何能生成书面记录的方式通知签发国的主管机关。

4. 执行国的主管司法机关应将对相关财产采取的其他限制措施通知签发国的主管司法机关。

第 9 条　证明文件

1. 已经在附件中给出标准格式的证明文件应当由签发国的主管司法机关签署并证明其内容的准确性。

2. 证明文件必须翻译成执行国的官方语言或一种官方语言。

3. 每个成员国都可以在本框架决定通过之日或通过之后向欧盟理事会总秘书处提交一份声明，说明它将接受一种或多种欧共体机构的官方语言的翻译文体。

第 10 条　被冻结财产的处置

1. 第 4 条所指的冻结令的送交:

（a）应该附一个将证据转交到签发国的请求函；或者

（b）应该附一个请求没收函，要求执行已经由签发国签发的没收令，或者在执行国没收以及随后执行任何这样命令；或者

（c）应该在证明文件中包含一个说明，说明在提出本条（a）项或（b）项的请求之前，冻结财产应该继续留在执行国。签发国应该在证明文件中表明提交请求的（预计）日期。本法第 6 条第 2 款应该适用。

2. 本条第 1 款（a）项和（b）项提到的请求应由签发国提交，由执行国适用刑事司法协助规则和关于没收的国际合作规则进行处理。

3. 但是，作为对本条第 2 款提到的司法协助规则的限制，当该请求与第 3 条第 2 款所指的犯罪有关并且那些犯罪在签发国最少可处三年以上监禁刑时，执行国不可以违背双重犯罪原则为理由拒绝本条第 1 款（a）项下的请求。

第 11 条　法律救济

1. 成员国应该做出必要安排，以确保包括善意第三方在内的任何利益方，采取无终止效力的法律救济来对抗依据本法第 5 条执行的冻结令，以保护他

们的合法利益；法律救济的诉讼应该依据各自的国内法向签发国或执行国的法院提起。

2. 签发冻结令的实质性理由只能在签发国法院提起的诉讼中受到质疑。

3. 如果诉讼是在执行国提起的，那么应将此事连同起诉理由通知签发国的司法机关，以便在它认为需要时提交答辩状。诉讼的结果也要告给签发国司法机关。

4. 签发国和执行国应采取必要措施以帮助行使本条第1款提到的提起诉讼的权利，特别要提供给各利益方充分的信息。

5. 签发国应该保证，任何对本条第1款提到的提起诉讼的时间限制，只能在保障各利益方可能采取有效的法律救济的情况下进行。

第12条 补偿

1. 不妨碍第11条第2款，当执行国依据其本国法对因执行依据本法第4条送交来的冻结令给第11条提到的各利益方造成的损害负责时，签发国应对执行国对损害各方支付的所有金额进行补偿，除非损害全部或者部分是由执行国的行为造成的。

2. 本条第1款不影响成员国国内法由自然人或法人对损害赔偿的权利主张。

第三编 最后条款

第13条 适用领域

本框架决定应适用于直布罗陀。

第14条 实施

1. 各成员国应在2005年8月2日之前采取必要措施以遵守本框架决定的规定。

2. 到同日，成员国应向理事会总秘书处和委员会递交将本框架决定对成员国规定的义务转化为国内法的文本。在这些信息和委员会提交的书面报告的基础上，理事会应该在2006年8月2日前做出评估报告，对各成员国遵循本框架决定条款的程度进行评估。

3. 理事会总秘书处应将依据第9条第3款发表的声明通知各成员国及委员会。

第 15 条　生效

本框架决定应该自其在欧盟官方期刊公布之日起生效。

致理事会主席 G.ALEMANNO

2003 年 7 月 22 日于布鲁塞尔

附件

第 9 条规定的证明文件

(a) 签发冻结令的司法机关

官方名称:____________________

它的代表的名称:____________________

职务(头衔/级别):____________________

文件编号:____________________

地址:____________________

电话:(国家代码)(地区/城市代码)(____)____________________

传真:(国家代码)(地区/城市代码)(____)____________________

电子邮件:____________________

可以用来与签发冻结令的司法机关进行交流的语言:____________________

联系信息:包括为了获取执行冻结令所需要的其他资料,或者为了移交证据而做出必要安排,可能用于与联系人沟通的语言(如适用):

____

(b) 签发国主管执行冻结令的机关:

官方名称:____________________

它的代表的名称:____________________

职务(头衔/级别):____________________

文件编号:____________________

地址:____________________

电话:(国家代码)(地区/城市代码)(____)____________________

传真:(国家代码)(地区/城市代码)(____)____________________

电子邮件:____________________

可以用来与主管执行冻结令的机关进行交流的语言:____________________

联系信息:包括为了获取执行冻结令所需要的其他资料,或者为了移交证据而做出必要安排,可能用于与联系人沟通的语言(如适用):____________________

(c)在填完(a)表格和(b)表格的情况下,须填本表格以表明与以上哪一个机关或者两个机关联系:____________________

□(a)所提及的机关

□(b)所提及的机关

(d)一个中央机关已经负责冻结令的送交和行政接收(仅适用于爱尔兰和联合王国):

中央机关的名称:____________________

联系人,如适用(名称/头衔和姓名):____________________

地址:____________________

文件编号:____________________

电话:(国家代码)(地区/城市代码)(____)____________________

传真:(国家代码)(地区/城市代码)(____)____________________

电子邮件:____________________

(e)冻结令:

1. 日期和可能有的编号

2. 说明冻结令的目的

  2.1. 随后的没收

  2.2. 证据保全

3. 当执行一项与证据有关的冻结令时,对应遵守的手续和程序进行描述(如适用)

（f）位于执行国而为本冻结令所涵盖的财产或证据的相关信息：
对财产或证据及其位置的描述：
1.（a）对财产的精确描述以及，如果可能，要求追回的最高金额（如果在与收益价值有关的冻结令中指出这种最高金额）
（b）对证据的精确描述
2. 财产或证据的精确位置（如果不知道，则为最后知道的位置）
3. 财产或证据的保管方或者已知的财产或证据的受益人，如果该人不是犯罪嫌疑人或被定罪的人（如果适用签发国法律）
____
____

（g）被怀疑犯罪或被定罪的（1）自然人或者（2）法人（如果适用签发国法律），或者 / 以及冻结令所涉及的人（如果有）的身份信息：
1. 自然人
名：____
姓：____
婚前姓，如果有的话：______________________________
别名，如果有的话：________________________________
性别：____
国籍：____
生日：____
出生地：____
住所及 / 或已知地址：如果不知道，标明最后知道的地址：__________
该人能听懂的语言（如果知道）：____________________
2. 法人
名称：____
法人形式：____
注册号：____
注册地：____

(h) 执行冻结令后执行国采取的行动

没收

1.1. 为了随后对财产进行没收，财产将被保存在执行国

1.1.1. 找到关于执行没收令的附加请求函，由签发国签发于________（日期）

1.1.2. 找到关于在执行国执行没收的没收令以及随后实施该没收令的附加请求函

1.1.3. 提交 1.1.1 和 1.1.2 请求函的预计日期________

____

或者

保全证据

2.1 财产将被移交到签发国作为证据使用

2.1.1. 找到附加于冻结令的移交证据的请求函

或者

2.2 财产将被保存在执行国，以备随后被签发国作为证据使用

2.2.2 提交 2.1.1 请求函的预计日期________

(i) 犯罪

描述签发冻结令的相关依据，以及签发冻结令和证明文件的司法机关所知的事实概要：

____

____

犯罪的性质和法律分类以及签发冻结令的法律依据：

____

____

1. 如适用，在下列犯罪中勾选与上述所确定的罪行相关的一项或多项犯罪，如果该罪行在签发国是可以判处最高刑期不少于三年的监禁刑：

☐ 参加犯罪组织，

☐ 恐怖主义，

☐ 买卖人口，

☐ 对儿童进行性剥削或从事儿童色情活动，

☐ 非法交易麻醉药品和精神药品，

☐ 非法交易武器、军火及爆炸物，

☐ 腐败，

☐ 欺诈，包括影响 1995 年 7 月 26 日《保护欧洲共同体财政利益公约》意义范围内的欧共体财政利益，

☐ 清洗犯罪收益，

☐ 伪造包括欧元在内的货币，

☐ 计算机犯罪，

☐ 环境犯罪，包括非法交易濒危动物种类和濒危植物种子及其他物种，

☐ 非法入境及居留，

☐ 谋杀和严重伤害，

☐ 非法交易人体器官和人体组织，

☐ 绑架，非法羁押和劫持人质，

☐ 种族主义和仇外，

☐ 有组织或武装抢劫，

☐ 非法交易包括古董和艺术品在内的文物，

☐ 诈骗，

☐ 敲诈勒索，

☐ 伪造及假冒产品，

☐ 伪造及买卖行政文件，

☐ 伪造支付手段，

☐ 非法交易荷尔蒙物质和其他生长激素，

☐ 非法交易核物质或放射性物质，

☐ 买卖被盗车辆，

☐ 强奸，

☐ 放火，

☐ 国际刑事法院管辖的犯罪，

☐ 非法劫持航空器或船只，

☐ 恶意破坏。

2. 对没有包括在上述第 1 部分的犯罪的详细描述：

____

____

（j）适用于签发国的包括善意第三方在内的各利益方对抗冻结令的法律救济

对可以采取的法律救济进行描述，包括需要采取的步骤：

可以提起诉讼的法院：

可以提起诉讼的人的信息：

起诉的时间限制：

可以提供更多关于在签发国提起上诉的程序信息的签发国机关，以及是否可以提供司法协助和翻译：

名称：________________

联系人（如适用）：________________

地址：________________

电话：（国家代码）（地区/城市代码）（____）________________

传真：（国家代码）（地区/城市代码）（____）________________

电子邮件：________________

（k）和该案件相关的其他情形（可选信息）：________________

（l）附于证明文件的冻结令的文体

签发冻结令的司法机关和/或证明该证明文件内容准确的该司法机关代表的签名：

____

姓名：________________

职务（头衔/级别）：________________

日期：________________

公章（如可以）：________________

____

《将相互承认原则适用于经济处罚的框架决定》[①]

（根据《欧洲联盟条约》第六编通过）
欧盟理事会 2005 年 2 月 24 日第 2005/214/JHA 号

欧盟理事会，

考虑到《欧洲联盟条约》，尤其是其第 31 条 a 款和第 34 条第 2 款 b 项，

考虑到英联邦和北爱尔兰、法国和瑞典的提议[②]，

考虑到欧洲议会的意见[③]，

鉴于：

（1）1999 年 10 月 15 日和 16 日在坦佩雷市举行的欧洲理事会会议确认了相互承认原则，该原则应成为欧盟内部民事和刑事司法合作的基石。

（2）相互承认原则应当适用于由司法机关或行政机关科处的经济处罚，以利于这种处罚在科处国以外的其他成员国得到执行。

（3）2000 年 11 月 29 日，欧盟理事会根据坦佩雷会议决议通过了《关于将相互承认原则适用于刑事裁定的措施方案》[④]，把通过一项将相互承认原则适用于经济处罚的法律文件列入优先考虑事项（措施 18）。

（4）本框架决定也应包括对道路交通违法者科处的经济处罚。

（5）本框架决定尊重基本权利并遵循《欧洲联盟条约》第 6 条所承认和《欧洲联盟基本权利宪章》[⑤] 尤其是其第六章所反映的各项原则。当基于

① 翻译分工：李翔：前言，第 1—7 条；唐怡：第 8—20 条；常娟：附件 a–e；马丽凤：附件 f–k.

② OJC 278，2.10.2001，p.4.

③ OJC 271 E，7.11.2002，p.423.

④ OJC 12，15.2001，p.10.

⑤ OJC 364，18.12.2000，p.1.

客观因素有理由相信经济处罚是基于他或她的性别、种族、宗教、人种、国籍、语言、政治见解或性取向而惩罚该人，或该人的地位由于这些原因可能受到歧视，则本框架决定的任何内容都不能解释为禁止拒绝执行这种裁定。

（6）本框架决定不妨碍任何成员国适用其与正当程序、结社自由、出版自由和在其他媒体上的表达自由相关的宪法性规则。

已经通过的本框架决定内容如下：

第 1 条 定义

基于本框架决定的目的：

（a）“裁定”是指强令自然人或法人支付一定数额金钱作为惩罚的终局性裁定，它可由下列机关予以科处：

（i）依据科处国法律，有权审理刑事案件的科处国法院；

（ii）依据科处国法律，有权对刑事犯罪进行处理的法院以外的科处国的其他机关，即使涉案的人有机会将案件提交到有刑事管辖权的法院审理；

（iii）依据科处国法律，有权对破坏法律规则的行为进行处罚的法院以外的科处国的其他机关，即使涉案的人有机会将案件提交到有刑事管辖权的法院审理；

（iv）当做出的判决与（iii）项做出的判决有关时，可以是有管辖权尤其是有刑事管辖权的法院；

（b）“经济处罚”是指如下支付义务：

（i）有罪判决强制性要求支付一定数额的金钱；

（ii）当被害人不可能成为民事当事人并且法院是在行使刑事管辖权时，在同一个判决中做出的对被害人的强制性赔偿决定；

（iii）支付给法院或行政机关的诉讼费用；

（iv）在同一判决中强制性要求支付给公共基金或被害人援助组织一定数额的金钱。

经济处罚不应包括：

——没收犯罪工具或犯罪收益的命令，

——具有民事属性且来自损害赔偿条款并根据理事会于 2000 年 12 月 20

日通过的第44/2001号《关于管辖及承认和执行民商事判决的规则》[1]具有可执行性的命令；

(c)“科处国”是指在本框架决定的含义范围内其裁定被送交给其他成员国的成员国；

(d)“执行国”是指为了执行的目的而接收到裁定的成员国。

第2条　确定主管机关

1. 当成员国是科处国或执行国时，该成员国应当通知理事会总秘书处，根据其本国法，哪个或哪些权力机关是主管机关。

2. 尽管有第4条规定，如果各成员国内部系统组织认为必要，就可以指定一个或多个中央机关负责裁定的行政传递和接收或协助主管机关的工作。

3. 理事会总秘书处应将接收到的信息向所有成员国和委员会公开。

第3条　基本权利

本框架决定不具有修正《欧洲联盟条约》第6条规定的尊重基本权利和基本法律原则的义务的效力。

第4条　裁定书的移交和利用中央机关

1. 裁定书连同本条规定的证明文件可被送交给某个成员国的主管机关，在该国领域内，已获通过的裁定书所针对的自然人或法人有财产或收入，或者该成员国是该自然人的经常居住地或法人的注册地。

2. 已经在附件中给出标准格式的证明文件必须由科处国主管机关签字并确认其内容准确无误。

3. 科处国的主管机关应通过任何能生成书面记录以便让执行国确认其真实性的方式将裁定书及其经证明的副本连同证明文件送给执行国主管机关。如果执行国要求，裁定书的原件及其经证明的副本连同证明文件的原件需送交执行国。所有正式沟通也应在上述主管机关间直接进行。

4. 科处国在任何时候只能将一份裁定书送交给一个执行国。

5. 如果科处国主管机关不知道执行国的主管机关，那么它应进行需要的

---

① OJ L 12, 16.1.2001, p.1.Regulation as last amended by Commission Regulation (EC) No 2245/2004 (OJ L 381, 28.12.2004, p.10).

所有查询，包括通过欧洲司法网[①]的联络点获得执行国的信息。

6. 当执行国收到裁定书的机关无权对其承认并无权为其执行采取任何措施时，它应当依据职权，将裁定书转交给主管机关，同时告知科处国的主管机关。

7. 英联邦和爱尔兰可以分别在声明中表明裁定书连同其证明文件必须经由中央机关或声明中指定的机关送达。为赋予本条第3款更大效力，成员国可以在任何时候通过新的声明对这种声明的范围加以限制。在《申根执行协定》的互助条款对成员国生效之后，成员国就具有这么做的义务。所有声明文件需交理事会总秘书处备存并通知委员会。

第5条 范围

1. 以下犯罪，如果根据科处国法律具有可罚性，则可不受双重犯罪原则的限制，根据本框架决定将导致裁定的承认和执行：

——参加犯罪组织，

——恐怖主义，

——买卖人口，

——对儿童进行性剥削或从事儿童色情活动，

——非法交易麻醉药品和精神药品，

——非法交易武器、军火及爆炸物，

——腐败，

——欺诈，包括影响1995年7月26日《保护欧洲共同体财政利益公约》意义范围内的欧共体财政利益，

——清洗犯罪收益，

——伪造包括欧元在内的货币，

——计算机犯罪，

——环境犯罪，包括非法交易濒危动物种类和濒危植物种子及其他物种，

——非法入境及居留，

——谋杀和严重伤害，

---

① Council Joint Action 98/428/JHA of 29 June 1998 on the creation of a European Judicial Network（OJ L 191，7.7.1998，p.4）.

——非法交易人体器官和人体组织，

——绑架，非法羁押和劫持人质，

——种族主义和仇外，

——有组织或武装抢劫，

——非法交易包括古董和艺术品在内的文物，

——诈骗，

——敲诈勒索，

——伪造及假冒产品，

——伪造及买卖行政文件，

——伪造支付手段，

——非法交易荷尔蒙物质和其他生长激素，

——非法交易核物质或放射性物质，

——买卖被盗车辆，

——强奸，

——放火，

——国际刑事法院管辖的犯罪，

——非法劫持航空器或船只，

——恶意破坏，

——破坏道路交通法规的行为，包括违反驾驶时间和休息时间的规定以及违反危险货物运输管制，

——走私物品，

——侵犯知识产权，

——对人进行威胁和暴力行为，包括体育运动中的暴力行为，

——刑事损害，

——盗窃，

——为履行《欧共体条约》或《欧洲联盟条约》第六编项下的义务而由科处国设立的犯罪。

2. 理事会依据《欧洲联盟条约》第39条第1款规定的条件与欧洲议会进行协商以后，在任何时候都可以经全体一致同意，将犯罪的其他类别添加到本条第1款的犯罪清单中。

理事会应按照第20条第5款提交的报告来考虑犯罪清单是否应增加或修改。理事会应在晚些时候以本框架决定的实际适用报告为基础对这个问题进行更深入的思考，该报告由委员会在第20条第1款所述之日起5年内做出。

3. 执行国可以承认和执行针对本条第1款犯罪清单以外的其他犯罪所做出的裁定，其条件是：根据执行国法律，与该裁定有关的行为构成犯罪，而不论其组成要素是什么或对该犯罪是如何描述的。

第6条　裁定的承认和执行

执行国的主管机关对依据第4条送交来的裁定应当予以承认，不需要其他正式程序，并且应当立即采取一切必要措施予以执行，除非该主管机关决定援引第7条不承认或不执行的理由。

第7条　不承认或不执行的理由

1. 如果第4条所述的证明文件没有被提供、不完整或明显与裁定内容不符，执行国的主管机关可以拒绝承认或执行相关裁定。

2. 执行国的主管机关如果确定具有下列情形，它也可以拒绝承认或执行相关裁定：

（a）执行国或者科刑国和执行国以外的第三国已经对被处罚人的同一行为的做出裁定，并且在后一种情形下，裁定已经被执行；

（b）在第5条第3款规定的情形中，根据执行国法律，与裁定相关的行为不构成犯罪；

（c）执行国法律禁止裁定的执行，并且根据该国法律，该国对与裁定相关的行为有管辖权；

（d）与裁定相关的行为：

（ⅰ）根据执行国法律，全部或部分是在执行国领域内或在可视为其领域的地方实施的；

（ⅱ）是在科处国领域外实施的，并且执行国法律不准许起诉发生在它领域外的犯罪；

（e）根据执行国法律存在豁免情形，以致不可能执行裁定；

（f）根据执行国法律，裁定所针对的自然人由于他或她的年龄原因不能对导致判决的行为承担刑事责任。

（g）根据第4条规定的证明文件，相关人员：

（ⅰ）本人或其代理人在书面程序中没有被依法告知其抗辩权和行使抗辩权的诉讼期间；

（ⅱ）没有亲自出庭，除非证明文书表明：

——该人本人或其代理人已经依法被告知相关诉讼；或者

——该人已经表示对案件不进行抗辩；

（h）经济处罚额等于或低于70欧元。

3. 在本条第1款、第2款c项和g项规定的情形下，在决定对裁定全部或部分不承认或不执行之前，执行国的主管机关应通过任何适当方式与科处国的主管机关进行协商，并且在适当时候要求他们毫不迟延地提供所需要的信息。

第8条　确定支付金额

1. 当执行国主管机关确定科处经济处罚的行为发生于科处国领域外时，它可以做出决定，将执行的经济处罚数额减少到根据执行国法律对本国管辖范围内的同类行为科处经济处罚的最高数额。

2. 必要时，执行国主管机关应当按科处经济处罚时的汇率将经济处罚额转换成执行国的货币形式。

第9条　规制执行的法律

1. 不妨碍本条第3款及第10条规定的适用，对裁定的执行应像执行国科处的经济处罚一样适用执行国法律。执行国相关部门可自行决定执行程序及执行措施，包括终止执行的情形。

2. 如果被处罚人能够全部或部分地提供位于任何国家的债权证明，执行国主管机关应按照本法第7条第3款所述的方式与科处国主管机关进行协商。无论以什么方式在任一成员国收回的部分经济处罚都应从执行国应该执行的经济处罚总额中扣减。

3. 即使执行国不承认法人刑事责任原则，对法人科处的经济处罚也应执行。

第10条　不交纳经济处罚的替代性措施：监禁或其他制裁措施

当裁定不可能被全部或部分执行时，如果执行国法律有规定并且科处国在本法第4条提到的证明文件中允许适用，执行国可以适用包括监禁在内的替代性制裁措施。替代措施的严厉程度应根据执行国的法律来决定，但不应超过科处国送交的证明文件表明的最大限度。

第11条 大赦、特赦以及对判决的复审

1. 大赦和特赦既可由科处国批准也可由执行国批准。

2. 在不妨碍第10条规定适用的情形下，只有科处国可以对判决进行复审。

第12条 终止执行

1. 当裁定不再具有执行力或者因为其他原因从执行国被撤回时，科处国主管机关应立即将有关决定或措施通知执行国主管机关。

2. 执行国在接到科处国的有关决定或措施的通知后应立即终止对裁定的执行。

第13条 从执行裁定中得到的利息

除了科处国与执行国之间另有协议的情形，特别是除了在第1条b款ii项所指的情形下可以通过协商决定以外，在执行裁定中取得的金钱产生的利息归执行国所有。

第14条 来自执行国的信息

执行国主管机关应毫不迟延地以任何能生成书面记录的方式将下列信息通知科处国：

（a）依照第4条第6款将裁定移交给主管机关；

（b）依照第7条或第20条第3款做出的不承认或不执行裁定的决定及其理由；

（c）基于第8条、第9条第1款和第2款以及第11条第1款所述理由，全部或部分不执行裁定；

（d）执行完毕后，与执行有关的信息；

（e）依据第10条规定适用了替代性制裁措施。

第15条 送交裁定的后果

1. 在第2款规定的情形下，执行国可以不继续执行依照第4条送交来的裁定。

2. 在下列情况下，执行裁定的权力应当回归到科处国：

（a）收到执行国在第7条（除第2款a项以外）、第11条第1款、第20条第3款规定的情形下全部或部分不执行裁定的通知时；或

（b）根据第12条规定，当执行国被告知：科处国已经将裁定从执行国撤回。

3. 在第 4 条所述的裁定被移交后，如果科处国主管机关收到被处罚人主动交纳的与裁定有关的任何数额的经济处罚，则它都应毫不迟延地告知执行国主管机关。第 9 条第 2 款应被适用。

第 16 条　语言

1. 在附件中已给出标准格式的证明文件必须翻译成执行国的官方语言或其中一种官方语言。成员国可在本框架决定生效之日或生效之后，交存理事会总秘书处一份声明，表明它将接受一种或几种欧盟机构的其他官方语言翻译文本。

2. 当执行国支付翻译费用时，为得到翻译文本，在翻译所需的时间内，裁定的执行可以暂停。

第 17 条　费用

各成员国不能互相声明返还因适用本框架决定而产生的费用。

第 18 条　本框架决定与其他协议和安排的关系

本框架决定不排除成员国间其他双边或多边协议或安排的适用，只要此类协议或安排允许本框架决定做出范围更广的规定并有助于进一步简化或便利经济处罚的执行程序。

第 19 条　适用区域

本框架决定应适用于直布罗陀。

第 20 条　实施

1. 各成员国须在 2007 年 3 月 22 日之前为遵守本框架决定的规定采取必要措施。

2. 各成员国可在本框架决定生效之日起 5 年内不将其规定适用于：

（a）第 1 条 a 款 i 项和 iv 项所述的裁定；并且 / 或

（b）与法人有关的裁定，尽管欧洲法律文件规定，该裁定相关的行为适用法人责任原则。

任何想适用本款规定的成员国，须在本决定正式通过之前向理事会总秘书处提交一份声明。该声明须发表于《欧共体官方公报》。

3. 如果第 4 条所述的证明文件可能已经损害到《欧洲联盟条约》第 6 条所确认的基本权利或基本法律原则，则各成员国均可反对裁定的承认或执行。第 7 条第 3 款所指的程序应予适用。

4. 各成员国可对适用本条第 2 款的成员国适用相互原则。

5. 成员国应向理事会总秘书处和委员会递交将本框架决定对成员国规定的义务转化为国内法的文本。理事会须在 2008 年 3 月 22 日前，以由委员会以该文件为基础形成的报告为依据，对各成员国遵守本框架决定的情况进行评估。

6. 理事会秘书处须将依据第 4 条第 7 款以及第 16 条做出的声明告知各成员国和委员会。

7. 在相互承认和执行没收令方面经历过挫折或得不到另一个成员国积极配合的成员国，如果通过双边协商仍未解决问题，则其可以从成员国的层面，将其对执行本框架决定的评价意见报告给理事会。

8. 任何在一年之内适用过本条第 3 款的成员国，均须在下一年度开始之际向理事会和委员会报告这种情形，并说明所依据的不承认或不执行的理由。

9. 在本框架决定生效后的 7 年之内，委员会须根据它所收到的信息制作一份报告，并可附带提出任何它认为合适的建议。理事会须以此份报告为依据，审查本条第 3 款应否予以保留或被其他条款代替。

第 21 条 生效时间

本决定自其发表于《欧共体官方公报》之日起生效。

致理事会主席 N.SCHMIT

2005 年 2 月 24 日于布鲁塞尔

附件

证明文件

由理事会第 2005/214/JHA 号《将相互承认原则适用于经济处罚的框架决定》第 4 条提及

（a）
签发国：____________________
执行国：____________________

（b）做出经济处罚裁定的机关：
官方名称：________________
地址：________________
文件编号：________________
电话（国家代码）（地区 / 城市代码）：________________
传真（国家代码）（地区 / 城市代码）：________________
电子邮箱（如果有的话）：________________
可用来与科处经济处罚的机关沟通的语言：
____
为了执行裁定，或者在需要时，为了把执行中取得的金钱移交给科处国，需要和有关人员建立联系以获取更多信息。联络人的详细信息（姓名、头衔 / 级别、电话号码、传真号码以及，如果有的话，电子邮箱）
____

（c）科处国执行经济处罚的主管机关（如果该机关不是 b 项下的机关）：
官方名称：________________
地址：________________
文件编号：________________
电话（国家代码）（地区 / 城市代码）：________________
传真（国家代码）（地区 / 城市代码）：________________
电子邮箱（如果有的话）：________________
可用来与主管执行的机关进行沟通的语言：________________为了执行裁定，或者在需要时，为了把执行中获得的金钱移交给科处国，需要和有关人员建立联系以获取更多信息。联络人的详细信息（姓名，职务 / 级别，电话，传真以及，如果有的话，电子邮箱）：________________
____

（d）当科处国已经指定一个中央机关负责经济处罚裁定的行政传送时：
中央机关的名称：________________

联系人，如果适用（头衔 / 级别和姓名）：________________

地址：________________

文件编号：________________

电话（国家代码）（地区 / 城市代码）：________________

传真（国家代码）（地区 / 城市代码）：________________

电子邮箱（如果有）：________________

（e）可与之联系的机关（在 c 项和 / 或 d 项已经完成的情形下）：

□ （b）项提到的机关

联系时涉及的问题：________________

□ （c）项中提到的机关

联系时涉及的问题：________________

□ （d）项中提到的机关

联系时涉及的问题：________________

（f）被科处经济处罚的自然人或法人的信息：

1. 如果是自然人：

姓：________________

名：________________

婚前姓（如有）：________________

别名（如有）：________________

性别：________________

国籍：________________

身份证号或社会保障号（如果可能的话）：________________

出生日期：________________

出生地：________________

最后为人所知的地址：________________

懂得的语言（如果知道）：________________

（a）如果裁定送交给执行国是因为被判裁定的人是执行国的居民，那么应添加以下信息：

在执行国的经常居所：________________

（b）如果裁定送交给执行国是因为被判裁定的人在执行国有财产，那么应添加以下信息：________________

对该人财产的描述：________________

该人财产所在地：________________

（c）如果裁定送交给执行国是因为被判裁定的人在执行国有收入，那么应添加以下信息：

对该人收入来源的描述：________________

该人收入来源所在地：________________

2. 如果是法人：

名称：________________

法人组成形式：________________

注册号（如能得知）①：________________

登记席位（如能得知）②：________________

该法人地址：________________

（a）如果裁定被送交给执行国是因为被判裁定的人在执行国有财产，那么须添加如下信息：

对该法人财产的描述：________________

该法人的财产所在地：________________

（b）如果裁定被送交给执行国是因为被判裁定的法人在执行国有收入，那么须添加如下信息：

对该法人收入来源的描述：________________

该法人收入来源地：________________

（g）科处经济处罚的裁定：

1. 科处经济处罚的裁定的性质（在以下选项中打钩）

□（i）法院根据科处国法律判处的有关刑事犯罪的判决。

---

① 如果裁定被送交给执行国是因为被判裁定的法人在执行国有登记席位，那么，注册号和登记席位必须填写。

② 同上。

☐（ⅱ）法院以外的科处国的其他机关依法做出的有关刑事犯罪的决定。可以肯定，被处经济处罚的人有机会将案件提交到对刑事案件有特别辖权的法院进行审理。

☐（ⅲ）法院以外的科处国的其他机关依法对破坏法律规则的可处罚行为做出的决定。可以肯定，被处经济处罚的人有机会将案件提交到对刑事案件有特别管辖权的法院进行审理。

☐（ⅳ）对刑事案件有特别管辖权的法院做出的与第ⅲ点提到的决定有关的判决。

做出裁定的日期：____________________

裁定产生终局裁定效力的日期：____________________

裁定的编号（如果可知）：____________________

经济处罚产生的支付义务（在以下复选框中勾选，并表明数额和货币单位）

☐（ⅰ）有罪判决强制要求支付一定数额的金钱。

金额：____________________

☐（ⅱ）如果被害人不可能成为民事当事人并且法院是在行使其刑事管辖权审理案件，那么在刑事判决中为了保护被害人的利益而强制要求支付给被害人一定金额的赔偿

金额：____________________

☐（ⅲ）支付给做出裁定的法院或行政诉讼费用的金钱。

金额：____________________

☐（ⅳ）在刑事判决中强行要求支付给公共基金或支持受害者组织的一定数额的金钱。

金额：____________________

货币换算后的经济处罚总额：____________________

2. 对犯罪事实的概括和犯罪情况的具体描述，包括犯罪实施的时间和地点：

____

____

犯罪的性质和法律分类以及做出裁定适用的法律条文或法典：

____

____

3. 如果上述第 2 点所指的犯罪构成下列犯罪中的一种或多种犯罪，在相关复选框中打钩：

☐ 参加犯罪组织，

☐ 恐怖主义，

☐ 买卖人口，

☐ 对儿童进行性剥削或从事儿童色情活动，

☐ 非法交易麻醉药品和精神药品，

☐ 非法交易武器、军火及爆炸物，

☐ 腐败，

☐ 欺诈，包括影响 1995 年 7 月 26 日《保护欧洲共同体财政利益公约》意义范围内的欧共体财政利益，

☐ 清洗犯罪收益，

☐ 伪造包括欧元在内的货币，

☐ 计算机犯罪，

☐ 环境犯罪，包括非法交易濒危动物种类和濒危植物种子及其他物种，

☐ 非法入境及居留，

☐ 谋杀和严重伤害，

☐ 非法交易人体器官和人体组织，

☐ 绑架，非法羁押和劫持人质，

☐ 种族主义和仇外，

☐ 有组织或武装抢劫，

☐ 非法交易包括古董和艺术品在内的文物，

☐ 诈骗，

☐ 敲诈勒索，

☐ 伪造及假冒产品，

☐ 伪造及买卖行政文件，

☐ 伪造支付手段，

☐ 非法交易荷尔蒙物质和其他生长激素，

☐ 非法交易核物质或放射性物质，

☐ 买卖被盗车辆，

☐ 强奸，

☐ 放火，

☐ 国际刑事法院管辖的犯罪，

☐ 非法劫持航空器或船只，

□ 恶意破坏，

□ 破坏道路交通法规的行为，包括违反驾驶时间和休息时间的规定以及违反危险货物运输管制，

□ 走私物品，

□ 侵犯知识产权，

□ 对人进行威胁和有暴力行为，包括体育运动中的暴力行为，

□ 刑事损害，

□ 盗窃，

□ 为履行依据《欧共体条约》或《欧洲联盟条约》第六编通过的法律规定的执行义务而由科处国设立的犯罪。

如果勾选最后一项，说明所依据的与犯罪有关的在《欧共体条约》或《欧洲联盟条约》基础上通过的法律的确切条款。

4. 对达到前述第 2 点规定但未被上述第 3 点包含在内的犯罪进行描述：

____

____

（h）科处经济处罚的裁定的效力

1. 确认（勾选复选框）：

□（a）该裁定为终局裁定。

□（b）据出具证明文件的机关所知，针对行为人同一行为做出的裁定尚未送交给执行国，并且该裁定也没有被科处国或执行国以外的任何其他国家执行

2. 表明本案是否适用了书面审理程序：

□（a）没有适用。

□（b）适用了该程序。可以肯定，依科处国法律，已经通知涉案人员本人或经其代理人告知其本人有权就本案进行抗辩以及行使这项权利的时间限制。

3. 表明涉案人员是否亲自参加审理程序：

□（a）他 / 她亲自参加了。

□（b）他 / 她没有亲自参加。可以肯定：

□ 已经将依据国内法进行的诉讼告知该人或经其代理人告知了该人，

或者

☐ 该人声明其对本案不进行抗辩。

4. 经济处罚的部分支付

如果出具证明文件的机关知道一部分经济处罚已经支付给科处国或者任何其他国家，那么已支付的金额是：____________________

(i) 包括羁押在内的替代性制裁措施

1. 当不可能全部或部分执行经济处罚的裁定时，说明科处国是否允许执行国适用替代性措施：

☐ 是

☐ 否

2. 如果允许，说明可以适用何种制裁措施（该措施性质、最高刑）

☐ 监禁。最高刑期：____________________

☐ 社区服务（或其他类似处罚）。最长期限：____________________

☐ 其他制裁。描述：____________________

(j) 和案件相关的其他情况（可选信息）：

____

____

(k) 科处经济处罚的裁定书文本附加于证明文件之后。

出具证明文件的机关和 / 或其保证其内容正确无误的代表的签名：

名称：____________________

职务（头衔 / 级别）：____________________

日期：____________________

机构印章（如果可以）____________________

____

《将相互承认原则适用于没收令的框架决定》[①]

（根据《欧洲联盟条约》第六编通过）

欧盟理事会2006年10月6日第2006/783/JHA号

欧盟理事会，

考虑到《欧洲联盟条约》，特别是其中的第31条a款和第34条第2款b项，

考虑到丹麦王国的提议[②]，

考虑到欧洲议会的意见[③]，

鉴于：

（1）1999年10月15日到16日在坦佩雷召开的欧洲理事会强调，相互承认原则应该成为欧盟区域内民事和刑事司法合作的基石。

（2）根据欧洲理事会坦佩雷会议决议第51段，洗钱是有组织犯罪的核心罪行，不管它发生在哪儿都应该被彻底根除；欧盟决心确保采取具体措施来追踪、冻结、扣押以及没收犯罪收益。在前述决议第55段中，欧盟号召各国在刑事实体法和程序法方面对洗钱的规定尽量一致（如追踪，冻结和没收财产）。

（3）所有成员国都批准了1990年9月8日欧洲委员会《关于洗钱以及搜查、扣押和没收犯罪收益的公约》（以下简称“1990年公约”）。公约要求缔约国承认和执行另一缔约国签发的没收令，或者为了获得没收令向缔约国的有权机关提出申请，以及，如果没收令得到承认后，执行该没收令。缔约国在两种

① 翻译分工：王佳（前言，第1—4.1条），鄢晓红（第4.2—23条），黄艳（附件第a–h条，）陈平（附件第i–n条）。

② OJ C 184，2.8.2002，p.8.

③ 2002年11月20日意见（OJ C 25 E，29.1.2004，p.205）.

情形下可以拒绝其他缔约国提出的没收请求：根据被请求国法律，与请求没收相关的行为不构成犯罪，或者，不允许对与请求没收相关的犯罪类型采取没收措施。

（4）2000 年 11 月 30 日，理事会通过了《在刑事裁定方面贯彻相互承认原则的措施方案》，其中第 6 种和第 7 种措施将相互承认原则优先适用于证据和财产的冻结。此外，该方案的第 3.3 段[①]的目标是基于赔偿刑事犯罪的被害人的目的而依据相互承认原则促进成员国执行由另一成员国签发的没收令，并对现有的“1990 年公约”进行审查。为了实现此目的，本框架决定在其适用范围内减少拒绝执行的理由，并且阻止成员国间把没收令转变为国内没收令。

（5）欧盟理事会第 2001/500/JHA 号框架决定[②]制定了洗钱、鉴定、追踪、冻结、扣押和没收工具及犯罪收益的规则。根据该框架决定，只要犯罪行为可以被处以不低于 1 年的剥夺自由令或者羁押令，成员国就不得对“1990 年公约”第 2 条做出保留。

（6）最后，2003 年 7 月 22 日，欧盟理事会通过了《关于在欧盟范围内执行财产冻结令或证据冻结令的 2003/577/JHA 号框架决定》[③]。

（7）有组织犯罪的主要动机是获得财产收益。为了卓有成效，任何阻止和打击此类犯罪的努力必须着眼于追踪、冻结、扣押和没收犯罪收益。仅仅在欧盟框架内通过冻结或者扣押等临时法律措施来确保相互承认是不够的，要想有效控制经济犯罪还需要相互承认对犯罪收益的没收令。

（8）本框架决定的目的是便利成员国之间在相互承认和执行财产没收令方面的合作，以使成员国有义务在其领域内承认和执行由另一成员国有权法庭在刑事事项上签发的没收令。本框架决定与 2005 年 2 月 24 日欧盟理事会第 2005/212/JHA 号《没收与犯罪有关的收益、工具和财产的框架决定》[④]密切相关。第 2005/212/JHA 号框架决定的目的是确保所有成员国都有规制没收犯

---

① 该段的内容是关于对没收令的相互承认。——校者注

② OJ L 182，5.7.2001，p.1.

③ OJ L 196，2.8.2003，p.45.

④ OJ L 68，15.3.2005，p.49.

罪收益的有效规则，特别是有组织犯罪者所持有的资产来源的证明责任的有效规则。

（9）成员国之间基于相互承认和迅速执行司法决定的原则而进行合作的前提是相信将被承认和执行的司法决定是遵循合法性原则、辅助性原则和比例性原则而做出的。他们合作的前提还包括对当事人或善意权益第三方的权利的保障。在这种情况下，应防止自然人或法人不诚实的索赔请求得逞。

（10）本框架决定恰当的实际执行以各国主管机关之间的密切联系为前提，尤其是在一个以上的成员国同时执行没收令的场合。

（11）本框架决定所使用的“收益”和“工具”术语在任何需要的时候都可以毫无疑问地解释为包括犯罪对象。

（12）当成员国对作为没收令对象的财产的位置有疑问时，为了确认财产的正确位置，他们可以利用一切可利用方法，包括利用一切可利用的信息系统。

（13）本框架决定尊重基本人权，并遵守《欧洲联盟条约》第 6 条所承认以及《欧盟基本人权宪章》特别是宪章第 6 章所反映的原则。如果基于客观理由使人相信签发没收令的目的是基于某个人的性别、种族、宗教、血统、国籍、语言、政治见解或者性取向而对其起诉或惩罚，或者基于以上原因歧视该人，那么，本框架决定的任何规定都不能被解释为禁止拒绝没收已经签发的没收令所指的财产。

（14）本框架决定不阻止任何成员国适用其与正当程序、结社自由、出版自由和在其他媒体上的言论自由有关的宪法规则。

（15）本框架决定不解决把财产返还给合法所有者的问题。

（16）本框架决定不影响各成员国对适用本决定所取得的金钱总额进行申请的最终结果。

（17）根据《欧洲联盟条约》第 33 条规定，本框架决定不影响成员国维持法律和秩序以及维护国内安全的责任，

已经通过的本框架决定如下：

第 1 条 目的

1. 本框架决定的目的是制定规则，依此规则，成员国应在其领域内承认与执行由另一成员国的有权法庭签发的刑事没收令。

2. 本框架决定不改变《欧洲联盟条约》第6条尊重基本人权和基本法律原则的义务，也不影响司法机关在这方面的责任和义务。

第2条　定义

为了实现本框架决定的目的，

（a）“签发国”是指在其法院在刑事程序范围内签发没收令的成员国；

（b）“执行国”是指为了执行没收令而将没收令送达到该地的成员国；

（c）“没收令”是指法庭依照刑事程序科处的能够剥夺一定财产的终局性刑罚或措施；

（d）“财产”是指各种形式的财产，包括有形财产和无形财产、动产和不动产，以及经签发国法庭认定，并有法律文件和证明文件证明该财产：

（i）是犯罪收益，或者与犯罪收益的全部或部分价值相当，或者

（ii）属于犯罪工具，或者

（iii）行使第2005/212/JHA号框架决定第3条第1款和第2款赋予的扩大了的没收权力，在签发国能够被没收，或者

（iv）行使签发国法律赋予的扩大了的没收权力而能够被没收；

（e）“收益”是指犯罪滋生的所有经济利益。它可由各种形式的财产组成；

（f）“工具”是指以任何方式，全部或部分已经或将要用于犯罪活动的任何财产；

（g）“部分构成国内文化遗产的文化物品”应根据欧盟理事会1993年3月15日第93/7/EEC号《关于归还从成员国境内被非法转移出去的文化物品的指令》[①]第1条第1款的规定予以界定；

（h）当针对某项犯罪（如洗钱罪）而签发没收令的刑事程序涉及上游犯罪时，本框架决定第8条第2款f项所指的“犯罪”也包括上游犯罪在内。

第3条　主管机关的确定

1. 依据本框架决定，成员国无论是没收令的签发国还是执行国，都应该告知理事会总秘书处，根据其本国法律，哪个机关或哪些机关是没收令的主管机关。

---

① OJ L 74，27.3.1993，p.74. 欧洲议会和理事会的2001/38/EC号决议最后修改的指令（OJ L 187，10.7.2001，p.43）。

2. 尽管本框架决定第 4 条第 1 款和第 2 款有规定，但是成员国根据国内组织体系的需要，可以指定一个或多个中央机关负责对没收令的行政送交和接受并且辅助主管机关工作。

3. 理事会总秘书处应该将收到的信息向所有成员国和欧盟委员会公开。

第 4 条 没收令的送交

1. 在没收令涉及一定数额金钱的情况下，如果签发国的主管机关有合理理由认为没收令所针对的自然人或法人在另一成员国境内有财产或收入，那么它可以把没收令连同本条第 2 款所规定的证明文件，按照附件中规定的标准格式，送交给该成员国的主管机关。

在没收令涉及具体的财产的情况下，如果签发国的主管机关有合理理由相信没收令所涉及的财产位于另一成员国境内，那么它可以把没收令和证明文件送交给该成员国的主管机关。

如果签发没收令的国家无法确定送交没收令的具体国家，那么它可以把没收令送给没收令所针对的自然人或法人各自的经常居住地或注册地所在成员国的主管机关。

2. 在允许执行国确认其真实性的情况下，签发国主管机关应采取能生成书面记录的任何方法将没收令或其经证明的副本连同证明文书直接送交给执行国有资格执行没收令的机关。如果执行国要求，应当提交没收令的原件或其经证明的副本以及证明文书。所有正式的沟通都应当由上述主管机关直接进行。

3. 证明文书必须经签发国的主管机关签署，并且其内容被证明准确无误。

4. 如果签发国的主管机关不知道执行没收令的主管机关，那么为了获悉执行国的信息，它应进行一切必要的查询，包括通过欧洲司法网络的联络点进行查询。

5. 收到没收令的执行国机关如果无权承认并执行没收令，那么它应将没收令转交给有资格执行的机关，并应同时告知签发国的主管机关。

第 5 条 将没收令送交到一个或一个以上的执行国

1. 除了本条第 2 款、第 3 款规定的情形，根据本法第 4 条送交的没收令在任何时候都只能送交到一个执行国。

2. 在下列情况下，涉及具体财产的没收令可以同时送交给一个以上的执行国：

——签发国的主管机关有合理理由相信，没收令涉及的不同财产位于不同的执行国境内；

——没收令所涉财产的没收行动牵涉一个以上的执行国，或者

——签发国的主管当局有合理理由相信，没收令涉及的某项具体财产位于特定的两个以上执行国之中的某个国家。

3. 当签发国主管机关认为特别需要时，涉及一定数额金钱的没收令可以同时被送交给一个以上的执行国，比如：

——根据理事会第2003/577/JHA号框架决定，所涉财产尚未被冻结，或者

——在签发国和任何一个执行国可被没收的财产价值都不够没收令所要求的金额。

第6条　罪行

1. 如果根据签发国法律的规定，导致签发没收令的行为构成下列罪行中的一个或一个以上罪行，并且在签发国可被判处3年以上的监禁刑，那么没收令可以不必经过双重犯罪标准的验证而予以执行：

——参加犯罪组织，

——恐怖主义，

——买卖人口，

——对儿童进行性剥削或从事儿童色情活动，

——非法交易麻醉药品和精神药品，

——非法交易武器、军火及爆炸物，

——腐败，

——欺诈，包括影响1995年7月26日《保护欧洲共同体财政利益公约》意义范围内的欧共体财政利益，

——清洗犯罪收益，

——伪造包括欧元在内的货币，

——计算机犯罪，

——环境犯罪，包括非法交易濒危动物种类和濒危植物种子及其他物种，

——非法入境及居留，

——谋杀和严重伤害，

——非法交易人体器官和人体组织，
——绑架，非法羁押和劫持人质，
——种族主义和仇外，
——有组织或武装抢劫，
——非法交易包括古董和艺术品在内的文物，
——诈骗，
——敲诈勒索，
——伪造及假冒产品，
——伪造及买卖行政文件，
——伪造支付手段，
——非法交易荷尔蒙物质和其他生长激素，
——非法交易核物质或放射性物质，
——买卖被盗车辆，
——强奸，
——放火，
——国际刑事法院管辖的犯罪，
——非法劫持航空器或船只，
——恶意破坏。

2. 在《欧洲联盟条约》第 39 条第 1 款规定的情形下，经咨询欧洲议会并取得一致意见，欧盟理事会可随时决定在第 1 款规定犯罪清单中增加其他种类。根据欧盟委员会根据本决定第 22 条提交的报告，理事会应当决定是否扩大或修改这份犯罪清单。

3. 对于本条第 1 款犯罪清单范围之外的犯罪，只要根据执行国的法律，引起没收令的行为构成一种允许没收的犯罪，执行国就可以承认并执行该没收令，而不论签发国法律对该行为是怎样规定其构成要素的或如何描述的。

第 7 条 承认和执行（没收令）

1. 对依照本法第 4 条和第 5 条送交来的没收令，执行国主管机关无须经过其他正式手续即应予以承认，并且，除非主管机关决定援引本法第 8 条规定的不承认或不执行理由或者援引本法第 10 条规定的推迟执行理由，否则其应立即采取执行所需的一切措施。

2. 如果一项没收请求涉及某项特定的财产，则签发国和执行国的主管机关在本国法律许可的情况下，可以同意在执行国以支付与没收财产价值相等金钱的方式执行没收令的请求。

3. 如果没收令涉及一定数额的金钱，则执行国主管机关在不能得到该笔钱款的情况下，可以为达到执行本条第 1 款所述没收令的目的而执行任何财产。

4. 如果没收令涉及一定数额的金钱，则执行国主管机关在需要时应将没收金额按照签发没收令时的兑换汇率换算成执行国的货币金额。

5. 每个成员国可以在欧盟理事会总秘书处缴存一份声明，声称如果财产没收令是根据本法第 2 条 d 款 iv 项经扩大的没收权力而签发的，其主管机关将不予承认和执行没收令。这种声明可随时撤回。

第 8 条　不承认和不执行的理由

1. 如果本法第 4 条要求的证明文件不存在、不完整或者明显与没收令内容不符，执行国主管机关可以拒绝承认和执行没收令。

2. 根据执行国法律，在如下情形下，主管司法机关可以拒绝承认和执行没收令：

（a）执行没收令将违反“一事不再理”原则；

（b）本法第 6 条第 3 款情形之一，即根据执行国法律，与没收令有关的行为不构成允许采取没收措施的犯罪；但是，如果没收与税收、关税和外汇有关，则执行国法律没有像签发国法律一样征收同种类的税收、关税或其税收规则不同，不能成为拒绝执行没收令的理由。

（c）根据执行国法律享有特权与豁免将阻止在本国执行有关财产没收令；

（d）根据执行国法律，包括善意第三方在内的任何利益方所享有的权利都可以阻止没收令的执行，包括适用本法第 9 条规定的法律救济程序来阻止没收令的执行；

（e）根据本法第 4 条第 2 款提供的证明文书，在导致没收令的诉讼中，有关人员没有亲自到场并且也没有律师代表他到场，除非该证明文书声明，该人或其根据签发国法律有资格代表他的人，充分了解签发国相应的诉讼程序，并且已经明确表示对没收令没有异议。

（f）没收令是在基于以下刑事犯罪的刑事诉讼程序中签发的：

——根据执行国法律，这些犯罪行为全部或部分在其领土或相当于其领土的地方实施；或

——犯罪行为在签发国境外实施，而执行国法律不允许对此类在他国境外实施的行为启动司法程序；

（g）主管机关认为，没收令是基于本法第2条d款iv项规定的扩大的没收权力而签发的；

（h）没收令的执行超出执行国法定期限，假设该行为依照该国刑法受该国管辖。

3. 执行国主管机关认为：

——没收令是基于本法第2条d款iii项规定的扩大的没收财产的权力而签发的；以及

——没收令不在执行国批准的第2005/212/JHA号框架决定第3条第2款规定的可选择范围之内，执行国主管机关应当根据国内法在类似案件的最小范围内执行该没收令。

4. 在根据本法第2条决定不承认和执行没收令或根据本法第3条限制执行没收令之前，执行国主管机关应当考虑采取任何适当的方法与签发国主管机关协商。如果不承认和不执行的决定是基于以下情形做出的，则这种协商是强制性的：

——本条第1款，

——本条第2款a、e、f或g项；

——本条第2款d项和不是根据第9条第3款得出的信息，或

——本条第3款。

5. 由于要没收的财产已经被没收、已经灭失或者已经被毁坏，或不能在证明文书指明的地点找到该财产，或者财产所在地未以精确方式标出，而导致不可能执行没收令，执行国即使已与签发国进行过协商，亦应立即将不能执行的情形通知签发国主管机关。

第9条 对承认和执行在执行国可以采取的法律救济

1. 各成员国应采取必要的措施，以确保包括善意第三方的任何利益方对根据第7条采取的承认和执行没收令行动采取法律救济措施，以维护自己的权利。该救济行为应根据执行国法律提交至法院。根据执行国法律，救济行

动可能会产生中止执行没收令的法律效力。

2. 在执行国的法庭不能对签发没收令的实体理由提出质疑。

3. 如果在执行国法庭提起法律救济的诉讼，应当立即告知签发国主管机关。

第10条 推迟执行

1. 在下列情形下，执行国主管机关可以推迟执行根据本法第4条和第5条送交来的没收令：

（a）在没收令涉及一定数额金钱的情况下，执行国主管机关认为，因为一个以上的成员国同时执行该没收令，所以执行没收令可能会出现这样的风险：执行取得的总额可能会超出没收令确定的金额；

（b）本法第9条规定的提起法律救济程序的情形；

（c）执行没收令会妨碍正在进行的刑事调查或诉讼程序，需要推迟到主管机关认为的合理时间；

（d）需要由执行国支付费用将没收令全部或部分翻译时，获得译本需要花费时间，或者

（e）没收令涉及的财产已经是执行国没收程序的对象。

2. 在推迟执行期间，执行国主管机关应当采取一切在国内类似案件中采取的措施以防止执行没收令时无财产可供执行。

3. 在根据本条第1款a项推迟执行的情形下，执行国主管机关应当立即以任何能生成书面记录的方式通知签发国主管机关，并且后者应当履行本法第14条第3款规定义务。

4. 在本条第1款b、c、d和e项规定的情形下，执行国主管机关应当立即以任何能生成书面记录的方式，向签发国主管机关提交一份关于推迟执行的报告，说明推迟的理由，如果可能的话，说明预计推迟的时间。推迟执行的理由一旦不复存在，执行国主管当局就应当立即采取必要措施以执行没收令，并以任何能生成书面记录的方式通知签发国主管机关。

第11条 多个没收令

如果执行国主管机关正在处理：

——两个或两个以上针对同一自然人或法人签发的涉及一定数额金钱的没收令，而该人在执行国没有足够的财产以供所有没收令都能得以执行，或

——两个或两个以上涉及同一项特定财产的没收令，执行国主管机关应当根据执行国法律，并适当考虑各种情形，包括被冻结资产的涉案程度、犯罪行为的相对严重性和犯罪地点、各个没收令的签发日期以及送交日期，做出哪一个或哪几个没收令应予执行的决定。

第 12 条 规制执行程序的法律

1. 在不损害本条第 3 款的前提下，没收令的执行应由执行国法律予以规制，并且执行国主管机关应当有权独自决定执行的程序和所有的相关措施。

2. 当有关人员能提供位于任一国家的全部或部分没收证明时，执行国主管机关应当以任何适当的方式与签发国主管机关进行协商。执行国应予没收的财产总数应扣除根据没收令在执行国以外的其他国家没收的任何收益。

3. 即使执行国不承认法人刑事责任原则，针对法人签发的没收令也应被执行。

4. 作为根据第 4 条和第 5 条送交没收令的结果，除非签发国已经表示同意，执行国不能以强制措施替代没收令，包括羁押或其他任何限制人身自由的方法。

第 13 条 大赦、特赦以及没收令的复审

1. 签发国和执行国均可准予大赦和特赦。

2. 只有签发国可以处理没收令的复审申请。

第 14 条 送交没收令的后果

1. 根据本法第 4 条和第 5 条将没收令送交至一个或一个以上的执行国，并不限制签发国自己执行该没收令的权利。

2. 当涉及一定数额金钱的没收令送交至一个或一个以上执行国时，执行所得总额不能超出没收令规定的最高金额。

3. 签发国主管机关应采取能产生书面记录的任何方式，立即通知所有执行国主管机关：

（a）例如，基于执行国根据本法第 10 条第 3 款发来的通知，如果签发国主管机关认为有超出最高金额的风险。在本法第 10 条第 1 款 a 项规定的情形下，签发国主管机关应及时通知执行国主管机关这种风险是否已经停止；

（b）如果没收令的全部或部分已在签发国或其他执行国被执行。应当说明没收令尚未执行的金额；

（c）在根据本法第 4 条和第 5 条送交没收令后，如果签发国有关机关收到有关人员自愿缴付的与没收令有关的一定数额的金钱。本法第 12 条第 2 款应该适用。

第 15 条　终止执行

如果没收令不再具有强制力或者因其他原因将从执行国被撤回，签发国主管机关应立即以任何能产生书面记录的决定或措施的方式通知执行国主管机关。执行国主管机关只要收到签发国主管机关以决定或措施发来的通知，就应立即终止执行该没收令。

第 16 条　被没收财产的处置

1. 执行没收令取得的金钱由执行国作处置如下：

（a）执行没收令取得的金额如果低于或等于 10000 欧元，应直接归属于执行国；

（b）在其他情形下，执行国应当将执行没收令所取得总额的 50% 交给签发国。

2. 执行没收令取得的非金钱财产，执行国可以采取下列方式之一予以处置：

（a）出售财产。在此情形下，将出售所得按照本条第 1 款的规定进行处置；

（b）可将财产移交给签发国。如果没收令包括一定数额的金钱，经签发国同意，可以只把财产移交至签发国；

（c）在不能适用（a）项或（b）项规定时，可以按照执行国法律以其他方式处置没收来的财产；

3. 尽管有本条第 2 款的规定，如果没收令涉及的特定财产构成执行国国家文化遗产的组成部分，则不能要求其出售或者返还该特定财产；

4. 除了适用本条第 1 款、第 2 款和第 3 款的规定，签发国和执行国可以另行协商处置没收来的财产。

第 17 条　告知执行结果

执行国主管机关应当毫不迟延地以能生成书面记录的任何方式将以下事项告知签发国主管机关：

（a）根据第 4 条第 5 款的规定将没收令移交至主管机关；

（b）任何不承认没收令的决定及其理由；

（c）基于本法第11条、第12条第1款和第2款或第13条第1款列明的理由全部或部分不执行没收令；

（d）没收令已经执行完毕；

（e）本法第12条第4款所说的替代性措施的申请。

第18条 补偿

1.在不妨碍本法第9条第2款规定的情形下，对由于执行根据本法第4条和第5条送交来的没收令而使本法第9条提及的任何利益方遭受的损害，执行国根据本国法律应予负责。对执行国对上述损害的任何赔付，签发国应予补偿，除非这一损失或部分损失完全是由执行国的行为造成的。

2.本条第1款的规定不妨碍成员国法律对自然人或法人的损害赔偿主张。

第19条 语言

1.证明文书应当被翻译成执行国的官方语言或者任一官方语言。

2.任何成员国可于本框架决定通过之日或稍后之日，在欧盟理事会总秘书处交存一份宣言，声称其将接受一个或多个欧洲各共同体机构的官方语言翻译的文本。

第20条 费用

1.在不损害本法第16条的前提下，成员国不能互相主张退还因适用框架决定产生的费用。

2.当执行国认为花费巨大或者有特别支出时，可以提议签发国分担费用。签发国基于执行国给出的详细说明应对此提议予以考虑。

第21条 与其他协定与安排的关系

本框架决定不影响成员国之间双边或多边协定或安排的适用，只要这样的协定与安排有助于进一步简化或便利没收令的执行程序。

第22条 执行

1.自2008年11月24日起，成员国应采取必要措施履行本框架决定。

2.成员国应按照本框架决定规定的强制义务将其转化成国内法，并将其转化文本提交给欧盟理事会总秘书处和欧盟委员会。委员会将依据各成员国递交的文本信息写一份报告，在此基础之上，在2009年11月24日之前，理事会应就成员国为履行本框架协定而采取的措施达到何种程度做出评估。

3.理事会总秘书处应将根据第7条第5款和第19条第2款做出的声明通

知成员国和委员会。

4. 在相互承认和执行没收令方面经历过挫折或得不到另一个成员国积极配合的成员国，如果通过双边协商仍未解决问题，则其可以从成员国的层面，将其对执行本框架决定的评价意见报告给理事会。

5. 每年年初，作为执行国的成员国应将适用本法第 17 条 b 款的案件数量及其简要理由报告理事会和委员会。到 2013 年 11 月 24 日，委员会将根据收到的信息起草一份报告，包括它认为适当的任何动议。

第 23 条　生效

本框架决定于其在《欧共体官方公报》上公布之日起生效。

致理事会主席 K.RAJAMÄKI

2006 年 10 月 6 日于卢森堡

附件

证明文件

（根据《将相互承认原则适用于没收令的 2006/783/JHA 号理事会框架决定》第 4 条规定需要提交的）

（a）签发国和执行国：
签发国：________________
执行国：________________

（b）签发没收令的法院
官方名称：________________
地址：________________
文件编号：________________
电话（国家代码）（地区 / 城市代码）：________________
传真（国家代码）（地区 / 城市代码）：________________
电子邮箱（可用的）：________________

可用来与法院沟通的语言：____________________

为了执行没收令，或在可能的情况下，为协调执行送交给两个或两个以上执行国的没收令，或为将从执行国获得的金钱或财产移交给签发国，需要知道更多信息以获知有关人员的联络方法（姓名、头衔 / 级别、电话、传真以及可得到的电邮）：

____

____

（c）签发国境内执行没收令的主管机关［如果该机关不是（b）项下的法院］

官方名称

地址：____________________

文件编号：____________________

电话（国家代码）（地区 / 城市代码）：____________________

传真（国家代码）（地区 / 城市代码）：____________________

电子邮箱（可用的）：____________________

可用来与主管执行机关进行沟通的语言：____________________

为了执行没收令，或在可能的情况下，为协调执行送交给两个或两个以上执行国的没收令，或为将从执行国获得的金钱或财产转移给签发国，需要知道更多信息以获知有关人员的联络方法（姓名、职称 / 级别、电话、传真以及电邮）：

____

____

（d）签发国境内负责行政送交和接收没收令的中央机关：

中央机关的名称：____________________

联系人，如果可提供（头衔 / 级别和姓名）：____________________

地址：____________________

文件编号：____________________

电话（国家代码）（地区 / 城市代码）：____________________

传真（国家代码）（地区 / 城市代码）：____________________

电子邮箱（可用的）：____________________

（e）可与之联系的主管机关［如果（c）项和/或（d）项已经完成］:

☐（b）项中提到的就有关问题可与之联络的机关：……………………………………

☐（c）项中提到的就有关问题可与之联络的机关：……………………………………

☐（d）项中提到的就有关问题可与之联络的机关：……………………………………

（f）依据理事会2003年7月22日《关于执行欧洲财产或证据冻结令的2003/577/JHA号框架决定》①，本没收令是送交给执行国的一项冻结令的后续行为，须提供相关信息以确认该冻结令（签发和送交日期，被送交的机关以及，如果有的话，文件编号）:

____

____

（g）当没收令被送交到一个以上的执行国时，须提供以下信息：

1. 已送交的其他执行国（国家和机关）:________________________

2. 没收令已送交到一个以上执行国的理由如下（在相关复选框内打钩）:

2.1. 当没收令涉及一个或多个特定的财产项目时：

☐ 没收令涉及的不同的特定财产项目被认为位于不同的执行国。

☐ 对特定财产项目的没收，涉及在一个以上执行国的行动。

☐ 没收令所涉及的特定财产项目被认为位于两个或两个以上特定的执行国之一。

2.2 当没收令涉及一定数额的金钱时：

☐ 根据2003年7月22日《关于执行欧洲财产或证据冻结令第2003/577/JHA号框架决定》，有关财产尚未被冻结。

☐ 可被签发国和任一执行国没收的财产价值，可能无法满足没收令所涉及的全部金额的执行。

☐ 其他理由（所规定的）:________________________

（h）有关已被签发没收令的自然人或法人的信息：

1. 自然人：

① OJL 196，2.8.2003，p.45.

姓名：______

教名：______

婚前姓（如有）：______

别名（如有）：______

性别：______

国籍：______

身份证号或社会保障号（在可能的情况下）：______

出生日期：______

出生地：______

最后居住地址：______

懂得的语言（如知道）：______

1.1 如果没收令涉及的是一定数额的金钱：

没收令被送交给执行国的理由是（在相关复选框内打钩）：

☐ （a）签发国有合理根据认为被签发没收令的个人在执行国有财产或收入。添加以下信息：

认为该自然人有财产或收入的根据是：______

该自然人的财产种类或收入的来源：______

该自然人财产或收入来源的所在地（如果不知道，则为所知道的最后所在地）：

______

☐ （b）没有如（a）项提到的可使得签发国决定向哪一成员国送交没收令的合理根据，但已被签发没收令的人经常居住在执行国。添加以下信息：

在执行国内的经常居所：______

1.2 如果没收令涉及的是特定的财产项目：

没收令被送交给执行国的理由是（在相关复选框内打钩）：

☐ （a）该特定的财产项目位于执行国领域内［见（i）项］。

☐ （b）签发国有合理根据认为没收令所涉及的全部或部分特定的财产项目位于执行国。添加以下信息：

认为特定的财产项目位于执行国的理由是：______

☐ （c）没有如（b）项提到的可使得签发国决定向哪一成员国送交没收令的合理根据，但已被签发没收令的人经常居住在执行国。须添加以下信息：

在执行国内的经常居所：＿＿＿＿＿＿＿＿＿＿＿＿＿＿＿＿＿＿＿＿

2. 法人：

名称：＿＿＿＿＿＿＿＿＿＿＿＿＿＿＿＿＿＿＿＿

法人的形式：＿＿＿＿＿＿＿＿＿＿＿＿＿＿＿＿＿＿＿＿

注册号（如有）[①]：＿＿＿＿＿＿＿＿＿＿＿＿＿＿＿＿＿＿＿＿

注册地（如有）：＿＿＿＿＿＿＿＿＿＿＿＿＿＿＿＿＿＿＿＿

法人的地址：＿＿＿＿＿＿＿＿＿＿＿＿＿＿＿＿＿＿＿＿

2.1 如果没收令涉及的是一定数额的金钱：

没收令被送交给执行国的理由是（在相关复选框内打钩）：

☐（a）签发国有合理根据认为被签发没收令的法人在执行国有财产或收入。添加以下信息：

认为该法人有财产或收入的根据是：＿＿＿＿＿＿＿＿＿＿＿＿＿＿＿＿＿＿＿＿

该法人的财产的种类或收入的来源：＿＿＿＿＿＿＿＿＿＿＿＿＿＿＿＿＿＿＿＿

该法人财产或收入来源的所在地（如果不知道，则为知道的最后所在地）：

＿＿＿＿＿＿＿＿＿＿＿＿＿＿＿＿＿＿＿＿

☐（b）没有如（a）项提到的可使得签发国决定向哪一成员国送交没收令的合理根据，但已被签发没收令的法人的注册地在执行国。添加以下信息：

在执行国的注册地：＿＿＿＿＿＿＿＿＿＿＿＿＿＿＿＿＿＿＿＿

2.2 如果没收令涉及的是特定的财产项目：

没收令被送交给执行国的理由是（在相关复选框内打钩）：

☐（a）该特定的财产项目在执行国领域内［见（i）项］

☐（b）签发国有合理根据认为没收令所涉及的全部或部分特定的财产项目在执行国领域内。添加以下信息：

认为特定的财产项目在执行国领域内的理由是：＿＿＿＿＿＿＿＿＿＿＿＿＿＿＿＿＿＿＿＿

☐（c）没有如（b）项提到的可使得签发国决定向哪一成员国送交没收令的合理根据，但已被签发没收令的法人的注册地在执行国。须添加以下信息：

在执行国领域内的注册地：＿＿＿＿＿＿＿＿＿＿＿＿＿＿＿＿＿＿＿＿

＿＿＿＿＿＿＿＿＿＿＿＿＿＿＿＿＿＿＿＿

① 当没收令送交给执行国是因为没收令所针对的法人的注册地在该国时，则注册地和注册号必须填写。

（i）没收令：

没收令的签发日期：________________________________

终局没收令的做出日期：________________________________

没收令的编号（如果有）：________________________________

1. 没收令所载信息

1.1 如果没收令涉及以下信息，请指出（在相应的复选框中打钩）：

□ 一定数额的金钱

用货币形式表示的在执行国执行的总金额（用数字和文字表示）：________________

用货币形式表示的没收令涉及的总金额（用数字和文字表示）：________________

□ 具体财产项目

具体财产项目描述：________________________________

具体财产所在地（如果不知道，则为所知道的最后所在地）：________________

如果没收具体财产需要一个以上执行国采取行动，那么描述将要采取的行动：

____

1.2 法院已判令没收令所涉财产（勾选相应的复选框）：

□（i）系犯罪收益，或者与犯罪收益的全部或部分价值相当，

□（ii）构成实施犯罪行为的工具，

□（iii）系没收令的签发国使用扩大了的没收权力而没收的财产，如在（a）（b）和（c）中列举的。判决的依据在于，法院基于全部已被证明的具体事实确定涉案财产来源于：

□（a）被定罪的人在被法院有理由定罪之前的犯罪行为，

□（b）被定罪的人在被法院有理由定罪之前的类似犯罪行为，或者

□（c）被定罪人的犯罪行为，并已确定其财产价值与被定罪人的合法收入不符，

□（iv）根据签发国法律有关扩大的没收权力的任何其他规定，应予没收。

如果没收涉及两类或两类以上财产，提供关于各类没收财产的细节：____________

____

2. 导致没收令的犯罪行为的信息

2.1 导致没收令的犯罪行为的主要事实和客观情况描述，包括时间和地点：

____

____

2.2 导致没收令的犯罪行为的性质和法律分类以及做出判决所依据的法条或法典：

____

____

2.3 如有可能，在以下犯罪中指出一种或几种犯罪属于2.2项下的犯罪，如果该犯罪行为在签发国可判处三年以下的监禁刑（在相应的复选框中打钩）：

□ 参加犯罪组织；

□ 恐怖主义；

□ 买卖人口；

□ 对儿童进行性剥削或从事儿童色情活动；

□ 非法交易麻醉药品和精神药品；

□ 非法交易武器、军火及爆炸物；

□ 腐败；

□ 欺诈，包括影响1995年7月26日《保护欧洲共同体财政利益公约》意义范围内的欧共体财政利益；

□ 清洗犯罪收益；

□ 伪造包括欧元在内的货币；

□ 计算机犯罪；

□ 环境犯罪，包括非法交易濒危动物种类和濒危植物种子及其他物种；

□ 非法入境及居留；

□ 谋杀和严重伤害；

□ 非法交易人体器官和人体组织；

□ 绑架，非法羁押和劫持人质；

□ 种族主义和仇外；

□ 有组织或武装抢劫；

□ 非法交易包括古董和艺术品在内的文物；

□ 诈骗；

□ 敲诈勒索；

□ 伪造及假冒产品；

□ 伪造及买卖行政文件；

□ 伪造支付手段；

□ 非法交易荷尔蒙物质和其他生长激素；

□ 非法交易核物质或放射性物质；

□ 买卖被盗车辆；

□ 强奸；

□ 放火；

□ 国际刑事法院管辖的犯罪；

□ 非法劫持航空器或船只；

□ 恶意破坏。

2.4 对未包括在 2.3 中的 2.2 项下表明的其他导致没收令的犯罪行为，给出详细描述（应包括法律分类以外的涉案的实际犯罪行为）：______________________________

____

____

（j）导致没收令的诉讼

指出在导致没收令的诉讼中（在相应的复选框中打钩）：

□ （a）涉案人员亲自出庭应诉。

□ （b）涉案人员未亲自出庭应诉，但律师代表其出庭；

□ （c）涉案人员未亲自出庭应诉，也没有律师代表其出庭。确定：

□ 根据签发国法律，已经将相关诉讼告知本人，或者告知了依据国内法有权代表他的人，或

□ 该人已经表示对没收令无异议。

（k）财产的转换和移交

1. 如果没收令涉及一项具体财产，说明签发国是否允许在执行国采取支付与该财产价值相当的一定数额的金钱这一方式执行没收令。

□ 是

□ 否

2. 如果没收令涉及一定数额的金钱，说明除了执行没收令所得的金钱以外，是否可以将取得的其他财产移交至没收令签发国：

☐ 是

☐ 否

（l）替代性措施，包括强制羁押：

1. 说明在不可能全部或部分执行没收令的情况下，签发国是否允许执行国适用替代性措施：

☐ 是

☐ 否

2. 如果是，说明哪种强制方式可以适用（替代措施的性质和最长期限）：

☐ 羁押（最长期限）：________________

☐ 社区服务（或与之相当的方式）（最长期限）：________________

☐ 其他强制方式（描述）：________________

（m）与案件有关的其他情况（可选信息）：

____

____

（n）签发没收令的资质证明文件

签发证明文件的机关和 / 或其代表签字以证明证明文件内容正确无误：

____

____

姓名：________________

现任职务（头衔 / 级别）：________________

日期：________________

官方印章（如果有）：________________

____

《在新提起的刑事诉讼中考虑欧盟成员国先前做出的有罪判决的框架决定》[①]

（根据《欧洲联盟条约》第六编通过）

欧盟理事会 2008 年 7 月 24 号第 2008/675/JHA 号

欧盟理事会，

考虑到《欧洲联盟条约》，尤其是其第 31 条和第 34 条第 2 款 b 项，

考虑到委员会的建议，

考虑到欧洲议会的意见[②]，

鉴于：

（1）欧盟已经设定了保持和发展一个自由、安全和公正区域的目标。该目标要求成员国做出有罪判决的信息要能够被定罪国以外的其他成员国在新提起的刑事诉讼中加以考虑，以预防新的犯罪。

（2）2000 年 11 月 29 日，欧盟理事会依照在坦佩雷召开的欧洲理事会的决议，通过了《在刑事裁定方面贯彻相互承认原则的措施方案》[③]，它准备“通过一个或多个法律文件以确立这样一项原则，即为了评估罪犯的犯罪记录以及确定他是否重新犯罪，同时为了确定可适用的判决的类型并做出执行判决的安排，一个成员国的法院必须能够考虑由另一个成员国法院做出的终局性刑事裁判”。

（3）本框架决定的目的是为成员国设定一个对其他成员国做出的有罪判

① 翻译：高毛英。

② 2006 年 9 月 27 日的意见（未在欧共体官方公报上公布）。

③ OJ C 12，15.1.2001，p.10.

决进行考虑的最低义务限度。因此，本框架决定不妨碍成员国依照其本国法律和得到的信息（如可以上诉到刑事法院的行政机关的终局性决定）来确定，违反了法律规则的行为是否构成刑事犯罪或者依据国内法是否可以受到惩罚。

（4）某些成员国承认由其他成员国做出的有罪判决的效力，而另一些成员国则只考虑由本国法院做出的有罪判决。

（5）应当确立这样一个原则，即成员国应当赋予其他国家做出的有罪判决与本国法院根据本国法做出的有罪判决以同等效力，而不论依据本国法这种效力应被看作一种事实还是程序法或实体法上的事项。但是，本框架决定不谋求各国立法对现有有罪判决的效力的统一，对其他国家先前做出的有罪判决进行考虑的义务只存在于根据国内法应对本国先前做出的有罪判决进行考虑的场合。

（6）与其他法律文件不同，本框架决定的目标并不是在一个成员国内执行由其他成员国做出的司法裁决，而是当某个成员国的法律承认先前由本国做出的有罪判决的效力时，由其他成员国先前做出的有罪判决的效力能够在该国的新提起的刑事诉讼程序中得到承认。

因此，本框架决定不包含考虑以下先前有罪判决的义务：例如，根据可适用的法律文件，获得的有罪判决的信息是不充分的，或者由于对该行为已经做出过有罪判决而不可能再对同一行为做出有罪判决，或者先前科处的制裁对本国法律体系来说是未知的。

（7）由另一个成员国做出的有罪判决的效力应等同于本国在刑事诉讼的审前阶段、审判阶段和判决执行阶段做出的司法裁定的效力。

（8）如果某个成员国在刑事诉讼中得知另一成员国之前做出过有罪判决，那么它应当尽可能地善意对待有关当事人，就如同先前的有罪判决是由本国做出的。

（9）为了与上述第 8 点相符，本法第 3 条第 5 款应当解释为：当国内法院在新提起的刑事诉讼中考虑另一个国家先前做出的有罪判决时，考虑到当事人的具体情况，认为在国内法的限度内科处某种程度的刑罚的严酷性与该犯罪不成比例，并且，如果能够通过较低的刑罚达到惩罚的目的，而且这么做单纯从国内法的角度是可行的，那么它就可以相应地降低惩罚的层次。

（10）本框架决定将替代1970年5月28日《刑事判决国际效力的欧洲公约》第56条，该条是有关该公约的缔约成员国之间对刑事判决的考虑。

（11）本框架决定尊重《欧洲联盟条约》第2条和《建立欧洲共同体条约》第5条规定的辅助性原则，在这个范围内其旨在使成员国的法律和规则趋于统一，这个目标不能通过成员国单方面的行动来充分实现，而是需要欧盟协调一致的行动。依照《建立欧洲共同体条约》第5条所规定的比例原则，本框架决定不超出为了实现这个目标所必需的限度。

（12）本框架决定尊重基本权利并注意到《欧洲联盟条约》第6条所承认并在《欧洲联盟基本权利宪章》得到反映的各项原则。

（13）本框架决定尊重各国在考虑其他成员国先前做出的有罪判决时所采取的方法和程序。不可能对先前做出的有罪判决进行再审，不应妨碍成员国在必要时做出决定，以赋予该判决与本国做出的判决具有同等的效力。但是，做出这种决定的程序在所要求的时间、程序或形式方面，应有利于对先前由其他国家做出的有罪判决赋予同等效力。

（14）对判决或判决执行的介入，着重包括以下情形：根据第二个成员国的国内法，在第一个判决还没有被执行或它的执行还没有被移管给第二个成员国的情形下，由先前判决科处的刑罚应被吸收或包括在另一个可以有效执行的处罚中。

已经通过的本框架决定内容如下：

第1条　主旨

1. 本框架决定的目的是确定某个成员国在针对某人提起的刑事诉讼中应在什么情况下对其他成员国先前针对该人的不同犯罪事实做出的有罪判决进行考虑。

2. 本框架决定不具有修正《欧洲联盟条约》第6条庄严载入的尊重基本权利和基本法律原则的义务的效力。

第2条　定义

基于本框架决定的目的，“有罪判决”是指刑事法院对一项刑事犯罪确定其构成犯罪的终审判决。

第3条　在新提起的刑事诉讼中考虑由另一成员国做出的有罪判决

1. 每个成员国都应当保证：如果在针对某人提起的新的刑事诉讼中，通过可以适用的司法协助文件或通过交换犯罪记录的信息，已经得知了其他成员国先前针对同一个人的不同犯罪事实做出过有罪判决，那么，应当像考虑本国先前做出的有罪判决那样考虑该判决，并且应当根据国内法，赋予其与本国先前做出的有罪判决同等的效力。

2. 本条第1款应当适用于审前阶段、审判阶段和执行有罪判决阶段，尤其应适用于诉讼程序中可以适用的各种规则，包括有关临时羁押、犯罪定义、处罚的类型和层次，以及规范判决执行的规则。

3. 本条第1款规定的对其他成员国先前做出的有罪判决的考虑，不具有使提起新诉讼的成员国撤销或重审先前做出的有罪判决或与执行该判决有关的决定的效力。

4. 依照本条第3款，本条第1款的规定不适用于以下场合：先前的有罪判决是由提起新诉讼的成员国自己做出的，依照该国法律，对先前做出的有罪判决的考虑，具有撤销或者复审先前做出的有罪判决或者与执行该判决有关的决定的效力。

5. 如果正在进行的新诉讼所针对的犯罪是在先前的有罪判决已经做出之前或执行完毕之前实施的，那么，当对外国有罪判决适用本国规则将限制法官在新的诉讼中科处刑罚时，本条第1款和第2款不具有要求成员国适用本国规则来科处刑罚的效力。

但是，成员国应当保证在这种情形下他们的法庭能够在其他方面考虑由其他成员国先前做出的有罪判决。

第4条　与其他法律文件的关系

在1970年5月28日《刑事判决国际效力的欧洲公约》的缔约成员国之间，本框架决定应当取代该公约第56条，但并不妨碍这些成员国和第三国之间适用该条之规定。

第5条　实施

1. 各成员国须在2010年8月15日之前为遵守本框架决定的规定而采取必要措施。

2. 各成员国应向理事会总秘书处和委员会递交将本框架决定对成员国规定的义务转化为国内法的文本。

3. 在这些资料的基础上，欧盟委员会应当在2011年8月15日之前向欧洲议会和欧盟理事会提交一份各成员国遵守本框架决定程度的评估报告，如有必要，也可以附带提出立法议案。

第6条 生效

本框架决定自其刊登于《欧洲联盟公报》之日起生效。

致理事会主席 B.ortefeux

2008年7月24日于布鲁塞尔

《为了在欧盟执行科处监禁刑或剥夺自由处遇的刑事判决而将相互承认原则适用于这类判决的框架决定》①

（根据《欧洲联盟条约》第六编通过之法案）
欧盟理事会 2008 年 11 月 27 日第 2008/909/JHA 号

欧盟理事会，

考虑到《欧洲联盟条约》，尤其是其第 31 条第 1 款 a 项和第 34 条第 2 款 b 项，

考虑到奥地利共和国、芬兰共和国和瑞典王国的倡议，

考虑到欧洲议会的意见，

鉴于：

（1）欧洲理事会于 1999 年 10 月 15 日至 16 日在坦佩雷会议上确认的相互承认原则应成为欧盟范围内民事和刑事司法合作的基石。

（2）根据坦佩雷会议决议，2000 年 11 月 29 日，理事会通过一项《在刑事裁定方面执行相互承认原则的措施方案》②。该方案呼吁，对相互承认剥夺自由的终局性判决的现代机制的需要进行评估（措施 14），并将被判刑人移管原则拓展适用于在成员国有居所的人（措施 16）。

（3）在欧盟范围内加强自由、安全和正义的“海牙计划”③要求成员国完成措施方案，尤其是在执行终局性监禁判决方面。

（4）所有成员国均已批准 1983 年 3 月 21 日通过的《关于被判刑人移管

① 翻译：胡莹。

② OJ C 12.15.1.2001，p.10.

③ OJ C 53.3.3.2005，p.1.

的欧洲理事会公约》。根据该公约，被判刑人仅可移送至其国籍国服满剩余刑期，且应得到被判刑人及所涉国家的同意。1997 年 12 月 18 日通过的该公约的附加议定书允许在一定条件下不经被判刑人同意即可移送。该议定书尚未得到所有成员国的批准。上述文件均未对为了执行判决或命令而规定接管被判刑人的任何基本义务。

（5）刑事诉讼中的程序性权利是保证成员国在司法合作中相互信任的重要因素。以对其他成员国法律体系的特别相互信任为特征的成员国之间的相互关系，可以保证执行国承认签发国机关做出的决定。因此，在执行刑事判决方面，尤其是当欧洲公民在其他成员国成为刑事判决之对象并被判处监禁刑或剥夺自由之处遇时，欧洲理事会文件应当进一步促进成员国之间的合作。尽管需要为被判刑人提供充分的保护，但为了承认和执行已经做出的判决，被判刑人参与诉讼不应再受制于"所有案件都需要征得其同意才可将判决移送至其他成员国"的规定。

（6）本框架决定应通过某种方式得以执行和实施，该方式应保证平等、公正、合理这些基本原则受到尊重。

（7）本框架决定第 4 条第 1 款 c 项包含了一个自由裁量条款，该条款可以使判决或证明移送至该条第 1 款 a 项 b 项之外的被判刑人国籍国或者居住地，条件是，被判刑人已在该地合法持续地居住了 5 年以上并将获得该地的永久居留权。

（8）对于本法第 4 条第 1 款（c）项所规定之事项，是否移送判决或证明至执行国应取决于签发国主管机关与执行国主管机关间的协商和执行国主管机关的同意。主管机关应考虑居住时限或其他与执行国有关因素。当被判刑人可移送至一成员国且根据国内法或国际文件可移送至第三国时，做出判决国家的主管机关与执行国主管机关应当经过协商，考虑相较于第三国，在执行国执行判决是否更有利于促使被判刑人社会康复。

（9）在执行国执行判决应增加被判刑人社会康复的可能性。为确信在执行国执行判决有利于促使被判刑人社会康复。签发国主管机关应考虑以下因素，如被判刑人与执行国的联系，他或她是否视之为家，语言、文化、社会、经济或其他与执行国有关因素。

（10）第6条第3款提及的被判刑人的意见主要作用于第4条第4款的适用。"尤其"一词也意在规范一些案件，在这类案件中，被判刑人的意见包含与不承认和不执行依据相关的信息。第 4 条第 4 款和第 6 条第 3 款不构成拒绝社会康复的依据。

（11）波兰相较于其他成员国，特别是随着其公民在欧盟内部流动性增强，需要更多的时间面对其他成员国对波兰公民做出判决带来的实际影响。所以，在最多 5 年的时间内，局部地区会遭到可预见到的临时性损害。

（12）加入必要的变更后，本框架协定应同样适用于 2002 年 6 月 13 日通过的理事会 2002/584/JHA 号《欧洲逮捕令和成员国之间移交程序的框架决定》① 之第 4 条第 6 款和第 5 条第 3 款所涉及案件的执行。这意味着，在不损害上述框架决定的前提下，执行国可依据本框架决定第 9 条明确是否存在不予承认和执行的依据，在执行国根据本框架决定第 7 条第 4 款做出承诺的限度内审核双重犯罪时，可根据 2002/584/JHA 号框架决定第 4 条第 6 款，考虑是否应引渡人员抑或执行判决。

（13）本框架决定尊重基本权利，并遵守《欧洲联盟条约》第 6 条所确认的和《欧盟基本权利宪章》特别是该宪章第 6 章所反映的原则。本框架决定的任何内容不应理解为当有客观理由确信判决是出于惩罚某人的目的而做出时阻碍拒绝执行某一决定。惩罚可能基于以下原因：他或她的性别、种族、信仰、民族、国籍、语言、政治观点或性取向，以及此人的地位因上述情形受到歧视的情况。

（14）本框架决定不应阻碍任何成员国适用与正当程序、集会自由、出版自由和媒体上的言论自由相关的宪法性规则。

（15）适用本框架决定时，应与《建立欧洲共同体条约》第 18 条规定的权利相符，即欧洲公民有权在成员国领土内自由移动和居住。

（16）适用本框架决定时，应与可适用的共同体法律相符，特别是 2003/86/EC 号 ② 理事会规章、2003/109/EC 号 ③ 理事会规章和欧洲议会及理事会 2003/38/EC 号 ④ 规章。

---

① OJL190.18.7.2002，P.1

② OJL251，3.10.2003，P.12.

③ OJL16，23.1.2004，P.44

④ OJL158，30.4.2004，0.77.

（17）本框架决定所指被判刑人的居住国系指，指与此人具有某种建立在经常居住地和其他因素基础上的联系，如家庭、社会和职业联系的国家。

（18）适用本法第 5 条第 1 款时，为便于执行国确认真实性，应尽量采用书面传递记录的方式，如电子邮件和传真，将判决、有证明力的复印件和证明移送至执行国主管机关。

（19）对于本法第 9 条第 1 款（k）项涉及的案件，在因判决所涉措施超出监禁刑的范围而拒绝承认和执行该判决前，执行国应根据本框架决定考虑适用该判决的可能性。

（20）本法第 9 条第 1 款（k）项规定的拒绝理由也可适用于下述案件：此人并未判有罪，且主管机关没有根据刑事指控适用监禁刑，但适用了包括剥夺自由在内的其他措施。

（21）与领土主权相关的拒绝理由应仅适用于特殊案件，且应根据本框架决定的条款，在可能的情况下，最大限度地予以配合。任何适用这一拒绝理由的决定，都应个案考量，并在签发国主管机关与执行国主管机关间充分协商。

（22）本法第 12 条第 2 款所指的限期应由各成员国依如下方式完成：作为总规则，包括上诉程序在内的最后决议应在 90 天的期限内做出。

（23）本法第 18 条第 1 款表明，根据第二段所列之例外，这一特殊规则仅适用于被判刑人已移送至执行国时。故，当被判刑人未移送至执行国，如他系逃至执行国时，不应适用该特殊规则。

兹通过本框架决定如下：

第一章　总则

第 1 条　概念

根据本框架决定的目的：

（a）“判决”系指签发国法院做出的，对自然人科处刑罚的最终决定和命令。

（b）“课刑”系指依据刑事指控科处有期或无期监禁刑或剥夺自由的其他处遇措施。

（c）“签发国”系指做出判决的成员国。

（d）“执行国”系指为使判决得到承认和执行而移送判决的目的地国。

第2条　决定主管机关

1. 每一成员国都应报告理事会总秘书处，当其为本框架决定下的签发国或执行国时，根据其国内法，哪个或哪些机关是主管机关。

2. 总秘书处应确保将接收到的信息向所有成员国和委员会公开。

第3条　目的和范围

1. 本框架决定的目的是建立一套适用于成员国本着协助被判刑人社会康复的目的而承认判决和执行刑罚的规则。

2. 本框架决定适用于被判刑人处于签发国或执行国境内时。

3. 本框架决定仅适用于其定义下的判决的承认和刑罚的执行。如除判决外，亦课有尚未缴纳、返还或执行的罚金及（或）征收令，不应影响判决的移送。罚金或征收令在他国的承认和执行，应依据成员国间可适用的文件，尤其是2005年2月24日所作之2005/214/JHA号《将相互承认原则适用于经济处罚的框架决定》和2006年10月6日所作之2006/783/JHA号《将相互承认原则适用于没收令的框架决定》。

4. 本框架决定不具有修正《欧洲联盟条约》第6条所庄严记载的尊重基本权利和基本法律原则之义务的效力。

第二章　承认判决和执行判决

第4条　移送判决和证明文件至另一成员国的条件

1. 如果被判刑人在签发国或执行国境内，且他或她根据第6条的要求表示了同意，那么，判决连同证明文件（标准形式请见附件1）可一并移送至以下任一成员国：

（a）被判刑人现居住的国籍国；或者

（b）被判刑人国籍国，虽然他或她不在该国居住，但根据包含在判决、司法决定或行政决定内的驱逐令或者其他在判决后采取的措施，他或她执行完刑罚被释放后将被驱逐至该国；或者

（c）其主管机关同意接收判决和证明文件的（a）项或（b）项规定以外的其他成员国。

2. 经签发国主管机关与执行国主管机关协商后，签发国主管机关认为由执行国执行判决有助于被判刑人回归社会时，可进行判决或证明文书的移送。

3. 在移送判决和证明文书前，签发国主管机关应通过适当方式与执行国主管机关进行协商。在本条第1款（c）项的情形下，协商应是强制性的。在这种情形下，执行国主管机关应迅速告知签发国他是否同意移管判决。

4. 协商时，执行国主管机关可向签发国主管机关提出合理意见，说明由执行国执行刑罚无助于实现被判刑人的社会康复和成功回归社会的目的。

如果未进行这种协商，上述意见应在判决和证明文件送达后立即提出。签发国主管机关应考虑该意见并做出是否撤回证明文件的决定。

5. 执行国主管机关可主动请求签发国移送判决和证明文件。被判刑人也可以依据本框架决定请求签发国主管机关或执行国主管机关启动移送判决和证明文件的程序。根据本款提出的请求不为签发国创设移送判决和证明文件的义务。

6. 在执行本框架决定的过程中，成员国应采取措施，尤其是考虑到有助于被判刑人回归社会的目的，使本国主管机关能够做出本条第1款（c）项情形下是否同意移送判决和证明文件的决定。

7. 各成员国可以在批准本框架决定之时或之后通知理事会秘书处，在它和其他已经发表了同样声明的成员国之间，对于本条第1款（c）项情形下的判决和证明文件的移送，不需要事先同意：

（a）如果被判刑人现在生活在执行国且已合法地连续居住了5年以上，且将取得该国的永久居留权，并且/或者

（b）如果除本条第1款（a）项和（b）项所指情形外，被判刑人是执行国的公民。

本款（a）项中的永久居留权系指该人：

——根据执行以《建立欧洲共同体条约》第18条、第40条、第44条和第52条为依据通过的共同体立法的国内法，被判刑人在相关的成员国有永久居留权，或者

——根据可以适用共同体立法的成员国执行以《建立欧洲共同体条约》第63条为依据通过的共同体立法的国内法，或者根据不能适用共同体立法的成员国的国内法，作为永久或长期居民，被判刑人拥有在相关成员国永久或长期居留的有效居留许可。

第5条 判决和证明文件的移送

1. 判决或其经过核实证明的副本和证明文件，应由签发国主管机关以任

何可保存书面记录的方式直接移送至执行国主管机关，以使执行国确定其真实性。如果执行国要求，应将判决原件或其经过核实证明的副本和证明文件的原件移送至执行国。所有的官方交流都应在主管机关之间直接进行。

2. 证明文件应由签发国主管机关签署，且其内容应由签发国主管机关核实无误。

3. 无论何时，签发国都只能将判决和证明文件移送至一个执行国。

4. 如果签发国主管机关不知道执行国的主管机关，那么，为了从执行国获取信息，它应进行一切必要的查询，包括通过根据理事会第98/428/JHA号联合行动[①]建立的欧洲司法网的联络点进行查询。

5. 当收到判决和证明文件的执行国相关机关没有承认并采取必要执行措施的权力时，它应当依据职权将判决连同证明文件转送至执行国主管机关并同时通知签发国主管机关。

第6条　被判刑人的意见和告知

1. 除了本条第2款规定的情形，只有根据签发国法律征得被判刑人同意后，为了承认和执行判决，判决连同证明文件方可移送至执行国。

2. 判决连同证明文件移送至以下成员国时无须被判刑人同意：

（a）被判刑人现在居住的国籍国；

（b）被判刑人国籍国，虽然他或她不在该国居住，但根据包含在判决、司法决定或行政决定内的驱逐令或者其他在判决后采取的措施，他或她执行完刑罚被释放后将被驱逐至该国；

（c）鉴于签发国对他或她提起的未决的刑事诉讼或根据签发国的有罪判决，被判刑人逃往或返回的成员国。

3. 在所有的案件中，当被判刑人仍在签发国境内时，他或她应得到口头或书面表达自己意见的机会。当签发国根据被判刑人的年龄或者身体或精神状况认为必要时，这种机会应给予其法定代理人。

在决定移送判决和证明文件时应考虑被判刑人的意见。当被判刑人使用了本款赋予他或她的机会时，尤其是在第4条第4款的情形下，被判刑人的意见应转达至执行国。如果被判刑人口头表达了意见，签发国应保证向执行

---

① OJ L 191，7.7.1998，p.4.

国提供书面记录。

4. 签发国主管机关应该用被判刑人理解的语言依照附件 2 所确定的标准通知格式通知他或她：它决定移送判决和证明文件。如果做出该决定时被判刑人在执行国境内，则该表格应转送至执行国，且执行国应随即通知被判刑人。

5. 当判决在自 2011 年 12 月 5 日起的 5 年内做出时，本条第 2 款（a）项不适用于作为签发国或执行国的波兰。波兰可随时通知理事会秘书处它不再使用该项保留。

第 7 条 双重犯罪

1. 以下罪行，如果在签发国可处 3 年以上监禁刑或剥夺自由的处遇并且根据签发国法律的规定，则根据本框架决定的条款且无须经过双重犯罪的验证，即可导致判决的承认和处罚的执行：

——参加犯罪组织，

——恐怖主义，

——买卖人口，

——对儿童进行性剥削或从事儿童色情活动，

——非法交易麻醉药品和精神药品，

——非法交易武器、军火及爆炸物，

——腐败，

——欺诈，包括影响 1995 年 7 月 26 日《保护欧洲共同体财政利益公约》[①]意义范围内的欧共体财政利益，

——清洗犯罪收益，

——伪造包括欧元在内的货币，

——计算机犯罪，

——环境犯罪，包括非法交易濒危动物种类和濒危植物种子及其他物种，

——非法入境及居留，

——谋杀和严重伤害，

——非法交易人体器官和人体组织，

——绑架，非法羁押和劫持人质，

---

① OJC316，27.11.1995，P.49.

——种族主义和仇外，
——有组织或武装抢劫，
——非法交易包括古董和艺术品在内的文物，
——诈骗，
——敲诈勒索，
——伪造及假冒产品，
——伪造及买卖行政文件，
——伪造支付手段，
——非法交易荷尔蒙物质和其他生长激素，
——非法交易核物质或放射性物质，
——买卖被盗车辆，
——强奸，
——放火，
——国际刑事法院管辖的犯罪，
——非法劫持航空器或船只，
——恶意破坏。

2. 理事会根据《欧洲联盟条约》第 39 条第 1 款规定同欧洲议会协商一致后，可以随时决定将其他犯罪添加到本条第 1 款所列的犯罪清单。根据本框架决定第 29 条第 5 款提交给它的报告，理事会可决定是否扩充或修正该犯罪清单。

3. 执行国对于未包括在本条第 1 款犯罪清单中的其他犯罪的判决也可以承认或执行，其条件是：根据执行国法律，该行为构成犯罪而不论其犯罪构成要件如何或该犯罪是如何被描述的。

4. 本框架决定通过之时或之后，每一成员国可发表声明通知理事会秘书长它不接受本条第 1 款的约束。该声明可随时撤销。声明及其撤销应在《欧共体官方公报》上发布。

第 8 条 承认判决和执行处罚

1. 执行国主管机关应承认根据本法第 4 条移送的并符合本法第 5 条规定程序的判决，也应采取一切必要措施执行处罚，除非它决定根据本法第 9 条所规定之理由拒绝承认和执行。

2. 当处罚的期限与执行国法律规定不相容时，执行国的主管机关可以决定，当且仅当处罚超出其本国法律对相似罪行规定的最重刑时，对该处罚加以调整。调整后的处罚不应低于执行国法律规定的对类似罪行所处的最重刑。

3. 当处罚的性质与执行国法律规定不相容时，执行国主管机关可使之适用于其本国法律规定的相似罪行的惩罚或措施。上述惩罚或措施应与签发国判处的刑罚最大限度地匹配，且不应将该处罚转变为金钱处罚。

4. 调整后的处罚不应在性质和期限方面破坏签发国的处罚。

第 9 条 拒绝承认和执行的理由

1. 执行国主管机关可拒绝承认判决和执行处罚，如果：

（a）本法第 4 条所指的证明文件不完整或其表述与判决不符，且没能在执行国主管机关规定的合理期限前加以补充或改正；

（b）不符合本法第 4 条第 1 款给出的条件；

（c）执行处罚违背“一事不再理”原则；

（d）在本法第 7 条第 3 款所述情形下，在执行国根据本法第 7 条第 4 款已经发表了申明的情形下，以及在本法第 7 条第 1 款所述情形下，与判决相关的行为依据执行国的法律不构成犯罪。但是，对于赋税、关税、海关和汇兑事项，不能因下述理由拒绝执行判决：执行国的法律没有加诸同样的赋税或关税，或者没有与签发国相同的关于赋税、关税、海关和汇兑事项的规则；

（e）根据执行国法律，执行该处罚已经超过法定时效；

（f）根据执行国的法律可予以豁免，导致不可能执行该刑罚；

（g）根据执行国的法律，鉴于他或她的年龄，被判刑人不应因判决所涉事项承担刑事责任。

（h）当执行国主管机关接到判决时，未执行的刑期少于 6 个月；

（i）判决系经缺席审判做出，除非证明文件表明：根据签发国法律，做出缺席判决的审判时间和地点已经送达被判刑人本人或通过有权代表通知了他本人，或者该人向主管机关表明他或她对本案不进行抗辩；

（j）在根据本法第 12 条第 1 款做出决定前，执行国根据本法第 18 条第 3 款提出请求，要在执行国对相关人员在移送前所犯罪行而不是因移送之罪予以起诉、判刑或以其他方式剥夺他或她的自由，但签发国根据本法第 18 条第 2 款（g）项未予以同意。

（k）处罚包含精神性的或保健性的措施或者其他涉及剥夺自由的措施，

尽管有本法第 8 条第 3 款规定，根据执行国法律和保健体系，这些措施也不能在该国执行。

（l）根据执行国法律，与判决有关的犯罪可视为全部或大部分或主要部分实施于执行国领域或者等同于其领域的地方。

2. 当部分犯罪实施于执行国领域或者等同于其领域的地方时，根据本条第 1 款 l 项做出的决定应由执行国主管机关在考虑案件的具体情况特别是行为的大部分或主要部分是否发生在签发国境内后，作为例外情况逐案做出。

3. 对于本条第 1 款（a）（b）（c）（i）（k）（l）项所述情形，执行国主管机关在决定不予承认判决和执行处罚前，应通过各种适当方式与签发国主管机关进行协商，并在适当时要求签发国及时提供必要的其他信息。

第 10 条　部分承认和执行

1. 如果执行国主管机关能够考虑部分承认判决和执行处罚，那么它可以在做出全部拒绝承认判决和执行处罚决定之前同签发国主管机关进行协商，以寻求达成本条第 2 款规定的协议。

2. 签发国和执行国主管机关可以在个案基础上根据双方协商一致的条件达成部分承认判决和执行处罚的协议，但不能加重刑期。在没有达成这种协议的情况下，证明文件应予撤销。

第 11 条　推迟承认和执行

当本法第 4 条所述的证明文件不完整或与判决明显不符时，执行国可推迟对判决的承认，直至执行国为补充或改正证明文件所确定的合理期限到期为止。

第 12 条　做出执行判决的决定及其期限

1. 执行国主管机关应尽快做出是否承认判决和执行处罚的决定以及是否根据本法第 8 条第 2 款和第 3 款做出调整处罚的决定，并通知签发国。

2. 除非有本法第 11 条和本法第 23 条第 3 款规定的推迟理由，关于承认判决和执行处罚的最终决定应在收到判决和证明文件之日起 90 天内做出。

3. 在特殊情况下，当执行国主管机关不能在本条第 2 款规定的期限内做出决定时，它应立即想尽各种办法通知签发国主管机关推迟的理由和做出最终决定预计需要的时间。

第 13 条　证明文件的撤回

只要执行国尚未开始执行处罚，签发国在说明理由后即可将证明文件从执行国撤回。证明文件一旦撤回，执行国即不应再执行处罚。

第 14 条 临时逮捕

当被判刑人在执行国境内时，经签发国请求，在收到判决和证明文件之前或在做出承认判决和执行处罚的决定之前，执行国可以逮捕被判刑人或采取任何其他措施以确保被判刑人留在其领域内，直到执行国做出承认判决和执行处罚的决定为止。基于本条之羁押期限不应加重处罚期限。

第 15 条 被判刑人的移送

1. 如果被判刑人在签发国境内，他或她应在签发国和执行国主管机关协商一致的时间内予以移送，且应在执行国做出承认判决和执行处罚的最终决定后 30 日内予以移送。

2. 如果由于不可预见的原因致使被判刑人无法在本条第 1 款所定时间内移送，签发国和执行国主管机关应立即互相联络。一旦不可预见的原因不复存在，移送应立即进行。签发国主管机关应立即通知执行国主管机关并商定新的移送日。在这种情况下，应在新移送日起 10 日内完成移送。

第 16 条 过境

1. 任何成员国根据其国内法应允许移送至执行国的被判刑人过境，条件是签发国提交第 4 条所指的证明文件复本和过境申请。过境申请和证明文件复本可以任何能产生书面记录的方式提交。经允许过境的成员国要求，签发国应将证明文件翻译成该成员国要求的语言之一。

2. 在收到允许过境的申请后，如果被请求成员国不能保证被判刑人不会因他或她在离开签发国前所犯罪行或所处刑罚而在本国境内遭到起诉或者本条第 1 款规定以外的羁押或者其他限制自由的处遇措施，则应通知签发国。在这种情况下，签发国可以撤回申请。

3. 收到过境申请的成员国应按照同样的程序在收到请求后 1 周内优先做出是否准予过境的决定并将该决定告知申请国。上述决定可以推迟做出，直至依据本条第 1 款要求的翻译版本提交至被请求国。

4. 只有因过境需要，被请求国才可以关押被判刑人。

5. 在空运且无中途停留安排的情况下，不得请求过境。但是，如果发生了意外降落，签发国应在 72 小时内提交本条第 1 款所规定的信息。

第 17 条 规范执行的法律

1. 处罚的执行应受到执行国法律的规范。在遵守本条第 2 款和第 3 款规定的前提下，只有执行国主管机关有权决定执行的程序并决定采取相关措施，包括提前或有条件释放理由。

2. 执行国主管机关应在将服之剥夺自由刑的总刑期内减去已服之剥夺自由刑的全部刑期，上述已服之刑应与移送来的判决所处之刑罚相关。

3. 经请求，执行国主管机关应将可以适用的提前或有条件释放的规定告知签发国。签发国可同意适用上述规定或撤回证明文件。

4. 成员国应保证做出提前或有条件释放的决定时考虑了签发国明示的国内法规定，根据该规定，可在特定时间提前或有条件释放有关人员。

第 18 条 特定性原则

1. 根据本框架决定被移管之人，除本条第 2 款规定的情形外，不应因他或她移管前所犯的被移管之罪以外的其他罪行遭到起诉、判刑和其他剥夺自由的措施。

2. 本条第 1 款不适用于以下情形：

（a）在他或她获得最终释放后的 45 天内，此人本有机会离开执行国却未离开，或离开后又返还；

（b）所犯罪行不受监禁刑或羁押令的处罚；

（c）刑事诉讼不会引起限制人身自由措施的适用；

（d）对被判刑人的处罚是非剥夺自由的处罚或处遇，尤其是替代性质的罚金刑或处遇，即使这种处罚或处遇可能导致对人身自由的限制；

（e）被判刑人同意移管；

（f）被判刑人在被移管后明确放弃与他或她移管前的犯罪有关的受特定性原则保护的权利。这种放弃应对执行国的主管司法机关表示且应根据该国国内法予以记录。提出放弃的方式必须能清楚表明此人系自愿并充分意识到其后果。最后，此人有权获得法律顾问的帮助；

（g）在第（a）项至（f）项之外的其他情形下，签发国根据本条第 3 款表示同意。

3. 同意请求应向签发国主管机关提交，并附上第 2002/584/JHA 号框架决定第 8 条第 1 款所述信息和第 2 款所指的译本。当根据该框架决定负有移交某人的义务时，应表示同意。同意的决定应在接到请求之日起的30日内应做出。对于该框架决定第5款所涉之情况，执行国应提供所需保证。

第19条 特赦、赦免和对判决的复审

1. 签发国和执行国均可给予特赦或赦免。

2. 根据本框架决定，只有签发国能决定对处以执行刑罚的判决进行复审。

第20条 来自签发国的信息

1. 签发国主管机关应立即通知执行国主管机关任何导致刑罚立即或在一段时间内停止执行的决定或措施。

2. 执行国主管机关一旦收到本条第1款所指的签发国主管机关的通知，就应立即停止执行刑罚。

第21条 执行国提供的信息

执行国主管机关应毫不延迟地通过各种能留下书面记录的方式通知签发国主管机关以下信息：

（a）根据第5条第5款，判决和证明文件移送至负责执行的主管机关；

（b）实际上不可能执行处罚的事实，因为执行国在收到判决和证明文件后，无法在本国境内找到被判刑人，在这种情况下执行国无义务执行处罚；

（c）承认判决和执行处罚的最终决定及做出该决定的日期；

（d）根据第9条做出的拒绝承认判决和执行处罚的决定及其理由；

（e）根据第8条第2款和第3款做出的调整处罚的决定及其理由；

（f）根据第19条第1款做出的拒绝执行处罚的决定及其理由；

（g）当签发国的证明文件有所指示时，有条件释放的起始时间和终止时间；

（h）被判刑人逃脱羁押的情况；

（i）关于刑罚执行完毕的情况。

第22条 移管被判刑人的后果

1. 除本条第2款规定的情形外，一旦执行国开始执行刑罚，签发国不应继续执行该刑罚。

2. 在签发国收到执行国根据第21条（h）项没有全部执行刑罚的通知后，刑罚的执行权应归还给签发国。

第23条 语言

1. 证明文件应翻译成执行国的官方语言或一种官方语言。任何成员国在批准本框架决定之日或之后，均可在交存给理事会秘书处的声明中表示，它接受一种或多种欧盟机构官方语言的译本。

2. 除本条第3款规定的情形外，判决无须翻译。

3. 任何成员国在批准本框架决定之日或之后，均可在交存给理事会秘书处的声明中表示，作为执行国，在收到判决和证明文件且发现根据证明文件的内容不足以决定是否应当执行刑罚时，可以毫不迟延地要求判决或判决的主要部分翻译成执行国的官方语言或其官方语言之一，或翻译成一种或多种欧盟机构官方语言。这种要求应在签发国和执行国主管机关进行协商后做出，必要时，应指明需要翻译的判决的主要部分。

可以推迟做出关于承认判决和执行刑罚的决定，直至签发国将翻译版本提交至执行国，或者当执行国决定自费翻译时，直至其获得翻译版本。

第24条　费用

除移管被判刑人至执行国和仅在签发国境内产生的费用外，适用本框架决定产生的费用应由执行国承担。

第25条　在欧洲逮捕令之后执行刑罚

在不损害第2002/584/JHA号框架决定前提下，本框架决定在以下情形适用于对刑罚的执行时，在该框架决定的规定与本框架决定的规定兼容的场合，应进行必要的变通：当成员国根据第2002/584/JHA号框架决定第4条第6款执行刑罚时，或根据该框架决定第5条第3款规定为了使在签发国听讯的人免于处罚而必须让他返回执行国服刑时。

第三章　最后条款

第26条　与其他协议或安排的关系

1. 在不妨碍成员国与第三国之间适用下列公约以及根据第28条的过渡性适用的前提下，自2011年12月5日，在成员国之间，本框架决定应取代下列公约：

——1983年3月21日《欧洲被判刑人移管公约》及1997年12月18日之附加议定书；

——1970年5月28日《刑事判决国际效力的欧洲公约》；

——执行1985年6月14日《关于逐步取消共同边境检查的申根公约》的1990年6月19日公约第5章第3编；

——1991年11月13日《欧洲共同体成员国间执行外国刑事判决公约》。

2. 成员国可在2008年11月27日后继续适用生效的双边或多边协议或安排，只要他们能够使本框架决定的目的得到扩展或延伸且有利于进一步简化和便利判决的执行程序。

3. 2008年12月5日后，成员国可签订双边或多边协议或安排，只要他们能够使本框架决定的规定得到扩展或延伸且有利于进一步简化和便利判决的执行程序。

4. 成员国应在2009年3月5日前将他们希望继续适用的本条第2款所指的现存协议或安排报告理事会和委员会。成员国还应将他们签订的本条第3款所指的新协议或安排在签署之日起3个月内报告理事会和委员会。

第27条 适用领域

本框架决定适用于直布罗陀。

第28条 过渡条款

1. 2011年12月5日前收到的请求，应继续由现有的关于移管被判刑人的法律文件调整。在此之后收到的请求，应根据本框架决定由成员国采用的规则调整。

2. 但是，各成员国均可在批准本框架决定时发表声明，表明该国作为签发国或执行国，在2011年12月5日前，对于在它指定的日期前做出的终审判决将继续适用已有的关于移管被判刑人的法律文件。如果做出该声明，这些文件将适用于与其他所有成员国相关的所有案件，而不管这些成员国是否发表了同样的声明。相关日期不应晚于2011年12月5日。上述声明应刊登于《欧共体官方公报》且可随时撤销。

第29条 执行

1. 2011年12月5日前，成员国应采取必要措施以遵守本框架决定的规定。

2. 成员国应向理事会总秘书处和委员会递交将本框架决定对成员国规定的义务转化为国内法的文本。以委员会利用这些信息起草的报告为基础，在2012年12月5日前，理事会应对成员国遵守本框架决定的规定的程度进行评估。

3. 理事会秘书处应将根据第4条第7款、第23条第1款和第3款做出的通知和声明告知各成员国和委员会。

4. 在不损害《欧洲联盟公约》第35条第7款规定的前提下，如果成员国在履行本框架决定第25条过程中一再遇到无法经由双边协商解决的困难，则其应将这种困难报告理事会和委员会。以解决上述困难为目的，委员会应以此信息和知道的其他信息为基础起草报告并辅以它认为合适的提议。

5.2013年12月5日前，委员会应以收到的信息为基础起草报告并辅以它认为合适的提议。理事会应在委员会报告和提议的基础上，重点对第25条进行重新审查，以考虑是否以更具体的规定替代它。

第30条　生效

本框架决定应于其在《欧共体官方公报》上公布之日起生效。

致理事会主席 M.ALLIOT—MARIE

2008年11月27日于布鲁塞尔

附件1

证明文件

欧盟理事会2008年11月27日第2008/909/JHA号《为了在欧盟内部执行科处监禁刑或剥夺自由的处遇的刑事判决而将相互承认原则适用于这类判决的框架决定》第4条所指[①]

（a）签发国：__________
执行国：__________

（b）做出处罚的终审判决的法院
官方名称：__________
判决做出日（年 / 月 / 日）：__________
判决生效日（年 / 月 / 日）：__________
判决编号（如有）：__________

① 此证明文件必须书写或翻译成执行成员国的官方语言或其他该国能接受的语言。

（c）对本证明文件有疑问时应联系的机关信息：

1. 机关类型：请在相应复选框内打钩：

☐ 中央机关

☐ 法院

☐ 其他机关

2. 第 1 项所选机关的详细信息如下：

官方名称：________________

地址：________________

电话：（国家代码）（城区 / 城市代码）________________

传真：（国家代码）（城区 / 城市代码）________________

电子邮件（如有）：________________

3. 可用来与该机关进行沟通的语言：________________

4. 为了执行判决或协商移管程序需要获得其他信息时，联系人的方式（姓名、头衔 / 级别、电话、传真、电子邮件）________________

（d）被判刑人的信息

姓名：________________

婚前姓（如有）：________________

别名（如有）：________________

性别：________________

国籍：________________

身份证号或社会保障号（如有）：________________

出生日期：________________

出生地：________________

最后可以获知的地址：________________

懂得的语言（如果知道）：________________

被判刑人在：________________

☐ 签发国境内并将移送至执行国

☐ 执行国境内且将在该国执行

可提供的其他信息

1. 此人的照片或指纹，以及（或者）为获取上述信息可联系人的具体信息：

____

2. 被判刑人身份证或护照的种类和编号：

____

3. 被判刑人居住许可的种类和编号：

____

4. 与执行国相关的被判刑人家庭、社会或者职业信息：

____

（e）签发国要求临时逮捕（当被判刑人在执行国境内时）

☐ 签发国要求执行国逮捕被判刑人或采取其他措施保证被判刑人仍在其境内，直到决定是否承认和执行判决。

☐ 签发国已要求执行国逮捕被判刑人或采取其他措施保证被判刑人仍在其境内，直到决定是否承认和执行判决。请提供执行国依要求决定逮捕被判刑人的主管机关的名称（如可得到）：

____

____

（f）与早前欧洲逮捕令（EAW）的关系

☐ 为执行监禁刑或拘留令签发了欧洲逮捕令，且执行成员国同意执行欧洲逮捕令包含的监禁刑或拘留令（第 4 条第 6 款）。

欧洲逮捕令的签发日，及其编号（如果有）：______________________________

签发欧洲逮捕令的机关名称：______________________________

决定执行之日，及其编号，如果有：______________________________

决定执行刑罚的机关名称：______________________________

☐ 为了起诉某人而签发欧洲逮捕令，此人为执行国的公民或居民且在他即将返回执行国并在该地执行签发国针对其做出的监禁刑或拘留令的条件下（欧洲逮捕令框架决定第 5 条第 3 款），执行国已将其移交。

决定移交此人之日：______________________________

决定移交的机关名称：______________________________

决定的编号，如有：______________________________

移交之日，如有：______________________________

（g）移送判决和证明文件的原因［如果填写了框（f），则无须填写此框］：

移送判决和证明文件至执行国乃因签发国机关相信在执行国执行判决有利于达成协助被判刑人社会康复的目的。

□（a）被判刑人国籍所属的成员国，且他或她在该国居住

□（b）被判刑人国籍所属的成员国，虽然他或她不在该国居住，但根据包含在判决、司法或行政决定内的驱逐令或者其他因判决而采取的措施，一旦他或她获得释放将驱逐至该国；如果驱逐令未包含在判决内，请提供签发命令的机关名称、签发日期、和可得之编号：______________________________

□（c）除（a）项或（b）项规定的成员国外，其主管机关同意判决和证明文件之移送的成员国。

□（d）执行国根据本框架决定第 4 条第 7 款发表声明，且：

□ 签发国主管机关相信，判刑人已在该地合法地、持续地居留至少 5 年并将获得该地的永久居留权。

□ 经证实，被判刑人是执行国的公民。

（h）处以刑罚的判决

1. 该判决总共包含______________________________刑罚

对犯罪事实和犯罪情况的具体描述，包括犯罪实施的时间和地点：

____

____

犯罪的性质和法律分类以及做出裁定适用的法律条文或法典：

____

____

2. 如果根据签发国的法律，上述（h）点 1 项所指的犯罪构成下列犯罪中的一种或多种犯罪，且在签发国应执行至少 3 年以上的监禁刑或拘留刑，请在相关复选框中打钩：

☐ 参加犯罪组织；

☐ 恐怖主义；

☐ 买卖人口；

☐ 对儿童进行性剥削或从事儿童色情活动；

☐ 非法交易麻醉药品和精神药品；

☐ 非法交易武器、军火及爆炸物；

☐ 腐败；

☐ 欺诈，包括影响 1995 年 7 月 26 日《保护欧洲共同体财政利益公约》[①] 意义范围内的欧共体财政利益；

☐ 清洗犯罪收益；

☐ 伪造包括欧元在内的货币；

☐ 计算机犯罪；

☐ 环境犯罪，包括非法交易濒危动物种类和濒危植物种子及其他物种；

☐ 非法入境及居留；

☐ 谋杀和严重伤害；

☐ 非法交易人体器官和人体组织；

☐ 绑架，非法羁押和劫持人质；

☐ 种族主义和仇外；

☐ 有组织或武装抢劫；

☐ 非法交易包括古董和艺术品在内的文物；

☐ 诈骗；

☐ 敲诈勒索；

☐ 伪造及假冒产品；

☐ 伪造及买卖行政文件；

☐ 伪造支付手段；

☐ 非法交易荷尔蒙物质和其他生长激素；

---

① OJC316，27.11.1995，P.49.

☐ 非法交易核物质或放射性物质；

☐ 买卖被盗车辆；

☐ 强奸；

☐ 放火；

☐ 国际刑事法院管辖的犯罪；

☐ 非法劫持航空器或船只；

☐ 恶意破坏。

3. 当第 1 点规定的犯罪未包含在第 2 点内，或者如果判决或证明文件移送至某成员国，该国声明它将验证是否为双重犯罪时（本框架决定第 7 条第 4 款），请对相关犯罪进行详细描述：

____

____

（i）课刑判决的情况：

1. 说明该判决是否系经缺席审判做出：

☐ 不是。

☐ 是的，确定：

☐ 通知了他本人或通过根据签发国法律的有权代表通知了他做出缺席判决的诉讼的时间和地点，或者

☐ 该人向主管机关表明他或她对判决不抗辩。

2. 关于刑罚时长的详细信息

2.1 刑罚的总时长（以天计）：______________________________

2.2 与判决所处刑罚相关的已执行的剥夺自由刑的总时间（以天计）：

______________ 每一（____）（起始日期：日—月—年）：______________

2.3 除 2.2 所述理由外，应从总天数中予以扣除的天数（如大赦、特赦等，且已适用于所处刑罚）

______________ 每一（____）（起始日期：日—月—年）：______________

2.4 刑罚在签发国的到期日：

☐ 不适用，因为此人未受监禁。

☐ 此人受到监禁且根据签发国的法律，刑罚应全部予以执行（日期，日—月—年）[①]：

____

3. 刑罚的种类：

☐ 监禁刑

☐ 涉及剥夺自由的措施（请详细描述）：

____

（j）与提早或有条件释放相关的信息

1. 根据签发国的法律，被判刑人可以获得提早或有条件的释放，已执行：

☐ 一半的刑罚

☐ 三分之二的刑罚

☐ 刑罚的其他部分（请提示）

2. 签发国主管机关要求得知以下情况：

☐ 应予适用的、关于被判刑人可以获得提早或有条件释放的执行国法律条文；

☐ 提早或有条件释放的起始期间。

（k）被判刑人的意见

1. ☐ 因为他或她已在执行国，故不能听取被判刑人的意见，

2. ☐ 被判刑人在签发国，且

a. ☐ 要求移送判决和证明文件

☐ 同意移送判决和证明文件

☐ 不同意移送判决和证明文件（被判刑人的理由）

____

____

b. ☐ 附被判刑人的意见

☐ 被判刑人的意见移送至执行国的日期（请告知日期：日—月—年）

____

① 如果此人将一直身处签发国，请在此处填写刑罚期满之日（不考虑任何形式的早期或有条件释放之可能性）。

(l) 其他与案件相关的情况（可选择的信息）：

____

____

(m) 最后信息：

附于本证明文件的判决文本[①]。

____

____

签发证明文件的部门或可证明文件真实性的代表签名：

____

名称：________________________________

职位（头衔 / 级别）：__________________

日期：________________________________

官方印章（如果有）：__________________

____

附件 2

通知被判刑人

现通知你，______（签发国主管机关）决定将______（签发国主管法院）于______（判决日）做出的______（判决编号，如有）判决移送至______（执行国）。此举系为承认和执行根据执行欧盟理事会 2008 年 11 月 27 日第 2008/909/JHA 号《为了在欧盟内部执行科处监禁刑或剥夺自由的处遇的刑事判决而将相互承认原则适用于这类判决的框架决定》的国内法而做出的判决。

该判决的执行适用______（执行国）的法律。执行国的机关有权决定执行程序和包括提前和附条件释放之理由在内的相关措施。

---

① 签发国主管机关必须附上对执行终局性判决有用的所有与案件有关的判决及其可使用的译文。

______（执行国）主管机关应在将服之剥夺自由刑的总刑期内减去已服之剥夺自由刑的全部刑期。只有当该判决在期限和性质方面与该国法律相矛盾时，______（执行国）主管机关才能对该判决做出调整。调整后的判决不应在性质和期限方面破坏______（签发国）的判决。

《为了对缓刑处遇和替代性制裁措施进行监督而将相互承认原则适用于此类判决和缓刑决定的框架决定》[①]

（根据《欧洲联盟条约》第六编通过）

欧盟理事会 2008 年 11 月 27 日第 2008/947/JHA 号

欧盟理事会：

考虑到《欧洲联盟条约》，尤其是其第 31 条第 1 款（a）项和（c）项以及第 34 条第 2 款（b）项，

考虑到德意志联邦共和国和法兰西共和国的提议[②]，

考虑到欧洲议会的意见[③]，

鉴于：

（1）欧盟意在发展成为一个自由、安全和公正的地区。而这就预示着，所有成员国对于自由、安全和公正的基本要素的理解是一致的，并且是建立在自由和民主原则以及尊重人权、基本自由和法律原则的基础之上的。

（2）欧盟警察和司法合作的目标是为全体公民提供高度的安全。相互承认司法裁定原则是其基石之一。该原则由 1999 年 10 月 15 日和 16 日欧洲理事会坦佩雷会议决议确立，并在 2004 年 11 月 4 日和 5 日“为加强欧盟区域内的自由、安全和公正的‘海牙计划’”[④]中得以重申。在 2000 年 11 月 29 日

① 翻译：姚远。

② OJ C147，30.6.2007，p.1.

③ 2007 年 10 月 25 日的意见（没有在官方公报上公布）。

④ OJ C 53，3.3.2005，p.1.

通过的《在刑事裁定方面贯彻相互承认原则的措施方案》里，理事会宣布其赞成在缓刑和假释领域的合作。

（3）2008 年 11 月 27 日理事会通过了第 2008/909/JHA 号《为了在欧盟执行监禁刑或剥夺自由的处遇而将相互承认原则适用于这类刑事裁判的框架决定》[①] 涉及对监禁判决或剥夺自由的处遇的相互承认和执行。但是还需要更多的共同规则，尤其是对在定罪地没有合法或日常居所的人科处缓刑处遇或替代性制裁措施等非监禁判决时。

（4）欧洲理事会 1964 年 11 月 30 号《关于对附条件判决或附条件释放的人员予以监督的公约》只得到 12 个成员国的批准，且对某些情形提出大量保留条款。而本框架决定提供了一个更为有效的文件，因为它是建立在相互承认原则和所有成员国共同参与的基础上的。

（5）本框架决定尊重基本权利并遵循《欧洲联盟条约》第 6 条所承认的和《欧洲联盟基本权利宪章》尤其是其第 6 章所反映的各项原则。如果有客观理由相信，用来强制处罚某人的缓刑处遇或替代性制裁措施是基于他或她的性别、种族、宗教、人种、国籍、语言、政治见解或性取向，或该人的地位由于这些原因可能受到歧视，则本框架决定的任何规定都不能被解释为禁止拒绝承认判决和 / 或缓刑处遇或替代性制裁措施的监督令。

（6）本框架决定不妨碍任何成员国适用其与正当程序、结社自由、出版自由、在其他媒体上的表达自由和宗教自由相关的宪法性规则。

（7）本框架决定所有条款的适用均遵循《建立欧洲共同体的条约》第 18 条关于欧盟公民有权在各成员国领域内自由迁徙和居住的权利的规定。

（8）相互承认和对缓刑、附条件判决、替代性制裁措施及附条件释放裁定予以监督的目标是通过使被判刑人员保持家庭、语言、文化和其他方面的联系，增加服刑人员重新融入社会的希望，但同时也是为了促进监督服刑人员对缓刑处遇和替代性制裁措施的服从，以便防止累犯的发生，并在保护受害者和普通公众方面给予应有的关注。

（9）有几种缓刑处遇和替代性制裁措施在成员国中间是相同的，所有的成员国原则上都愿意对这类措施进行监督。除本框架决定规定的例外情况外，

---

① OJ L 327，512.2008，p.27.

各成员国对这类措施的监督是强制性的。此外，成员国可以宣布其愿意监督的其他类型的缓刑处遇和 / 或替代性制裁措施。

（10）原则上，强制监督的缓刑处遇和替代性制裁措施特别包括：与行为相关的命令（如停止酒精消费的义务），居留（如因家庭暴力必须改变其居所的义务），教育和培训（如参加“安全驾驶课程”的义务），休闲活动（比如停止从事或参加特定运动的义务）以及对专业活动的限制或从事专业活动的模式（如改变工作环境的义务；这一义务不包括对行为人是否遵守了被取消专业资格这一惩罚决定的监督）。

（11）在符合本国法律和程序的情况下，在适当的时候，电子监控设备可以用于监督缓刑和替代性制裁措施的监督。

（12）判处有关人员刑罚的国家可以将判决和缓刑决定转交给被判刑人合法或经常居住的成员国，以便使该国承认该判决并对其中包含的缓刑处遇或替代性制裁措施予以监督。

（13）是否将判决和缓刑裁定转交给另一成员国的决定，应当由科处国的主管机关根据个案情况做出，特别要考虑根据本法第 5 条第 4 款、第 10 条第 4 款和第 14 条第 3 款做出的声明。

（14）如果执行国主管机关对本国根据本框架决定做出的有关声明中列出的情形进行考虑后，也可同意将判决及可适用的缓刑决定转交给被判刑人居住地国以外的其他成员国。特别是，为了使被判刑人重返社会，可以在符合共同体法律的前提下，对下列情形同意转交：在被判刑人没有丧失居住权的情况下，意愿移居为其提供工作的另一成员国；或者该人是另一成员国有合法或日常居所的人的家庭成员；或其意愿前往另一成员国完成学业或培训。

（15）成员国应当适用其本国法律和程序承认他国判决或可适用的缓刑决定。当附条件判决或替代性制裁措施是为了执行对不履行义务或不遵守有关指令的人科处的不包含监禁判决或剥夺自由的处遇的判决时，这就意味着在决定承认、同意监督缓刑处遇或有关的替代性制裁措施并承担做出后续决定的责任时，成员国已经做出了符合本框架决定的相关声明。这些后续决定包括修改包含在缓刑处遇或替代性制裁措施中的义务或指令，或修改缓刑期限。因此，在这种情况下，承认的效力就是执行国能够做出那些后续决定。

（16）成员国可以拒绝承认一项判决或一项可适用的缓刑决定，如果该判决是针对一个无罪的人做出的，如该人是精神病人，并且判决或可适用的缓刑决定准备用药物或镇静方法治疗，而依执行国法律，其不能对此类人员进行监督。

（17）考虑到本框架决定的目标，并且为了达到在本框架决定条款之下可能进行的最大程度的合作，与领土有关的拒绝理由只适用于例外情形。任何以此为理由的拒绝都应建立在逐案分析以及判决国和执行国有权机关之间的协商的基础之上。

（18）如果缓刑处遇或替代性制裁措施包括社区服务，那么当这种社区服务通常在不到 6 个月的时间内就能完成时，执行国有权拒绝承认这种判决或可适用的缓刑决定。

（19）证书应当由判决或可适用的缓刑决定的基本元素构成，且其应被翻译成执行国的官方语言或官方语言之一。证书应当有助于执行国的主管机关根据框架决定做出决定，包括承认的决定、承担监督缓刑处遇和替代性制裁措施的责任的决定、调整缓刑处遇和替代性惩罚措施的决定以及对明显不遵守缓刑处遇或替代性制裁措施的规定的情况而做出的后续决定。

（20）鉴于作为本框架决定基础的相互承认原则，判决国和执行国应当在适用本框架决定的过程中增进双方主管机关的直接联系。

（21）所有成员国都应当确保：根据本框架决定而对其做出相关决定的被判刑人依据其国内法享有一系列的法定权利和法律救济，而不论被指定的主管机关依据本框架决定做出的决定是否具有司法性质。

（22）所有与缓刑、附条件判决或者替代性制裁措施有关的后续决定，当其导致监禁判决或剥夺自由的处遇时，均应由司法机关做出。

（23）鉴于所有成员国均批准了 1981 年 1 月 28 日欧洲理事会《与自动处理个人资料有关的保护个人公约》，在执行本框架决定时，个人资料的处理应受该公约制定的各项原则的保护。

（24）鉴于本框架决定的目标是帮助被判刑人重返社会、加强对受害者和公众的保护，以及当罪犯人不居住在定罪国时，便利适用适当的缓刑处遇及替代性制裁措施，考虑到相关情形的跨境因素，该目的不能由成员国自己来达到，由于行动的范围，该目的可以在欧盟的层面上达到，欧盟可以根据《建立欧洲共同体条约》第 5 条所定义并由《欧洲联盟条约》第 2 条第 2 款所适用的辅助性原则采取措施。根据《建立欧洲共同体条约》第5条确立的比例原则，本框架决定不超出为达到那些目标而所需要的范围。

已经通过的框架决定如下：

第1条 目标与范围

1. 此框架决定旨在，当罪犯不居住在定罪国时，便利被判刑人重返社会，提高对受害者和社会公众的保护，以及便利适当的缓刑处遇和替代性制裁措施的适用。为了实现这些目标，除本框架决定另有规定外，本框架决定制定的规则与做出判决的成员国以外的其他成员国做出的以下行动有关：承认判决、可适用的缓刑决定和在判决或包含在这种判决中的替代性制裁措施基础上发出的缓刑监督令，以及做出与判决有关的其他决定。

2. 本框架决定只能适用于：

（a）承认判决和可适用的缓刑决定；

（b）移交对缓刑处遇和替代性制裁措施的监督责任；

（c）与（a）项和（b）项有关的其他决定。

3. 本框架决定不能适用于：

（a）属于2008/909/JHA号框架决定范围内的对科处监禁刑或剥夺自由的处遇的刑事判决的执行；

（b）属于理事会2005年2月24日第2005/214/JHA号《将相互承认原则适用于经济处罚的框架决定》[①]和理事会2006年10月6日第2006/783/JHA号《将相互承认原则适用于没收令的框架决定》[②]范围内对罚金和没收令的承认和执行；

4. 本框架决定不具有修改《欧洲联盟条约》第6条所确立的尊重基本权利和基本法律原则的义务的效力。

第2条 定义

为了本框架决定的目的：

1. “判决”系指科处国法院确定自然人实施了犯罪行为并做出下列处理决定的终局性裁定或命令：

---

① OJ L 76，22.3.2005，p.16.

② OJ L 328，24.11.2006，p.59.

（a）监禁刑或涉及剥夺人身自由的处遇措施，如果在该判决的基础上或根据随后的缓刑决定已经准许附条件释放；

（b）暂缓执行判决；

（c）附条件判决；

（d）替代性制裁措施。

2.“暂缓执行判决”系指对已经生效的包含一项或多项缓刑处遇措施的监禁判决或涉及剥夺人身自由的其他处遇措施附条件的全部或部分推迟执行。这种缓刑处遇措施可以包含在判决中，或由主管机关以单独的缓刑裁定书的形式予以决定。

3.“附条件判决”系指一项判决，在该判决中，由于科处一项或多项用以代替监禁判决或剥夺自由的处遇的缓刑处遇措施，判处的刑罚有条件地被推迟执行了。这种缓刑处遇措施可以包含在判决中，或由主管机关以单独的缓刑裁定书的形式予以决定。

4.“替代性制裁措施”系指监禁判决、剥夺自由的处遇或罚金以外的科处强制性义务或指令的一种制裁方法。

5.“缓刑裁定”系指科处国主管机关基于下列判决做出的判决或终局性裁定：

（a）准许附条件释放；

（b）科处缓刑处遇。

6.“附条件释放”系指被判刑人在部分执行了监禁判决或剥夺自由的处遇后，通过科处一项或多项缓刑处遇得以提前释放的主管机关依据国内法做出的终局性裁定。

7.“缓刑处遇”系指科处国主管机关根据国内法对自然人科处的强制性义务和指令，它与暂缓执行判决、附条件判决和附条件释放联系在一起。

8.“科处国”系指判决被移交的成员国。

9.“执行国”系指依据第 8 条对缓刑处遇和替代性制裁措施进行监督的成员国。

第 3 条　指定主管机关

1. 各成员国应当报告理事会总秘书处，当成员国是科处国或执行国时，哪个机关依据其国内法有权采取符合本框架决定的行动。

2. 成员国可以指定非司法机关作为主管机关做出本框架决定下的决定，

如果该机关依照其国内法或程序有权做出性质类似的决定。

3. 如果第 14 条第 1 款（a）项和（b）项中的裁定是由法院以外的其他主管机关做出的，成员国应当确保：当相关人员提出请求时，这种裁定可被法院或另一个类似于法庭的独立机构复审。

4. 理事会总秘书处应当将接收到的信息向委员会和所有成员国公开。

第 4 条 缓刑处遇和替代性制裁措施的种类

1. 本框架决定应适用于下列缓刑处遇或替代性制裁措施：

（a）被判刑人向特定机关报告变更居所或工作场所的义务；

（b）在科处国或执行国不得进入特定地点、场所或指定区域的义务；

（c）不得离开执行国领域的义务；

（d）与下列行为有关的指令：行为、居所、教育、培训、休闲活动，或者对从事职业行为的限制；

（e）在特定时间向特定机关报告的义务；

（f）避免接触特定人员的义务；

（g）避免接触被判刑人曾用来犯罪或可能用来犯罪的特定物品的义务；

（h）对犯罪行为造成的损害进行经济赔偿的义务和 / 或提供遵守该义务证明的义务；

（i）从事社区服务的义务；

（j）与缓刑考察官或对被判刑人负责的社区服务机构的代表合作的义务；

（k）接受药物治疗或戒瘾治疗的义务。

2. 在执行本框架决定时，各成员国应当报告理事会总秘书处，它准备执行第 1 款规定以外的哪一种缓刑处遇和替代性制裁措施。理事会应当将接收到的信息向委员会和所有成员国公开。

第 5 条 移交判决和缓刑裁定的标准

1. 在被判刑人已经回到或想要回到其有合法和日常居所的成员国的情形下，科处国的主管机关可以将判决和缓刑裁定移交给该国的主管机关。

2. 基于被判刑人的请求，科处国主管机关可以将判决和缓刑裁定移交给该人合法和经常居住地国以外的其他成员国，但应以后者的主管机关同意移交为条件。

3. 在执行本框架决定时，成员国应当决定在何种情形下，其主管机关可以同意依据第 2 款移交判决和缓刑裁定。

4. 每个成员国应当将依照第 3 款做出的决定向理事会秘书处提交一份声明。成员国可以随时修改此种声明。理事会应当将接收到的信息向委员会和所有成员国公开。

第 6 条 移交判决和缓刑裁定的程序

1. 当科处国主管机关适用第 5 条第 1 款或第 2 款将判决和缓刑裁定移交给另一成员国时，它应当确保同时移交一份证明文件，该证明文件的标准格式在附件 I 中给出。

2. 科处国主管机关应当通过任何能生成书面记录以便让执行国确认其真实性的方式，将判决和缓刑裁定连同第 1 款提及的证明文件直接移交给执行国主管机关。如果执行国主管机关提出要求，判决和缓刑裁定的原件或其经认证的副本以及证明文件的原件应当移交给该机关。所有官方联系也应当在上述主管机关之间直接进行。

3. 第 1 款提到的证明文件必须由科处国主管机关签字并确认其内容准确无误。

4. 除了第 4 条第 1 款提到的处遇和制裁措施之外，本条第 1 款提到的证明文件应当只包括执行国在依据第 4 条第 2 款提交的报告中指明的处遇和制裁措施。

5. 在任何时候，科处国主管机关只能将判决和缓刑裁定连同第 1 款中的证明文件移交给一个执行国。

6. 如果科处国主管机关不知道执行国主管机关，那么它应进行需要的所有查询，包括通过由理事会第 98/428/JHA 号联合行动①创立的欧洲司法网的联络点获得执行国的信息。

7. 当接收到判决和缓刑裁定连同第 1 款提及的证明文件的执行国机关无权对其承认并且无权对缓刑处遇或替代性制裁措施的监督采取必要措施时，它应当依据职权将其移交给主管机关，并同时以任何能生成书面记录的方法，毫不迟延地通知科处国主管机关。

第 7 条 移交对科处国带来的后果

① OJ L 191，7.7.1998，p.4.

1. 一旦执行国主管机关承认了移交给它的判决和缓刑决定并将此通知了科处国主管机关，科处国就不再享有监督缓刑处遇和替代性制裁措施的权利，也无权采取第 14 条第 1 款所指的后续措施。

2. 第 1 款所指的权利在下列情形下应当返回给科处国：

（a）只要科处国主管机关基于第 9 条第 4 款通知执行国主管机关撤回第 6 条第 1 款提到的证明文件；

（b）在 14 条第 3 款和第 14 条第 5 款提及的情形下；

（c）在第 20 条提及的情形下。

第 8 条 执行国的裁定

1. 执行国主管机关应当依照第 6 条设定的程序对依照第 5 条移交来的判决和缓刑裁定予以承认，并且应当毫不迟延地采取一切必要措施对缓刑处遇或替代性制裁措施予以监督，除非它决定援引第 11 条所述的拒绝承认和监督的理由。

2. 如果直至为补充或订正证明文件而规定的最后期限，第 6 条第 1 款提到的证明文件仍然不完整或与裁定书不一致，执行国的主管机关可以推迟对判决和缓刑裁定做出承认的决定。

第 9 条 对缓刑处遇或替代性制裁措施的调整

1. 如果相关缓刑处遇或替代性制裁措施的性质或期限以及缓刑考验期的期限不符合执行国的法律，则执行国主管机关可以对它们进行调整，以使其与依据本国法对同类犯罪适用的缓刑处遇或替代性制裁措施的性质或期限相一致。被调整后的缓刑处遇、替代性制裁措施或缓刑的期限应当尽可能与科处国原来所科处的相一致。

2. 当缓刑处遇、替代性制裁措施或缓刑考验期的调整是由于它的期限超出了执行国法律规定的最长期限时，调整后的缓刑处遇、替代性制裁措施或缓刑考验期的期限不得低于依据执行国法律对相同犯罪适用的最长期限。

3. 调整后的缓刑处遇、替代性制裁措施或缓刑考验期不得重于或长于原来科处的缓刑处遇、替代性制裁措施或缓刑考验期。

4. 根据收到的第 16 条第 2 款或第 18 条第 5 款所指的信息，假如执行国还未开始执行，科处国的主管机关可以决定撤回第 6 条第 1 款所指的证明文件。在这种情况下，撤回的决定和联系应当在科处国接到信息的 10 天内尽早进行。

第10条　双重犯罪原则

1. 以下犯罪，如果在科处国按照其国内法规定最高可判处至少3年以上的监禁或剥夺自由的处遇，则其在本框架决定的条件不受双重犯罪原则的验证，应导致对判决和缓刑裁定的承认以及对缓刑处遇和替代性制裁措施的监督：

——参加犯罪组织，

——恐怖主义，

——买卖人口，

——对儿童进行性剥削或从事儿童色情活动，

——非法交易麻醉药品和精神药品，

——非法交易武器、军火及爆炸物，

——腐败，

——欺诈，包括影响1995年7月26日《保护欧洲共同体财政利益公约》[①]意义范围内的欧共体财政利益，

——清洗犯罪收益，

——伪造包括欧元在内的货币，

——计算机犯罪，

——环境犯罪，包括非法交易濒危动物种类和濒危植物种子及其他物种，

——非法入境及居留，

——谋杀和严重伤害，

——非法交易人体器官和人体组织，

——绑架，非法羁押和劫持人质，

——种族主义和仇外，

——有组织或武装抢劫，

——非法交易包括古董和艺术品在内的文物，

——诈骗，

——敲诈勒索，

——伪造及假冒产品，

---

① OJ C 316，27.11.1995，p.49.

——伪造及买卖行政文件，

——伪造支付手段，

——非法交易荷尔蒙物质和其他生长激素，

——非法交易核物质或放射性物质，

——买卖被盗车辆，

——强奸，

——放火，

——国际刑事法院管辖的犯罪，

——非法劫持航空器或船只，

——恶意破坏。

2. 理事会依据《欧洲联盟条约》第 39 条第 1 款规定的条件与欧洲议会进行协商后，在任何时候都可以经全体一致同意做出决定，将其他类别的犯罪添加到本条第 1 款的犯罪清单中。理事会应当按照根据本框架决定第 26 条第 1 款提交给它的报告来考虑犯罪清单是否应增加或修改。

3. 对本条第 1 款犯罪清单以外的其他犯罪，执行国也可做出判决和缓刑处遇的承认以及对缓刑处遇及替代性制裁措施的监督，其条件是根据执行国法律与该裁定有关的行为也构成犯罪，而不论其构成要素是什么或对该犯罪是如何描述的。

4. 在本框架决定通过之时或之后，各成员国可以向理事会总秘书处提交一份声明，声明它将不适用第 1 款的规定。此种声明可随时被撤回。声明或其撤回都应在《欧共体官方公报》上公布。

第 11 条　拒绝承认和监督的理由

1. 执行国主管机关可以拒绝承认判决和缓刑裁定，并可以拒绝承担对缓刑处遇或替代性制裁措施予以监督的责任：

（a）第 6 条第 1 款提到的证明文件不完整或明显与判决或缓刑裁定不符，并且没有在执行国主管机关规定的合理期限内得以补齐或更正；

（b）不符合第 5 条第 1 款、第 2 款或第 6 条第 4 款规定的标准；

（c）对裁定的承认和对缓刑处遇或替代性制裁措施承担的监督责任，违背“一事不再理”原则；

（d）在第 10 条第 3 款提到的情形下和执行国基于第 10 条第 4 款做出了

一项声明时以及在第10条第1款提到的情形下，判决书中涉及的行为依照执行国的法律不构成犯罪。但是涉及税收或关税，海关及汇兑时，不能以执行国不科处相同种类的税收或关税，或者以没有和科处国关于税收或关税，海关及汇兑相同的法规为理由，拒绝判决或缓刑裁定的执行；

（e）根据执行国的法律，判决的执行已经丧失时效并且与其权限范围内的行为有关；

（f）根据执行国法律的豁免规定，不能对缓刑处遇或替代性制裁措施予以监督；

（g）根据执行国法律，被判刑人由于年龄关系不能对做出据以做出判决的有关行为承担刑事责任；

（h）判决是在缺席情况下做出的，除非证明文件证明：该人被直接传唤过或者通过科处国国内法规定的有权代理人得知了最终导致缺席判决的开庭的时间和地点，或者该人已经向主管机关表明其对案件没有异议；

（i）尽管有第9条的规定，但鉴于执行国的国内法或医疗保健体系，对规定医学治疗的判决和缓刑裁定不能监督；

（j）缓刑处遇或替代性制裁措施的期限少于6个月；或者

（k）根据执行国的法律，判决中所指的犯罪行为被认为全部或其中大部分或主要部分是在执行国领域或等同于执行国领域的地方实施的。

2. 任何基于第1款（k）项认定犯罪行为部分发生在执行国领域内或等同于执行国领域的地方的决定，只能由执行国主管机关在考虑案件具体情况尤其是涉案行为的绝大部分或主要部分是否发生在科处国的例外情况下逐案做出。

3. 在第1款（a）（b）（c）（h）（i）（j）和（k）项提及的情况下，执行国主管机关在拒绝承认判决和缓刑裁定并拒绝承担对缓刑处遇和替代性制裁措施的监督责任之前，应当通过合适的方式与科处国主管机关沟通，并且要让后者尽快补充所需的其他信息。

4. 当执行国主管机关已经决定援引本条第1款尤其是该款（d）项或（k）项的拒绝理由时，经与科处国主管机关协商一致，它仍可以做出决定，对在提交给它的判决和缓刑裁定中科处的缓刑处遇或替代性制裁措施进行监督，而无须承担做出第14条第1款（a）项、（b）项和（c）项提到的任何决定的责任。

第12条 时间限制

1. 执行国主管机关在收到判决和缓刑裁定连同第6条第1款提及的证明文件之日起60日内，应当尽快对是否承认该判决和缓刑裁定以及是否承担对缓刑处遇或替代性制裁措施的监督责任做出决定。它应当迅速将此决定以任何能生成书面记录的方式通知科处国主管机关。

2. 当执行国主管机关遇到特殊情况不能遵守第1款规定的期限时，它应当立即用任何方式通知科处国主管机关，并给出迟延的理由，同时说明预计的做出最终决定所需的时间。

第13条 适用法律

1. 缓刑处遇和替代性制裁措施的监督和执行应当适用执行国的法律。

2. 执行国的主管机关可以要求被判刑人提供证据以证明其履行了对犯罪造成的损害进行赔偿的义务，从而对第4条第1款（h）项所指的义务予以监督。

第14条 做出后续裁定的权力和适用的法律

1. 执行国主管机关应当有权对缓刑判决、附条件释放、附条件判决和替代性制裁措施做出后续裁定，特别是在不遵守缓刑处遇或替代性制裁措施的情形下或被判刑人又犯新罪的情况下。

这种后续裁定尤其应包括：

（a）修改包含在缓刑处遇或替代性制裁措施中的义务或指令，或者修改缓刑考验期；

（b）撤销对判决的暂缓执行，或者撤销附条件释放的决定；

（c）在替代性制裁措施或附条件判决的情形下，科处监禁判决或剥夺自由的处遇。

2. 执行国的法律应当适用于第1款的所有决定和判决的所有后续结果，这些后续结果包括执行和根据需要对监禁判决或剥夺自由的处遇的调整。

3. 每个成员国可以在本框架决定通过之时或之后，声明作为一个执行国它将在本国指定的下列特定情形下拒绝承担第1款（b）项和（c）项规定的责任：

（a）在与替代性制裁措施有关的情形下，当不遵守相关义务或指令时，判决不包含监禁判决或剥夺自由的处遇；

（b）在与附条件释放有关的情形下；

（c）根据执行国的法律，与判决有关的行为不构成犯罪，不论该犯罪的构成要素是什么或它是怎样被描述的。

4. 当成员国利用了第 3 款提到的可能性时，如果执行国主管机关认为需要对不遵守缓刑处遇或替代性制裁措施的情形做出第 1 款（b）项和（c）项的后续裁定时，该主管机关应当将管辖权返还给科处国主管机关。

5. 在本条第 3 款所指的情形下，第 8 条第 1 款所规定的对判决和缓刑裁定予以承认的义务以及毫不迟延地采取所有必要措施对缓刑处遇或替代性制裁措施予以监督义务，不应当受到影响。

6. 第 3 款提到的声明应当通过向理事会总秘书处提交一份正式通知的形式做出。这种声明可以随时被撤回。这种声明和本条所述之撤回均应当在《欧盟官方期刊》上公布。

第 15 条　主管机关之间的磋商

为了便利本框架决定的平稳和有效适用，不论何时何地，只要认为适当，科处国主管机关和执行国主管机关就可以相互磋商。

第 16 条　当执行国有权做出后续裁定时，相关机关的义务

1. 执行国主管机关应当毫不迟延地以任何能够生成书面记录的方式，将就下列事项做出的决定通知科处国主管机关：

（a）修正缓刑处遇或替代性制裁措施；

（b）撤销对判决的缓期执行或撤销附条件释放的决定；

（c）由于不遵守缓刑处遇或替代性制裁措施而执行监禁判决或剥夺自由的处遇；

（d）终止缓刑处遇或替代性制裁措施。

2. 如果科处国主管机关有这样的请求，则执行国主管机关应当告知：据以做出判决的犯罪根据执行国的法律科处的最长期限，以及当被判刑人违反缓刑处遇或替代性制裁措施可能被科处剥夺自由的最长期限。这种信息应当在收到判决、缓刑裁定和第 6 条第 1 款所述的证明文件后立即提交。

3. 科处国主管机关应当用任何可以生成书面记录的方式，将它认为可能导致做出第 1 款（a）（b）（c）项决定的任何情况或发现及时通知执行国主管机关。

第 17 条　当科处国有权做出后续裁定时，相关机关的义务

1. 当科处国主管机关适用第 14 条第 3 款的规定，有权做出第 14 条第 1

款提到的后续裁定时，执行国主管机关应当立即告知它如下事项：

（a）任何可能导致撤销对判决的缓期执行或撤销附条件释放的决定的发现；

（b）任何可能导致监禁判决或剥夺自由的处遇的发现；

（c）任何科处国主管机关要求提供的其他事实或情况，这些事实或情况对科处国根据本国法做出后续裁定是必需的。

2. 当成员国利用了第 11 条第 4 款提到的可能性时，该国主管机关应当将被判刑人不遵守缓刑处遇或替代性制裁措施的情况通知科处国。

3. 第 1 款（a）项和（b）项以及第 2 款中提到发现的通知应当采用附录Ⅱ给出的标准格式发出。第 1 款（c）项提到事实和情况的通知应当用任何能生成书面记录的方式发出，如果可能的话，可通过附录Ⅱ给出的格式发出。

4. 如果根据科处国国内法对被判刑人做出刑罚决定前必须举行司法听证会，那么为了满足该要求，可变通适用国际法律文件或欧盟法律文件中所包含的相关程序，用视频连线的方式对有关人员进行听证。

5. 科处国主管机关应当毫不迟延地将对下列事项的做出的决定通知执行国主管机关：

（a）撤销对判决的缓期执行或撤销附条件释放的决定；

（b）执行判决中包含的监禁判决或剥夺自由的处遇，当判决中包含这些内容时；

（c）科处监禁判决或剥夺自由的处遇，如果这种措施没有包含在判决书中；

（d）终止缓刑处遇或替代性制裁措施。

第 18 条 在所有情况下，来自执行国的信息

执行国主管机关应当用任何能够生成书面记录形式的方式将下列事项毫不迟延地通知科处国主管机关：

1. 判决、缓刑裁定和第 6 条第 1 款提到的证明文件被移交给根据第 6 条第 7 款负责对缓刑处遇或替代性制裁措施予以承认并对其监督采取保全措施的主管机关。

2. 在判决、缓刑裁定和第 6 条第 1 款提到的证明文件被移交给执行国之后，实际上不可能对缓刑处遇或替代性制裁措施予以监督。其原因是：在执行国领域内找不到被判刑人，在此情形下，执行国没有义务对缓刑处遇或替代性制

裁措施予以监督。

3. 做出承认判决和缓刑裁定并承担对缓刑处遇或替代制裁措施的监督责任的终局性裁定。

4. 根据第 11 条的规定做出了不承认判决和缓刑裁定以及不承担对缓刑处遇或替代性制裁措施予以监督的责任的决定，以及做出这种决定的理由。

5. 根据第 9 条做出了调整缓刑处遇或替代性制裁措施的决定，以及做出这种决定的理由。

6. 根据第 19 条第 1 款列明的大赦或特赦理由，做出不能对缓刑处遇或替代性制裁措施予以监督的决定，并在适当情况下给出做出这种决定的理由。

第 19 条　大赦、特赦和复审

1. 大赦或特赦既可以由科处国也可以由执行国同意。

2. 在本框架决定下，只有科处国可以做出决定，对构成被监督的缓刑处遇或替代性制裁措施基础的判决，可以适用复审程序。

第 20 条　执行国终止管辖

1. 如果被判刑人逃离执行国或在执行国领域内不再拥有合法和经常性居所，执行国主管机关可以将缓刑处遇或替代性制裁措施的监督权以及对判决做出进一步决定的管辖权返还给科处国主管机关。

2. 如果科处国对该人提起了新的刑事诉讼，则该国主管机关可以要求执行国主管机关将缓刑处遇或替代性制裁措施的监督权以及对判决做出进一步决定的管辖权返还给科处国主管机关。在此种情况下，执行国主管机关可以将管辖权返还给科处国主管机关。

3. 当适用该条将管辖权返还给科处国时，该国主管机关应当恢复管辖权。为了进一步执行缓刑处遇或替代性制裁措施，科处国主管机关应当考虑缓刑处遇或替代性制裁措施在执行国的执行期限和遵守程度以及执行国基于第 16 条第 1 款做出的任何决定。

第 21 条　语言

第 6 条第 1 款提到的证明文件应当被翻译成执行国的官方语言或其中一种官方语言。在本框架决定通过之时或之后，任一成员国均可向理事会总秘书处交存一份声明，表明它将接受欧盟机构的一种或多种其他官方语言的翻译文本。

第22条 费用

除了只产生于科处国的费用，适用本框架决定产生的费用应由执行国承担。

第23条 本框架决定与其他协议和安排的关系

1. 从2011年12月6日起，在成员国之间的关系方面，本框架决定将取代1964年11月30日欧洲理事会《对附条件判决或附条件释放予以监督的公约》中的相同条款。

2. 各成员国可以继续适用在2008年12月6日以后生效的双边或多边协议或安排，只要这种协议或安排能使本框架决议的目标得以延伸和扩大并有助于进一步简化或便利缓刑处遇和替代性制裁措施的监督程序。

3. 各成员国在2008年12月6日之后可以继续缔结双边或多边协议或安排，只要这种协议或安排能使本框架决定的规定得以延伸或扩大并有助于进一步简化或便利缓刑处遇和替代性制裁措施的监督程序。

4. 在2009年3月6日之前，成员国应当报告理事会和委员会，他们将继续适用哪些第2款提到的现存协议和安排。成员国也应当在签署第3款所指的新协议或安排后的3个月内报告理事会和委员会。

第24条 适用区域

本框架决定应当适用于直布罗陀。

第25条 实施

1. 成员国应当在2011年12月6日之前采取必要措施来遵守本框架决定的规定。

2. 成员国应向理事会总秘书处和委员会递交将本框架决定对成员国规定的义务转化为国内法的文本。

第26条 审查

1. 到2014年12月6日，委员会应当基于成员国根据第25条第2款提交的资料起草一份报告。

2. 在这份报告的基础上，理事会应当评估：

（a）成员国为了遵守本框架决定而采取的必要措施的范围；以及

（b）对本框架决定的适用。

3. 如果需要，该报告应当附有立法提案。

第27条　生效

本框架决定应当自其在《欧盟官方期刊》公布之日起生效。

致理事会主席 M.ALLIOT—MARIE

2008年11月27日于布鲁塞尔

附件 I

证明文件

由理事会2008年11月27日第2008/947/JHA号《为了监督缓刑处遇和替代性制裁措施而将相互承认原则适用于判决和缓刑裁定的框架决定》① 第6条提及

(a) 科处国:______________________

执行国:______________________

(b) 做出缓刑、附条件判决和替代性制裁措施的判决的法院:

官方名称:______________________

请指出:关于判决的其他信息是否可以从下列机关获得:______________________

☐ 上述法院;

☐ 中央机关;如果选择此项,请提供该中央机关的官方名称;

☐ 其他主管机关;如果选择此项,请提供该机关的官方名称。

该法院 / 中央机关 / 其他主管机关的联系方式

地址:______________________

电话(国家代码)(地区 / 城市代码):______________________

传真(国家代码)(地区 / 城市代码):______________________

联络人的详细信息:______________________

姓:______________________

名:______________________

① 本证明文件必须被写成或翻译成执行国的官方语言或其中一种官方语言或该国接受的欧盟机构的其他任何一种官方语言。

职位（头衔 / 级别）：____________________
电话（国家代码）（地区 / 城市代码）：____________________
传真（国家代码）（地区 / 城市代码）：____________________
电子邮箱（如果有的话）：____________________
用来沟通的语言：____________________

（c）做出缓刑裁定的机关（如果适用）：

官方名称：____________________

请指出关于判决的其他信息是否可以从下列机关获得：

☐ 上述机关

☐ 中央机关；如果选择此项，请提供该中央机关的官方名称；如果该信息在上述（b）项中没有被提到；

☐ 其他主管机关；如果选择此项，请提供该机关的官方名称；

该机关、中央机关或者其他主管机关的联系信息，如果该信息在上述（b）项中没有被提到。

地址：____________________
电话（国家代码）（地区 / 城市代码）：____________________
传真（国家代码）（地区 / 城市代码）：____________________
联络人的详细信息：____________________
姓：____________________
名：____________________
职位（头衔 / 级别）：____________________
电话（国家代码）（地区 / 城市代码）：____________________
传真（国家代码）（地区 / 城市代码）：____________________
电子邮箱（如果有的话）：____________________
用来沟通的语言：____________________

（d）监督缓刑处遇或替代性制裁措施的主管机关

在科处国有资格监督缓刑处遇或替代性制裁措施的主管机关：

☐（b）项提到的法院 / 机关

☐（c）项提到的机关

☐其他机关（请提供其官方名称）

请指出为了监督缓刑处遇或替代性制裁措施而需要获得其他信息时，应当联络哪个机关：

☐上述机关

☐中央机关，如果选择此项，请提供该中央机关的官方名称，如果该信息在上述（b）项或者（c）项没有被提到；

该机关或中央机关的联系信息，如果该信息在上述（b）项或者（c）项没有被提到：

地址：__________

电话（国家代码）（地区 / 城市代码）：__________

传真（国家代码）（地区 / 城市代码）：__________

联络人的详细信息：__________

姓：__________

名：__________

职位（头衔 / 级别）：__________

电话（国家代码）（地区 / 城市代码）：__________

传真（国家代码）（地区 / 城市代码）：__________

电子邮箱（如果有的话）：__________

用来沟通的语言：__________

（e）与已经做出的判决和缓刑裁定有关的自然人的信息

姓：__________

名：__________

婚前姓（如果有的话）：__________

性别：__________

国籍：__________

身份证号码和社会保障号码（如果有的话）：__________

出生日期：__________

出生地点：__________

最后为人所知的地址 / 住址（如果有的话）：

——在科处国：__________

——在执行国：__________

——在其他地方：__________

懂得的语言（如果知道）：__________

如果方便，请提供以下信息：__________

——被判刑人的身份证明文件的类型和号码（身份证、护照）：__________

——被判刑人在执行国的居留许可证的类型和号码：__________

（f）收到判决、缓刑裁定和证明文件的成员国的相关信息

判决、缓刑裁定和证明文件已经被提交给（a）项所说的执行国是基于以下原因：

□ 被判刑人在执行国有合法和经常性居所，且已经返回或者想返回该国；

□ 被判刑人已经搬到或者打算搬到执行国，是基于以下原因（在相关复选框中打钩）：

□ 被判刑人在执行国已经获得雇佣合同；

□ 被判刑人是在执行国合法和经常居住的居民的家庭成员；

□ 被判刑人打算在执行国从事学习或培训；

□ 其他原因（请指明）。

（g）对判决和缓刑裁定的说明

判决做出于（日期：日 / 月 / 年）：__________

如果适用，缓刑裁定做出于（日期：日 / 月 / 年）：__________

终审判决做出于（日期：日 / 月 / 年）：__________

如果适用，终局性缓刑裁定做出于（日期：日 / 月 / 年）：__________

判决的执行开始于（如果不同于做出终审判决的日期）（日期：日 / 月 / 年）：

____

如果适用，缓刑裁定的执行开始于（如果不同于做出终局性缓刑裁定的日期）（日期：日 / 月 / 年）：__________

判决的编号（如果有）：__________

如果适用，缓刑裁定的编号（如果有）：________________________

1. 判决总共涉及：________________________罪行。

对所实施的犯罪事实的概括和犯罪情节的描述，包括时间和地点，以及被判刑人参与的性质：________________________

犯罪的性质和法律分类，以及做出判决所适用的法律条文。

2. 如果第 1 点所提及的犯罪构成以下一种或多种犯罪，这种犯罪按照科处国法律的规定可处 3 年以上的监禁刑或剥夺自由的处遇，则请在相关复选框中打钩确认：

☐ 参加犯罪组织，

☐ 恐怖主义，

☐ 买卖人口，

☐ 对儿童进行性剥削或从事儿童色情活动，

☐ 非法交易麻醉药品和精神药品，

☐ 非法交易武器、军火及爆炸物，

☐ 腐败，

☐ 欺诈，包括影响 1995 年 7 月 26 日《保护欧洲共同体财政利益公约》意义范围内的欧共体财政利益，

☐ 清洗犯罪收益，

☐ 伪造包括欧元在内的货币，

☐ 计算机犯罪，

☐ 环境犯罪，包括非法交易濒危动物种类和濒危植物种子及其他物种，

☐ 非法入境及居留，

☐ 谋杀和严重伤害，

☐ 非法交易人体器官和人体组织，

☐ 绑架，非法羁押和劫持人质，

☐ 种族主义和仇外，

☐ 有组织或武装抢劫，

☐ 非法交易包括古董和艺术品在内的文物，

☐ 诈骗，

☐ 敲诈勒索，

☐ 伪造及假冒产品，

☐ 伪造及买卖行政文件，

☐ 伪造支付手段，

☐ 非法交易荷尔蒙物质和其他生长激素，

☐ 非法交易核物质或放射性物质，

☐ 买卖被盗车辆，

☐ 强奸，

☐ 放火，

☐ 国际刑事法院管辖的犯罪，

☐ 非法劫持航空器或船只，

☐ 恶意破坏。

3. 对符合前述第 1 点规定但未被上述第 2 点包含在内的犯罪，或者，在判决、缓刑决定和证明文件被提交给声明适用双重犯罪原则（本框架决定第 10 条第 4 款）的成员国的情形下，请对相关犯罪给出一个完整的描述：

（h）说明有关判决状况的信息：

请指出被判刑人是否出席了做出判决的审理程序：

☐ 是的，他 / 她亲自参加了。

☐ 他 / 她没有亲自参加。可以肯定：

☐ 已经将导致缺席判决的诉讼的时间和地点用传票通知了本人或经过依据科处国国内法有权代理他的人通知了该人；或

☐ 该人对主管机关表示其不对本案进行抗辩。

（i）说明判决和缓刑处遇所科处的刑罚的性质

1. 该证明文件是关于：

☐ 缓刑（等于在做出判决时，有条件地暂不执行全部或部分监禁刑或剥夺自由的处遇）

☐ 附条件判决：

☐ 通过科处一项或者多项缓刑处遇，判决被有条件的延期执行了

☐ 科处了一项或者多项个缓刑处遇以替代监禁刑或者剥夺自由的处遇

☐ 替代性制裁措施

☐ 当不遵守相关的义务或指令时，包含监禁刑或者剥夺自由的处遇的的判决将被执行；

☐ 当不遵守相关的义务或指令时，不包含监禁刑或者剥夺自由的处遇的判决将被执行；

☐ 附条件释放（= 在监禁刑或者剥夺自由的处遇已经被部分执行后，提前释放被判刑人）

2. 其他信息

2.1. 在下列期间，被判刑人在审前被羁押：

2.2. 在下列期间，该人正在被执行监禁刑或剥夺自由的处遇（只在附条件释放的情况下填写）

2.3. 在缓刑的情形下

——被有条件中止的监禁期限

——中止期限

2.4. 如果知道，剥夺自由的长短基于：

——中止执行判决的撤回

——附条件释放裁定的撤回；或者

——违反替代性制裁措施（在这种违反中，如果包含监禁刑或剥夺自由的处遇在内的判决被执行）

（j）说明缓刑处遇或替代性制裁措施的期限和性质

1. 对缓刑处遇或替代性制裁措施总的监督期限；

2. 如果适用，作为缓刑处遇或替代性制裁措施一部分而强加给每个人的义务期限；

3. 缓刑考验期的总期限（如果不同于第 1 点说明的期限）；

4. 缓刑处遇或替代性制裁措施的性质（可以在多个复选框中打钩）

☐ 被判刑人向特定机关报告变更居所或工作场所的义务；

☐ 不得进入科处国或执行国特定场所、地点或指定区域的义务；

☐ 不得离开执行国的义务；

☐ 与行为、居所、教育和培训、休闲活动有关的指令或者包含对从事的职业行为进行限制的指令；

☐ 在特定时间向特定机关报告的义务；

☐ 避免接触特定人员的义务；

☐ 避免接触被判刑曾用来犯罪或可能用来犯罪的特定物品的义务；

☐ 对犯罪行为造成的损害进行经济赔偿的义务和（或）提供遵守该义务证明的义务；

☐ 从事社区服务的义务；

☐ 与缓刑考察官或对被判刑人负有责任的社区服务机构的代表合作的义务；

☐ 接受医学治疗或戒瘾治疗的义务；

☐ 执行国准备监督的与本框架决定第 4 条第 2 款所述报告相一致的其他措施。

5. 请对第 4 点中指出的缓刑处遇或替代性制裁措施进行详细描述：

6. 如果提供了缓刑报告，请在复选框中打钩：

☐ 如果你在此框中打钩，请指出起草这些报告所使用的语言[①]：

（k）与案件有关的其他情况，包括之前被定罪的信息或被判处缓刑处遇或替代性制裁措施的具体理由的信息（可选信息）：

判决和缓刑裁定的文本被附在证明文件之后。

出具证明文件的机关和 / 或其保证其内容正确无误的代表的签署：

名称：____________________

职务（头衔 / 级别）：____________________

日期：____________________

文件编号（如果有）：____________________

机构印章（如果适当）：____________________

附件Ⅱ

格　式

（由理事会 2008 年 11 月 27 日第 2008/947/JHA 号《为了监督缓刑处遇和替代性制裁措施而将相互承认原则适用于判决和缓刑裁定的框架决定》第 17 条提及）

---

① 科处国没有义务提供这些报告的翻译文本。

违反缓刑处遇或替代性制裁措施的报告，或其他发现

（a）被监督人的详细身份信息：

姓：______

名：______

婚前姓（如果有）：______

别名（如果有）：______

性别：______

国籍：______

身份号码或社会保障号（如果有）：______

生日：______

出生日期：______

地址：______

懂得的语言（如果知道）：______

（b）包含缓刑、附条件判决、替代性制裁措施或附条件释放的判决和缓刑裁定的详情：

做出判决的日期：______

文件编号（如果有）：______

如果适用，做出缓刑裁定的日期：______

文件编号（如果有）：______

做出判决的法院：______

官方名称：______

地址：______

如果适用，做出缓刑裁定的机关

官方名称：______

地址：______

出具证明文件的日期：______

出具证明文件的机关：______

文件编号（如果有）：______

(c) 负责监督缓刑处遇或替代性制裁措施的机关的详情：

该机关的官方名称：________________

联系人姓名：________________

职位（头衔/级别）：________________

电话（国家代码）（地区/城市代码）：________________

传真（国家代码）（地区/城市代码）：________________

电子邮箱：________________

(d) 缓刑处遇或替代性制裁措施：

(a) 中所指的人违反了以下义务和指令：

☐ 被判刑向特定机关报告变更居所或工作场所的义务；

☐ 不得进入科处国或执行国某些场所、地点或特定区域的义务；

☐ 不得离开执行国的义务；

☐ 与行为、居所、教育、培训和休闲活动有关的指令，或者包含对从事职业活动进行限制的指令；

☐ 在特定时间向特定机关报告的义务；

☐ 避免接触特定人员的义务；

☐ 避免接触被判刑曾用来犯罪或可能用来犯罪的特定物品的义务；

☐ 对犯罪行为造成的损害予以经济赔偿的义务和（或）提供遵守该义务证明的义务；

☐ 从事社区服务的义务；

☐ 与缓刑考察官或对犯罪负有责任的社区服务机构的代表合作的义务；

☐ 接受医学治疗或戒瘾治疗的义务；

☐ 其他措施。

(e) 对违反情形的描述（地点、时间和具体情节）：________________

(f) 其他发现（如果有）

对该发现的描述：________________

（g）如果获得有关违反的其他信息，可以与之联系的人员的信息：

姓：____________________

名：____________________

地址：

电话（国家代码）（地区/城市代码）：____________________

传真（国家代码）（地区/城市代码）：____________________

电子邮箱：____________________

出具证明文件的机关和/或其保证其内容正确无误的代表的签署：

名称：____________________

职务（头衔/级别）：____________________

日期：____________________

机构印章（如果可以）：____________________

《为了获取用于刑事诉讼的物品、文件和数据的欧洲证据令的框架决定》[①]

欧盟理事会 2008 年 12 月 18 日第 2008/978/JHA 号

欧盟理事会，

考虑到《欧洲联盟条约》，特别是第 31 条和相关的第 34 条第 2 款（b）项，

考虑到欧盟委员会的建议，

考虑到欧洲议会的意见[②]，

鉴于：

（1）欧盟旨在维持和发展一个“自由、安全和公正”的区域。根据欧洲理事会 1999 年 10 月 15 日和 16 日坦佩雷会议决议，特别是该决议第 33 段，相互承认原则应当成为欧盟区域内民事和刑事司法合作的基石。

（2）2000 年 11 月 29 日，欧洲理事会根据坦佩雷会议决议通过了一项《在刑事裁定方面贯彻相互承认原则的措施方案》[③]。本框架决定为实现该计划中的措施 5 和措施 6 所必需，这两项措施都与相互承认证据令有关。

（3）2004 年 11 月 4 日和 5 日欧洲理事会决议里的“海牙计划”[④]第 3.3.1 点强调了完成在刑事司法领域推行相互承认原则的综合计划的重要性，并强调要优先引进欧洲证据令。

（4）欧洲理事会 2002 年 6 月 13 日《欧洲逮捕令和欧盟成员国之间移交

---

① 翻译分工：常娟：前言，第 1—12 条；卢尚强：第 13—25 条；杨莉萍：附件 A–K；王佳，附件 L–0。

② OJ C 103 E，29.4.2004，p.452.

③ OJ C 12，15.1.2001，p.10.

④ OJ C 53，3.3.2005，p.1.

程序的第 2002/584/JHA 号框架决定》[①] 是第一个在刑事司法领域推行相互承认原则的具体措施。

（5）欧洲理事会 2003 年 7 月 22 日《在欧盟范围内执行财产冻结令和证据冻结令的第 2003/577/JHA 号框架决定》[②] 满足了对防止证据毁灭、转化、转移、转让或销毁命令的迅速相互承认的需要。然而，这只能解决刑事司法领域中关于证据的部分刑事合作问题，而随后的证据移交还要靠相互协助程序。

（6）因此，为了进一步促进司法合作，有必要借助为了获取用于刑事诉讼的物品、文件和数据的欧洲证据令的形式，将相互承认原则适用于司法裁决。

（7）欧洲证据令可以用于获取与签发该证据令相关的刑事诉讼的任何物品、文件和数据。例如，这可能包括来自第三方或来自对房屋包括对犯罪嫌疑人私人住宅的搜查所获得的物品、文件和数据，也可能包括任何用于包括金融业务在内的历史数据、有关陈述、回答书面询问和听证方面的历史记录，以及包括使用特别调查手段获得的最终结果在内的其他记录。

（8）相互承认原则建立在欧盟成员国高度信任基础之上。为了促进这种相互信任，本框架决定应当包含保护基本权利的重要保障措施。因此，欧洲证据令只能由法官、法庭、调查官、检察官以及成员国依据本框架决定所指定的其他特定司法机关签发。

（9）本框架决定是根据《欧洲联盟条约》第 31 条制定的，因此关注该条款背景下的司法合作，旨在协助收集用于本框架决议第 5 条规定的程序的证据。尽管除法官、法庭、调查官和检察官外，其他权力机构可能会依据本决议第 2 条（c）款（ii）项在收集此类证据时发挥作用，但是，本框架决定并不包括警察、海关、边境和行政合作，这方面的合作是由《欧洲联盟条约》的其他条款所规制的。

（10）本框架决定中“搜查或扣押”的定义不得适用于成员国之间适用的任何其他文件，特别是 1959 年 4 月 20 日的《欧洲理事会刑事司法协助公约》及其补充文件。

---

① OJ L 190，18.7.2002，p.1.

② OJ L 196，2.8.2003，p.45.

（11）欧洲证据令只能在以刑事或其他相关诉讼为目的获取物品、文件或搜索数据所必需并且适当的情况下签发。此外，欧洲证据令只能在根据签发国国内法在类似情形下可以对相关物品、文件或数据签发证据令时签发。保证符合这些情况的责任应当由签发机关承担。但是，拒绝承认或执行的理由不包括这些情形。

（12）执行机关应当采用最少侵扰的方法来获取物品、文件或搜索数据。

（13）执行机关只有在本国法律允许的情形下才有义务为执行欧洲证据令而获取位于执行国以外的电子数据。

（14）根据签发国的国内法有本框架决定第 12 条规定的倒置情形，那么，签发机关可以请求执行机关在司法或行政程序中遵循特别手续或程序，以使该取证在签发国具有可采性，如文件的官方印章，签发国代表在场，或者创设证据链的时间和日期的记录等。此类格式和程序不应当包括强制措施。

（15）在不减损国内法对基本权利保障的前提下，欧洲证据令的执行应尽可能在最大程度上遵循签发国要求的格式和程序。

（16）为保证刑事司法合作的效力，拒绝承认或执行欧洲证据令的可能性以及推迟执行的理由应当被限制。特别是，对于某些特定类型的犯罪而言，执行国不能以据以签发证据令的行为在执行国不构成犯罪为由拒绝执行欧洲证据令（双重犯罪原则）。

（17）如果执行国承认或执行某项欧洲证据令将危及该国的豁免权或特权，那么它可以拒绝承认或执行该证据令。欧盟对于什么构成豁免权或特权并没有统一的定义，因此这些术语的明确定义只能留给国内法，该国内法可以包含对医药和法律行业的保护，但是不能违反 2001 年 10 月 16 日颁布的欧盟理事会法规第 7 条规定的废除某些拒绝情形的义务，且符合《欧洲联盟条约》第 34 条以及《〈欧盟成员国间刑事司法协助公约〉议定书》[①]。

（18）如果执行欧洲证据令会危害国家根本安全利益、危及资料来源或涉及与特殊情报活动有关的特定资料的使用时，执行国可以拒绝承认或执行某项欧洲证据令。但是，基于这种理由的拒绝只有在该物品、文件或数据在执行国类似的案件中不被用作证据使用时，才可以被签发国接受。

---

① OJ C 326，21.11.2001，p.1.

（19）与第 13 条第 1 款（f）项（i）目相关的第 13 条第 3 款的具体规定无损于第 13 条第 1 款规定的其他拒绝情形实现的途径和范围。

（20）时间限制是必要的，以保证在欧盟范围内在获取用于刑事诉讼的物品、文件或数据方面快速、高效和持续的合作。

（21）每个成员国都有它自己的法律救济途径，可以用于反对支持证据令的实体理由，包括该证据令是否必要并且适当。这些救济可能因成员国不同而不同以及可能适用于诉讼的不同阶段。

（22）建立本框架决定的效力评估机制是必需的。

（23）本框架决定的目标是在欧盟成员国间用获取物品、文件或数据的证据令取代刑事司法协助体系，这靠成员国单方面努力是不能充分实现的。从该目标的范围和效力来看，它在联盟层面上可以得到更好地实现，因此，理事会可以制定与《欧洲联盟条约》第 2 条提及的并且在《建立欧洲共同体的条约》第 5 条中规定的辅助性原则相一致的措施。为了实现该目标，本框架决议与后一个条款中规定的比例性原则相符合，没有超出必要的范围。

（24）根据相关文件，执行本框架决定时，个人数据的处理将受到保护。这些相关文件，包括 1981 年 1 月 28 日欧洲理事会《与自动处理个人数据有关的个人保护公约》中规定的有关原则，以及本框架决定提供的符合 2000 年 5 月 29 日《欧盟成员国间刑事司法协助公约》[①] 第 23 条的其他保护。

（25）欧洲证据令应与现存的司法协助程序并存，但是这种并存应当是过渡性质的。当“海牙计划”关于证据收集的其他相互承认文件通过以后，一个完备的相互承认体系将代替司法协助程序。

（26）为了本国和欧盟利益，鼓励成员国将本框架决定的条款和国内的相关执行措施列表，并且将其与执行本框架决定的国内法文本一起呈送欧盟委员会。

（27）本框架决定尊重基本权利并遵守《欧洲联盟条约》第 6 条认可的并反映在《欧盟基本权利宪章》特别是其第 6 章里的各项原则。如果基于客观因素有理由相信，签发证据令是基于一个人的性别、种族或种族本源、宗教信仰、性取向、国籍、语言或政治主张而想去起诉或惩罚该人，或者基于以

---

① OJ C 197，12.7.2000，p.1.

上原因歧视该人，那么，本框架决定中的任何内容都不能被解释为禁止拒绝执行一项欧洲证据令。

（28）本框架决定不妨碍任何成员国适用与正当程序、结社自由、新闻报道自由以及在其他传播媒介上的言论自由相关的宪法规则。

（29）根据《欧洲联盟条约》第33条的规定，本框架决定不影响成员国履行维持法律与秩序以及维护国内治安的责任。

已经通过的本框架决定如下：

第一编　欧洲证据令（EEW）

第1条　欧洲证据令的定义和执行义务

1. 欧洲证据令是成员国主管机关为了从另一个成员国获取用于本决定第5条所指程序的物品、文件和数据而签发的一项司法决定。

2. 成员国执行欧洲证据令应当基于相互承认原则并且符合本框架决定的规定。

3. 本框架决定不具有修改尊重《欧洲联盟条约》第6条规定的基本权利和基本法律原则的义务的效力，并且司法机关这方面的任何义务都应当不受影响。

第2条　定义

为了本框架决议的目的：

（a）“签发国”是指签发欧洲证据令的成员国；

（b）“执行国”是指要获取的物品、文件或数据位于其领域之内的成员国，或者，在电子数据的情况下，是指依据该执行国法律可以直接获得该数据的成员国；

（c）“签发机关”是指：

（ⅰ）法官、法庭、调查法官、检察官；或

（ⅱ）在特定情况下，签发国根据国内法规定的，有资格像刑事诉讼中调查机关一样在跨国案件中有权安排取证的任何其他司法机关；

（d）“执行机关”是指依据执行本框架决定的本国国内法有资格承认或执行依据本框架决定签发的欧洲证据令的机关；

（e）“搜查和扣押”应当包括在刑事程序中要求法人或自然人提供或参与提供物品、文件或数据的具有法律强制力的任何措施。在不提供的情形下，这种措施可以不经其同意强制实施，或者可能因而导致对其进行处罚。

第3条　指定主管机关

1. 每个成员国都应当告知理事会的总秘书处本国的哪个或哪些机关依据其国内法有权根据本决定第2条（c）项和（d）项签发或者执行证据令。

2. 指定一个或几个符合本决定第8条第2款的中央机关的成员国应当将被指定中央机关的相关信息告知理事会总秘书处。该表示对签发国的机关具有约束力。

3. 理事会总秘书处应当保证将它接收到的这类信息向所有成员国和委员会公开。

第4条　欧洲证据令的范围

1. 在不损害本条第2款的前提下，为了获取本决定第5条规定的为签发国诉讼所需要的位于执行国的物品、文件或数据，一国可以在本决定第7条规定的情况下签发欧洲证据令。该证据令应当针对此类物品、文件或数据。

2. 欧洲证据令的签发不应要求执行机关：

（a）对犯罪嫌疑人、证人、专家或任何其他人员进行当面询问、获得陈述或者其他形式的听证；

（b）进行身体检查或直接从任何人身上获取肉体物质或生物数据，包括DNA样本或指纹；

（c）获取实时信息，例如窃听、秘密监视或监控银行账户；

（d）对现有的物品、文件或数据进行分析；并且

（e）获取由公开的电子通信服务商或公共通信网络供应商保有的通信数据。

3. 交换从犯罪记录中提取的刑事犯罪信息应当符合理事会2005年11月21日通过的《关于交换从犯罪记录和其他相关文件中提取的信息的2005/876/JHA号决定》[①]。

4. 只有在本条第2款所指的物品、文件或数据在该证据令签发前已由执行机关控制的情况下，欧洲证据令才可针对此类物品、文件或数据而签发。

5. 尽管有本条第1款的规定，如果签发机关已经做出了明确表示，那么，

---

① OJ L 322，9.12.2005，p.33.

欧洲证据令还应当覆盖执行机关在执行证据令过程中发现的并且未经进一步询问就可以认定为与为签发证据令而进行的诉讼程序有关的任何其他物品、文件或数据。

6. 尽管有本条第 2 款的规定，如果签发机关要求，欧洲证据令也可以包括证据令执行时在场人员做出的与证据令事项直接相关的陈述。执行国适用于国内案件的有关规则同样适用于此类陈述。

第 5 条 可以签发欧洲证据令的诉讼类型

欧洲证据令可以在以下诉讼中签发：

（a）根据签发国国内法，由司法机关或向司法机关针对刑事犯罪提起的刑事诉讼；

（b）行政机关根据签发国国内法对具有可罚性的违法行为提起的诉讼，并且该诉讼做出的裁决可能导致有管辖权特别是对刑事案件有管辖权的法院的诉讼程序；

（c）司法机关根据签发国国内法对具有可罚性的违法行为提起的诉讼，并且该诉讼做出的裁决可能导致有管辖权特别是对刑事案件有管辖权的法院的另一个诉讼程序；并且

（d）法人因为本条第（a）（b）（c）项中的犯罪或违法行为可能要负责或受到惩罚的相关诉讼。

第 6 条 欧洲证据令的内容和形式

1. 欧洲证据令的制作应当由签发国以本决定附件中规定的形式完成和签字，并且要保证它的内容是准确无误的。

2. 欧洲证据令应当由签发国以执行国的官方语言或官方语言之一书写或翻译成执行国的官方语言或官方语言之一。

在本框架决定通过时或通过后，成员国可以向理事会总秘书处提交一份由其保管的声明，表明本国会接受欧洲证据令或者一份翻译成欧盟体系内一种或多种其他官方语言的欧洲证据令译本。

第二编 签发国的程序和保障措施

第 7 条 签发欧洲证据令的情形

所有成员国应当采取必要措施保证签发机关只在符合以下条件时签发欧

洲证据令：

（a）以本决定第5条规定的诉讼为目的获取物品、文件或搜索数据是必要的和适当的；

（b）如果这些物品、文件或数据位于签发国领域内，根据签发国的国内法，在类似案件中是可以获取的，即便使用的是不同的程序方法。

这些条件应当由签发国逐案评估。

第8条　欧洲证据令的送交

1. 当签发国的主管机关有合理的理由相信有关物品、文件或数据位于执行国领域内，或者，在电子数据的情形下，执行国根据其国内法可以直接获取该数据，那么，欧洲证据令可以送交给执行国的主管机关。欧洲证据令应当以能够产生一个书面记录并让执行国确信其真实性的任何方法毫不迟延地由签发国送交给执行国。进一步的官方交流应当直接在签发国和执行国之间进行。

2. 每个成员国可以指定一个中央机关，或者，如果本国法律体系要求，可以指定多个中央机关来协助主管机关。如果国内司法体系需要，成员国可以让其中央机关负责行政性地送交和接受欧洲证据令及其他与此相关的公函。

3. 如果签发机关希望，证据令可以通过欧洲司法网络的安全远程通信系统进行送交。

4. 如果签发机关不知道哪个机关是执行机关，那么签发机关应当采取一切必要的调查手段，包括通过欧洲司法网络的联络点，以获取来自执行国的信息。

5. 当执行国接收欧洲证据令的机关没有承认该证据令的权限并且为了执行该证据令必须采取必需措施时，该机关应当依职权将证据令转交给执行机关并且通知签发机关。

6. 有关送交证据令或者用于执行证据令的文件真实性的所有困难都应当由签发机关和执行机关通过直接沟通来解决，或者，在适当的情况下这些成员国的中央机关也可以介入。

第9条　与较早前的欧洲证据令或冻结令有关的欧洲证据令

1. 如果签发机关为了补充较早前签发的一项证据令或者作为在2003/577/JHA号框架决定下送交的冻结令的后续措施而签发了一项新的欧洲证据令，

那么，该签发机关应当在新签发的证据令中以本决定附件规定的形式说明这种情况。

2. 当签发机关根据有效条款到执行国参与欧洲证据令的执行时，该机关可以在其出现在执行国时，在无损于根据本决定第 3 条第 2 款发表的声明的前提下将一项补充较早前证据令的欧洲证据令直接交给有资格的执行机关。

第 10 条 使用个人资料的情形

1. 在本框架决定下，获取的个人资料可以由签发国基于以下目的使用：

（a）因此而签发欧洲证据令的诉讼；

（b）与上述 a 项所指的诉讼直接相关的其他司法和行政诉讼；

（c）防止即时的和严重的对公共安全的危害。

除上述（a）（b）（c）项规定的目的外，不管为了何种目的，根据本框架决定获取的个人数据只有经执行国的事先同意才能使用，除非签发国已经得到资料主人的同意。

2. 对特殊案件，执行国可以要求接受个人资料的成员国提供该资料的使用信息。

3. 本条不适用于成员国基于本框架决定取得并且来自本国的个人资料。

第三编　执行国的程序和保障措施

第 11 条 承认和执行

1. 对根据本框架决定第 8 条送来的欧洲证据令，执行机关应当承认，不需要其他正式手续。并且，执行机关应当立刻采取必要的措施，以与本国机关获取物品、文件或数据相同的方式执行该证据令，除非该机关决定援引本决定第 13 条规定的情形之一不承认或不执行或者援引本决定第 16 条规定的情形之一推迟执行。

2. 为保证欧洲证据令规定的物品、文件或数据搜索，执行国有责任依据其国内法选择合适的方法并且决定是否有必要为提供该项协助而使用强制措施。任何执行证据令的必要措施都应当符合执行国适当的程序规则。

3. 每个成员国都应当保证：

（i）在执行国国内类似案件中可能使用的任何措施，为了执行欧洲证据令都可以使用；

并且

（ⅱ）如果欧洲证据令与本框架决定第14条第2款列出的任一犯罪相关，那么，以上措施，包括搜查或扣押，为了执行欧洲证据令都可以适用。

4. 如果签发机关不是法官、法庭、调查官或检察官，并且欧洲证据令未经签发国上述机关中的任一机关确认以使之生效，那么，在特殊案件中，执行机关可以决定不采取搜查和扣押措施来执行证据令。在做出这种决定之前，执行机关应当征求签发国主管机关的意见。

5. 成员国可以在本框架决定通过时向理事会总秘书处发表一个声明或者补充通知：根据执行国国内法，执行证据令的必要措施在类似的国内案件中必须由法官、法庭、调查官员或检察官下令或者在其监督下才能进行，如果该证据令的签发机关不是法官、法庭、调查官或检察官，那么，签发国的上述机关之一必须对该欧洲证据令进行确认以使之生效。

第12条　执行国应当遵循的程序

执行机关应当遵循签发机关明确指定的格式和程序，但本框架决定另有规定以及这些格式和程序违反执行国法律的基本原则的除外。本条不应当创设采取强制措施的义务。

第13条　拒绝承认或执行的理由

1. 符合下列情形，欧洲证据令在执行国可以被拒绝承认或执行：

（a）执行该证据令将违反“一罪不二审”原则；

（b）在本框架决定第14条第3款规定的情形中，根据执行国法律，据以签发欧洲证据令的行为不构成犯罪；

（c）对特定案件，执行机关不可能采取本框架决定第11条第3款规定的任何手段去执行欧洲证据令；

（d）执行国法律规定的某种豁免权或特权致使欧洲证据令不可能得到执行；

（e）在本框架决定第11条第4款或第5款规定的任一情形中，欧洲证据令尚未生效；

（f）如果欧洲证据令涉及下列刑事犯罪：

（ⅰ）根据执行国法律，该刑事犯罪被认为全部或主要部分、实质部分是在执行国领土或相当于其领土的地方实施的；或

（ⅱ）该犯罪是在签发国领域外实施的，并且执行国的法律对于在签发国领域外实施的该类犯罪行为不允许启动司法程序；

（g）在特定案件中，欧洲证据令的执行会损害重要的国家安全利益、危及信息来源或涉及使用与特殊情报活动相关的机密信息；或

（h）签发机关提供的本框架决定附件中规定的表格不完整或从表面上看明显不正确，并且在执行机关指定的最后期限内未仍未完成或更正。

2. 依照本条第 1 款，拒绝执行或承认执行欧洲证据令的决定应当由执行机关的法官、法庭、调查法官或检察官做出。如果欧洲证据令由本框架决定第 2 条（c）项（ⅱ）目提及的司法机关签发，并且该欧洲证据令未被签发国的法官、法庭、调查法官或检察官所确认有效，执行国法律（如果执行国法律有规定的话）规定的任何其他主管司法机关也可以做出拒绝承认或执行该欧洲证据令的决定。

3. 对于本条第 1 款（f）项（ⅰ）目规定的刑事犯罪部分发生在执行国领域内或相当于其领域的地方的案件，拒绝承认或执行的决定应当由本条第 2 款提到的例外情形下的有权机关逐案做出。做出这种决定时，应考虑到案件的特殊情况，尤其应考虑涉案行为的主要或实质部分是否发生于签发国，与该欧洲证据令相关的行为依照执行国法律是否构成犯罪，以及，执行欧洲证据令是否需要进行搜查或扣押。

4. 当某主管机关考虑适用本条第 1 款（f）项（ⅰ）目规定的拒绝理由时，应在做出决定前征求欧洲司法局的意见。

如果某主管机关的意见与欧洲司法局不一致时，成员国应确保给出它做出这种决定的理由并将其告知欧盟理事会。

5. 在本条第 1 款（a）（g）和（h）项规定的情况下，在决定全部或部分拒绝承认或执行某欧洲证据令之前，执行国的主管机关应采取适当的方式与签发国主管当局协商，并且在适当情况下，要求签发国主管机关毫不迟延地补充一切必要的资料。

第 14 条 双重犯罪

1. 除非为实施搜查或扣押所必须，欧洲证据令的承认或执行不受双重犯罪原则的限制。

2. 在为了执行欧洲证据令必须实施搜查或扣押的情形下，若下列罪行根

据签发国法律在签发国可处3年以上监禁刑或羁押令，那么下列罪行在任何情况下都不受双重犯罪原则的核查：

——参加犯罪组织，

——恐怖主义，

——买卖人口，

——对儿童进行性剥削或从事儿童色情活动，

——非法交易麻醉药品和精神药品，

——非法交易武器、军火及爆炸物，

——腐败，

——欺诈，包括影响1995年7月26日《保护欧洲共同体财政利益公约》① 意义范围内的欧共体财政利益，

——清洗犯罪收益，

——伪造包括欧元在内的货币，

——计算机犯罪，

——环境犯罪，包括非法交易濒危动物种类和濒危植物种子及其他物种，

——非法入境及居留，

——谋杀和严重伤害，

——非法交易人体器官和人体组织，

——绑架，非法羁押和劫持人质，

——种族主义和仇外，

——有组织或武装抢劫，

——非法交易包括古董和艺术品在内的文物，

——诈骗，

——敲诈勒索，

——伪造及假冒产品，

——伪造及买卖行政文件，

——伪造支付手段，

——非法交易荷尔蒙物质和其他生长激素，

---

① OJ C 316，27.11.1995，p.49.

——非法交易核物质或放射性物质，

——买卖被盗车辆，

——强奸，

——放火，

——国际刑事法院管辖的犯罪，

——非法劫持航空器或船只，

——恶意破坏。

3. 如果欧洲证据令与上述第 2 款所列的罪行无关并且它的执行需要搜查或扣押，则欧洲证据令的承认和执行可受双重犯罪原则的限制。

与税收或关税、海关和汇兑相关的罪行，不能以以下理由拒绝承认或执行欧洲证据令：执行国征收关税或税收的种类与签发国不同，或执行国规制税收或关税、海关和汇兑的法律与签发国不同。

4. 上述第 3 款规定的适用双重犯罪原则的情形应由理事会在 2014 年 1 月 19 日之前根据提交给理事会的资料做进一步检查。

5. 根据《欧洲联盟条约》第 39 条第 1 款的规定，理事会在与欧洲议会协商一致的情况下，可以在上述第 2 款的犯罪清单上增加其他犯罪类型。

第 15 条 承认、执行和移交的最后期限

1. 每个成员国应采取必要措施以保证遵从本条规定的最后期限。若签发国在欧洲证据令中说明由于程序上的最后期限或其他特殊紧急情势必须采取较短的最后期限，则执行国应尽可能充分考虑此要求。

2. 拒绝承认或执行欧洲证据令的决定应在主管执行机关收到欧洲证据令 30 天之内，在不损及本条第 4 款的情况下尽快做出。

3. 除非有本框架决定第 16 条规定的推迟理由或证据令要求取得的物品、文件或数据已经在执行机关控制之下，则主管执行机关应在收到欧洲证据令 60 天之内在不损及本条第 4 款的情况下毫不迟延地控制该物体、文件或数据。

4. 如果在某个具体案件中本条第 2 款或第 3 款中分别设定的最后期限对主管执行机关来说是不可行的，则该执行机关应毫不迟延地尽一切方法将延迟理由及采取行动预计需要的时间告知签发国的主管机关。

5. 除非有本框架决定第 18 条规定的正在进行的未决法律救济程序或第 16 条规定的推迟理由，则执行国应该无不适当迟延地把根据欧洲证据令取得的

所有物品、文件和数据传递移交给签发国。

6. 移交这些物品、文件或数据时，执行机关应表明，当签发国不再需要上述物品、文件和数据时，是否需要将其返还给执行国。

第 16 条　推迟承认或执行的理由

1. 当存在下列理由时，执行国可以推迟承认欧洲证据令：

（a）签发国提供的本框架决定附件中规定的表格未完成或填写内容明显错误，直至表格填写完整或正确；或

（b）在本框架决定第 11 条第 4 款和第 5 款规定的任一种情况下，欧洲证据令未经确认生效，直至签发国给出确认使其生效。

2. 执行国可在下列情形下推迟执行欧洲证据令：

（a）欧洲证据令的执行将妨碍正在进行的刑事调查或起诉，直至执行国认为合理的时间；或

（b）相关的物品、文件或数据正在另一诉讼程序中使用，直至使用完毕。

3. 根据本条第 1 款或第 2 款做出的推迟承认或执行欧洲证据令的决定，应由执行国的法官、法庭、调查官或检察官做出。若欧洲证据令是由本框架决定第 2 条（c）项（ⅱ）目规定的司法机关签发，并且该证据令尚经签发国法官、法庭、调查官或检察官确认使其生效，则推迟承认或执行的决定也可由根据执行国法律规定的（如果法律有规定的话）适格司法机关做出。

4. 当推迟承认或执行欧洲证据令的理由不再存在时，执行机关应立即采取必要措施以执行欧洲证据令，并通过可以产生书面记录的任何方式告知签发国有关的主管机关。

第 17 条　告知义务

在下列情形下，执行机关对签发机关具有告知义务：

1. 以任何方式将以下情况立即告知：

（a）在执行欧洲证据令的过程中，为了使签发机关能够在具体案件中采取进一步行动，执行机关在未经进一步调查的情况下认为，可能有必要采取之前没有预见的或证据令没有指定的调查措施；

（b）执行国的主管机关确定，按照与执行国法律相符的方式无法执行证据令；

（c）执行机关确定，在具体案件中，它无法遵从签发机关依据本框架决

定第 12 条明确要求的格式或程序。

一旦签发机关要求，告知信息应该毫不迟延地以能够制成书面记录的任何方式加以确认。

2. 毫不迟延地以能够制成书面记录的任何方式将以下信息告知：

（a）根据本框架决定第 8 条第 5 款的规定，欧洲证据令送交到负责执行该证据令的主管机关；

（b）根据本框架决定第 15 条第 2 款做出的拒绝承认或执行欧洲证据令的决定以及做出该决定的理由；

（c）欧洲证据令执行或承认的推迟及其基本理由，如果可能的话，推迟的预计期限。

（d）不可能执行欧洲证据令的情形：物品、文件或数据已经消失、已经被毁坏或在欧洲证据令指明的地点没有被找到，或者物体、文件或数据的所在位置未以足够准确的方式指明，并且在与签发国主管机关协商后仍然无法确定。

第 18 条　法律救济

1. 为了保护包括善意第三人在内的任何相关利益方的合法利益，成员国应该做出必要安排，以确保他们可以得到法律救济以对抗根据本框架决定第 11 条进行的欧洲证据令的承认和执行。对于采取强制措施执行的欧洲证据令，成员国可以限制本款规定的法律救济。法律救济可以根据执行国法律诉诸本国法庭。

2. 包括是否符合本框架决定第 7 条规定的条件在内的签发欧洲证据令的实质理由，只可以通过向签发国的法庭起诉的形式接受质疑。签发国应确保这种适用于国内同类案件的法律救济同样适用于签发欧洲证据令的案件。

3. 成员国应该保证，任何对于本条第 1 款和第 2 款所述法律救济行为提起时间的限制，都应在保证各利益相关方有效法律救济的可能性的前提下进行。

4. 如果法律救济的行为发生在执行国，则执行国应告知签发国司法机关该诉讼行为及其理由，以便后者在它认为需要时提交抗辩理由。后者还应被告知该法律救济行为的最终结果。

5. 签发机关和执行机关应采取必要措施，以便利本条第 1 款和第 2 款所述法律救济权利的行使，特别是要给各利益相关方提供相关的和充分的信息。

6. 在法律救济的最终诉讼结果出来之前，执行国可以延迟物品、文件和数据的移交。

第 19 条　赔偿

1. 在不妨碍本框架决定第 18 条第 2 款规定的前提下，对于本框架决定第 18 条所述利益相关方因执行根据本框架决定第 18 条送交来的欧洲证据令而受到的侵害，如果执行国根据其本国法律对此负有责任，那么签发国应当根据对前述相关利益方造成损害所应赔偿的金钱数额赔偿执行国一定数额的金钱，但是，如果损害或部分损害是由执行国的行为所导致的赔偿除外。

2. 本条第 1 款的规定不得有损于自然人或法人据以提起损害赔偿要求的成员国的国内法。

第四编　最后规定

第 20 条　监督本框架决定的效力

1. 在执行欧洲证据令过程中，某成员国若重复发生无法与执行欧洲证据令的另一成员国协商解决的问题，那么就应该告知理事会，以便理事会对本框架决定在成员国层面的实施进行评估。

2. 理事会应进行审查，特别是对成员国实施本框架决定的实践进行审查。

第 21 条　与其他法律文件的关系

1. 受本条第 2 款规定的限制并且不妨碍成员国和第三国之间现存的法律文件的适用，本框架决定将与成员国之间现存的法律文件并存，这些文件与就本框架决定范围内的证据请求相互协助有关。

2. 在不损及本条第 3 款和第 4 款规定的同时，当签发国向执行国请求的物品、文件或数据属于本框架决定调整范围时，签发国应采用欧洲证据令。

3. 如果属于本框架决定调整范围内的物品、文件或数据构成一个范围更大的协助请求的一部分，或者签发机关在某具体案件中认为这样做更有利于与执行国的合作，则签发机关可以采用相互司法协助的方式来获取属于本框架决定调整范围内的物品、文件或数据。

4. 如果成员国之间缔结的双边或多边的协定或安排允许扩展或扩大本框架决定的目标范围并有助于进一步简化或便利本框架决定范围内的取证程序，

则成员国在本框架决定生效后可以缔结上述协议或安排。

5. 上述第 4 款提到的协定和安排在任何情况下都不得影响该协定和安排的缔约国与其他非缔约成员国之间的关系。

6. 成员国应在签署上述第 4 款提到的协定或安排的三个月之内报告理事会和委员会。

第 22 条 过渡性安排

2011 年 1 月 19 日前收到的相互协助请求继续受现存的刑事司法协助文件的规制。

第 23 条 执行

1. 成员国应在 2011 年 1 月 19 日之前采取必要措施遵守本框架决定的规定。

2. 在 2011 年 1 月 19 日之前，成员国应向理事会总秘书处和委员会递交将本框架决定对成员国规定的义务转化为国内法的文本。

3. 任何打算将本决定第 13 条第 1 款（f）项规定的拒绝理由转化成国内法规定的成员国都应当在它批准本框架决议之后立即以声明的方式将此打算告知理事会总秘书处。

4. 当证据令所涉犯罪为本框架决定第 14 条第 2 款提到的恐怖主义犯罪、与计算机相关犯罪、种族歧视和排外、破坏罪、敲诈勒索或诈骗犯罪时，如果为执行欧洲证据令必须采取搜查或扣押措施，则德国可以发表声明，保留使欧洲证据令的执行受双重犯罪原则限制的权利，除非签发机关已经声明，根据签发国法律，所涉犯罪符合其声明所要求的条件。

如果德国意图适用本款规定，则它应该在本框架决定通过之后立即将该声明报告理事会总秘书处。该声明应在《欧洲联盟官方期刊》上予以公布。

5. 委员会应在 2012 年 1 月 19 日之前向欧洲议会和理事会提交报告。报告应评估成员国已采取的执行本框架决定的措施并在需要的情况下提出立法建议。

6. 理事会总秘书处应将依照本框架决定第 6 条、第 11 条和本条规定做出的声明通知成员国、委员会和欧洲司法协调组织。

第 24 条 重新审查

1. 各成员国应在每年的 5 月 1 日之前将它在前一日历年度中遇到的有关本框架决定第 13 条第 1 款的欧洲证据令的执行问题报告给理事会和委员会。

2. 在每个历年之初，德国应将根据本框架决定第 23 条第 4 款拒绝承认或执行欧洲证据令的案件数量报告给理事会和委员会。

3. 最迟于 2014 年 1 月 19 日之前，委员会应基于根据本条第 1 款和第 2 款规定接收到的信息，完成一份报告，同时提出它认为合适的建议。委员会应基于上述报告重新审查本框架决定，以考虑下述规定是否应当废止或修改：

——第 13 条第 1 款和第 3 款，以及

——第 23 条第 4 款。

第 25 条　生效

本框架决定在《欧洲联盟官方期刊》公布 20 天后生效。

致理事会及其主席 M. 巴尼埃先生

2008 年 12 月 18 日于布鲁塞尔

附件

《欧洲证据令》（EEW）[①]

此证据令由主管司法机关签发，我请求获取并移交以下具体物品、文件或数据。

（A）

签发国家：________________

执行国家：________________

（B）

司法机关确信：

（i）☐ 根据本欧洲证据令获取所寻找的物品、文件或数据对以下所指具体程序的目的来说是必要并且相称的；

（ii）☐ 根据签发国法律，如果这些物品、文件或数据位于签发国领域内，在类似的国内案件中，这些物品、文件或者数据是可被获取的，甚至可以采取程序不同的方法来获取。

① 《欧洲证据令》必须书写成或者被翻译成执行国的任何一种官方语言或其能接受的任何其他语言。

（C）签发欧洲证据令的司法机关：

官方名称：

____

代表姓名：

____

职位（头衔 / 级别）：

____

勾选签发证据令的司法机关：

□（a）法官或者法院

□（b）调查官

□（c）检察官

□（d）签发国指定的任何其他司法机关，并且，根据国内法，在具体案件中，能像调查机关一样在刑事诉讼中行使职权，有权在跨国案件中命令取证。

□ 本欧洲证据令已被法官、法庭、调查官或检察官确认有效。（参见 D 和 O 部分）。

提交文件清单：____

地址：____

电话号码：（国家代码）（地区 / 城市代码）：______________________________

传真号码：（国家代码）（地区 / 城市代码）：______________________________

电子邮件：____

与签发机关交流可能使用的语言：______________________________

如有必要了解有关执行欧洲证据令的更多信息，或者为了移交物品、文件或数据需要做出实际安排时，联系人或者安排人的详细联系信息（如果适当）：

____

（D）确认本欧洲证据令有效的司法机关（如果适当）

如果 C 项各点已经被勾选，并且本欧洲证据令被确认有效，请从以下司法机关中勾选确认本欧洲证据令的司法机关：

□（a）法官或者法庭

□（b）调查官

□（c）检察官

确认机关的官方名称：____________________

该机关代表的姓名：____________________

职位：（头衔 / 级别）：____________________

提交文件清单：____________________

地址：____________________

电话号码：（国家代码）（地区 / 城市代码）：____________________

传真号码：（国家代码）（地区 / 城市代码）：____________________

电子邮件：____________________

（E）负责行政移交和接受欧洲证据令的中央机关以及其他类似的官方机关（如果适当）：

中央机关的名称：____________________

联系人（若适当）（头衔 / 级别 / 姓名）：____________________

地址：____________________

提交文件清单：____________________

电话号码：（国家代码）（地区 / 城市代码）：____________________

传真号码：（国家代码）（地区 / 城市代码）：____________________

电子邮件：____________________

（F）可能被联系的机关（在选择 D 和 / 或 E 部分已经完成的情况下）

☐ 因相关问题在 C 项下被联系的机关：____________________

☐ 因相关问题在 D 项下被联系的机关：____________________

☐ 因相关问题在 E 项下被联系的机关：____________________

（G）与先前可能存在的欧洲证据令或冻结令之间的关系

若适当，指出该欧洲证据令是否是前一个欧洲证据令的补充或冻结令的后续措施，如果是，请提供与前一个欧洲证据令或冻结令相关的识别信息（签发该欧洲证据令或冻结令的日期、该文件被传送至的机关，若可以，传送欧洲证据令或冻结令的日期以及签发机关和执行机关所提供文件的总数）。

____

（H）据以签发欧洲证据令的程序类型：

勾选据以签发欧洲证据令的程序类型：

□（a）与司法机关根据签发国家国内法针对刑事犯罪提起或即将提起的刑事诉讼有关；或者

□（b）行政机关根据签发国国内法对具有可罚性的违法行为提起的诉讼，并且该诉讼做出的裁决可能导致有管辖权特别是对刑事案件有管辖权的法院的诉讼程序；或者

□（c）司法机关根据签发国国内法对具有可罚性的违法行为提起的诉讼，并且该诉讼做出的裁决可能导致有管辖权特别是对刑事案件有管辖权的法院的另一个诉讼程序。

（I）签发欧洲证据令的理由：

1. 事实简介以及构成欧洲证据令签发基础的罪行所实施的环境，包括签发机关所知道的时间和地点：

____

____

引起签发证据令的罪行的性质和法律分类以及所适用的成文法规定 / 法典：

____

____

2. 若适当，勾选以下一个或多个可惩罚性罪行，该罪行根据签发国法律可处监禁判决或最长不少于三年的羁押令：

□ 参加犯罪组织；

□ 恐怖主义[①]；

□ 买卖人口；

① 当向德国签发欧洲证据令时，根据德国依据欧盟理事会 2008 年 12 月 18 日第 2008/978/JHA 号《关于为了获取用于刑事诉讼的物品、文件和数据的欧洲证据令的框架决定》第 23 条第 4 款发表的声明，签发国家可以另外填写一个编号为第一号的表格以确认与证据令相关的罪行符合德国法关于此类罪行的判断标准。

☐ 对儿童进行性剥削或从事儿童色情活动；
☐ 非法交易麻醉药品和精神药品；
☐ 非法交易武器、军火及爆炸物；
☐ 腐败；
☐ 欺诈，包括影响 1995 年 7 月 26 日《保护欧洲共同体财政利益公约》意义范围内的欧共体财政利益；
☐ 清洗犯罪收益；
☐ 伪造包括欧元在内的货币；
☐ 计算机犯罪[①]；
☐ 环境犯罪，包括非法交易濒危动物种类和濒危植物种子及其他物种；
☐ 非法入境及居留；
☐ 谋杀和严重伤害；
☐ 非法交易人体器官和人体组织；
☐ 绑架，非法羁押和劫持人质；
☐ 种族主义和仇外[②]；
☐ 有组织或武装抢劫；
☐ 非法交易包括古董和艺术品在内的文物；
☐ 诈骗[③]；
☐ 敲诈勒索[④]；
☐ 伪造及假冒产品；
☐ 伪造及买卖行政文件；
☐ 伪造支付手段；
☐ 非法交易荷尔蒙物质和其他生长激素；
☐ 非法交易核物质或放射性物质；
☐ 买卖被盗车辆；
☐ 强奸；

① 见第 248 页脚注内容。
② 见第 248 页脚注内容。
③ 见第 248 页脚注内容。
④ 见第 248 页脚注内容。

☐ 放火；

☐ 国际刑事法院管辖的犯罪；

☐ 非法劫持航空器或船只；

☐ 恶意破坏①。

3. 对据以签发欧洲证据令而没有包含于上述第2点的罪行的详细描述：

____

____

（J）相关人员的身份：

正在或可能进行的诉讼所针对的（ⅰ）自然人或者（ⅱ）法人的身份信息：

（ⅰ）自然人的情况下：

名：______________________________

姓：______________________________

婚前名字（如果有的话）：______________________________

别名（如果有的话）：______________________________

性别：______________________________

国籍：______________________________

身份证号码或者社会保险号码（如可能）：______________________________

出生日期：______________________________

出生地点：______________________________

居住地和/或知道的地址；如地址不明，指的是最后居住地：______________________________

该人所懂得的语言（如知道）：______________________________

（ⅱ）在法人情况下：

名称：______________________________

法人形式：______________________________

如果有的话，其简称、常用名称或者交易名称：______________________________

注册地（如可行）：______________________________

注册号（如可行）：______________________________

法人所在地地址：______________________________

① 见第248页脚注内容。

（K）欧洲证据令所寻找的物品、文件或数据

1. 对欧洲证据令所寻找对象的描述（勾选并完成适当的方框）：

☐ 物品（在下面列出详细信息）：

____

____

☐ 文件（在下面列出详细信息）：

____

____

☐ 数据（在下面列出详细信息）：

____

____

2. 物品、文件、数据所在地（如不知道，知道的最后所在地）：

____

____

3. 如果除 J（i）或（ii）所涉人员外，相信持有这些物品、文件或者数据的（i）自然人或者（ii）法人的身份信息：

____

____

（i）自然人的情况下：

名：______________________________

姓：______________________________

如果有的话，婚前名字：______________________________

如果有的话，别名：______________________________

性别：______________________________

国籍：______________________________

身份证号码或者社会保障号码（如可能）：______________________________

出生日期：______________________________

出生地点：______________________________

住所地和 / 或知道的地址；如无法得知，说明最后为人所知的地址：

该人所懂得的语言（如知道）：

（ⅱ）在法人情况下：
名称：________________
法人形式：________________
如果有的话，简称、常用名称或者交易名称：________________
注册地（如可行）：________________
注册号（如可行）：________________
法人所在地地址：________________
营业地：________________

（L）欧洲证据令的执行

1. 2008/978/JHA 号理事会框架决定规定了欧洲证据令执行的最后期限[①]。但是，如果请求特别紧急的话，请请求更早一些时候的最后期限并勾选以下表格说明理由：

更早的最后期限：……………………………………………………（日 / 月 / 年）

原因：

[ ] 程序性的最后期限

[ ] 其他特别紧急的情况（请列明）：________________

2. 如果需要，请打钩并填写

□ 要求执行国遵守以下的形式和程序[②]

____

____

□ 证据令还包括执行机关在执行证据令时发现的不需要进一步调查就能确定它们与签发证据令的诉讼有关任何物品、文件或数据。

□ 要求执行机关在执行证据令时向在场的人以及与证据令的对象直接相关的人询问证言。

① OJ L 350，30.12.2008，p.72.

② 假设执行机关将会遵守签发国指定的形式和程序要求，除非这些要求与执行国法律的基本原则相悖。然而，这并不产生采取强制性措施的义务。

（M）法律救济

1. 签发国对利益方（包括善意第三方）的法律救济的描述，包括需要采取的步骤：

____

____

2. 可提起法律救济程序的法院：

____

____

3. 可提起法律救济的人的信息：

____

____

4. 提起法律救济的时间限制：

____

____

5. 能提供寻求法律救济的程序的进一步信息以及是否需要提供法律协助和解释及翻译的签发国的机关：

名称：____

联系人（如果有的话）：____

地址：____

电话号码：（国家编码）（地区 / 城市编码）____

传真号码：（国家编码）（地区 / 城市编码）____

电子邮件：____

（N）最终条款和签名

1. 只需在涉及德国时给出的可选信息：

□ 根据签发国法律所宣布的违法行为符合德国按照 2008/978/JHA 号框架决议的第 23 条第 4 款发表声明[①] 中所述的判断标准。

2. 如果有的话，其他相关信息：

____

① OJ L 350，30.12.2008，p.72

3. 要求移交物品、文件或数据的方式：

□ 通过电子邮件

□ 通过传真

□ 邮寄原件

□ 其他方式（请指明）：

____

4. 证明证据令内容准确的签发机关和 / 或其代表的签名：

____

姓名：______________________________________

职位：（头衔 / 级别）________________________

日期：______________________________________

官方印章（如果可能的话）：

____

（O）如果完成了（D）部分的话，确认生效机关的签名和具体情况

____

姓名：______________________________________

职位（头衔 / 级别）：________________________

日期：______________________________________

官方印章（如果可得的话）：__________________

____

德意志联邦共和国的声明

当根据欧盟理事会 2008 年 12 月 18 日第 2008/978/JHA 号《关于为了获取用于刑事诉讼的物品、文件和数据的欧洲证据令的框架决定》[①] 执行欧洲证据执行令需要采取搜查或扣押措施时，对该框架决定第 14 条第 2 款所列的恐怖主义犯罪、与计算机相关的犯罪、种族歧视和仇视外国人、阴谋破坏、敲诈勒索和欺诈犯罪，德意志联邦共和国根据该框架

① OJ L 350，30.12.2008，p.72.

决定第 23 条第 4 款的规定，保留按照双重犯罪原则执行欧洲证据令的权利，除非签发国已经说明，根据签发国法律，该犯罪行为符合以下标准：

恐怖主义犯罪：

——构成了 2005 年 4 月 13 日通过的《打击核恐怖主义行为的国际公约》和 1999 年 12 月 9 日通过的《打击资助恐怖主义的行为的国际公约》或其附件所列其他条约意义范围内或定义的犯罪行为，或者

——2002 年 6 月 13 日《打击恐怖主义的 2002/475/JHA 号理事会框架决定》[①] 将其列为犯罪的行为，或者

——2005 年 9 月 14 日的联合国安理会 1624 号决议禁止的行为。

计算机犯罪：

2005 年 2 月 24 日的《关于攻击信息系统 [②] 的 2005/222/JHA 号理事会框架决定》中定义的犯罪行为，或者 2001 年 11 月 23 日通过的《关于网络犯罪的欧洲公约》的第 1 部分标题 1 所规定的犯罪行为。

种族歧视和仇外犯罪：

1996 年 7 月 15 日的《关于打击种族歧视和仇视外国人 [③] 的行为的 96/443/JHA 号理事会共同行动》中定义的犯罪行为。

恶意破坏：

非法、故意造成政府设施、其他公共设施、公共运输系统的大规模破坏的行为，或对将造成同等规模经济损失的其他设施的破坏行为。

敲诈勒索：

通过胁迫、使用武力或其他威胁方法索要物品、承诺、财产或者强迫签署包含或将带来义务、转让或履行的文件。

诈骗：

为了占有属于他人的东西，用假名或者宣称假的职务或用欺骗的方式，滥用他人的信任或者善意。

---

① OJ L 164，22.6.2002，p.3.

② OJ L 69，16.3.2005，p.67.

③ OJ L 185，24.7.1996，p.5.

《关于成员国之间交换犯罪记录信息的组织和内容的框架决定》[①]

欧盟理事会 2009 年 2 月 26 日第 2009/315/JHA 号

欧盟理事会，

考虑到《欧洲联盟条约》，特别是其第 31 条和第 34 条第 2 款（b）项，

考虑到欧盟委员会的提案和比利时王国的倡议，

考虑到欧洲议会的意见[②]，

鉴于：

（1）欧盟已经确立了在一个自由、安全和公正的区域内为居民提供高水平安全保障的目标。该目标预示了在成员国主管机关之间交换从犯罪记录中得到的信息。

（2）2000 年 11 月 29 日，依照 1999 年 10 月 15 号和 16 号在坦佩雷召开的欧洲理事会决议，欧盟理事会通过了《在刑事司法领域贯彻执行相互承认原则的措施的计划》。[③] 本框架决定有利于实现该计划的措施 3 所确定的目标，即呼吁为犯罪记录请求函制定一个标准化格式，它类似于为申根协定成员国所草拟的、被翻译成所有欧盟官方语言的表格。

（3）《关于刑事司法协助的首次评估的最终报告》[④] 号召各成员国简化成员国之间传递文件的程序，必要时使用标准化格式以利于相互司法协助。

---

① 翻译：高秀东。

② 2008 年 6 月 17 日提交的意见（尚未在欧共体官方公报上公布）。

③ OJ C 12，15.1.2001，p.10.

④ OJ C 216，1.8.2001，p.14.

（4）进一步提高有罪信息交换的质量，在2004年3月25日和26日召开的欧洲理事会《打击恐怖主义宣言》中被列为优先考虑事项并在2004年11月4日和5日召开的欧洲理事会通过的“海牙计划”[①]中得到重申。“海牙计划”号召更多地交换从国家的有罪判决中和剥夺资格的登记中得到的信息。这些目标在理事会和委员会于2005年6月2日和3日通过的《实现“海牙计划”的联合行动计划》中得到反映。

（5）为了进一步促进成员国之间交换犯罪记录信息，欢迎有助于实现这一目标的任何计划，包括现有的国家犯罪登记簿的相互流通计划。从这些行动中得到的经验鼓励成员国进一步加强努力并显示出成员国之间继续加强交换定罪信息的重要性。

（6）本框架决定是在关于在欧盟区域内交换定罪信息和有罪判决的效力的“白皮书”发布之后以及随后的讨论之后，对2005年4月14日理事会表达的愿望的响应。它的主要目标是促进定罪信息的交换以及当资格被剥夺并被登记入做出有罪判决成员国的犯罪记录簿时，对欧盟居民的有罪判决导致的剥夺资格的信息的交换。

（7）本框架决定建立的仅适用于从自然人的犯罪记录中得到的信息的传送机制不妨碍将来将这种机制扩大适用于法人信息的交换。

（8）由其他成员国做出的有罪判决的信息目前是由1959年4月20日通过的《欧洲刑事司法协助公约》第13条和第22条规制的。但是这些规定不能满足现有的像欧盟这样的区域内的司法合作的需要。

（9）在成员国之间，本框架决定将取代《欧洲刑事司法协助公约》第22条。本框架决定不仅对做出有罪判决的成员国将定罪信息传递给被定罪人国籍国的义务做了进一步规定，并且对被定罪人的国籍国规定了保存收到的此类信息的义务，以确保国籍国能满足其他成员国对这类信息的请求。

（10）本框架决定不妨碍司法机关依据《欧洲刑事司法协助公约》第13条和第15条第3款直接请求和传递犯罪记录信息。依据2000年5月29日理事会法案[②]，本框架决定也不妨碍欧盟成员国之间对该公约第6条第1款

① OJ C 53，3.3.2005，p.1.

② OJ C 197，12.7.2000，p.3.

的适用。

（11）如果成员国不能考虑被传递的信息，促进定罪信息的自由流通就毫无意义。2008 年 7 月 24 日，理事会通过了第 2008/675/JHA 号《在新刑事诉讼中考虑欧盟成员国先前做出的有罪判决的框架决定》[①]。

（12）比利时王国倡议的主要目标由本框架决定在以下方面得以确定：当各成员国的中央机关对被定罪人的请求进行回复时，它应对定罪人国籍国的犯罪记录中提供的所有信息提出请求，并应将这些信息全部包括进它的犯罪记录摘要中。知道有罪判决和由此导致的剥夺资格的存在，是根据成员国国内法在实行监护儿童的专业行动时的前提条件。本框架决定确立的机制的目标特别在于：当定罪国关于当事人的犯罪记录包含有罪判决和由此产生的资格剥夺时，保证当另一个成员国实行监护儿童的专业行动时，对儿童实施性犯罪的被宣判有罪的人不再能隐瞒其被定罪或被剥夺资格的记录。

（13）本框架决定制定在成员国之间被传递的个人数据的保护规则，这些数据的传递是执行本框架决定的结果。现有的在刑事警察和司法合作框架过程中的个人数据保护的基本规则由本框架决定确立的规则予以补充。另外，1981 年 1 月 28 日欧洲理事会《与自动处理个人资料有关的保护个人公约》适用于在本框架决定基础上处理的个人资料。本框架决定也合并了 2005 年 11 月 21 日理事会第 2005/876/JHA 号《相互交换从犯罪记录中得到的信息的决定》[②]有关请求国对得到的信息的使用限制的规定。本框架决定用适用于定罪人国籍国提交的从定罪国接收的定罪信息的特定性规则来补充这类规定。

（14）只要《欧洲刑事司法协助公约》继续适用，本框架决定就不修正依据该公约与第三国进行合作的义务和实践。

（15）依据欧洲理事会第 R（84）10 号《关于犯罪记录和被宣判有罪的人回归社会的建议》，建立犯罪记录簿的主要目的是在考虑对受制于司法程序的某人根据个人情况做出裁定时向刑事司法机关告知该人的背景。由于犯罪记录用于其他用途可能不利于被定罪人回归社会而必须尽可能受到限制，所以，对在本框架决定下传递信息的使用，如果是用于其他非刑事诉讼的目的，应

① OJ L 220，15.8.2008，p.32.

② OJ L 322，9.12.2005，p.33.

依据被请求国和请求国的国内法加以限制。

（16）本框架决定有关向被定罪人国籍国传递信息以便保存和再传递这些信息的规定的目的不是使各成员国的国内犯罪记录系统趋于一致。本框架决定不强迫做出有罪判决的成员国在国内使用这些信息时改变它的犯罪记录的国内系统。

（17）如果定罪信息不能被接收到这些信息的成员国所理解，那么促进这些信息的流通就毫无意义。可以通过创建“标准化欧洲表格”使信息以统一的、电子的和简易机器翻译的方式被交换，从而加强相互理解。由定罪国发出的定罪信息应使用该成员国的官方语言或一种官方语言来传递。理事会应采取措施建立本框架决定介绍的信息交换系统。

（18）本框架决定尊重基本权利并遵守《欧洲联盟条约》第6条所承认的并被《欧盟基本权利宪章》所反映的各项原则。

（19）本决定尊重《欧洲联盟条约》第2条提到的和《建立欧洲共同体条约》第5条确立的辅助性原则，因为成员国间的定罪信息传递系统的改善仅靠成员国单方面是无法充分实现的，需要欧盟范围内的联合行动。依照《建立欧洲共同体条约》第5条确立的相称性原则，本框架决定不超出实现这个目标的必要界限。

已经通过的本框架决定如下：

第1条　目标

本框架决定的目的是：

（a）规定方法：当一个成员国（“定罪国”）对另一个成员国的公民做出有罪判决时，它将这种有罪判决的信息传递给被定罪人国籍国（“定罪人的国籍国”）时所使用的方法；

（b）对定罪人国籍国规定保存定罪信息的义务以及规定收到犯罪记录信息的请求函时回复的方法；

（c）制定成员国之间交换定罪信息的计算机系统的框架，以在本框架决定和第11条第4款所指的随后决定的基础上建立和促进该系统的发展。

第2条　定义

为了本框架决定的目的：

(a)“有罪判决”是指刑事法庭对自然人的刑事犯罪做出的并被登记入定罪国犯罪记录簿的终局性判决；

(b)“刑事诉讼”是指审前阶段、审判阶段和有罪判决的执行阶段；

(c)“犯罪记录”是指根据国内法对有罪判决进行记录的国家登记册。

第3条 中央机关

1. 为了本框架决定的目的，各成员国应指定一个中央机关。但是，为了依据第4条传递信息并且为了依据第7条对依据第6条提出的请求进行回复，成员国可以指定一个或多个中央机关。

2. 各成员国应将根据本条第1款指定的中央机关报告给理事会总秘书处和委员会。理事会的总秘书处应将这些信息通告成员国和欧洲司法局。

第4条 定罪国的义务

1. 当被定罪人为另一成员国国民时，各成员国应采取必要措施以确保在提供犯罪记录时使本国做出的有罪判决附有被定罪人的国籍。

2. 定罪国的中央机关将本国针对其他成员国国民做出的有罪判决登记入犯罪记录簿时应尽可能通知该成员国的中央机关。

如果知道被定罪人是数个成员国的国民，那么相关信息应传递到每个成员国，即使被定罪人是做出有罪判决的成员国的国民。

3. 定罪国的中央机关应将后来对犯罪记录中登记的信息的修改或消除的情况立即告知被定罪人国籍国的中央机关。

4. 当被定罪人国籍国对被定罪人的个人情况、有罪判决的复印件、后续措施以及其他相关信息发出请求时，依据本条第2款和第3款已经提供了信息的成员国应与被定罪人国籍国的中央机关进行沟通，以便使它能够考虑这些信息是否需要国内层面上的任何措施。

第5条 被定罪人国籍国的义务

1. 为了第7条规定的再传递的目的，被定罪人国籍国的中央机关应保存根据第4条第2款和第3款传递来的与第11条第1款和第2款相一致的所有信息。

2. 第4条第3款所述的对传递来的信息的任何修改或删除都应由被定罪人国籍国对为了第7条规定的再传递的目的而根据本条第1款保存的信息做出相应的修改和删除。

3. 为了第7条规定的再传递的目的，被定罪人国籍国只可以根据本条第2

款使用过期信息。

第6条　对定罪信息的请求

1. 当成员国收到基于刑事诉讼的目的或非刑事诉讼的目的的犯罪记录信息的请求函时，该成员国的中央机关可以根据本国法就犯罪记录信息向另一成员国的中央机关发出请求函。

2. 当某人要求得到有关他本人的犯罪记录的信息时，如果该人是或曾经是请求国或被请求国的居民或国民，请求人所在成员国的中央机关根据其国内法可以向另一个成员国的中央机关请求其提供从犯罪记录中得到的相关信息。

3. 一旦第11条第7款规定的时限消失，无论某人什么时候向被定罪人国籍国以外的成员国的中央机关要求得到自己的犯罪记录信息，请求人所在成员国的中央机关都应当向被定罪人国籍国的中央机关提出得到犯罪记录信息的请求，以便能将这些信息提供给该人。

4. 成员国中央机关发出的所有对犯罪记录信息的请求函都应当以附件规定的格式提交。

第7条　对定罪信息请求函的回复

1. 当为了刑事诉讼的目的依据第6条向被定罪人国籍国的中央机关请求犯罪记录信息时，该中央机关应当向请求国中央机关传递以下信息：

（a）被定罪人国籍国做出的并被登记入犯罪记录簿的有罪判决；

（b）2012年4月27日之后依据第4条收到的并依据第5条第1款和第2款保存的其他成员国做出的有罪判决；

（c）2012年4月27日前收到的其他成员国做出的并已登记入犯罪记录簿的有罪判决；

（d）收到的第三国做出的并已登记入犯罪记录簿的有罪判决。

2. 当被定罪人国籍国的中央机关为了非刑事诉讼的目的依据第6条请求犯罪记录信息时，如果该信息涉及由被定罪人国籍国做出的有罪判决和第三国做出的并随后传递给它并被登记入犯罪记录簿的有罪判决时，该中央机关应当依据其国内法做出回复。

如果是由另一成员国做出的并被传递给被定罪人国籍国的有罪判决的信息，被定罪人国籍国的中央机关应当依据其国内法将依据第5条第1款第2

款保存的该信息以及2012年4月27日前收到的并被登记入犯罪记录簿的信息传递给请求国。

当根据第4条传递信息时，定罪国中央机关可以告知被定罪人国籍国的中央机关：由前者做出的并已传递给后者中央机关的有罪判决的信息不能被用于刑事诉讼目的以外的再传递。在这种情况下，被定罪人国籍国的中央机关应当告诉请求这类定罪信息的请求国，是哪个成员国向它传递的这种信息，以便使该请求国为了得到这些信息而直接向定罪国提出请求。

3. 当第三国向被定罪人国籍国的中央机关请求犯罪记录信息时，被定罪人国籍国在涉及由另一个成员国传递来的有罪判决的回复时，可以依据本条第1款和第2款只在适用于给其他成员国传递信息的限度范围内将信息传递给第三国。

4. 当被定罪人国籍国以外的其他成员国的中央机关依据第6条请求犯罪记录信息时，被请求的成员国应当传递犯罪记录簿中记载的由本国做出的有罪判决的信息以及针对第三国国民和无国籍人做出的有罪判决的信息，就像《欧洲刑事司法协助公约》第13条规定的那样。

5. 回复函应使用附件规定的格式并应依据国内法附有有罪判决的清单。

第8条　回复的最后期限

1. 对第6条第1款所述的请求函的回复函应当由被请求国中央机关立即送交给请求国中央机关，并依据其国内法律、规则或实践在任何情况下从收到请求函之日起都不能超过10个工作日且使用附件确定的格式。

当被请求成员国需要用以识别请求函中的当事人的其他信息时，它应立即与请求国协商，在收到其他信息后10个工作日内做出回复。

2. 对第6条第2款所述请求函的回复函应当在收到请求函20个工作日内送交。

第9条　使用个人信息的条件

1. 基于刑事诉讼的目的依据第7条第1款和第4款提供的个人信息只可以被请求国用于其请求的刑事诉讼的目的，就像在附件表格中所指明的那样。

2. 基于非刑事诉讼的目的依据第7条第2款和第4款提供的个人信息只可以由请求国依据其国内法基于其请求的目的并在被请求国在附件表格中规定的限度内加以使用。

3. 尽管有本条第1款和第2款的规定，但依据第7条第1款、第2款和第4款提供的个人信息可以由请求国为了预防对公共安全的紧急和严重的威胁而加以使用。

4. 如果成员国依据第7条第3款要把依据第4条从其他成员国收到的个人信息送交给第三国，那么它应采取必要措施以保证请求国在本条第2款所说的限度内使用这些信息。如果送交给第三国是基于刑事诉讼的目的，那么成员国应指明这些个人信息只能由第三国基于刑事诉讼的目的而使用。

5. 本条不适用于来源于成员国并由该成员国依据本框架决定取得的个人信息。

第10条 语言

当送交第6条第1款所指的请求函时，请求国应当使用被请求国的官方语言或一种官方语言，以附件规定的格式送交给被请求国。

被请求国的回复函也应当使用它的一种官方语言或使用双方都接受的其他语言。

在本框架通过之时或之后，任何成员国均可向理事会总秘书处提交申明，说明它接受欧盟机构的哪种官方语言。理事会总秘书处应将这种信息通告各成员国。

第11条 表格以及组织和便利定罪信息交换的其他方法

1. 当依据第4条第2款和第3款送交信息时，定罪国中央机关应当送交以下信息：

（a）通常应送交的信息，除非在个别情况下中央机关不知道这些信息（强制性信息）：

（ⅰ）被定罪人的信息［全名、出生日期、出生地（镇和州）、性别、国籍，以及，如果有的话，曾用名］；

（ⅱ）有罪判决的信息（有罪判决的判决日、法院的名称、终审判决的日期）；

（ⅲ）导致做出有罪判决的犯罪的信息（有罪判决确定的犯罪日、罪名、犯罪的法律类别以及适用的法律条款）；以及

（ⅳ）有罪判决的内容（尤其是刑期和附加刑、安全处遇措施以及后来在执行过程中做出的对刑期的修改）。

（b）应当送交的犯罪记录登记簿中记载的信息（可以选择的信息）。

（ⅰ）被定罪人的父母的名字；

（ⅱ）有罪判决的编号；

（ⅲ）犯罪地；以及

（ⅳ）有罪判决导致的剥夺资格。

（c）应当送交的信息，如果中央机关知道（其他信息）：

（ⅰ）被定罪人的身份证号码，或被定罪人身份档案的类型和号码；

（ⅱ）被定罪人的指纹；以及

（ⅲ）如果有，化名和/或别名。

此外，中央机关可以送交登记入犯罪记录簿的任何有关有罪判决的其他信息。

2. 被定罪人国籍国的中央机关应当基于第7条规定的再传递目的保存它依据第5条第1款收到本条第1款（a）项和（b）项所列的所有信息。基于相同目的，它可以保存本条第1款第1项（c）目和第2项所列的信息。

3. 在本条第7款规定的时限未满之前，没有发出本条第6款通知的成员国中央机关应当以能够产生书面记录以让接收国中央机关确定其真实性的任何方式根据第4条送交所有信息、根据第6条发出请求函、根据第7条做出回复函以及送交其他相关信息。

本条第7款规定的时限一旦届满，成员国中央机关应当按照标准化表格以电子方式送交这类信息。

4. 本条第3款所指的表格和成员国中央机关之间组织和便利定罪信息交换的其他方法应当由理事会在2012年4月27日之前根据《欧洲联盟条约》的相关程序加以规定。

这类其他方法包括：

（a）有助于理解和自动翻译被传递信息的所有方法；

（b）电子交换信息的方法，特别是在技术规范的应用方面可以适用的交换程序；

（c）对附件所确定表格的修改。

5. 如果不能利用本条第3款和第4款所述的信息传递方式，本条第3款第1项应保留适用于不能利用的所有阶段。

6. 各成员国应当进行必要的技术改革以能够使用标准化表格和通过电子

方式将表格传递给其他成员国。成员国应告知理事会从何时起以电子方式传递信息。

7. 成员国应当从采用标准化表格后3年内实施本条第6款的技术改革并实现用电子方式交换定罪信息。

第12条　与其他法律文件的关系

1. 在成员国之间，本框架决定补充《欧洲刑事司法协助公约》第13条的规定及其1978年3月17日和2001年11月8日的附加议定书和《欧盟成员国之间刑事司法协助公约》及其2001年10月16日的附加议定书。[①]

2. 为了本框架决定的目的，成员国应放弃对《欧洲刑事司法协助公约》第13条保留的权利。

3. 在已经采取必要措施遵守本框架决定的成员国之间以及从最终效力来看，本框架决定从2012年4月27日起取代被《欧洲刑事司法协助公约》的1978年3月17日附加议定书第4条所补充的该公约第22条的规定，但不影响它们适用于成员国和第三国之间的关系。

4. 第2005/876/JHA号决定从此被废除。

5. 本框架决定不影响成员国之间适用更有利的双边或多边协定的规定。

第13条　执行

1. 成员国应在2012年4月27日之前采取必要措施以遵守本框架决定的规定。

2. 成员国应向理事会总秘书处和委员会递交将本框架决定对成员国规定的义务转化为国内法的文本。

3. 在2015年4月27日之前，委员会应在这些信息的基础上向欧洲议会和理事会提交一份有关适用本框架决定的报告并在需要时附有立法议案。

第14条　生效

本框架决定应于其在《欧共体官方公报》上公布后第20日生效。

致理事会主席 I.Langer

2009年2月26日于布鲁塞尔

---

① OJ C 326，21.11.2001，p.1.

附件

表 格

理事会第2009/315/JHA号《关于成员国之间交换犯罪记录信息的安排、内容和框架决定》第6条、第7条、第8条、第9条和第10条所指的犯罪记录信息请求函

成员国应查阅协助程序手册以正确填写本表格

（a）请求国的信息： 成员国：__________ 中央机关：__________ 联系人：__________ 电话号码（加区号）：__________ 传真（加区号）：__________ 电子邮箱：__________ 通信地址：__________ 文件号，如果知道的话：__________
（b）被请求人的身份信息：[1] 名字（名和姓）：__________ 曾用名：__________ 化名和/或别名，如果有：__________ 性别：☐ M　☐ F 国籍：__________ 出生日（数字：年/月/日）：__________ 出生地（镇和州）：__________ 父亲名字：__________ 母亲名字：__________ 居住地或知道的地址：__________ 身份证号码或类型以及身份档案号码：__________ 指纹：__________ 其他身份信息：__________

① 为了有助于查明当事人的身份，应尽可能多地提供相关信息。

（c）请求的目的：

请勾选合适的复选框：

☐ 刑事诉讼（请明确受理诉讼的机关以及，如果有的话，案件编号）：

____

____

☐ 在刑事诉讼以外的场合发出请求函（在勾选复选框时，请明确受理案件的机关以及，如果有的话，案件编号）：

☐ 司法机关：____________________________

☐ 主管行政机关：____________________________

☐ 有关人员对自己的犯罪记录信息发出请求函：________________

请求信息的目的：

请求信息的机关：

有关人员不同意泄露该信息（如果根据请求国法律该人被要求同意）。

如果需要其他信息的联系人：________________________

姓名：____________________________________

电话：____________________________________

电子信箱：________________________________

其他信息（例如紧急请求）：________________________

对请求的回复函

有关人员的信息

请求勾选合适的复选框：

在下面签名的机关确认：

☐ 在犯罪记录簿中没有该人的有罪判决的信息

☐ 在犯罪记录簿中有该人被判有罪的信息；附上有罪判决清单附件

☐ 在犯罪记录簿中登记的该人的其他信息；附上其他信息（可选择）

☐ 在犯罪记录簿中有该人被判有罪的信息，但定罪国宣布该定罪信息不能基于刑事诉讼以外的目的被再传递。如果请求更多信息请直接向__________（指明定罪国）发出请求函

☐ 根据被请求国法律，基于非刑事诉讼的目的提出的请求可以不处理

需要其他信息的联系人：

姓名：______________________________

电话：______________________________

电子邮箱：______________________________

其他信息（在刑事诉讼以外的场合对被请求信息的使用限制）：

请指明回复函附件的页数：______________________________

回复函的完成地点：______________________________

回复函的完成时间：______________________________

签名和官方印鉴（如果合适）：______________________________

名称和职位 / 组织：______________________________

如果合适，请附上有罪判决的清单并将所有文件打包完整地发送给请求国。不需要将该表格和清单翻译成请求国的语言。

《修正第 2002/584/JHA 号、第 2005/214/JHA 号、第 2006/783/JHA 号、第 2008/909/JHA 号和第 2008/947/JHA 号框架决定，增强当事人程序性权利，促进相互承认原则在缺席判决中适用的框架决定》[①]

（根据《欧洲联盟条约》第六编通过）

欧盟理事会 2009 年 2 月 26 日第 2009/299/JHA 号

欧盟理事会，

考虑到《欧洲联盟条约》，尤其是其第 31 条第 1 款（a）项以及第 34 条第 2 款（b）项，

考虑到斯洛文尼亚共和国、法兰西共和国、捷克共和国、瑞典王国、斯洛伐克共和国、大不列颠及北爱尔兰联合王国、德意志联邦共和国的提议，[②]

考虑到欧洲议会的意见，

鉴于：

（1）被告人亲自出席庭审的权利，正如欧洲人权法院所解释的，包含在《保护人权和基本自由公约》第 6 条规定的被告人有权得到公正审判的权利之中。该法院也声明，被告人亲自出席庭审的权利并不是绝对的，在特定情形下，被告人可以基于自由意愿，通过明示或默示的方式，明确放弃这种权利。

（2）对终局性司法裁决适用相互承认原则的各种框架决定，不总是适用

① 翻译：姚远：前言，第 1—2 条；高毛英：第 3—7 条。

② OJ C 52，26.2.2008，p.1

于被告人缺席审判情况下做出的判决。这种不一致可能使司法工作者的工作变得复杂，并阻碍司法合作。

（3）在当事人未被通知参加诉讼的情形下，这些框架决定规定的解决方案不能令人满意。第 2005/214/JHA 号《将相互承认原则适用于经济处罚的框架决定》①、第 2006/783/JHA 号《将相互承认原则适用于没收令的框架决定》②、第 2008/909/JHA 号《为了在欧盟内部执行监禁刑或剥夺自由的处遇的刑事判决而将相互承认原则适用于这类判决的框架决定》③ 和第 2008/947/JHA 号《为了对缓刑处遇和替代性制裁措施进行监督而将相互承认原则适用于判决和缓刑裁定的框架决定》④ 允许执行机关拒绝执行此类裁决。第 2008/584/JHA 号《关于欧洲逮捕令和成员国之间移交程序的框架决定》⑤ 允许执行机关要求签发逮捕令的机关做出保证，这种保证被认为足以保障逮捕令当事人在签发国有机会申请重新审理这个案件，并有机会在做出裁决时出庭。这种保证是否充足是由执行机关判断的，因此很难确切知道逮捕令在何种情形下会被拒绝执行。

（4）因此，有必要对拒绝承认缺席判决的事由做出明确且共同的规定。本框架决定旨在厘定此种共同事由的范围，即允许执行机关执行当事人缺席的裁决，同时充分尊重当事人的抗辩权利。本框架决定不准备规定包括程序要求在内的达到本框架决定目的的具体的形式和方法，这属于成员国国内法调整的问题。

（5）这种变化需要修正现存的将相互承认原则适用于终局性司法裁定的框架决定。这些新规定也应当成为该领域将来法律文件的基础。

（6）为修正其他框架决定而做出的本框架决定，为执行缺席裁定设定了一些条件，在符合这些条件的情形下，缺席裁定不应当被拒绝执行。这些条件是选择性的；当其中一项条件得到满足时，签发机关通过完成欧洲逮捕令的对应部分或其他框架决定的有关证明，保证所需的要求已经或即将满足。为

---

① 2005 年 2 月 24 日框架决定（OJ L 76，22.3.2005，P.16）。

② 2006 年 10 月 6 日框架决定（OJ L 328，24.11.2006，P.59）。

③ 2008 年 11 月 27 日框架决定（OJ L327，5.12.2008，P.27）。

④ 2008 年 11 月 27 日框架决定（OJ L 337，16.12.2008，P.102）。

⑤ 2002 年 6 月 13 日框架决定（OJ L 190，18.7.2002，P.1）。

了在相互承认基础上执行司法裁定，这种保证应该是充分的。

（7）如果他或她本人曾收到过传票，并因此得知最终做出裁判的预定的审判时间和地点；或者他或她确实通过其他途径得知了预定的审判的时间和地点的官方消息，这就可以肯定他或她知道了预定的审判，在这两种情形下做出的缺席裁定，不应当被拒绝承认和执行。在这种场合，可以理解为，当事人“按时”收到了做出裁定的时间和地点这类信息，也即他或她能够及时参与审判并有效行使其抗辩权。

（8）正如欧洲人权法院所解释的，被告人有权获得公正审判的权利是由《保护人权和基本自由公约》保障的。这种权利包括相关当事人亲自出庭的权利。为了行使这一权利，有关当事人需要事先知道庭审时间安排。依据本框架决定，当事人对审判的知情权应当由各成员国根据其国内法予以保障，并须符合《保护人权和基本自由公约》的要求。根据欧洲人权法院的判例法，在判断所提供信息的方式是否足以确保当事人知晓审判时，在适当的情况下，应特别注意有关当事人在接收送达给他或她的资料时是否已尽到勤勉义务。

（9）基于可行性理由，可以在最初将预定的审判时间表述为在一个较短时间段内的若干可能的时间。

（10）当有关当事人知道庭审时间安排并由其授权的法律顾问为其进行实际有效辩护的情况下，缺席判决不应当被拒绝承认与执行。在这种场合下，法律顾问是由当事人挑选、指派或支付费用，还是由国家指派或支付费用，都不应该成为问题。这可以理解为，有关当事人是故意选择让法律顾问代表其出庭而不是自己亲自出庭。法律顾问的指派以及相关事务属于国内法事项。

（11）现存相关框架决定有关拒绝承认的理由的普遍做法，应当考虑当事人再审权或上诉权的差异性。这种再审或上诉程序，旨在保障抗辩权，并具有下列特征：当事人有权出庭并享有诉讼中的实体权利，包括新证据被重新质证，以及该程序能导致原判决被推翻。

（12）当裁决已经送达，或者在欧洲逮捕令尚未送达，但在移交后将毫不迟延地送达的情形下，再审或上诉的权利应当被保障。后一种情形是指主管机关无法和当事人取得联系，尤其是因为他或她设法逃避司法追究的情况。

（13）在为了执行监禁判决或羁押令而签发欧洲逮捕令的情形下，相关当事人事前并没有收到任何针对他或她的正在进行的刑事诉讼的官方通知，也没有收到裁判书，在这种情况下，当事人应当根据执行国的要求，仅以知晓事实为目的，接收一份判决书的副本。适当情况下，签发国和执行国司法机关应当相互磋商，基于需要和现有可能性，用当事人知晓的语言，向当事人提供裁判书译本，或裁判书重要部分译本。这种裁判书的提供不应当延误移交程序或延误执行欧洲逮捕令的决定。

（14）本框架决定仅限于对执行相互承认原则的法律文件中的拒绝承认理由进行解释。因此，诸如那些与再审权利有关的规定都限定于“拒绝承认的理由”这个范围。它们不是用来协调国内法的。本框架决定不妨碍此后欧盟在刑事司法领域内用以协调成员国法律的相关文件。

（15）拒绝承认的理由是选择性的。但是，成员国将这些理由转化为国内法的自由裁量权要受到公正审判权的特别约束，同时应考虑本框架决定的综合目标以加强当事人的程序性权利并有助于刑事司法合作。

已经通过的框架决定如下：

第1条 目标与范围

1. 本框架决定的目标是加强刑事诉讼当事人的程序性权利，便利刑事司法合作，尤其是要促进成员国之间相互承认司法裁判。

2. 本框架决定不具有修正《欧洲联盟条约》第6条所铭记的尊重包括刑事诉讼当事人的抗辩权在内的基本权利和基本法律原则义务的效力，司法机关在这方面的义务也不受影响。

3. 本框架决定为某个成员国（执行国）承认并/或执行由另一成员国（签发国）在当事人缺席的情况下做出的司法裁判规定了共同规则，其依据为第2002/584/JHA号框架决定第5条第1款，第2005/214/JHA号框架决定第7条第2款（g）项，第2006/783/JHA号框架决定第8条第2款（e）项，第2008/909/JHA号框架决定第9条第1款（i）项，第2008/947/JHA号框架决定第11条第1款（h）项。

第2条 第2002/584/JHA号框架决定修正案

第2002/584/JHA号框架决定修正如下：

1. 增加以下条款：

“第4a条

当事人缺席时做出的裁判

1. 如果裁判是在当事人缺席情况下做出的，执行国主管机关可以拒绝执行以执行监禁刑或羁押令为目的的欧洲逮捕令，除非欧洲逮捕令中声明，根据签发国国内法规定的进一步程序要求，该人：

（a）在合理的时间内：

（ⅰ）本人曾收到传票，并因而得知审判的时间和地点安排，或者通过其他方式确实得到有关审判时间和地点安排的官方信息，在此种情形下，他或她显然知晓有关审判的安排；

并且

（ⅱ）得知他或她即使不出庭，判决仍可做出；

或者

（b）知晓有关审判的安排，并授权由自己委托或由国家指定的法律顾问为其出庭辩护，并且该法律顾问确实在庭审中为其进行了辩护；

或者

（c）在收到裁判书并明确得知有权申请再审或上诉后（在这两个诉讼中，当事人有权参加，并在诉讼中享有实体权利，包括对新证据的质证和可能导致原判决被撤销）：

（ⅰ）明确表示他或她对判决无异议；

或者

（ⅱ）在合理的时间范围内没有要求再审或上诉；

或者

（d）没有亲自收到裁判书，但：

（ⅰ）在被移交后将会毫不迟延地收到，并将明确得知其再审或上诉的权利，在这两个诉讼程序中，当事人有权参加，并享有诉讼中的实体权利，包括对新证据的质证和可能导致原判决被撤销；

以及

（ⅱ）正如相关欧洲逮捕令中所述，将被告知在规定的期间内他或她可以要求再审或上诉。

2. 如果欧洲逮捕令是依据第 1 款（d）项为了执行监禁刑或羁押令的目的签发的，且相关当事人此前没有收到任何针对他或她的正在进行的刑事诉讼的官方通知，那么，他或她在得知欧洲逮捕令的内容时，就可以要求在被移交前接收一份裁判书的副本。签发机关在收到这种请求后，应当立即通过执行机关向当事人提供裁判书副本。不能因为当事人的请求而延误移交程序和执行欧洲逮捕令的决定。向相关当事人提供裁判书仅仅是为了通知的目的；它不应被视为裁判书的正式送达，也不能被看作再审或上诉时效的起算。

3. 如果当事人基于第 1 款（d）项被移交，且他或她要求重审或上诉，那么，等到这些诉讼都结束以后，根据签发成员国的法律或者常规做法或者当事人的请求，应当对正在等待重审或上诉的当事人的羁押进行复审。这种复审尤其应当包括对于监禁刑中止或中断可能性的审查。重审或上诉应当在移交后的合理期限内开始。”

2. 删去第 5 条第 1 款。

3. 附录（欧洲逮捕令），（d）点，替换为下列内容：

（d）请指出在导致做出本裁判的庭审中当事人是否到庭： 1. □ 是，当事人在导致做出本裁判的庭审中出庭。 2. □ 否，当事人在导致做出本裁判的庭审中没有出庭。 3. 如果您已经勾选了选项 2，请确认存在下列选项中的一种情况： □ 3.1a 当事人曾在……（日 / 月 / 年）被传唤，并因此得知导致本裁判的庭审的时间和地点安排，且被告知即使他或她届时不出庭，法院仍将做出裁判； 或 □ 3.1b 当事人未被传唤，但通过其他方式确实得到导致本裁判的庭审时间和地点的官方信息，在这种情况下，显然当事人知晓庭审安排，并已被告知缺席判决的可能性。 或 □ 3.2. 当事人知晓庭审安排，并授权由其本人委托或政府指定的法律顾问在庭审中为其辩护，且该法律顾问确实在庭审中为其进行了辩护； 或 □ 3.3. 当事人于……（日 / 月 / 年）收到了裁判书，并被明确告知有权申请重审或上诉。在这些诉讼中他或她有权参与，并享有诉讼中的实体权利，包括新证据的质证以及由此可能导致原裁判被撤销，并且 □ 当事人明确表示他或她对裁决无异议， 或

☐ 当事人在合理期限内没有要求重审或上诉；

或

☐ 3.4. 当事人没有收到裁判书，但

—— 在当事人被移交后，将毫不迟延地收到，并且

—— 在收到裁判书后，当事人将被明确告知他或她有权申请重审或上诉。在这些诉讼中他或她有权参与，并享有诉讼中的实体权利，包括新证据的质证以及由此可能导致原判决被撤销，并且

—— 当事人将被告知申请重审或上诉的时限，为……日。

4. 如果您选择了上述选项中的 3.1b，3.2 或 3.3，请提供资料，用以说明是如何满足这些条件的：

____

____

第 3 条　第 2005/214/JHA 号框架决定的修正案

第 2005/214/JHA 号框架决定修正如下：

1. 第 7 条第 2 款修正如下：

（a）第 7 条第 2 款第（g）项由以下内容代替：

“（g）根据第 4 条规定的证明文件，在书面程序中，相关当事人本人或根据本国法具有资质的代表，没有根据科处国的法律被告知他或她有权就案件提出抗辩以及这种司法救济的时限”；

（b）添加以下各项：

“（i）根据第 4 条规定的证明文件，在导致做出裁判的庭审中缺席的当事人，除非证明文件声明，该人根据科处国法律规定的进一步程序性要求：

（ⅰ）在适当的时间：

——曾收到传票并因此得知导致做出裁判的庭审的时间和地点的安排，或者通过其他方式确实得到关于庭审时间和地点安排的官方信息，以这种方式可以确定，他或她知晓庭审的安排。

并且

——被告知他或她即使不出席庭审，也将做出裁判；

或者

（ⅱ）知晓庭审的安排，并已经授权自己委托或国家指定的法律顾问为其出庭辩护，且该法律顾问确实在庭审中为其进行了辩护；

或者

（ⅲ）在收到裁判书后，被明确告知有权申请重审或上诉，而且在这些诉讼中，他或她有权参加，并享有诉讼中的实体权利，包括新证据的质证以及可能导致原判决的撤销；

——明确表示他或她对裁判无异议；

或者

——在合理期限内没有提出重审或上诉；

（j）根据第 4 条规定的证明文件，当事人没有出庭，除非证明文件声明，缺席当事人曾明确被告知正在进行的诉讼以及出庭的可能性，但该当事人明确放弃他或她的口头听证的权利，并明确表明他或她对该案件不进行抗辩。”

2. 第 7 条第 3 款应被替换为以下内容：

“3. 在本条第 1 款，第 2 款（c）项、（g）项、（i）项和（j）项规定的情形下，在决定对裁定全部或部分不承认或不执行之前，执行国的主管机关应通过任何适当方式与科处国的主管机关进行协商，并且在适当时候要求他们毫不迟延地提供所需要的信息。”

3. 附件（证明文件）（h）点中的第 3 点由以下内容代替：

3. 请表明当事人是否出庭： 1. □ 是，当事人在导致做出裁判的庭审中出庭。 2. □ 否，当事人在导致做出裁判的庭审中没有出庭。 3. 如果您勾选了第 2 项，请确认存在下列选项中的一种情况： □ 3.1a. 当事人曾在……（日 / 月 / 年）被传唤，并被告知庭审的时间和地点的安排，且被告知即使他或她届时不出庭，法院仍将做出裁判； 或者 □ 3.1b. 当事人未被传唤，但通过其他方式实际上得到庭审的时间和地点安排的官方信息，以这种方式，可以确定他或她知道庭审的安排，并被告知即使他或她届时不出庭，法院仍将做出判决； 或者

☐ 3.2. 当事人知道庭审安排，并授权本人委托或国家指定的法律顾问为其出庭辩护，并且该法律顾问确实在庭审中为其进行了辩护；

或者

☐ 3.3. 当事人于………（日 / 月 / 年）收到裁定书，并被明确告知其有权申请再审或者上诉，且在这两个程序中，当事人有权参与并享有诉讼中的实体权利，包括新证据的质证以及由此可能导致的原裁判被撤销，

并且

☐ 他或她明确表示对裁判没有异议，

或者

☐ 当事人没有在合理时限内要求再审或者上诉；

或者

☐ 3.4. 已经被明确告知诉讼程序和出庭可能性的当事人，明确放弃他或她口头听证的权利，并明确表示其对本案不进行抗辩。

4. 如果您选择上述选项中的 3.1b，3.2，3.3 或者 3.4，请提供资料，用以说明是如何满足这些条件的：________________________________

第 4 条　第 2006/783/JHA 号框架决定的修正案

第 2006/783/JHA 号框架决定修正如下：

1. 第 8 条第 2 款（e）项应被以下内容代替：

"（e）根据第 4 条第 2 款所规定的证明文件，当事人在导致做出没收令的庭审中没有出庭，除非该证明文件声明，根据签发国国内法的进一步程序性要求，该人：

（i）在适当的时候：

——或者被传唤，并因此被告知导致做出没收令的庭审的时间和地点安排，或者通过其他方式实际上得到庭审的时间和地点的官方信息，以这种方式，可以使他或她明确地知道庭审的安排，

并且

——被告知如果他或她不出席审判，法院仍将签发没收令；

或者

（ii）知道庭审安排，并授权本人委托或者国家指定的法律顾问为其出庭

辩护，且该法律顾问确实在庭审中为其进行了辩护；

或者

（iii）在收到没收令并被明确告知其有权要求再审或者上诉，并在这两个诉讼程序中有权参与和享有诉讼中的实体权利，包括新证据的质证以及可能导致原判决被撤销：

——他或她明确表示对没收令没有异议，

或者

——没有在合理的时限内要求再审或者上诉。”

2. 附件（证明文件）（j）项应被下列内容代替：

（j）导致做出没收令的诉讼程序 请表明当事人在导致做出没收令的庭审中是否出庭： 1. □ 是，当事人在导致做出没收令的庭审中出庭。 2. □ 否，当事人在导致做出没收令的庭审中没有出庭。 3. 如果您勾选了选项 2，请确认存在下列选项中的一种情况： □ 3.1a 当事人曾在……（日 / 月 / 年）被传唤，并被告知导致做出没收令的庭审的时间和地点的安排，且被告知即使他或她届时不出庭，法院仍将做出判决； 或者 □ 3.1b 当事人未被传唤，但通过其他方式实际上得到庭审的时间和地点安排的官方信息，以这种方式，可以确定他或她明确地知道庭审的安排，且被告知即使他或她届时不出庭，法院仍将做出判决； 或者 □ 3.2 当事人知道庭审的安排，并授权其委托或者国家指定的法律顾问为其出庭辩护，并且该法律顾问确实在庭审中为其进行了辩护； 或者 □ 3.3 当事人于………（日 / 月 / 年）收到没收令，并被明确告知其有权申请再审或者上诉，并且在这两个诉讼程序中，有权参与并享有诉讼中的实体权利，包括新证据质证以及可能导致判决被撤销，并且 □ 他或她明确表示对判决有没有异议， 或者 □ 当事人没有在合理时限内要求再审或者上诉。

4. 如果您选择了上述选项中的 3.1b、3.2、3.3 或者 3.4，请提供相关资料，用以说明相关条件是如何满足的：____________________ ____________________

第 5 条 第 2008/909/JHA 号框架决定的修正案

第 2008/909/JHA 号框架决定修正如下：

1. 第 9 条第 1 款（i）项应由以下内容代替：

“（i）根据第 4 条所规定的证明文件，当事人没有出席导致做出该判决的庭审，除非该证明文件声明，根据科处国国内法的进一步程序性要求，该人：

（i）在适当的时候：

——或者被传唤，并被告知庭审的时间和地点的安排，或者通过其他方式实际上得到庭审的时间和地点安排的官方信息，以这种方式，可以确定他或她明确地知道庭审的安排，

并且

——被告知如果他或她不出席庭审，法院仍可做出判决；

或者

（ii）当事人知道庭审安排，并授权其委托或者国家指定的法律顾问为其出庭辩护，并且该法律顾问确实在审判中为其进行了辩护；

或者

（iii）在收到判决书并被明确告知其有权申请再审或上诉（在这两个诉讼程序中，当事人有权参与并享有诉讼中的实体权利，包括新证据的质证以及由此可能导致原判决被撤销）后：

——他或她明确表示对判决没有异议，

或者

——没有在合理的时限内要求再申或者上诉。”

2. 附件 I（证明文件）中的（i）项中第 1 点应被以下内容代替：

1. 请表明在导致做出判决的庭审中当事人是否出庭： 1. □ 是，当事人在导致做出判决的庭审中出庭。 2. □ 否，当事人在导致做出判决的庭审中没有出庭。

3. 如果您勾选了选项 2，请确认存在下列选项中的一种情况：

☐ 3.1a. 当事人曾在……（日 / 月 / 年）被传唤，并被告知导致做出判决的庭审的时间和地点安排，且被告知即使他或她届时不出庭，法院仍将做出判决；

或者

☐ 3.1b. 当事人未被传唤，但通过其他方式实际上得到庭审的时间和地点安排的官方信息，以这种方式，可以确定他或她明确地知道庭审的安排，并被告知即使他或她届时不出庭，法院仍将做出判决；

或者

☐ 3.2 当事人知道庭审的安排，并授权其委托或者国家指定的法律顾问为其出庭辩护，并且该法律顾问确实在庭审中为其进行了辩护；

或者

☐ 3.3 当事人于……（日 / 月 / 年）收到判决书，并被明确告知其有权申请再审或者上诉，并在这两个程序中有权参与和享有诉讼中的实体权利，包括新证据的质证以及由此可能导致原判决被撤销，并且

☐ 他或她明确表示对判决没有异议，

或者

☐ 当事人没有在合理时限内要求再审或者上诉。

4. 如果您选择上述选项中的 3.1b、3.2 或者 3.3，请提供相关资料，用于说明这些条件是如何满足的：______________________________

____

____

第 6 条　第 2008/947/JHA 号框架决定的修正案

第 2008/947/JHA 号框架决定修正如下：

1. 第 11 条第 1 款（h）项应被以下内容代替：

“（h）根据第 6 条所规定的证明文件，当事人没有出席导致判决的庭审，除非该证明文件声明，根据科处国国内法的进一步程序性要求，该人；

（i）在适当的时候：

——或者被传唤过，并被告知审判的时间和地点的安排，或者通过其他方式实际上得到审判的时间和地点的安排官方信息，以这种方式，可以确定他或她明确地知道审判的安排，

以及

——被告知即使他或她不出席审判，法院仍可做出判决；

或者

（ⅱ）知道审判安排，并授权其委托或者国家指定的法律顾问为其出庭辩护，并且该法律顾问确实在审判中为其进行了辩护；

或者

（ⅲ）在收到判决书并被明确告知其有权申请再审或上诉（在这两个诉讼程序中，当事人有权参与并享有诉讼中的实体权利，包括新证据的质证以及由此可能导致原判决被撤销）后：

——他或她明确表示对判决没有异议，

或者

——没有在合理的时限内要求再审或者上诉。”；

2. 附件 I（证明文件）（h）项应被以下内容代替：

> （h）请表明导致做出判决的庭审中当事人是否出庭：
>
> 1. □ 是，当事人在导致做出判决的庭审中出庭。
>
> 2. □ 否，当事人在导致做出判决的庭审中没有出庭。
>
> 3. 如果您勾选了选项 2，请确认存在下列选项中的一种情况：
>
> □ 3.1a. 当事人曾在……（日 / 月 / 年）被传唤，并被告知审判的预定时间和地点，且被告知即使他或她届时不出庭，法院仍将做出判决；
>
> 或者
>
> □ 3.1b. 当事人未被传唤，但通过其他方式实际上收到庭审的预定时间和地点的官方信息，以这种方式，可以确定他或她明确地知道审判安排，并被告知即使他或她届时不出庭，法院仍将做出判决；
>
> 或者
>
> □ 3.2 当事人知道审判的安排，并授权其委托或者国家指定的法律顾问为其出庭辩护，并且该法律顾问确实在庭审中为其进行了辩护；
>
> 或者
>
> □ 3.3 当事人于___（日 / 月 / 年）收到判决书，并被明确告知其有权申请再审或者上诉，在这两个诉讼程序中，当事人有权参与并享有诉讼中的实体权利，包括新证据的质证以及由此可能导致的原判决被撤销，并且

□ 他或她明确表示对判决没有异议，

或者

□ 当事人没有在合理时限内要求再审或者上诉。

4. 如果您选择上述选项中的 3.1b、3.2 或者 3.3，请提供相关资料，用以说明相关条件是如何满足的：

____

____”

第 7 条 适用区域

本框架决定应适用于直布罗陀。

第 8 条 执行和过渡性条款

1. 各成员国须在 2011 年 3 月 28 日之前为遵守本框架决定的规定采取必要措施。

2. 从本条第 1 款所述日期开始，本框架决定适用于对当事人缺席审判做出的判决的承认和执行。

3. 如果某个成员国在批准本框架决定时声明其有重要理由将不能按照第 1 款所述日期遵守本框架决定的规定，那么本框架决定最迟须从 2014 年 1 月 1 日开始适用于由该成员国的主管机关做出的缺席判决的承认和执行。其他成员国可以要求做出此种声明的成员国将本框架决定第 2 条、第 3 条、第 4 条、第 5 条和第 6 条中他们原来批准的规定适用于由这些其他成员国做出的缺席判决的承认和执行。

4. 在本条第 1 款和第 3 款提到的日期以前，本框架决定第 2 条、第 3 条、第 4 条、第 5 条和第 6 条中原来批准的规定应继续适用。

5. 依据本条第 3 款发表的声明须刊登于《欧洲联盟公报》。该声明可以随时撤回。

6. 成员国应向理事会总秘书处和委员会递交将本框架决定对成员国规定的义务转化为国内法的文本。

第 9 条 审查

1. 在 2014 年 3 月 28 日之前，委员会须在依照第 8 条第 6 款从成员国获得的信息的基础上起草一份报告。

2. 在本条第 1 款提到的报告的基础上，理事会须评估：

（a）各成员国为遵守本框架决定而采取的必要措施所达到的程度；以及

（b）本框架决定的适用情况。

3. 如果有必要，本条第 1 款提到的报告，须附带提出立法议案。

第 10 条　生效

本框架决定自其发表于《欧洲联盟公报》之日起生效。

致理事会主席 I.LANGER

2009 年 2 月 26 日于布鲁塞尔

《在欧盟成员国之间将相互承认原则适用于替代临时羁押的监督令的框架决定》[①]

（根据《欧洲联盟条约》第 6 编通过）

欧盟理事会 2009 年 10 月 23 日第 2009/829/JHA 号

欧盟理事会，

考虑到《欧洲联盟条约》，尤其是其第 31 条第 1 款（a）项和（c）项以及第 34 条第 2 款（b）项，

考虑到委员会的提议，

考虑到欧洲议会的意见[②]，

鉴于：

（1）欧盟设定了维持和发展一个自由、安全和正义的区域的目标。

（2）根据 1999 年 10 月 15 日和 16 日在坦佩雷召开的欧洲理事会会议决议，特别是其第 36 段，相互承认原则应当被适用于庭审前的各种命令。在刑事司法领域推行相互承认原则的措施方案在其措施 10 中提出了对监督措施的相互承认。

（3）本框架决定所规定的措施的目的在于使面临其他成员国刑事诉讼的某一成员国居民能够在等待审判时由其居住国的司法机关予以监督，从而增强对公众的保护。考虑到现有制度只有两种选择：要么临时羁押，要么行为不受监督。这种制度必然给公众带来风险，因而需要重新对“保护公众”进行定义。因此，与其目的相一致，本框架决定对被告的行为予以监督。这一措施将对守法公民的居住安全权产生进一步的影响。

① 翻译：程国家。

② 意见尚未在《欧共体官方公报》上公布。

（4）本框架决定的措施的目的也在于巩固欧盟的自由权利和无罪推定原则，并在对判决前的个人实行监督时确保成员国之间的合作。因此，与其目的相一致，本框架决定提倡在适当时候用非监禁措施替代临时羁押，甚至按照当事国法律，从诉讼一开始就不能适用临时羁押。

（5）审判国的居民和非居民在刑事诉讼的羁押中面临着区别对待的风险：非居民在审前监禁中面临被还押的风险，而居民在类似的情形下则没有。在这个正义没有内部边界的欧洲共同区域内，有必要采取行动确保审判国的非居民与居民在刑事诉讼中受到同等对待。

（6）连同监督令一起送交给执行国主管机关的证明文件应详细说明当事人在执行国驻留的位置以及其他有助于在执行国对监督令进行监督执行的相关信息。

（7）执行国主管机关应将本国规定的监督令的最长监督期限（如果有的话）告知签发国的主管机关。在监督令定期更新的成员国，该最长时间被理解为不能再合法更新延长的时间总和。

（8）执行国主管机关请求批准延长监督时间的请求函，不能违反签发国的法律。这一规定在监督令的更新、审查和撤回方面同样适用。这种请求批准函不能要求签发国的主管机关做出新的决定来延长监督令的监督时间。

（9）签发国主管机关有权做出与监督令有关的所有随后决定，包括发布临时羁押令。这种临时羁押最可能是因为违反监督令或在刑事诉讼中未按传票出席听证或庭审而被处置的。

（10）为了避免移交刑事诉讼中的有关人员出席听证或出庭而产生的不必要的费用或困难，各成员国可以使用电话和视频会议。

（11）在适当情况下，在不违反国内法律和程序的前提下，可以采用电子监控进行监督。

（12）本框架决定既要使对有关人员科处的监督令在执行国得到执行，同时又要确保正义的正当程序以及，特别是，该人员能够出庭接受审判。如果当事人没有自愿回到签发国，他或她将根据理事会2002年6月3日第2002/584/JHA号《关于欧洲逮捕令和成员国间移交程序的框架决定》[①]（以下简

① OJ L 190，18.7.2002，p.1.

称《欧洲逮捕令框架决定》）被移交给签发国。

（13）虽然本框架决定覆盖所有的犯罪而不局限于特定种类或特定层次的犯罪，但总的来看，监督措施应该适用于不太严重的犯罪。因此，《欧洲逮捕令框架决定》的所有条款，除了第2条第1款，都应适用于执行国主管机关必须决定移交当事人的情形。因此，《欧洲逮捕令框架决定》第5条第2款和第3款也应适用于该情形。

（14）涉案人员为了执行监督令或出席听证会而在执行国和签发国之间移动所需的费用不在本框架决定规范的范围之内。该费用的全部或部分承担，特别对发出国来说，是由国内法规定的事项。

（15）由于本框架决定相互承认刑事诉讼监督令的目的不能由成员国单方面充分达到，而基于本框架决定的范围和效力，该目的在欧盟层面上能够更好地达到，因此，欧盟可以按照《欧洲联盟条约》第2条和《建立欧共体条约》第5条确立的辅助性原则采取相应的措施。根据这两个条款确立的比例原则，本框架决定不会超过为了实现这一目的所需要的范围。

（16）本框架决定尊重基本权利，遵守《欧洲联盟条约》第6条承认并经《欧洲联盟基本权利宪章》反映的各项原则。如果客观显示，为惩罚某人而科处的监督令是基于其性别、种族、宗教、种族来源、国籍、语言、政治观点或性取向而发布的，或者该人基于以上原因而受到不公平待遇，那么，本框架决定的任何部分都不能被解释为禁止拒绝承认该监督令。

（17）本框架决定不应妨碍任何成员国适用与正当程序、结社自由、出版自由、其他媒体的言论自由和宗教自由有关的宪法原则。

（18）本框架决定的条文应与《建立欧共体条约》第18条规定的欧盟公民在成员国领域范围内自由迁移和居住的权利保持一致。

（19）在执行本框架决定时处理的个人信息应该受到保护，保护依据是理事会2008年11月27日第2008/977/JHA号《关于在刑事警察合作和司法合作中保护个人信息处理的框架决定》[①]和1981年1月28日欧洲理事会《与自动处理个人信息有关的保护个人公约》确立的各项原则。后者已经获全体欧盟成员国批准。

---

① OJ L 350，30.12.2008，p.60.

已经通过的本框架决定内容如下：

第1条　主题

本框架决定制定各项规则。根据这些规则，成员国承认由其他成员国签发的作为临时羁押替代措施的监督令，对自然人被科处的监督令予以监督执行，并在该人违反监督令时将该人移送给签发国。

第2条　目的

1. 本框架决定的目的如下：

（a）确保正义的正当程序，特别确保有关人员将出庭受审；

（b）在适当情况下，提倡在刑事诉讼中对诉讼发生地成员国的非居民使用非羁押措施；

（c）促进对受害人和公众的保护。

2. 本框架决定不授予任何个人在刑事诉讼中以非羁押措施替代羁押的权利。该事项由刑事诉讼发生地成员国的法律和程序予以规定。

第3条　维护法律和秩序以及保障内部安全

本框架决定不妨碍成员国根据《欧洲联盟条约》第33条的规定担负的义不容辞地保护受害人和公众以及保障内部安全的责任。

第4条　定义

基于本框架决定的目的：

（a）“监督令”是由签发国主管机关根据其国内法和程序在刑事诉讼中签发的，要求对自然人强制采取一项或多项监督措施以代替临时羁押的一项可执行的决定；

（b）“监督措施”是指根据签发国的国内法和程序强加在自然人身上的义务和指令；

（c）“签发国”是指签发监督令的成员国；

（d）“执行国”是指监督执行监督措施的成员国。

第5条　基本权利

本框架决定不具有修改《欧洲联盟条约》第6条确认的尊重基本权利和基本法律原则的义务的效力。

第6条　指定主管机关

1. 成员国应将根据国内法确定的作为签发国或执行国时有权根据本框架决定采取行动的司法机关通知理事会总秘书处。

2. 作为第1款的例外并不妨碍第3款的规定，成员国可以指定非司法机关作为主管机关，以按照本框架决定做出决定，前提条件是该机关根据国内法律和程序有权做出性质相似的决定。

3. 第18条第1款（c）项中的决定应由司法主管机关做出。

4. 理事会总秘书处应该将它收到的信息向所有成员国和委员会公布。

第7条 依靠中央机关

1. 每一成员国可以指定一个中央机关或，如果其法律体系允许，指定多个中央机关协助其主管机关。

2. 成员国可以根据其内部司法系统组织的需要，安排其中央机关负责传送和接收监督令连同第10条所述证明文件以及其他相关官方信件。因此，所有主管机关间的联系、协商、信息交换、询问和通知的处理可以在适当时由相关成员国的中央机关协助完成。

3. 成员国如有意利用本条中的规定，应与理事会总秘书处联系获取指定中央机关的相关信息。这一要求对签发国的所有机关具有约束力。

第8条 监督措施的种类

1. 本框架决定应该适用于下列监督措施：

（a）个人变更住所时告知执行国主管机关的义务，特别基于在刑事诉讼中收到传票以出席听证会或出席庭审的目的；

（b）不得进入签发国或执行国特定场所、地点或指定区域的义务；

（c）在特定时间段内不得离开指定地点的义务；

（d）不得离开执行国领域的义务；

（e）在规定时间向指定机关报告的义务；

（f）避免与已确定的与犯罪有关的特定人员接触的义务。

2. 各成员国应将本框架决定转化为国内法的时间或在晚些时候将准备执行本条第1款所述监督措施以外的其他监督措施通知理事会总秘书处。这些监督措施可能特别包括以下事项：

（a）不从事与已确定的犯罪有关的特定活动的义务，包括涉入特定的职业或领域；

（b）不驾驶车辆的义务；

（c）缴纳保证金或提供其他形式的保证的义务，可以是分期缴纳或一次性缴纳；

（d）接受有益于健康的治疗或戒除毒瘾的治疗的义务；

（e）避免与已确定的犯罪有关的特定事物接触的义务。

3. 理事会总秘书处应将其基于本条款获取的信息向所有成员国和委员会公开。

第 9 条 与接收监督令的成员国有关的准则

1. 当已经被告知监督措施有关内容的人员表示愿意返回其合法并且经常居住的成员国时，监督令可以送交给该国的主管机关。

2. 签发国主管机关可以基于该人请求，将监督令送交给该人合法并且经常居住国之外的其他成员国的主管机关，条件是该主管机关同意接收。

3. 当执行本框架决定时，成员国应就基于本条第 2 款主管机关同意接收监督令的条件做出规定。

4. 每一成员国应就第 3 款的规定向理事会总秘书处予以说明。成员国可以随时更改该说明。总秘书处应将收到的信息向所有成员国和委员会公开。

第 10 条 送交监督令及其证明文件的程序

1. 当签发国主管机关适用本法第 9 条第 1 款或第 2 款规定将监督令送交给另一成员国时，它应确保附随一份证明文件，该证明文件的标准格式由附件 I 制定。

2. 监督令或其经过认证的复印件连同证明文件，应该由签发国主管机关以能够生成书面记录以便让执行国确认其真实性的任何方式直接送交给执行国主管机关。如果执行国要求，监督令的原件或其经过认证的复印件连同证明文件原件应被送往执行国。所有的官方沟通应在主管机关之间直接进行。

3. 证明文件应由发出国主管机关签署并证明其内容准确无误。

4. 本条第 1 款中的证明文件除了包含本法第 8 条第 1 款所指的监督措施之外，只包含执行国根据本法第 8 条第 2 款通知中准备执行的其他措施。

5. 签发国主管机关应指明：

（a）监督令的适用期限以及是否可能更新该监督令；以及

（b）考虑到送交监督令时所知道的所有情形，暂时确定的执行监督措施可能需要的期限。

6. 签发国主管机关应将监督令连同证明文件一次只能送交给一个执行国。

7. 如果执行国主管机关不被签发国主管机关所知晓，为了从执行国获取该信息，后者应进行所需要的一切查询，包括通过根据理事会 1998 年 6 月 29 日第 98/428/JHA 号《建立欧洲司法网络的联合行动》建立的欧洲司法网的联络点进行查询。

8. 当执行国收到监督令和证明文件的机关无权承认该监督令时，该机关应依其职权将该监督令和证明文件移交给主管机关。

第 11 条　对监督措施的执行权

1. 只要执行国主管机关没有承认送交给它的监督令，并且没有将这种承认告知签发国主管机关，签发国主管机关就应该保有对已科处的监督措施予以执行的权限。

2. 即使监督措施的执行权已经转移给执行国的主管机关，在下列情形下，该权限也应交回给签发国主管机关：

（a）当事人已经在执行国之外的其他国家建立起自己合法和经常的居所；

（b）只要签发国主管机关根据第 13 条第 3 款通知执行国主管机关撤回第 10 条第 1 款所述的证明文件；

（c）签发国主管机关修改了监督措施，执行国的主管机关适用第 18 条第 4 款（b）项拒绝执行这些经过修改的监督措施，其原因是这类监督措施不在第 8 条第 1 款和 / 或第 8 条第 2 款中由执行国发出通知的类型的范围之内；

（d）已经超过第 20 条第 2 款（b）项所指的期限；

（e）执行国主管机关决定停止执行监督措施，并适用第 23 条通知了签发国的主管机关。

3. 在本条第 2 款中，签发国和执行国的主管机关应相互协商，以尽量避免监督措施中断执行。

第 12 条　执行国的决定

1. 执行国主管机关应该在收到监督令和证明文件的 20 个工作日内尽快承认按照本法第 9 条送交来的监督令，并按照本法第 10 条规定的程序，毫无延迟地采取各种必要措施对监督措施予以执行，除非其决定援引本法第 15 条中的不承认理由。

2. 如果有人对第1款中的监督令已经提起法律救济程序，那么，对监督令承认的时间限制应再延长20个工作日。

3. 如果执行国主管机关在特殊情况下不能遵从本条第1款和第2款中的时间限制，那么它应及时以任何方式迟延执行的理由以及预计做出最终决定的时间告知签发国主管机关。

4. 如果本法第10条中的证明文件不完整或者明显与监督令不符，主管机关可以推迟做出承认监督令的决定，直到在合理的时间限制内该证明文件能够补充完整或者得到更正。

第13条 改变监督措施

1. 如果监督措施的性质有悖于执行国法律，则成员国主管机关可以对该措施进行调整以使其与根据本国法对相同行为实施的监督措施一致。改变监督措施应及时告知签发国。

2. 改变后的监督措施不能比原来的监督措施严格。

3. 收到第20条第2款（b）项或（f）项中的信息后，只要执行国尚未开始执行，签发国主管机关就可以做出决定撤回证明文件。在任何情形下，这种决定均应在收到相关通知后的10日内做出并告知。

第14条 双重犯罪

1. 下列犯罪如果在签发国可处3年以上监禁刑或者剥夺自由，并且签发国法律对其有明确规定，那么，根据本框架决定的条件并且无须对该行为进行双重犯罪的验证，这些犯罪将导致对监督令的承认：

——参加犯罪组织，

——恐怖主义，

——买卖人口，

——对儿童进行性剥削或从事儿童色情活动，

——非法交易麻醉药品和精神药品，

——非法交易武器、军火及爆炸物，

——腐败，

——欺诈，包括影响1995年7月26日《保护欧洲共同体财政利益公约》意义范围内的欧共体财政利益，

——清洗犯罪收益，

——伪造包括欧元在内的货币，

——计算机犯罪，

——环境犯罪，包括非法交易濒危动物种类和濒危植物种子及其他物种，

——非法入境及居留，

——谋杀和严重伤害，

——非法交易人体器官和人体组织，

——绑架，非法羁押和劫持人质，

——种族主义和仇外，

——有组织或武装抢劫，

——非法交易包括古董和艺术品在内的文物，

——诈骗，

——敲诈勒索，

——伪造及假冒产品，

——伪造及买卖行政文件，

——伪造支付手段，

——非法交易荷尔蒙物质和其他生长激素，

——非法交易核物质或放射性物质，

——买卖被盗车辆，

——强奸，

——放火，

——国际刑事法院管辖的犯罪，

——非法劫持航空器或船只，

——恶意破坏。

2. 理事会依据《欧洲联盟条约》第 39 条第 1 款规定的条件与欧洲议会进行协商以后，在任何时候都可以经全体一致同意，将犯罪的其他类别添加到本条第 1 款的犯罪清单中。理事会应根据本法第 27 条提交给它的报告进行审查：这份犯罪清单是否需要扩大或者修改。

3. 执行国可以承认针对本条第 1 款犯罪清单以外的其他犯罪所做出的监督令，其条件是：根据执行国法律，与该监督令有关的行为构成犯罪，而不论其构成要素是什么或对其构成要素是如何描述的。

4. 在通过本框架决定方面，成员国可以基于宪法原因，通过向理事会总秘书处提交声明的方式，宣称其不适用第1款中的所有或部分犯罪种类。这类声明可以随时撤回。这种声明或对声明的撤回将在《欧共体官方公报》上予以公布。

第15条　不承认的理由

1. 执行国主管机关可以拒绝承认监督令，如果：

（a）本法第10条中的证明文件不完整或者明显与监督令不符，并未在执行国主管机关规定的合理时间内补充完整或者得以更正。

（b）不符合本法第9条第1款、第2款或本法第10条第4款的条件。

（c）承认监督令将违反一事不再理原则。

（d）在本法第14条第3款规定的情形下，在执行国根据本法第14条第4款提交声明的情形下，以及在第14条第1款规定的情形下，与监督令有关的行为依照执行国法律不构成犯罪；与税收、海关和货币有关事项，不能因为执行国的法律没有规定与签发国同类的税收或没有包含该类税收、海关和货币的规定而拒绝执行监督令。

（e）执行国的法律禁止该类刑事起诉，并且依据其国内法其有权管辖该相关行为；

（f）属于执行国法律赦免的行为，导致不能实施监督措施。

（g）根据执行国法律，当事人由于年龄原因不能为该监督令针对的行为负刑事责任。

（h）在违反监督措施的情形下，不得不拒绝依照理事会2002年6月13日第2002/584/JHA号《关于欧洲逮捕令和成员国间移交程序的框架决定》（以下简称《欧洲逮捕令框架决定》）移交当事人。

2. 在本条第1款a项、b项和c项规定的情形下，在做出不承认监督令的决定之前，执行国主管机关应通过适当的方式与签发国主管机关进行沟通，必要时可请求签发国主管机关毫不延迟地补充更多信息。

3. 当执行国主管机关认为虽然可以基于本条第1款h项拒绝承认监督令而其仍愿意承认并执行该监督令时，它应将可能拒绝的理由告知签发国主管机关。在这种情况下，签发国主管机关可以决定按照本法第13条第3款撤回证明文件。如果签发国主管机关没有撤回证明文件，执行国的主管机关就可以承认监督令并对监督措施予以执行，而当事人不可基于欧洲逮捕令而被移交。

第 16 条 规范监督行为的法律

监督措施的执行应由执行国法律予以规范。

第 17 条 继续实施监督措施

当本法第 20 条第 2 款 b 项中的时间期限即将届满而仍有必要实施监督措施时，签发国主管机关可视现实情况并考虑适用第 11 条第 2 款 d 项给当事人带来的可预见的后果，请求执行国主管机关延长监督措施的实施期限。签发国主管机关应该明确可能需要延长的时间。

执行国主管机关应按照其国内法决定该种请求，合适时指明最长的延长时间。在这种情况下，可适用本法第 18 条第 3 款。

第 18 条 采取所有后续决定的权限及其规制法律

1. 不妨碍第 3 条的适用，签发国主管机关有权采取与监督令有关的所有后续决定。这种后续决定包括：

（a）更新、审查和撤回监督令；

（b）改变监督措施；

（c）签发逮捕令或其他具有相同效力的可执行的司法决定。

2. 签发国的法律将适用于根据第 1 款做出的决定。

3. 根据其国内法要求，执行国主管机关可以根据本框架决定确立的承认程序做出承认决定，以使本条第 1 款（a）项和（b）项的决定在其国内法律体系内生效。这种承认不应导致对不承认理由的重新审查。

4. 如果签发国主管机关按照第 1 款（b）项修改了监督措施，执行国的主管机关可以：

（a）如果改变了的措施的性质不符合执行国法律，则适用第 13 条对该措施进行调整；或者

（b）如果改变了的措施不属于本法第 8 条第 1 款中的监督措施的类型和/或不属于执行国按照本法第 8 条第 2 款通知的情形，则拒绝执行该措施。

5. 签发国主管机关依据本条第 1 款行使的权力不妨碍执行国对监督令的当事人提起其他诉讼，该诉讼是针对该人实施的被科处监督令的犯罪行为以外的其他犯罪行为的。

第 19 条 相关机关的义务

1. 在执行监督措施的过程中，执行国主管机关可以随时请求签发国主管机关提供诸如在当前特殊情况下是否还需要继续执行监督措施的信息。签发国主管机关应毫不延迟地对该请求予以答复，适当时按照第 18 条第 1 款做出相应的决定。

2. 在第 10 条第 5 款规定的期限届满之前，签发国主管机关应按其职权或基于执行国的请求，表明其所期望的该监督措施仍然需要的延长时间。

3. 执行国主管机关应将违反监督措施和其他将导致第 18 条第 1 款中的后续决定的情况，及时通知签发国主管机关。通知应使用附件 2 的标准格式。

4. 对当事人的听证，可以变通适用国际法和欧盟法中所包含的使用电话和视频会议进行听证的程序和条件，尤其是当签发国的法律规定司法听证必须在第 18 条第 1 款中的决定做出前举行时。

5. 签发国主管机关应该及时将第 18 条第 1 款中的决定和已经提起的反对监督令的法律救济告知执行国主管机关。

6. 当与监督令有关的证明文件被撤回时，执行国主管机关在接到签发国主管机关的合法告知后，应终止执行监督措施。

第 20 条　执行国提供的信息

1. 收到监督令和证明文件的执行国机关如果无权承认监督令，则它应告知签发国主管机关：它按照第 10 条第 8 款的规定，已将监督令和证明文件移交给哪个机关。

2. 执行国主管机关应毫不延迟地通过任何能生成书面记录的方式告知签发国主管机关：

（a）当事人居所的变更；

（b）监督措施在执行国可执行的最长期限，如果执行国法律有最长期限的规定；

（c）由于执行国收到监督令和证明文件后在其领域内找不到当事人以致无法实施监督措施的事实，在这种情形下，执行国也没有义务执行监督措施；

（d）对承认监督令的决定已经提起法律救济的事实；

（e）承认监督令的终局性决定和所采取的各种执行监督令的必要措施；

（f）依据本法第 13 条做出的改变监督措施的决定；

（g）根据本法第 15 条做出的不承认监督令和不承担执行监督措施的责任

的决定及其原因。

第21条 移交当事人

1. 如果签发国主管机关已经签发了逮捕令或者其他具有同等效力的可执行的司法决定，当事人应按照《欧洲逮捕令的框架决定》而被移交。

2. 在这种情况下，执行国的主管机关不可援引《欧洲逮捕令的框架决定》第2条第1款拒绝移交该人。

3. 在对本框架决定做出调整之时或之后，每一成员国可以通知理事会总秘书处：在做出向签发国移交当事人的决定时，也将适用《欧洲逮捕令的框架决定》第2条第1款的规定。

4. 理事会总秘书处应将其基于第3款获取的信息向所有成员国和委员会公开。

第22条 协商

1. 除非无法实行，签发国和执行国的主管机关应相互协商：

（a）在准备期间，或至少在根据本法第10条送交监督令和证明文件之前；

（b）为有助于顺利和有效地执行监督措施；

（c）当当事人严重违反监督措施时。

2. 签发国的主管机关应对执行国主管机关传递的关于当事人可能存在危害受害者或者公众的危险的信息予以充分考虑。

3. 在适用本条第1款时，签发国和执行国的主管机关应相互交换所有有用信息，包括：

（a）允许核实当事人身份和居所的信息；

（b）根据可适用的法律，从刑事记录中提取出的相关信息。

第23条 对收到的通知不予答复

1. 当执行国主管机关针对同一当事人向签发国主管机关发出了本法第19条第3款所指的数次通知后，而后者没有做出本法第18条第1款所指的后续决定时，执行国的主管机关可以请求签发国的主管机关在限定时间内做出该等决定。

2. 如果签发国的主管机关没有在执行国的主管机关限定的时间内采取行动，则执行国的主管机关可以做出决定，停止执行监督措施。在这种情形下，它应将该决定通知签发国的主管机关，并且，执行监督措施的权力应适用本法第 11 条第 2 款回转给签发国的主管机关。

3. 如果执行国的法律要求就延长执行监督措施的必要性定期做出确认，则执行国的主管机关可以请求签发国的主管机关提供这种确认，并对该请求的答复规定一个合理的时间限制。如果签发国的主管机关未能在限定时间内予以答复，则执行国的主管机关可以向签发国主管机关发出一个新的请求，并规定答复期限以及指明如果在规定期限内未收到答复，其将终止执行监督措施。如果执行国的主管机关在限定时间内未收到对新请求的答复，则可以按照本条第 2 款行动。

第 24 条　语言

证明文件应被翻译成执行国的官方语言或其中一种官方语言。成员国可在本框架决定通过之时或之后，在给理事会总秘书处留存的声明中声明其接受其他欧盟机构的一种或多种官方语言的翻译文本。

第 25 条　费用

因适用本框架决定而产生的费用应由执行国承担，但仅发生在签发国领域内的费用除外。

第 26 条　与其他协定和安排的关系

1. 只要相关的协定和安排允许扩展或延伸本框架决定的目的，并且有助于简化和便利进一步相互承认监督令，各成员国就可以：

（a）在本框架决定生效后，继续适用生效的双边或多边协议或安排；

（b）在本框架决定生效后，签署双边或多边协议或安排。

2. 本条第 1 款中的协议或安排在任何情形下都不影响其缔约国与非缔约成员国之间的关系。

3. 在 2010 年 3 月 1 日前，成员国应将其希望继续适用的、现存的本条第 1 款（a）项所述的协议和安排告知委员会和理事会。

4. 成员国应在签订第 1 款（b）项中的新协议或安排后的 3 个月内，将其告知委员会和理事会。

第 27 条　实施

1. 各成员国须在 2012 年 12 月 1 日之前为遵守本框架决定的规定采取必要措施。

2. 同期，成员国应向理事会总秘书处和委员会递交将本框架决定对成员国规定的义务转化为国内法的文本。

第28条 报告

1. 在2013年12月1日前，委员会应基于其收到的第27条第2款来自成员国的信息撰写报告。

2. 基于该报告，理事会应评估：

（a）成员国为了遵从本框架决定而采取的必要措施的范围；以及

（b）本框架决定的适用情况。

3. 必要时，本报告应附随立法提案。

第29条 生效

本框架决定将在《欧共体官方公报》公布后的第20日生效。

致理事会主席 T.BILLSTORM

2009年10月23日于卢森堡

附件1

证明文件[①]

（由理事会2009年10月23日第2009/829/JHA号《关于在欧盟成员国之间将相互承认原则适用于替代临时羁押的监督令的框架决定》第10条提及）

（a）签发国：__________
执行国：__________
（b）发布监督令的主管机关：__________
官方名称：__________
请指明与监督令相关的其他信息是否可以从以下机关获取
□ 上述机关
□ 中央机关；如果是，请提供该中央机关的官方名称：__________

① 该证明文件必须写成或翻译成执行国的官方语言或其中一种官方语言，或者执行国接受的任何一种欧盟机构的官方语言。

☐ 其他主管机关；如果是，请提供该机关的官方名称：

发布机关 / 中央机关 / 其他机关的联系方式

地址：________________

电话（国家代码）（地区 / 城市代码）：________________

传真（国家代码）（地区 / 城市代码）：________________

联系人信息：

姓：________________

名：________________

职位（头衔 / 级别）：________________

电话（国家代码）（地区 / 城市代码）：________________

传真（国家代码）（地区 / 城市代码）：________________

电子邮箱（如果有）：________________

联系语言：________________

（c）指明为了执行监督措施而需要获取其他信息时可与之联系的机关

☐（b）项中的机关

☐ 其他机关；如果勾选本选框，请提供该机关的官方名称：________________

如果（b）项未能给出相关信息，请指明该机关的联系方式

地址：________________

电话（国家代码）（地区 / 城市代码）：________________

传真（国家代码）（地区 / 城市代码）：________________

联系人信息

姓：________________

名：________________

职位（头衔 / 级别）：________________

电话（国家代码）（地区 / 城市代码）：________________

传真（国家代码）（地区 / 城市代码）：________________

电邮：________________

联系语言：________________

（d）作为监督令的当事人的自然人的信息

姓：________________

名：________________

中间名（如有）：________________

别名（如有）：________________

性别：________________

国籍：________________

身份证号或社会保障号（如有）：________________

出生日期：________________

出生地：________________

地址/居所：________________

——在发出国：________________

——在执行国：________________

——在其他地方：________________

懂得的语言（若知道）：________________

可能时，请提供如下信息：________________

——个人身份的证明文件的类型和号码（身份证、护照）：________________

——在执行国允许居住的居所的类型和号码：________________

（e）接收监督令和证明文件的成员国信息

监督令和证明文件被送交给（a）项中的执行国是基于以下原因：

☐ 当事人在执行国有合法和经常性的居所，当被告知科以监督措施时，本人愿意回到该国；

☐ 当事人要求将监督令送交给其合法和经常居住国之外的其他成员国，其理由是：

（f）对监督令的说明

监督令发布的日期（日月年）：________________

监督令可执行的日期（日月年）：________________

如果在提交证明文件时，已经提起反对监督令的法律救济程序，请勾选这个复选框________________☐

监督令的文件编号（若有）：

当事人在下列期间被临时羁押过（如适用）：

1. 监督令总共涉及________________犯罪。

对所犯罪行的事实进行概括并对其犯罪构成进行描述，包括时间、地点、当事人参与的性质：________________

该罪行的性质和法律分类以及签发监督令所依据的法律条款：

2. 如果第 1 点所指的犯罪依签发国法律规定构成了下列一项或多项犯罪并且可处 3 年以上监禁刑或剥夺自由的处罚，请通过勾选相关复选框予以确定：

☐ 参加犯罪组织；

☐ 恐怖主义；

☐ 买卖人口；

☐ 对儿童进行性剥削或从事儿童色情活动；

☐ 非法交易麻醉药品和精神药品；

☐ 非法交易武器、军火及爆炸物；

☐ 腐败；

☐ 欺诈，包括影响 1995 年 7 月 26 日《保护欧洲共同体财政利益公约》意义范围内的欧共体财政利益；

☐ 清洗犯罪收益；

☐ 伪造包括欧元在内的货币；

☐ 计算机犯罪；

☐ 环境犯罪，包括非法交易濒危动物种类和濒危植物种子及其他物种；

☐ 非法入境及居留；

☐ 谋杀和严重伤害；

☐ 非法交易人体器官和人体组织；

☐ 绑架，非法羁押和劫持人质；

☐ 种族主义和仇外；

☐ 有组织或武装抢劫；

☐ 非法交易包括古董和艺术品在内的文物；

☐ 诈骗；

☐ 敲诈勒索；

☐ 伪造及假冒产品；

☐ 伪造及买卖行政文件；

☐ 伪造支付手段；

☐ 非法交易荷尔蒙物质和其他生长激素；

☐ 非法交易核物质或放射性物质；

☐ 买卖被盗车辆；

☐ 强奸；

☐ 放火；

☐ 国际刑事法院管辖的犯罪；

☐ 非法劫持航空器或船只；

☐ 恶意破坏；

3. 在第 1 点确认的犯罪没有被第 2 点所包含的场合下，如果监督令和证明文件送交给一个声明需经双重犯罪验证的成员国（本框架决定第 14 条第 4 款），请对该犯罪进行详细描述：

（g）监督措施的期间和性质

1. 监督令适用的期间以及是否可能被更新（如适用）。

2. 考虑到送交监督令时知道的所有情况，执行监督措施可能需要的暂定期间。

3. 监督措施的性质（勾选复选框）：

☐ 主要是为了能够在刑事诉讼中收到出席听证会和出席庭审的传票，个人在变更居所时告知执行国主管机关的义务；

☐ 不得进入签发国或执行国特定场所、地点或规定区域的义务；

☐ 不得在规定时间内离开某一特定地点的义务；

☐ 不得离开执行国领域的义务；

☐ 在规定时间向特定机关报告的义务；

☐ 避免与所涉犯罪有关的特定人员接触的义务；

☐ 执行国准备按照本框架决定第 8 条第 2 款发出的通知予以监督的其他措施。

如果选择其他措施，请通过勾选合适的选框明确采取的是哪一项措施：

☐ 不得从事与已所涉犯罪有关的特定活动的义务，包括从事特定的职业或涉及特定的领域；

☐不得驾驶车辆的义务；

☐ 缴纳一定数额的保证金或提供其他形式的保证的义务，保证金可以分期或一次性缴纳；

☐ 接受有益于健康的治疗或戒除毒瘾的治疗的义务；

☐ 避免与所涉犯罪有关的特定事物进行接触的义务；

☐ 其他措施（请指明）：

4. 请给出第 3 点勾选的监督措施的详细描述：

（h）与案件有关的其他情况，包括科处监督措施的具体理由（可选信息）：

应随证明文件附上监督令的文本。

签发证明文件的机关和 / 或其确认该证明文件内容准确性的代表的签署：
姓名：______
职务（头衔 / 级别）：______
日期：______
文件编号（若有）：______
官方印章（如合适）：______

附件 2

表格

（由理事会 2009 年 10 月 23 日第 2009/829/JHA 号《关于在欧盟成员国之间将相互承认原则适用于替代临时羁押的监督令的框架决定》第 19 条提及）

关于违反监督措施和 / 或能够导致后续决定的其他发现的报告

（a）被监督人身份信息的验证
姓：______
名：______
婚前姓（如有）：______
别名（如有）：______
性别：______
国籍：______
身份证号或社会保障号（如有）：______
出生日期：______
出生地：______
地址：______
懂得的语言（若知道）：______
（b）监督令的信息
发布监督令的日期：______
文件编号（若有）：______
发布监督令的机关：______

官方名称：____________________

地址：____________________

证明文件的签发日期：____________________

发出证明文件的机关：____________________

文件编号（若有）：____________________

（c）负责执行监督措施的机关的信息

官方名称：____________________

联系人名字：____________________

职位（头衔 / 级别）：____________________

地址：____________________

电话（国家代码）（地区 / 城市代码）：____________________

传真（国家代码）（地区 / 城市代码）：____________________

电子邮箱：____________________

联系语言：____________________

（d）违反监督措施和 / 或导致后续决定的其他发现：____________________

（a）项中所指的人违反了以下监督措施：____________________

□ 主要是为了能够在刑事诉讼中接收到出席听证会和出席庭审的传票，个人在变更居所时告知执行国主管机关的义务；

□ 不得进入签发国或执行国特定场所、地点或规定区域的义务；

□ 不得在规定时间内离开某一特定地点的义务；

□ 不得离开执行国领域的义务；

□ 在规定时间向特定机关报告的义务；

□ 避免与所涉犯罪有关的特定人接触的义务；

□ 其他措施（请指明）：

对违反行为的描述（地点、时间和特定情形）：

——导致后续决定的其他发现

对所发现的情形进行描述：

（e）为了获取与违反监督措施有关的更多信息而可与之联系的人员信息：

姓：____________________

名：____________________

地址：____

电话（国家代码）（地区 / 城市代码）：________________________

传真（国家代码）（地区 / 城市代码）：________________________

电子邮箱：____________________________________

联系语言：____________________________________

填写本表格的机关和 / 或其确认该表格内容正确性的代表的签署：__________

姓名：____

职务（头衔 / 级别）：____________________________

日期：____

官方印章（如合适）：____________________________

德国的声明

“德国联邦共和国在此谨依据理事会《关于在欧盟成员国之间将相互承认原则适用于替代临时羁押的监督令的框架决定》第 14 条第 4 款发表声明：本国对该款所述的所有犯罪都不适用该款规定。”

该声明将由《欧共体官方公报》予以公布。

波兰的声明

“根据理事会《关于在欧盟成员国之间将相互承认原则适用于替代临时羁押的监督令的框架决定》第 14 条第 4 款，波兰共和国声明：本国对该款所述的所有犯罪都不适用该款规定。”

该声明将由《欧共体官方公报》予以公布。

匈牙利的声明

“根据理事会《关于在欧盟成员国之间将相互承认原则适用于替代临时羁押的监督令的框架决定》第 14 条第 4 款，匈牙利共和国声明：本国对该款所述的所有犯罪都不适用该款规定。”

该声明将由《欧共体官方公报》予以公布。

关于第 14 条第 4 款所说的“宪法原因”，匈牙利解释如下：

“匈牙利在批准里斯本条约批准之后，为了履行条约义务修改了宪法，包括在刑事领域不再适用双重犯罪原则。这一宪法规定将与里斯本条约同时生效。尽管如此，在条约生效之前，双重犯罪原则仍然是一个重要的宪法问题，并且作为由宪法第 57 条承认的宪法原则不能也不应被漠视。因此，该框架决定第 14 条第 1 款的规定不能适用于犯罪清单上所列的任何犯罪。”

立陶宛的声明

“根据理事会《关于在欧盟成员国之间将相互承认原则适用于替代临时羁押的监督令的框架决定》第 14 条第 4 款，立陶宛共和国声明：由于宪法原因，本国对该款所述的所有犯罪都不适用该款规定。”

该声明将由《欧共体官方公报》予以公布。

《在刑事诉讼中防止和解决管辖权冲突的框架决定》[①]

（根据《欧洲联盟条约》第六编通过）

欧盟理事会2009年11月30日第2009/948/JHA号

欧盟理事会，

考虑到《欧洲联盟条约》，尤其是其第31条第1款（c）项和（d）项和第34条第2款（b）项，

考虑到捷克、波兰、斯洛文尼亚、斯洛伐克和瑞典的提议，

考虑到欧洲议会的意见，

鉴于：

（1）欧洲联盟已经为自己确立了保持和发展一个“自由、安全和公正”区域的目标。

（2）旨在欧盟区域内加强“自由、安全和公正”的“海牙计划”[②]，在2004年11月4日和5日的欧洲理事会会议上获得通过。为了提高起诉的有效性和保证适当的处罚，它要求成员国考虑解决管辖权冲突的立法，从而完成在刑事裁判方面贯彻相互承认原则的、全面性的措施方案。

（3）本框架决定内的各项措施的目的是防止同一个人因同一个事实在不同的成员国同时被刑事起诉，从而可能导致在两个或两个以上的成员国出现这类诉讼的最终处置结果。本框架决定的目的是防止违反“一事不再理”原则，如同欧共体法院解释的那样，该原则由荷、比、卢经济联盟成员国政府和德国、法国之间于1985年6月14日订立的关于逐渐取消共同边界检查的《执行申

① 翻译：高毛英。

② OJ C 53，3.3.2005，p.1.

根协议的公约》第54条确立。

（4）为了避免平行诉讼产生相互抵触的后果和浪费有关主管机关的时间和资源，各成员国的主管机关应直接相互磋商，以在有效解决这个问题方面达成共识。一种显著的有效解决方法就是将所有刑事诉讼集中于一个成员国进行，如通过刑事诉讼移转，将所有的刑事诉讼集中于一个成员国。有效解决也可表现为允许采取有效的、合理的处理这些诉讼的任何其他方法，其中包括关于时间的分配，如当各主管机关不能对案件统一认识时，可以把案件提交给欧洲司法局。就这一点来说，应特别注意证据收集问题，因为它会受到正在平行进行的诉讼的影响。

（5）当一个成员国的主管机关有合理理由相信，基于同一个事实涉及同一个人的平行诉讼程序正在另一个成员国进行，而这可能会导致在两个或两个以上的成员国出现刑事诉讼的终局性处置结果，那么它应当联系该另一个成员国的主管机关。对于是否存在合理理由的疑问，应当只能由联系国审查。合理理由可以并尤其应包括以下情形：犯罪嫌疑人或被告人提供个人资料时诉称，其基于相同的事实正在被另一个成员国同时刑事起诉，或者，另一个成员国的主管机关请求相互司法协助时，暴露出这种平行刑事诉讼的存在，或者，警察机关提供了这方面的信息。

（6）主管机关之间信息交换程序的基础是对交换特定信息的最低限度加以强制性规定，有些信息是必须被提供的。所提供的信息应当明显便利于正确识别涉案人员身份和分别进行的平行诉讼的性质和阶段。

（7）被另一成员国主管机关联系的主管机关对前者提出的请求具有做出答复的一般义务。如果可能，应当鼓励联系机关设定一个最后期限，在这个期限内，被联系机关应当做出答复。主管机关应当在整个联系过程中充分考虑被剥夺自由的人的具体情形。

（8）主管机关之间的直接联系应该成为本框架决定下合作的首要原则。按照国家程序自主原则，成员国有权自主决定哪一个机关有资格采取本框架决定下的行动，但是这个机关进行干预和做出决定的权限须与本框架决定的规定相一致。

（9）当为了避免在两个或两个以上成员国进行的平行诉讼导致相互抵触的结果而努力达成有效解决的共识时，主管机关应当考虑到每一个案件都是特定的，并考虑其所有的事实和价值。为了达成共识，主管机关应当对相关标准进行考虑，这种标准可以包括 2003 年欧洲司法局年报上发表的指导性意见，它是为满足律师的需要而制定的。同时，主管机关还应当考虑诸如：主要犯罪事实发生地，损失持续发生地，犯罪嫌疑人或被告人所处的位置以及被移交或被引渡到其他国家的可能性，犯罪嫌疑人或被告人的国籍或住所，受害人和证人的重大利益，证据可采性或可能发生的任何延误。

（10）主管机关为了在本框架决定的背景下达成共识而进行直接磋商的义务，不排除在欧洲司法局的协助下进行这种直接磋商的可能性。

（11）没有哪个成员国必须放弃或者行使管辖权，除非它愿意这么做。只要对刑事诉讼的集中还没有达成共识，成员国主管机关就能够继续对本国有权管辖的任何刑事犯罪进行刑事诉讼活动。

（12）由于本框架决定一个非常重要的目的是防止不必要的平行刑事诉讼导致对“一事不再理”原则的违反，所以它的适用不应当引起其他不应该发生的行使管辖权的冲突。在“自由、安全和公正”的共同领域内，在某些国家程序法中占主导地位的强制起诉义务，应当被理解和适用为：当任一成员国确保了对特定刑事犯罪的刑事起诉，有权管辖的国家就履行了强制起诉的义务。

（13）当将所有刑事诉讼集中于一个成员国的共识已经达成时，其他成员国主管机关的行动应当与这个共识相一致。

（14）由于欧洲司法局特别适合于为解决管辖权的冲突提供协助，因此，当不能达成共识时，将案件提交给欧洲司法局是一个有用办法。应该指出的是，依照经 2008 年 12 月 16 日理事会 2009/426/JHA 号《关于加强欧洲司法局的决定》[①] 修正的 2002 年 2 月 28 日理事会第 2002/187/JHA 号《为了加强同暴力犯罪做斗争而建立欧洲司法局的决定》[②]（简称“欧洲司法局决定”）第 13 条第 7 款 a 项的规定，任何已经出现或可能出现管辖权冲突的案件，都应当报告给欧洲司法局，并且，如果至少有一个参与直接磋商的主管机关认为适当，就可以随时将该案件提交给欧洲司法局。

---

① OJ L 138，4.6.2009，p.14.

② OJ L 63，6.3.2002，p.1.

（15）本框架决定不影响1972年5月15日在斯特拉斯堡签订的《欧洲刑事诉讼移转公约》确定的诉讼程序和成员国间的任何刑事诉讼移转协定。

（16）如果问题的解决有现成的更合适的选择，则本框架决定不应当导致过度的行政负担。因此，在成员国间有更灵活的文件和协议的情况下，它们应优先于本框架决定得到适用。

（17）本框架决定对交换信息和成员国主管机关之间的直接磋商的规定是有限的，因此它不影响个人有权主张其应当在本国或另一个国家被起诉，如果根据国内法他拥有这样的权利。

（18）2008年11月27日理事会第2008/977/JHA号《关于保护在警察和刑事司法合作的框架中被处理的个人资料的框架决定》应当适用于在本框架决定下被交换的个人资料的处理。

（19）在做出有关语言的声明时，应当鼓励成员国在其官方语言之外至少包括一种在欧盟区域内通用的语言。

（20）本框架决定尊重基本权利，并遵循《欧洲联盟条约》第6条所承认的和《欧洲联盟基本权利宪章》所反应的各项原则。

兹通过本框架决定如下：

第一章　一般原则

第1条　目标

1. 本框架决定的目标是促进两个或两个以上正在进行刑事诉讼的成员国的主管机关之间更紧密地合作，以提高诉讼的效率和适当处罚。

2. 这种更紧密的合作旨在：

（a）防止同一个人因同一个事实在不同成员国内遭受的平行刑事诉讼可能导致两个或两个以上成员国对诉讼做出终局性处置，从而构成对“一事不再理”原则的违反；以及

（b）在有效解决方面达成共识，以避免这种平行诉讼产生相互抵触的结果。

第2条　主题和范围

1. 为了实现第1条确立的目标，本框架决定在以下各方面构建一个框架：

（a）为了证实对同一个人的同一事实的平行刑事诉讼的存在，在各成员国主管机关之间建立联系的程序；

（b）对同一个人的同一个事实进行平行刑事诉讼的两个或两个以上的成员国的主管机关之间通过直接磋商来交换信息，如果他们已经知道存在平行刑事诉讼，为了避免由于这些平行诉讼程序产生相互抵触的结果而想在有效解决方面达成共识。

2. 为了执行《欧洲联盟条约》第 81 条和第 82 条规定的竞争规则而于 2002 年 12 月 16 日制订的第 1/2003 号理事会规则[①]（欧洲共同体）第 5 条和第 13 条所涵盖的诉讼不适用本框架决定的规定。

第 3 条　定义

基于本框架决定的目的：

（a）"平行诉讼"系指在两个或两个以上成员国同时进行的针对同一个人的同一个事实的刑事诉讼，包括审前和审判过程在内；

（b）"主管机关"系指一个司法机关或其他机关，它根据本国法律有资格实施本框架决定第 2 条第 1 款设想的行为；

（c）"联系机关"系指为了证实平行诉讼的存在而与另一个成员国的主管机关进行联系的某个成员国的主管机关；

（d）"被联系机关"系指应联系机关请求而证实平行刑事诉讼存在的主管机关。

第 4 条　确定主管机关

1. 成员国应当确定主管机以促进主管机关之间直接联系的原则。

2. 依照本条第 1 款，各成员国应当报告理事会总秘书处，哪一个机关依据其本国法有资格采取符合本框架决定的行动。

3. 尽管有本条第 1 款和第 2 款的规定，如果各成员国内部组织结构需要，就可以指定一个或多个中央机关来负责行政传递和接收根据第 5 条提出的信息请求和 / 或为了在磋商过程中协助主管机关。有意指定一个或多个中央机关的成员国，应当告知理事会总秘书处。

4. 理事会总秘书处应把依据本条第 2 款和第 3 款接收到的信息向所有成员国和委员会公开。

---

① OJ L.1，4.1.2003，p.1.

第二章　交换信息

第 5 条　联系的义务

1. 当一个成员国的主管机关有合理理由相信平行诉讼正在另一个成员国进行时，为了启动第 10 条规定的直接磋商，它应当与后者的主管机关联系，证实这种平行诉讼确实存在。

2. 如果联系机关不知道与之联系的主管机关的身份，那么它应进行所需的一切查询，包括通过欧洲司法网的联络点，以获得该主管机关的详细资料。

3. 当正在进行平行诉讼的主管机关以其他方式得知存在这些平行诉讼时，联系程序不得适用。

第 6 条　答复的义务

1. 被联系的机关应当在联系机关指定的任何合理的最后期限内，或者，如果没有指定最后期限的话，在没有不适当迟延的情况下，对依照第 5 条第 1 款所提出的请求做出答复，并且告知联系机关是否在本国发生了平行诉讼。如果联系机关已经告知被联系机关其已将犯罪嫌疑人或被告人临时羁押或监禁，那么被联系机关应当把这项请求当作紧急事项对待。

2. 如果被联系机关不能在联系机关设定的最后期限内做出答复，那么它应当迅速将其原因告知联系机关，并表明能够提供被请求信息的最后期限。

3. 如果联系机关与之联系的不是根据第 4 条确定的主管机关，则后者应当毫不迟延地把信息请求转交给主管机关并同时告知联系机关。

第 7 条　联系方式

联系机关和被联系机关应当通过任何能够生成书面记录的方式进行联系。

第 8 条　在请求函中应提供信息的最低限度

1. 当依照第 5 条提出请求时，联系机关应当提供以下信息：

（a）主管机关的联系方式；

（b）对正在进行的刑事诉讼的涉案行为的事实和情节的描述；

（c）如果适用，所有有关犯罪嫌疑人和被告人身份以及被害人的详细资料；

（d）刑事诉讼已经达到的阶段；和

（e）如果适用，关于临时羁押或监禁犯罪嫌疑人或被告人的信息。

2. 联系机关可以提供与正在本国进行的刑事诉讼有关的其他信息，如本国遇到的困难。

第 9 条　在答复中应提供信息的最低限度

1. 被联系机关依照第 6 条做出的答复应当包括以下信息：

（a）针对联系机关提交的信息请求函中提到的刑事诉讼所涉及的同一行为的部分或全部，刑事诉讼是否正在进行或者是否曾经进行过以及是否涉及同一个人；

如果对本款（a）项有一个肯定的答复，则还应包括：

（b）主管机关的联系方式；和

（c）这些诉讼的阶段，或者，在已经做出终局性裁定的情况下，该裁定的性质。

第三章　直接磋商

第 10 条　进行直接磋商的义务

1. 当确定平行诉讼存在时，为了避免这种平行诉讼导致相互抵触的结果，以及在有效解决方面达成共识，有关成员国的主管机关应当进入直接磋商阶段。适当的解决办法是可以将这些平行进行的刑事诉讼集中在一个成员国进行。

2. 只要直接磋商正在进行，主管机关就应当互相告知它们在诉讼中已经采取的任何重要的程序性措施。

3. 在进行直接磋商的过程中，那些参与磋商的主管机关应当在任何适当及可能的时候答复来自其他参与磋商的主管机关的信息请求。但是，如果一个主管机关被另一个主管机关请求提供一些特定的信息，而这些信息可能会损害其基本的国家安全利益或者危及个人安全，则它不应被要求提供这些信息。

第 11 条　达成共识的程序

成员国的主管机关依照本法第 10 条为了达成共识而进行直接磋商时，他们应当考虑案件的事实和价值，以及他们认为有关的所有因素。

第 12 条　与欧洲司法局的合作

1. 本框架决定不影响《欧洲司法局决定》并与其相互补充。

2. 当无法根据本法第 10 条达成共识时，那么在适当的时候，任何所涉成员国的主管机关都可以把案件提交给欧洲司法局处理，如果欧洲司法局根据《欧洲司法局决定》第 4 条第 1 款的规定有资格这么做。

第 13 条 提供关于诉讼结果的信息

如果在依照本法第 10 条进行的直接磋商的过程中对将刑事诉讼集中在一个成员国达成一致意见，那么这个成员国的主管机关就应当把诉讼的结果分别通知各其他成员国的主管机关。

第四章 一般和最后条款

第 14 条 语言

1. 各成员国应当在交存于理事会总秘书处的声明中做出陈述，表明在依照第二章取得联系的程序中可能会使用联盟机构的官方语言中的哪几种语言。

2. 主管机关在他们依据第 10 条进行的直接协商过程中可以同意使用任何语言。

第 15 条 与其他法律文件和安排的关系

1. 只要其他法律文件或安排允许对本框架决定的目标进行扩大，或有助于简化或便利国家主管机关进行的下列活动：交换刑事诉讼信息的程序，进行直接磋商以及为了避免平行诉讼产生的相互抵触后果而设法在有效解决方面达成共识，各成员国就可以：

（a）在本框架决定生效时，继续适用生效的双边或多边协议或安排；

（b）在本框架决定生效后，缔结双边或多边协议或安排。

2. 第 1 款所指的协议和安排在任何情况下都不能影响各成员国和非缔约方的关系。

第 16 条 实施

各成员国须在 2012 年 6 月 15 日之前为遵守本框架决定的规定而采取必要措施。

在 2012 年 6 月 15 日之前，成员国应向理事会总秘书处和委员会递交将本框架决定对成员国规定的义务转化为国内法的文本。

第 17 条 报告

欧盟委员会应当在 2012 年 12 月 15 日之前，向欧洲议会和欧盟理事会提交一份各成员国遵守本框架决定程度的评估报告，如果有必要，也可以附带提出立法议案。

第18条　生效

本框架决定自其发表于《欧洲联盟公报》之日起生效。

致理事会主席 B.ASK

2009年11月30日于布鲁塞尔

《关于在刑事诉讼中获得口译和翻译权利的指令》[①]

欧洲议会和欧盟理事会 2010 年 10 月 20 日第 2010/64/EU 号

欧洲议会和联盟理事会，

考虑到《欧洲联盟运作条约》，尤其是第 82 条第 2 款第 2 段（b）项，

考虑到比利时王国、德意志联邦共和国、爱沙尼亚共和国、西班牙王国、法兰西共和国、意大利共和国、卢森堡大公国、匈牙利共和国、奥地利共和国、葡萄牙共和国、罗马尼亚、芬兰共和国和瑞典王国的提议[②]，

将立法草案送交国会后，

根据普通立法程序[③]，

鉴于：

（1）欧盟为自己确立了维持和发展一个“自由、安全和公正”区域的目标。根据 1999 年 10 月 15 日至 16 日在坦佩雷召开的欧洲理事会会议形成的最终决议，尤其是其第 33 段，相互承认司法机关的判决和其他决定的原则应当成为欧盟内部民事和刑事司法合作的基石，因为相互承认的增强和必要的立法趋同有利于各主管机关间的合作和对个人权利的司法保护。

（2）2000 年 11 月 29 日，欧盟理事会根据坦佩雷会议决议通过了一项《在刑事裁定方面贯彻相互承认原则的措施方案》[④]。该方案在序言中声明，相互承认原则“是为了加强成员国之间的合作，同时也是为了增强对个人权利的

---

① 翻译：姚远。

② OJ C 69，18.3.2010，p.1.

③ 欧洲议会 2010 年 6 月 16 日的意见（尚未在《欧共体官方公报》上公布）以及欧盟理事会 2010 年 10 月 7 日的决议。

④ OJ C 12.1.2001，p.10.

保护”。

（3）在刑事裁定方面贯彻相互承认原则，以成员国相互信任对方的司法体系为前提。相互承认的程度尤其依赖于一些特别因素，包括犯罪嫌疑人和被告人权利的保障机制以及为了便利相互承认原则的适用而必需的最低限度的共同司法标准。

（4）刑事裁定的相互承认，只有基于信任精神才能有效运作。这种信任不仅要求司法机关，同时也要求刑事诉讼的参与者认为其他成员国司法机关做出的裁定和他们本国做出的裁定具有同等效力。同时也意味着不仅信任其他成员国法律规则的正当性，也信任这些规则能够得到正确适用。

（5）《保护人权和基本自由的欧洲公约》（以下简称《欧洲人权公约》）第6条和《欧洲联盟基本权利宪章》（以下简称宪章）第47条庄严载明了公正审判的权利。宪章第48条第2款确保尊重辩护的权利。本指令尊重这些权利并将遵照执行。

（6）尽管所有成员国都是《欧洲人权公约》的缔约国，但实践表明，仅此不足以对其他成员国的刑事司法体系给予足够程度的信任。

（7）增强互信要求进一步持续贯彻《欧洲人权公约》第6条列明的权利和保障措施。同时也需要采取本指令的方式或其他措施，在欧盟范围内进一步发展《欧洲人权公约》和宪章确立的最低标准。

（8）《欧洲联盟运作条约》第82条第2款规定，为了有助于相互承认判决及司法裁定以及在具有跨国因素的刑事事项上便利警察和司法合作，应建立可适用于各成员国的最低司法准则。第82条第2款第2段（b）项提到的“刑事诉讼中的个人权利”，就是可以建立最低司法准则的领域之一。

（9）共同的最低司法准则可以增加对各成员国刑事司法体系的信心，从而在一种相互信任的氛围中开展更有效的司法合作。这种共同的最低司法准则应当在刑事诉讼的口译和翻译领域确立起来。

（10）2009年11月30日，理事会通过了一项关于加强刑事诉讼犯罪嫌疑人或被告人程序性权利的路线图决议[①]。该路线图决议要求通过渐进的方式对以下权利采取各种措施：有权得到翻译和口译（措施A），对权利信息和收费

① OJ C 295，4.12.2009，p.1.

信息的知情权（措施 B），有权获得法律咨询和法律援助（措施 C），与亲戚、雇主及领事馆通信的权利（措施 D），以及对犯罪嫌疑人或被告等弱势群体的特别保护（措施 E）。

（11）在 2009 年 12 月 10 日通过的“斯德哥尔摩计划”中，欧洲理事会欢迎路线图决议，并使之成为“斯德哥尔摩计划”的一部分（第 2 条第 4 项）。为了促进在该领域的更好合作，欧洲理事会通过邀请委员会审查犯罪嫌疑人和被告人最低程序权利的其他要素并评估是否有其他事项（如无罪推定）需要处理，强调了路线图决议的不彻底性。

（12）本指令与路线图决议中的 A 措施有关。它制定了适用于刑事诉讼中口译和翻译领域的共同最低规则，以增强成员国之间的相互信任。

（13）本指令吸收了委员会 2009 年 7 月 8 日向理事会提交的《在刑事诉讼中获得口译和翻译权利的框架决定的提案》，采纳了委员会 2010 年 3 月 9 日向欧洲议会和欧盟理事会提出的《在刑事诉讼中获得口译和翻译权利的指令的提案》。

（14）正如欧洲人权法院的判例法所解释的那样，不讲或不懂诉讼语言的人有权获得口译和翻译被庄严载入《欧洲人权公约》第 6 条。本指令有助于这项权利在实践中的应用。为此目的，本指令的目标是确保犯罪嫌疑人或被告人在刑事诉讼中获得口译和翻译的权利，以保证他们有权获得公正审判。

（15）本指令规定的权利及必要配套措施，应当在本指令规定的限度内适用于欧洲逮捕令[①]的执行。为了诉讼中不讲或不懂诉讼语言的被请求人的利益，执行国应当提供口译和翻译，并承担由此产生的费用。

（16）在有些成员国，不具有刑事管辖权的其他机关有权对相对轻微的罪行进行制裁。这种情形可能与诸如在大范围内实施的交通犯罪有关并可能是在交通管制下确立的管辖权。在此种情况下，要求主管机关确保本指令项下的所有权利是不合理的。当某个成员国法律规定了不具有刑事管辖权的其他机关对轻微犯罪的制裁，并规定了有权向具有刑事管辖权法院提起上诉时，本指令只适用于法院的上诉程序。

---

① 2002 年 6 月 13 日 2002/584/JHA 号《关于欧洲逮捕令和成员国之间移交程序的框架决定》（OJ L 190，18.7.2002，p.1）.

（17）本指令应确保提供免费和充分的语言协助，以便不讲或不懂诉讼语言的犯罪嫌疑人或被告人在诉讼中得以全面行使辩护权并确保诉讼的公正性。

（18）应毫不迟延地提供对犯罪嫌疑人或被告人有益的口译。但是，如果在提供口译前拖延了一段特定时间，只要该段时间在特定情况下是合理的，就不应当构成对毫不迟延提供口译要求的违反。

（19）根据本指令，犯罪嫌疑人或被告人与他们的法律顾问之间的交流应当得到翻译。尤其是犯罪嫌疑人或被告人应当能够向他们的法律顾问解释他们对事件的看法，指出他们不同意的主张，以及让他们的法律顾问了解应当在辩护中提出的事实。

（20）为了保证诉讼的公正，在准备辩护的诉讼过程中，犯罪嫌疑人或被告人与法律顾问之间关于讯问、听证或者是提出上诉或申请诸如保释等其他程序的直接沟通，都应当得到翻译。

（21）成员国应当确保本国具有一种程序或机制，用以查明犯罪嫌疑人或被告人是否使用或听得懂诉讼程序语言，以及他们是否需要协助翻译。这种程序或机制意味着主管机关用任何适当的方式验证犯罪嫌疑人或被告人是否使用或懂得刑事诉讼语言，以及是否需要翻译帮助，验证的方式包括询问该犯罪嫌疑人或被告人。

（22）为了犯罪嫌疑人或被告人全面行使其辩护权，并为了确保诉讼的公正，依据本指令，口译和翻译应当使用犯罪嫌疑人或被告人的本国语言或他们使用或懂得的其他语言。

（23）包含于本指令的对口译或翻译权利的尊重不应当损害国内法规定的任何其他程序性权利。

（24）当成员国的主管机关就接手的案件接到通知后，它应当保证能够提供充分的口译和翻译。

（25）犯罪嫌疑人或被告人或者受制于欧洲逮捕令执行程序的人，应根据国内法程序有权质疑无须翻译的结论。前述权利并不要求成员国提供一种质疑这种结论的独立机制或抗辩程序，并且在适用于欧洲逮捕令的执行时不受时效限制。

（26）当翻译的质量被认为不足以保证公正审判的权利时，主管机关应当能够更换指派的翻译人员。

（27）对于那些处于潜在弱势地位的犯罪嫌疑人或被告人的关怀责任，尤其是对那些因为身体残障而妨碍他们有效沟通的人的关怀责任，支撑着司法的公正。因此，公诉、执行和审判机关应当确保此类人能够有效地行使本指令规定的权利，如考虑那些影响他们进行诉讼和理解诉讼的潜在不利因素，并采取适当措施来保障那些权利。

（28）当为了远程翻译的目的而使用电视会议时，主管机关可以借助那些在《欧洲电子司法》文本中提到的工具（如法庭上由电视会议设备或手册提供的信息）。

（29）应当根据取得的具体实践来评估本指令。在适当情况下，为了提高它制定的保障作用，本指令应当被修正。

（30）为了保障程序公正以及为了犯罪嫌疑人或被告人的利益，基本文件或者至少是其相关章节，应当基于本指令被翻译。基于以上目的，某些文件总是应当被认为是基本文件，因此应当被翻译，如剥夺当事人自由的决定、指控或公诉书，以及判决书。基于自己的意向或基于犯罪嫌疑人、被告人或其法律顾问的请求，成员国主管机关可以决定其他法律文件哪些属于保障程序公正的基本文件而应被翻译。

（31）成员国如果建立了法律翻译员和口译员的国家数据库，那么应当使进入此种数据库变得便利。在那种情况，对于通过电子司法门户网站进入数据库的目标应当给予特别重视，该目标是在 2008 年 11 月 27 日的《欧洲电子司法多年行动计划 2009—2013》[①] 中设定的。

（32）本指令应该设定最低司法规则。为了在本指令没有明确规定的情形下提供更高层次的保护，成员国有权拓展本指令中的权利。保护的程度不应当低于《欧洲人权公约》规定的标准，以及欧洲人权法院或欧盟法院通过判例法对宪章所作解释的标准。

（33）本指令符合《欧洲人权公约》或宪章保障权利的条款，应当与那些权利的解释和落实始终相一致，正如欧洲人权法院和欧盟法院的判例法所解释的那样。

（34）由于本指令建立共同的最低司法标准的目标不能被各成员国充分地

---

① OJ C 75，31.3.2009，p.1.

实现，但基于其范围和影响可以更好地在欧盟层面上实现，因此，欧盟可以根据《欧洲联盟条约》第5条确立的补充性原则采取措施。根据该条确立的比例原则，本指令不应超过为实现该目标而必须采取的措施。

（35）根据附录于《欧洲联盟条约》和《欧洲联盟运作条约》后的议定书（第21号）第3条关于联合王国和爱尔兰对自由、安全和公正区域的立场，上述成员国已经表达了他们采纳和执行本指令的意愿。

（36）根据附录于《欧洲联盟条约》和《欧洲联盟运作条约》后的议定书（第22号）第1条和第2条关于丹麦的立场的规定，丹麦将不采纳本指令，不受本指令约束或不适用本指令。

已经通过的指令如下：

第1条 主题和适用范围

1. 本指令制定了在刑事诉讼及欧洲逮捕令执行程序中获得口译及翻译权利的规则。

2. 本条第1款所指权利应当适用于被告人或犯罪嫌疑人，时间从成员国主管机关通过官方或其他方式告知其被怀疑或被指控实行了某种犯罪时起直到该程序有了结论为止。“有了结论”应理解为对该人是否实施了犯罪这一问题有了终局性结论，如果可能，包括判决及上诉结论。

3. 当成员国的法律规定对于轻微犯罪的制裁可以由具有刑事管辖权的法院以外的机关来科处，并且这种制裁可以上诉至具有刑事管辖权的法院时，本指令只应适用于该法院的上诉程序。

4. 本指令不影响国内法关于法律顾问出席刑事诉讼的任何阶段的规定，也不影响国内法关于犯罪嫌疑人或被告人有权获得刑事诉讼相关文件的规定。

第2条 获得口译的权利

1. 成员国应当保证：在包括警察询问、法庭听证和必要的临时听证在内的调查前程序和司法程序中，毫不迟延地为不会说或听不懂相关刑事诉讼语言的犯罪嫌疑人或被告人提供口译。

2. 成员国应当保证：为了确保诉讼公正目的的需要，在诉讼、提起上诉或其他可适用的程序中，当犯罪嫌疑人或被告人与他们的法律顾问就任何问题或听证进行直接联系时，可以方便地通过口译进行沟通。

3. 本条第 1 款和第 2 款获得口译的权利包括为具有听力或语言障碍的人提供适当的帮助。

4. 成员国应当保证有一个确认程序或机制，以查明犯罪嫌疑人或被告人是否能够运用或明白刑事诉讼所使用的语言及他们是否需要口译人员的帮助。

5. 成员国应当保证：根据其国内法的程序，犯罪嫌疑人或被告人有权质疑认定其无须获得口译的决定，并且，当获得口译的质量不足以保证诉讼公正时，其有权控告。

6. 适当时候可以使用电视会议、电话或网络等通信技术，除非为了保证诉讼的公正，口译人员需要亲自到现场翻译。

7. 在执行欧洲逮捕令的程序中，执行国应当保证其主管机关根据本条款为该程序中不能说或不明白程序语言的当事人提供口译。

8. 根据本条款所提供的口译的质量应足以保证诉讼公正，特别是能够使犯罪嫌疑人或被告人对针对他们的案件有所了解并且能够行使他们的辩护权。

第 3 条 翻译基本文件的权利

1. 成员国应当保证不懂刑事诉讼语言的犯罪嫌疑人或被告人在合理期限内获得所有为确保他们能够行使辩护权及保障诉讼公正的基本文件的书面翻译。

2. 基本文件应当包括剥夺自由的决定、起诉或指控及判决。

3. 针对任何提交的案件，主管机关应当决定哪些其他文件属于基本文件。犯罪嫌疑人、被告人或其法律顾问可以就此提出合理申请。

4. 对于基本文件中与犯罪嫌疑人或被告人了解针对他们的案件情况无关的段落，则无权要求翻译。

5. 成员国应当保证：根据其国内法的程序，犯罪嫌疑人或被告人有权质疑认定文件或段落无须翻译的决定，并且，当获得翻译的质量不足以保证诉讼公正时，其有权控告。

6. 在执行欧洲逮捕令的程序中，执行国应当保证其主管机关为不明白欧洲逮捕令起草语言或签发国译本的当事人提供该文件的书面翻译。

7. 作为本条第 1 款、第 2 款、第 3 款和第 6 款所确立的总规则的例外，在无损诉讼公正的前提下，可以向犯罪嫌疑人或被告人提供基本文件的口头翻译或者口头概括来代替书面翻译。

8. 放弃获得本条所述的文件翻译权应当符合下列条件：犯罪嫌疑人或被告人获得了事先的法律意见，或者通过其他方式充分了解做出此种放弃的后果，且该放弃是明确的和自愿的。

9. 根据本条所提供的翻译的质量应足以保证诉讼公正，特别是能够使犯罪嫌疑人或被告人对针对他们的案件有所了解并且能够行使他们的辩护权。

第4条　口译和翻译的费用

不论诉讼的结果如何，成员国都应当承担适用第2条和第3条所产生的口译和翻译费用。

第5条　口译和翻译的质量

1. 成员国应采取切实措施以保证所提供的口译和翻译的质量符合本指令第2条第8款和第3条第9款的要求。

2. 为了促进口译和翻译的准确性和有效性，成员国应当致力于将独立和合格的口译员或翻译员登记注册。这种登记簿一旦建立起来，就应该在适当时候向法律顾问和相关机构公开。

3. 成员国应当保证口译员和翻译员对根据本指令提供的口译和翻译遵守保密性要求。

第6条　培训

在不损害司法独立及欧盟司法组织差异性的前提下，成员国应当要求负责培训法官、检察官及与刑事诉讼相关的司法人员的人特别注意通过口译者的协助进行交流的特殊性，以保证翻译的有效性和有效沟通。

第7条　保存记录

成员国应当保证：当犯罪嫌疑人或者被告人根据本指令第2条在口译者的帮助下参与由调查部门或司法部门所进行的盘问或听证时，或者当根据本指令第3条第7款在此种官员在场的情况下为犯罪嫌疑人或者被告人提供了对基本文件的口头翻译或口头概括时，或者当某人根据本指令第3条第8款放弃了获得翻译的权利时，对这些事件应当根据相关成员国法律所规定的记录程序进行记录。

第8条　非倒退性

本指令的任何内容不得被解释为对《保护人权和基本自由的欧洲公约》

《欧洲联盟基本权利宪章》、国际法的其他相关条款或者成员国给予更高层次保护的法律所赋予的权利和程序性保障的限制和减损。

第9条 转化

1. 在2013年10月27日之前，成员国应当实施为贯彻本指令所必需的法律、法规及行政规章。

2. 成员国应当向委员会提交这些措施的文本。

3. 当成员国采取这些措施时，这些措施在通过官方公布时应当包含或附带对本指令的参考。参考的方式应当由成员国制定。

第10条 报告

委员会应当在2014年10月27日之前向欧洲议会和理事会提交报告，评价成员国为遵循本指令而采取的必要措施的程度，如有必要，可同时附上立法议案。

第11条 生效

本指令应当在其刊登于《欧洲联盟公报》后第20天起生效。

第12条 收件人

根据《欧洲联盟条约》，本指令向各成员国发送。

致欧洲议会主席J.BUZEK、理事会主席O.CHASTEL

2010年10月20日于斯特拉斯堡

《关于欧洲保护令的指令》[①]

欧洲议会和欧盟理事会2011年12月13日第2011/99/EU号

欧洲议会和欧盟理事会，

考虑到《欧洲联盟运作条约》，尤其是第82条第1款（a）项和（d）项，

考虑到比利时王国、保加利亚共和国、爱沙尼亚共和国、西班牙王国、法兰西共和国、意大利共和国、匈牙利共和国、波兰共和国、葡萄牙共和国、罗马尼亚、芬兰共和国和瑞典王国的提议[②]，

将立法草案送交国家议会后，

根据普通立法程序[③]，

鉴于：

（1）欧盟为自己确立了维持和发展一个“自由、安全和公正”区域的目标。

（2）《欧洲联盟运作条约》第82条第1款规定，欧盟范围内的刑事司法合作应以相互承认判决和司法裁定原则为基础。

（3）根据《斯德哥尔摩计划——为公民提供服务和保护的开放和安全的欧洲》[④]，相互承认应当扩展到具有司法性质的各种形式的判决和决定，根据各自的司法体系，这些裁定可以是刑事的也可以是行政的。该计划还号召欧盟委员会和各成员国检查如何改进保护被害人的立法和具体措施。该计划还指

---

① 翻译：高秀东

② OJ C 69，18.3.2010，p.1.

③ 欧洲议会2010年12月14日的意见（尚未在《欧共体官方公报》上公布）以及欧盟理事会于2011年11月24日在一读时的意见（尚未在《欧共体官方公报》上公布）。欧洲议会2011年12月13日的意见（尚未在《欧共体官方公报》上公布）。

④ OJ C 115，4.5.2010，p.1.

出犯罪被害人在欧盟范围内能够得到有效的特别保护措施。本指令形成一套协调一致的全面保护被害人的措施。

（4）2009 年 11 月 26 日欧洲议会《关于消除对妇女暴力行为的决议》号召各成员国改善国内法律和政策以打击各种形式的对妇女的暴力行为，采取行动（特别是使用防范措施）处理针对妇女的暴力行为的诉讼，并号召欧盟保障暴力行为的受害人得到帮助和支持的权利。2010 年 2 月 10 日欧洲议会《关于欧盟男女平等的 2009 号决议》赞成推行欧洲被害人保护令的议案。

（5）欧盟理事会在 2011 年 6 月 10 日《关于加强和保护被害人尤其是刑事诉讼被害人权利的路线图的决议》中指出，必须在欧盟层面上采取措施以加强被害人的权利及保护犯罪被害人，并提请欧盟委员会最终提出合适的议案。在这个框架下，应创立一种机制以保证成员国之间相互承认犯罪被害人保护措施的司法裁定。根据该决议，关于相互承认刑事诉讼中的保护措施的本指令应当通过民事保护措施的适当机制得到补充。

（6）在一个没有国界的共同司法领域，应当保证：成员国给予自然人的保护应当在该人将要迁往或已经迁入的其他成员国得到维持和继续。还应当保证：欧盟公民依据《欧洲联盟条约》第 3 条第 2 款和《欧洲联盟运作条约》第 21 条在欧盟成员国领域内合法行使他们自由迁移或居住的权利，不会发生失去保护的后果。

（7）为了实现这些目标，本指令应当确立这样的规则：源于一个成员国（“签发国”）采取的保护措施的对被保护人的保护可以扩大到该人决定居住或停留的另一个成员国（“执行国”）。

（8）本指令顾及成员国的不同司法传统以及通过机关而不是刑事法院签发保护令来提供有效保护的事实。本指令不创设为了采取保护措施而修改国内体制的义务，也不为欧洲保护令的执行国创设引进或修正刑事法律体系的义务。

（9）本指令适用于对被害人的保护措施。保护措施的目的之一是专门为了保护一个人免受另一个人的犯罪行为的侵害，如通过阻止任何形式的骚扰，保护该人免遭犯罪行为对被害人生活或身体、精神和性的完整性的危及；通过防止绑架、跟踪和其他间接胁迫方式，保护该人的尊严或人身自由不受威胁。它的另一个目的是防止新的犯罪行为或减小先前犯罪行为的后果。被保护人的这些人身权利符合所有成员国承认并支持的基本价值。但是，成员国没有义务根据一项不是专门保护被害人而主要是为了其他目的（如为了犯罪人回归社会）的刑事措施签发欧洲保护令。明确以下重点强调的内容很重要：本指令适用于保护措施，考虑到各种犯罪的差异性，该保护措施的目的是保护所有被害人而非仅仅保护性暴力的被害人。

（10）本指令适用于刑事诉讼中采取的保护措施而不适用于民事诉讼中采取的保护措施。根据本指令，一项保护措施的执行并不以终局性裁定确定刑事犯罪的成立为必要条件，也与采取保护措施的机关是刑事性质的、行政性质的还是民事性质的无关。本指令不强迫成员国修改国内法以便能够在刑事诉讼中采取保护措施。

（11）本指令适用于对犯罪被害人或可能的犯罪被害人采取的保护措施。本指令不适用于为了保护证人而采取的措施。

（12）如果保护措施是为了保护主要被保护人的亲属而采取的，那么，在符合本指令的条件下，欧洲保护令也可以由该亲属申请并得以签发。

（13）签发欧洲保护令的任何申请都应当在考虑案件的具体情况（包括事项的紧急程度，被保护人到达执行国的预期日期以及被保护人面临的危险程度）下以合理的速度得到处理。

（14）当根据本指令将信息提供给被保护人或引起危险的人时，该信息也应当提供给该人的监护人或法定代理人。被保护人、引起危险的人或其监护人或法定代理人也应当对接收根据本指令按照该人通晓的语言所提供的信息给予足够的重视。

（15）在签发和承认欧洲保护令的程序中，主管机关应适当照顾被害人的需求，特别是诸如未成年人或残疾人等弱势群体的需求。

（16）为了执行本指令，可以按照欧盟理事会 2008 年 11 月 27 日第 2008/947/JHA 号《为了对缓刑处遇和替代性制裁措施进行监督而将相互承认原则适用于判决和缓刑裁定的框架决定》[①] 的意义上的某项判决，或按照欧盟理事会 2009 年 10 月 23 日第 2009/829/JHA 号《在欧盟成员国之间将相互承认

---

① OJ L 337，16.12.2008，p.102.

原则适用于替代临时羁押的监督令的框架决定》[①] 的意义上的某项签发监督令的决定采取保护措施。如果签发国已经根据以上框架决定做出采取保护措施的决定，那么执行国就要相应地启动执行程序。但是，这并不排除将欧洲保护令移交给根据以上框架决定执行这种决定的成员国以外的其他成员国的可能性。

（17）根据《保护人权和基本自由的欧洲公约》第 6 条以及《欧盟基本权利宪章》第 47 条第 2 款，无论是在导致采取保护措施的程序中，还是在签发欧洲保护令之前，引起危险的人均有权听证和质疑保护措施。

（18）为了防止被害人在执行国遭受犯罪行为的侵害，执行国应当具有合法手段以承认签发国先前做出的保护被害人的决定，同时避免被害人在执行国再次提起新的诉讼或出示证据来申请保护，就好像签发国没有做出过这种决定。执行国对欧洲保护令的承认尤其意味着，受到本指令约束的该国主管机关接受了签发国采取的保护措施的事实和效力，承认欧洲保护令中描述的事实情况，同意给予保护并根据其本国法继续给予保护。

（19）本指令包含了一份签发国规定的包含在欧洲保护令中的有关禁止和限制事项的详细清单，该清单应得到执行国的承认并执行，并受到本指令列出的限制条件的约束。其他形式的保护措施可以存在于国内法的层面上，如由国内法规定，引起危险的人有义务待在特定的地方。这种措施可以由签发国在导致采取保护措施的程序中做出，而依据本指令，该保护措施是欧洲保护令的基础。

（20）因为成员国不同类型的机关（民事、刑事或行政）都有权采取或执行保护措施，所以成员国之间依据本指令开展的合作机制应具有高度的灵活性。因此，不能要求执行国的主管机关对所有的案件都采取与签发国相同的保护措施。在同一个案件中，为了根据欧洲保护令中所描述的由签发国采取的保护措施继续对被保护人提供保护，执行国主管机关有一定程度的自由裁量权依据其国内法采取它认为正确和合适的任何措施。

（21）本指令所指的禁止或限制事项，包括为了限制被保护人和引起危险的人之间当面或间接联系而采取的措施，如对这种联系规定某些条件或限制

---

① OJ L 294，11.11.2009，p.20.

交流的内容。

（22）执行国主管机关应当将基于欧洲保护令采取的任何保护措施通知引起危险的人、被保护人和签发国的主管机关。在通知引起危险的人时，应特别注意被保护人的利益，不得泄露其地址或其他联系方式。当地址或其他联系方式没有作为对引起危险的人科处的执行措施包括在禁止或限制事项中时，通知也不应当包括地址或其他联系方式。

（23）当签发国主管机关撤回欧洲保护令时，执行国主管机关应该中止执行欧洲保护令的保护措施。但是，为了保护当事人，执行国主管机关可以依据其国内法自主地采取国内法规定的保护措施。

（24）按照本指令，如果因为被保护人迁移到另一个成员国而签发或执行欧洲保护令，那么这并不意味着科处主刑、缓刑、替代性处罚、临时性处罚或补充性处罚的权力移交给执行国。如果引起危险的人还继续居住在采取保护措施的国家，那么，这也不意味着对引起危险的人处以安全措施的权力移交给执行国。

（25）适当时，为了落实依据本指令采取的保护措施，可以依据国内法律或程序使用电子方法。

（26）当各机关为了保证对被保护人提供保护而进行合作时，执行国的主管机关应当将违反欧洲保护令执行措施的任何情况向签发国主管机关通报。这种通报应当能够使签发国主管机关对本国、对引起危险的人科处的保护措施做出适当回应并迅速做出决定。适当时，这种回应可以科处监禁措施以代替原来采取的非监禁措施，如作为对预防性关押的替代措施或对刑罚的有条件缓期执行。这种决定，因为它不对新的刑事犯罪科处刑罚，所以它不干预执行国对违反欧洲保护令的执行措施科处刑罚的可能性。

（27）鉴于成员国不同的司法传统，在与欧洲保护令描述的实际情况相似的情况下，如果执行国没有可以使用的保护措施，那么，执行国主管机关应将违反欧洲保护令描述的保护措施的情况报告给签发国主管机关。

（28）为了在各种具体情况下平稳地适用本指令，签发国和执行国的主管机关应依据本指令行使各自的权力，并考虑“一事不再理”原则。

（29）被保护人不应该被要求承担与承认欧洲保护令有关的与国内类似情况不成比例的费用。在执行本指令时，各成员国应当保证：在承认了欧洲保护令之后，作为承认欧洲保护令的直接后果，被保护人为了从执行国主管机关那里得到采取保护措施的决定而不应该被要求在执行国提起其他诉讼。这种保护措施依据执行国的国内法，在类似情况下，为了保证对被保护人的保护，可以适用。

（30）铭记作为本指令基础的相互承认原则，成员国在适用本指令时，应最大限度地促进主管机关之间的直接联系。

（31）在不损害司法独立和欧盟司法组织差异性的情况下，为了签发或承认欧洲保护令的目的，各成员国应当考虑提请那些负责培训法官、检察官、警察和司法人员的机构，为了本指令的目标而提供适当的培训。

（32）为了便利对本指令的实施情况进行评估，各成员国应当向欧盟委员会通报有关欧洲保护令国内实施程序的相关数据，至少是有关欧洲保护令的请求、签发和 / 或承认数字。在这方面，其他类型的数据，如相关的犯罪类型，也是有用的。

（33）本指令应有助于保护处于危险中的人，因此，它是补充性的，不影响该领域已有的法律文件，如第 2008/947/JHA 号框架决定和 2009/829/JHA 号框架决定。

（34）当做出保护措施的决定在 2000 年 12 月 22 日第 44/2001 号《关于管辖权和对民商事判决的承认和执行的理事会条例》①、2003 年 11 月 27 日第 2201/2003 号《关于婚姻和家长责任事项的管辖权和相关判决的承认和执行的理事会条例》② 或者《关于家长责任和儿童保护措施方面的管辖权、法律适用、承认、执行和合作的 1996 年海牙公约》③ 的范围之内时，对该决定的承认和执行应当根据相关法律文件的条款来进行。

（35）成员国和委员会应当在适当时候将欧洲保护令的信息纳入现有的对犯罪被害人进行保护的教育和认识活动中。

（36）根据 2008 年 11 月 27 日欧盟理事会第 2008/977/JHA 号《保护在刑

① OJ L 12，16.1.2001，p.1

② OJ L 338，23.12.2003，p.1.

③ OJ L 48，21.2.2003，p.3.

事事项方面的警察和司法合作框架下处理的个人数据的框架决定》[①] 和 1981 年欧洲理事会《关于自动处理个人数据的保护个人的欧洲公约》确立的原则，在执行本指令时处理的个人数据应受保护。

（37）根据《欧洲联盟条约》第 6 条，本指令尊重由《欧盟基本权利宪章》和《保护人权和基本自由的欧盟公约》所保障的基本权利。

（38）在执行本指令时，鼓励成员国顾及 1979 年联合国《消除对妇女一切形式歧视公约》所庄严载入的各项权利和原则。

（39）由于本指令保护处于危险之中的人的目标不能由成员国有效达成，而基于其范围和效果，在欧盟层面上能更好地实现，所以，欧盟可以根据《欧洲联盟条约》第 5 条确立的辅助性原则采取措施。根据该条确立的比例原则，本指令不能超出为达成目标而需要的范围。

（40）根据作为《欧洲联盟条约》和《欧盟职能条约》附件的《联合王国和爱尔兰关于自由、安全和公正的区域的意见的协议（第 21 号）》第 3 条，联合王国已经通告了它采纳和适用本指令的意愿。

（41）根据作为《欧洲联盟条约》和《欧盟职能条约》附件的《联合王国和爱尔兰关于自由、安全和公正的区域的意见的协议（第 21 号）》第 1 条和第 2 条并不损害该协议第 4 条，爱尔兰不采用本指令并且不受执行本指令的约束。

（42）根据作为《欧洲联盟条约》和《欧盟职能条约》附件的《丹麦关于自由、安全和公正的区域的意见的协议（第 22 号）》第 1 条和第 2 条，丹麦不采用本指令并且不受执行本指令的约束。

已经通过的本指令如下，

第 1 条　目标

本指令确立一系列的规则，以允许已经采取了保护一个人免受另一个人的犯罪行为危及其生活、身体或精神健全、尊严、人身自由和性的完整性的保护措施的成员国的司法机关或与之相当的机关，依据其国内法在犯罪行为或涉嫌犯罪的行为实施之后签发欧洲保护令，以能够使另一成员国的主管机关在其领域内继续保护被保护人。

---

① OJ L 350，30.12.2008，p.60.

第2条 定义

为了本指令的目标，以下定义将适用：

（1）“欧洲保护令”是指由成员国司法机关或与之相当的机关做出的与保护措施有关的决定。基于该决定，另一个成员国的司法机关或与之相当的机关依据其国内法采取一项或多项适当措施以继续保护被保护人。

（2）“保护措施”是指签发欧洲保护令的成员国根据其国内法律和程序做出的刑事决定。根据该决定，为了保护被保护人免遭可能危及其生活、身体或精神健全、尊严、人身自由或性的完整性的犯罪行为的侵害，对引起危险的人采取的一项或多项本指令第5条所指的禁止或限制措施。

（3）“被保护人”是指签发国采取的保护措施要保护的对象。

（4）“引起危险的人”是指对其采取一项或多项本指令第5条所指的禁止或限制措施的自然人。

（5）“签发国”是指已经采取了保护措施的成员国。该保护措施形成了签发欧洲保护令的基础。

（6）“执行国”是指为了使欧洲保护令得到其他成员国的承认而将其转递给的成员国。

（7）“监督国”是指在2008/947/JHA号框架决定第2条含义范围内的判决或在第2009/829/JHA号框架决定第4条含义范围内的决定已经被转交给的成员国。

第3条 指定主管机关

1. 成员国应当向欧盟委员会报告，当成员国根据本指令是签发国或执行国时，哪个或哪些司法机关或与之相当的机关依据其国内法有权签发或承认欧洲保护令。

2. 欧盟委员会应将收到的这种信息向所有成员国公开。成员国在改变本条第1款所指信息时应及时向委员会报告。

第4条 利用中央机关

1. 成员国可以指定一个中央机关，如果国内法律体系允许，也可指定多个中央机关，以协助其主管机关。

2. 如果成员国国内司法体系组织需要，它可以指定中央机关负责欧洲保护令以及相关官方信件的行政转递和接收。主管机关之间所有的联系、磋商、信息交换、询问和通知在适当时都可以由相关成员国指定的中央机关协助。

3. 愿意利用本条所指可能性的成员国应当向委员会通报指定中央机关的相关信息。这些表示应对签发国的所有机关具有约束力。

第5条　需要依据国内法采取保护措施

欧洲保护令只有在签发国先前已经对引起危险的人采取了下列一项或多项禁止或限制性保护措施的情况下才可针对引起危险的人签发：

（a）禁止该人进入被保护人居住或造访的特定场所、地点或指定区域；

（b）禁止或管制与被保护人的一切形式的联系，包括通过电话、电子邮件或普通邮件、传真或其他形式联系；或者

（c）禁止或管制与被保护人接近的距离超过规定的距离。

第6条　欧洲保护令的签发

1. 当被保护人决定居住或已经在另一个成员国时，或者当被保护人决定停留或已经停留在另一个成员国时，可以签发欧洲保护令。在决定签发欧洲保护令时，签发国的主管机关应当特别考虑被保护人准备在执行国停留的时间以及所需要保护的严重程度。

2. 签发国司法机关或与之相当的机关只有基于被保护人的申请并且在验证保护措施符合本指令第5条的要求之后才能签发欧洲保护令。

3. 被保护人可以向签发国主管机关或者向执行国主管机关提出签发欧洲保护令的申请。如果这种申请是向执行国提出的，那么，该国的主管机关应当尽快将该申请转交给签发国主管机关。

4. 在签发欧洲保护令之前，引起危险的人享有听证权和对保护措施提出质疑的权利，如果该人在导致采取保护措施的程序中没有被赋予这些权利。

5. 当主管机关采取包含本指令第5条所指的一项或多项禁止或限制性保护措施时，它应当以符合其国内程序的适当方式告知被保护人，当他决定前往另一个成员国时，可以基于他的申请，请求签发欧洲保护令。该机关应当建议被保护人在离开签发国领域之前提交申请。

6. 如果被保护人有监护或法定代表人，其监护人或法定代表人可以代表被保护人提出本条第2项或第3项所指的申请。

7. 如果签发欧洲保护令的申请被否决了，签发国主管机关应当告知被保护人其可以依据该国法律可适用的反对该决定的法律救济手段。

第7条 欧洲保护令的形式和内容

欧洲保护令应当以本指令附件一中所规定的形式签发，主要应包括以下信息：

（a）被保护人的身份和国籍，如果被保护人是未成年人或无行为能力人，那么他的监护人或法定代表人的身份和国籍；

（b）被保护人准备居住或停留在执行国的起始日，以及，如果知道的话，停留期限；

（c）签发国主管机关的名称、地址、电话或传真号码和电子邮箱；

（d）识别包含在据以签发欧洲保护令的保护措施中的法律行为（例如，通过数字和日期）；

（e）导致签发国采取保护措施的事实和具体情况的概要；

（f）导致欧洲保护令的保护措施中对引起危险的人的禁止或限制事项及其期限，以及在违反禁止或限制事项的情况下的处罚建议；

（g）作为执行保护措施的手段，已经对被保护人或引起危险的人使用的技术装置；

（h）引起危险的人的身份和国籍以及联系方式；

（i）当签发国主管机关不需要进一步询问就知道这种信息时，被保护人和/或者引起危险的人是否已经在签发国获得免费法律援助；

（j）对可能影响对被保护人所面临的危险的评估的其他情况进行适当描述；

（k）明确表示，在第2008/947/JHA号框架决定第2条含义范围内的判决或者在第2009/829/JHA号框架决定第4条含义范围内的监督处遇的决定已经转交给监督国（当它与欧洲保护令的执行国不同时），以及执行这种判决或决定的国家的主管机关的证明。

第8条 送交程序

1. 当签发国主管机关将欧洲保护令传递给执行国主管机关时，它应当以可以留下书面记录以便让执行国主管机关确定其真实性的方式来传递。所有官方联系都应当在主管机关之间直接进行。

2. 如果有的国家的主管机关不知道签发国或执行国的主管机关，那么，为了得到所需信息，它应当进行相关查询，包括通过2008年12月16日《关于欧洲司法网的理事会决定》[①] 所指的欧洲司法网的联系点、欧洲司法的国家成员或为了协调欧洲司法的国家体系。

3. 当收到欧洲保护令的主管机关无权承认该保护令时，它应当依照职权将该保护令提交给主管机关，并应同时毫不迟延地以能够留下书面记录的方式通知签发国主管机关。

第 9 条　执行国的措施

1. 当执行国主管机关收到依照本指令第 8 条送交来的欧洲保护令时，如无正当理由，它应当立即承认该保护令并做出决定，采取依据其国内法可以在类似情况下采取的措施，以保证保护被保护人，除非它决定引用本指令第 10 条所指的拒绝承认理由。依据其国内法，执行国可以适用刑事、行政或民事措施。

2. 执行国主管机关依据本条第 1 款采取的措施以及基于本指令第 11 条所指的后续决定所采取的其他措施应当最大可能程度地与签发国采取的保护措施相一致。

3. 执行国主管机关应当将根据本条第 1 款所采取的一切措施以及根据其国内法和本指令第 11 条第 2 款违反这种措施可能导致的法律后果通知引起危险的人、签发国主管机关和被保护人。被保护人的地址或其他联系方式不应当泄露给引起危险的人，除非该联系方式是为了执行依据本条第 1 款所采取的措施所需要的。

4. 如果执行国主管机关认为根据本指令第 7 条随同欧洲保护令移交来的信息不完整，那么，它应当立即以可以留下书面记录的方式通知签发国主管机关，并规定一个合理期限让它补充遗漏的信息。

第 10 条　拒绝承认欧洲保护令的理由

1. 执行国主管机关可以在下列情形下拒绝承认欧洲保护令：

（a）欧洲保护令不完整或者在执行国主管机关给出的期限内没有被补充完整；

（b）没有满足本指令第 5 条的要求；

（c）与保护措施相关的行为，依据执行国国内法不构成刑事犯罪；

---

① OJ L 348，24.12.2008，p.130.

（d）源于执行刑罚或处遇措施的保护措施根据其本国法属于赦免事项并且与一项根据其法律有权管辖的事项有关；

（e）根据执行国法律，引起危险的人享有豁免权，从而不可能依据欧洲保护令采取相应措施；

（f）根据执行国法律，当它有权管辖与已经采取的保护措施有关的行为时，针对引起危险的人的该行为提起的刑事指控已经超过法定时效；

（g）承认欧洲保护令将违反“一事不再理”原则；

（h）根据执行国法律，引起危险的人由于年龄的原因不能对与已经采取保护措施有关的行为承担刑事责任；

（i）与保护措施有关的刑事犯罪，根据执行国法律，被认为全部或其主要或基本部分发生在本国领域内；

2. 当执行国主管机关依据本条第 1 款所述理由拒绝承认欧洲保护令时，它应当：

（a）如无合理理由，应立即将拒绝情况及拒绝理由通知签发国和被保护人；

（b）适当时告知被保护人依据其国内法请求采取保护措施；

（c）告知被保护人依据其国内法可以适用的反对这种拒绝承认决定的法律救济手段。

第 11 条　执行国适用的法律和权限

1. 在承认欧洲保护令之后，执行国应有权决定在本国适用的保护措施并有权执行这种措施。当执行国做出本指令第 9 条第 1 款所指的适用并执行的保护措施的决定时，以及反对执行国做出的与欧洲保护令有关的决定的法律救济程序中，都应当适用执行国法律。

2. 在违反了执行国承认欧洲保护令后采取的一项或多项措施的情况下，执行国主管机关应当根据本条第 1 款，有权：

（a）科处刑罚或作为违反后果的其他处遇措施，如果违反行为依据执行国法律构成犯罪；

（b）做出与违反有关的非刑事决定；

（c）为了终止违反行为，在签发国随后做出决定之前，采取紧急和临时性措施。

3. 如果执行国在国内层面上在类似情况下没有可以采取的措施，那么执行国主管机关应向签发国主管机关报告它所知道的任何违反欧洲保护令所描述的保护措施的情况。

第 12 条　在违反情况下的通知

执行国主管机关应当将违反基于欧洲保护令而采取的措施的情况通知签发国或监督国主管机关。通知应当使用附件Ⅱ规定的标准格式。

第 13 条　签发国的权限

1. 签发国主管机关具有做出与下列事项有关的决定的专属权限：

（a）更新、审查、修正、撤销和撤回保护措施以及欧洲保护令；

（b）如果已经基于第 2008/947/JHA 号框架决定第 2 条意义上的判决或基于第 2009/829/JHA 号框架决定第 4 条意义上的监督处遇决定，采取了保护措施，那么，作为撤销保护措施的后果，科处监禁处遇。

2. 签发国法律应适用于依据本条第 1 款做出的决定。

3. 当基于第 2008/947/JHA 号框架决定第 2 条意义上的判决或基于第 2009/829/JHA 号框架决定第 4 条意义上的监督处遇决定上的判决或基于第 2009/829/JHA 号框架决定第 4 条意义上的监督处遇决定已经被移送给或在签发欧洲保护令后将被移送给另一个成员国，正如以上框架决定所规定的，随后应根据以上框架决定的相关条款做出决定。

4. 当保护措施包含于第 2008/947/JHA 号框架决定第 2 条意义上的判决之中并且该判决已经被移送给或签发欧洲保护令之后将被移送给另一个成员国，并且监督国主管机关已经随后根据该框架决定第 14 条做出影响保护措施中的义务或指令的决定，那么，签发国主管机关应当立即相应地更新、审查、修正、撤销和撤回欧洲保护令。

5. 签发国主管机关应当立即将依据本条第 1 款或第 4 款做出的决定通知执行国主管机关。

6. 如果签发国主管机关根据本条第 1 款（a）项或第 4 款撤销或撤回了欧洲保护令，执行国主管机关一接到签发国主管机关的通知，就应当终止依据本指令第 9 条第 1 款采取的措施。

7. 如果签发国主管机关根据本条第 1 款（a）项或第 4 款修正了欧洲保护令，那么，执行国主管机关应当在适当时：

（a）修正依据本指令第 9 条采取的基于欧洲保护令的措施；或者

（b）当修正后的禁止或限制事项不在本指令第 5 条所述的类型内，或者如果根据本指令第 7 条随欧洲保护令移送来的信息不完整或者根据本指令第 9 条第 4 款在执行国主管机关指定的期限时这些信息没有得到完整补充时，拒绝执行。

第 14 条 终止基于欧洲保护令而采取的措施的理由

1. 执行国主管机关可以在下列情形下终止基于欧洲保护令而采取的措施：

（a）有清楚的征兆表明被保护人已经不再居住或停留在执行国领域，或者已经明确离开该国领域；

（b）根据执行国的国内法，为执行欧洲保护令而采取的措施的最长期限已经届满；

（c）具有本指令第 13 条第 7 款（b）项所指的情形；或者

（d）基于第 2008/947/JHA 号框架决定第 2 条意义上的判决或基于第 2009/829/JHA 号框架决定第 4 条意义上的监督处遇决定在承认欧洲保护令之后移送到执行国。

2. 执行国主管机关应立即将这种决定通知签发国主管机关，如果可能的话，以及被保护人。

3. 在根据本条第 1 款（b）项终止保护措施之前，执行国主管机关可以请签发国主管机关提供相关信息，以确定在这种情况下欧洲保护令规定的保护措施是否还有必要。签发国主管机关在接到这种请求后应立即做出回复。

第 15 条 在承认欧洲保护令时优先考虑的事项

在承认欧洲保护令时应优先考虑的同样适用于国内类似案件的具体情况，包括事项的紧急性，被保护人到达执行国领域的预期日期以及可能的话，被保护人面临危险的程度。

第 16 条 主管机关之间的磋商

为了平稳且有效地适用本指令，适当时签发国和执行国的主管机关之间可以进行磋商。

第 17 条 语言

1. 欧洲保护令应当由签发国主管机关翻译成执行国的一种或多种官方语言。

2. 本指令第 12 条所指的形式应当由执行国主管机关翻译成签发国的一种

或多种官方语言。

3. 在本指令通过之时或之后，任何成员国都可以在提交给委员会的声明中声明，它可以接受一种或多种欧盟的其他官方语言的翻译。

第 18 条　费用

执行本指令所产生的费用，除了完全产生于签发国领域的费用外，根据执行国法律，应当由执行国承担。

第 19 条　本指令与其他协议和安排的关系

1. 成员国可以继续适用本指令生效前有效的多边或双边协议或安排，前提是它们可以使本指令的目标得以延伸或扩大并有助于进一步简化或促进采取保护措施的程序。

2. 成员国可以在本指令生效后缔结多边或双边协议或安排，前提是它们可以使本指令的目标得以延伸或扩大并有助于进一步简化或促进采取保护措施的程序。

3. 在 2012 年 4 月 11 日之前，成员国应当向委员会报告他们想继续适用的现有的本条第 1 款所指的协议和安排。成员国还应当在缔结本条第 2 款所指的新协议或安排后的 3 个月内向委员会报告。

第 20 条　本指令与其他法律文件的关系

1. 本指令不影响以下法律文件的适用：第 44/2001 号条例（EC）、第 2201/2003 号条例（EC）、《关于家长责任和儿童保护措施方面的管辖权、法律适用、承认、执行和合作的 1996 年海牙公约》以及《关于国际儿童绑架民事方面的 1980 年海牙公约》。

2. 本指令不影响第 2008/947/JHA 号框架决定或第 2009/829/JHA 号框架决定的适用。

第 21 条　执行

1. 成员国应当在 2015 年 1 月 11 日之前实施遵守本指令的法律、规则和行政规定并将实施情况立即报告委员会。

当成员国采取这些措施时，应当提及本指令或应当在正式公布时提及本指令。提及本指令的方法应当由成员国制定。

2. 成员国应当向委员会通报他们在本指令领域通过的主要国内法规定的文本。

第 22 条 数据收集

为了便利对本指令的适用情况进行评估，成员国应当向委员国通报欧洲保护令的国内适用程序，至少是有关欧洲保护令的请求、签发和 / 或承认数字。

第 23 条 审查

在 2016 年 1 月 11 日之前，委员会应当向欧洲议会和欧盟理事会提交一份关于本指令的适用情况的报告。该报告在必要时应当附有立法议案。

第 24 条 生效

本指令应当在《欧共体官方公报》上公布后 20 日生效。

第 25 条 收件人

根据《欧洲联盟条约》，本指令下发给各成员国。

致欧洲议会主席 J.BUZEK 和欧盟理事会主席 M.SZPUNAR

2011 年 12 月 13 日于斯特拉斯堡

附件 I

欧洲保护令

（欧盟理事会 2011 年 12 月 13 日第 2011/99/EU 号《关于欧洲保护令的指令》第 7 条所指的）

（本格式所包含的信息应视为一定程度的机密）

签发国：________ 执行国：________
（a）关于被保护人的信息 姓：________ 名：________ 如果适用，婚前姓或以前姓：________ 性别：________ 国籍：________

身份证号码或社会保障号（如果有的话）：______ 出生日期：______ 出生地：______ 地址 / 居住地：______ ——在签发国：______ ——在执行国：______ ——在其他地方：______ 懂得的语言（如果知道）： 被保护人在签发国是否获得免费的法律援助（如果不用进一步的询问就有可利用的信息）？ □ 是。 □ 否。 □ 不知道。 当被保护人是未成年人或无行为能力人时，有关他的监护人或法定代理人的信息： 姓：______ 名：______ 如果适用，婚前姓或以前姓：______ 性别：______ 国籍：______ 办公 / 地址：______
（b）被保护人决定居住或已经居住在执行国，或决定停留或已经停留在执行国。 被保护人打算居住或停留在执行国的起始日期（如果知道）：______ 停留的期限（如果知道）：______
（c）为了执行保护措施，对被保护人或引起危险的人是否已经采取了技术装置？ □ 是。请对该技术装置进行简要概括： □ 否。
（d）签发欧洲保护令的主管机关 官方名称：______ 地址：______ 电话号码（国家代码）（区域 / 城市代码）（号码）：______

传真号码（国家代码）（区域 / 城市代码）（号码）：______ 联系人的详细情况 姓：______ 名：______ 职位（头衔 / 级别）：______ 电话号码（国家代码）（区域 / 城市代码）（号码）：______ 传真号码（国家代码）（区域 / 城市代码）（号码）：______ 电子邮箱（如果有的话）：______ 联系使用的语言：______
（e）据以签发欧洲保护令的保护措施的验证 采取保护措施的日期（年 / 月 / 日）：______ 保护措施执行的日期（年 / 月 / 日）：______ 保护措施的文件编号（如果有的话）：______ 采取保护措施的机关：______
（f）事实概括和情况描述——包括，如果适用，犯罪的类别——该犯罪导致采取了上述（e）项的保护措施：______
（g）注明通过保护措施对引起危险的人科处的禁止或限制事项 ——禁止或限制事项的属性：（可以勾选一个以上复选框） □ 禁止进入被保护人居住或造访的某些场所、地点或特定区域； ——如果你勾选了这个复选框，必须确切注明引起危险的人不能进入的具体场所、地点或特定区域： □ 禁止或管制与被保护人任何方式的联系，包括通过电话、电子或普通邮件、传真或其他方式； ——如果你勾选了这个复选框，请提供相关细节： □ 禁止或管制与被保护人的接触超过规定距离； ——如果你勾选了这个复选框，请确切注明引起危险人应该遵守的与被保护人接触的距离： ——请注明对引起危险的人科处的上述禁止或限制事项的期限： ——注明对违反禁止或限制事项的处罚（如果有的话）：

(h) 有关引起危险的人的信息，上述 (g) 项的禁止或限制措施就是对该人采取的
姓：______
名：______
婚前姓或以前姓，如果有的话：______
别名，如果有的话：______
性别：______
国籍：______
身份证号码或社会保障号码（如果有的话）：______
出生日期：______
出生地：______
地址 / 居住地：______
——在签发国：______
——在执行国：______
——在其他地方：______
懂得的语言（如果知道）：______
如果有的话，请提供以下信息：______
——该人的身份证件的类型和号码（身份证或护照）：______
引起危险的人是否在签发国已经获得免费法律援助（如果不用进一步询问就有可利用的信息）？
□ 是。
□ 否。
□ 不知道。

(i) 影响对被保护人面临的危险的评估的其他信息（选择性信息）
______
______

(j) 其他有用信息（例如，如果有并且需要，其他国家之前对同一个被保护人采取过的保护措施。）
______
______

（k）请完成

☐ 在第 2008/947/JHA 号框架决定第 2 条意义上的判决已经送交给其他成员国

——如果你勾选了这个复选框，请提供接收了该判决的主管机关的联系方式：

☐ 在第 2009/829/JHA 号框架决定第 4 条意义上的监督处遇的决定已经送交给另一个成员国

——如果你勾选了这个复选框，请提供接收了该监督处遇决定的主管机关的联系方式：

签发欧洲保护令的机关和 / 或其法人代表确定保护令内容准确性的签名：

姓名：________________

职位（头衔 / 级别）：________________

日期：________________

文件编号（如果有的话）：________________

（适当情况下）官方印章：________________

附件Ⅱ

对违反基于欧洲保护令采取的措施的通知格式

（欧盟理事会 2011 年 12 月 13 日第 2011/99/EU 号《关于欧洲保护令的指令》第 12 条所指的）

（包含在此格式中的信息应视为具有一定程度的机密）

（a）引起危险的人的身份详情

姓：________________

名：________________

婚前姓或以前的姓（如果有的话）：________________

别名（如果有的话）：________________

性别：________________

国籍：________________

身份证号码或社会保障号码（如果有的话）：________________

出生日期：________________

出生地：______ 地址：______ 懂得的语言（如果知道）：______
（b）被保护人的身份详情 姓：______ 名：______ 婚前姓或以前的姓（如果有的话）：______ 性别：______ 国籍：______ 身份证号码或社会保障号码（如果有的话）：______ 出生日期：______ 出生地：______ 地址：______ 懂得的语言（如果知道）：______
（c）欧洲保护令的详情 签发日期：______ 文件编号（如果有的话）：______ 签发机关：______ 官方名称：______ 地址：______
（d）负责执行保护措施的机关的详情（该保护措施是执行国按照欧洲保护令采取的） 机关的官方名称：______ 联系人的名字：______ 职位（头衔 / 级别）：______ 地址：______ 电话号码（国家代码）（地区 / 城市代码）（号码）：______ 传真号码（国家代码）（地区 / 城市代码）（号码）：______ 电子邮箱：______ 联系语言：______

(e) 对执行国主管机关在承认欧洲保护令之后科处的禁止或限制事项的违反以及 / 或者能够采取后续决定的其他发现 违反了以下禁止或限制事项:(可以勾选一个以上复选框) □ 禁止进入被保护人居住或造访的某些场所、地点或特定区域; □ 禁止或管制与被保护人任何方式的联系，包括通过电话、电子或普通邮件、传真或其他方式; □ 禁止或管制与被保护人的接触超过规定距离; □ 执行国主管机关在承认欧洲保护令后采取的与欧洲保护令据以签发的保护措施相一致的其他措施。 对违反情况的描述(地点、时间和具体情况): 根据本指令第 11 条第 2 款: ——作为违反的后果，执行国所采取的措施: ——在执行国违反禁止或限制事项的可能后果: 导致采取后续决定的其他发现:__________________ 对发现的描述:_______________________ ______________________________
(f) 如果需要获得有关违反情况的其他信息，与之联系的人的详情 姓:__________________________ 名:__________________________ 地址:_________________________ 电话号码(国家代码)(地区 / 城市代码)(号码):____________ 传真号码(国家代码)(地区 / 城市代码)(号码):____________ 电子邮箱:_______________________ 联系语言:_______________________ 签发欧洲保护令的机关和 / 或其法人代表确定保护令内容准确性的签名: 姓名:_________________________ 职位(头衔 / 级别):___________________ 日期:_________________________ 官方印章(如果有的话):_________________

《关于欧洲刑事调查令的指令》[①]

欧洲议会和欧盟理事会 2014 年 4 月 3 日第 2014/41/EU 号

欧洲议会和欧盟理事会，

考虑到《欧洲联盟运作条约》，尤其是第 82 条第 1 款（c）项，

考虑到比利时王国、保加利亚共和国、爱沙尼亚共和国、西班牙王国、奥地利共和国、斯洛文尼亚共和国和瑞典王国的提议，

将立法草案送交国家议会后，

经普通立法程序[②]，

鉴于：

（1）欧盟为自己确立了维持和发展一个“自由、安全和公正”区域的目标。

（2）《欧洲联盟运作条约》第 82 条第 1 款规定，欧盟范围内的刑事司法合作应以相互承认判决和司法裁定原则为基础。该原则被 1999 年 10 月 15 日和 16 日坦佩雷欧洲理事会确立为欧盟刑事司法合作的基石。

（3）欧盟理事会第 2003/577/JHA 号《在欧盟范围内执行财产冻结令或证据冻结令的框架决定》[③]解决了迅速相互承认防止损坏、变换、移动、转让或处理证据的命令的需要。但是，因为该框架决定仅限于冻结阶段，根据刑事协助的相关规则，如果要将有关证据移送给签发冻结令的国家，就需要在冻结令之外附加一个独立的移送请求。这就导致了影响效率的两步程序。此外，

---

① 翻译：郭子钰。

② 欧洲议会 2014 年 2 月 27 日的立场（尚未在《欧共体官方公报》上公布）以及欧盟理事会 2014 年 3 月 14 日的决定（尚未在《欧共体官方公报》上公布）。

③ Council Framework Decision 2003/577/JHA of 22 July 2003 on the execution in the European Union of orders freezing property or evidence（OJ L 196，2.8.2003，p.45）.

它与传统的合作文件并存，因此在实践中很少有主管机关使用它。

（4）欧盟理事会第 2008/978/JHA 号《欧洲证据令框架决定》[①] 的目的是将相互承认原则适用于获取在刑事诉讼中使用的物品、文件和数据。但是，欧洲证据令只适用于那些已经存在和包含的证据，因此在证据方面的刑事司法合作范围有限。因为它范围有限，主管机关已经在使用新方法或使用在许多情况下仍然适用于那些不在欧洲证据令范围内的有关证据的相互司法协助程序。

（5）自从通过第 2003/577/JHA 号框架决定和第 2008/978/JHA 号框架决定之后，现有的有关证据收集的框架决定不成体系且过于复杂已经变得非常明显。因此需要一种新方法。

（6）在2009年11月10日至11日欧洲理事会通过的“斯德哥尔摩计划”中，欧洲理事会认为，应基于相互承认原则，进一步建立一套跨境取证的综合制度。欧洲理事会指出，这方面现有的法律文件不成体系，需要制定基于相互承认的新方法，但是，也要考虑传统相互司法协助制度的灵活性。欧洲理事会因此呼吁用一套综合制度取代包括第 2008/978/JHA 号框架决定在内的所有这方面的现有文件，尽可能涵盖各种形式的证据，包括执行方面的时间限制以及拒绝理由方面的限制。

（7）这种新方法的依据是一份被称为《欧洲调查令（EIO）》的单一的文件。签发调查令的目的是使一种或几种具体的调查方法可以基于收集证据的目的而在执行调查令的国家得到实施。这包括对已经被执行机关拥有的证据的取得。

（8）欧洲调查令应有一个水平范围并应适用于一切有助于收集证据的调查方法。但是，联合调查小组的建立以及由这种小组收集证据都需要特殊规则，最好单独处理。在不妨碍本指令适用的情况下，现有的法律文件应继续适用于这种调查方法。

---

① Council Framework Decision 2008/978/JHA of 18 December 2008 on the European evidence warrant for the purpose of obtaining objects, documents and data for use in proceedings in criminal matters（OJ L 350, 30.12.2008, p.72）.

（9）本指令不适用于执行申根协定的公约[①]中所指的跨境监视。

（10）欧洲调查令的重点是可以被执行的调查方法。因为签发国知道具体调查内容，所以最好由签发国来决定使用哪种调查方法。但是，如果调查令所指定的调查方法根据执行国的法律不存在或在相同情况下不能使用，那么，只要有可能，执行国就应当使用其他调查方法。有效性是指调查令所指定的调查方法依据执行国的法律是存在的但是仅可以在某些特定情况下使用的情况。例如，该调查方法仅对达到某种严重程度的犯罪适用，或仅当对某人的怀疑达到某种程度时才可适用，或仅当当事人同意方可适用。执行国也可以寻求使用另外一种能取得与欧洲调查令指定的调查方法相同结果的、对当事人的基本权利干涉较少的调查方法。

（11）当执行一种调查方法看起来对正在处理的案件是适当的、足够的和可适用的，就可以选择适用欧洲调查令。签发欧洲调查令的机关应当确定将要收集的证据是不是基于诉讼的目的所必需的和适当的，所选择的调查方法对相关证据的收集是否是必需的和适当的，以及根据所签发的欧洲调查令，另一个成员国是否应参与收集证据。在本指令所述的欧洲调查令的确认程序中，也应做出相同的判断。除了本指令所列明的拒绝理由，欧洲调查令不得被拒绝执行。但是，如果能取得相同的结果，执行机关有权选择相较于欧洲调查令所指定的方法干扰较少的其他调查方法。

（12）在签发欧洲调查令时，签发机关应特别注意，保证充分尊重《欧盟基本权利宪章》（宪章）第48条所庄严载入的各项权利。在刑事司法领域，无罪推定以及刑事诉讼中被告人的权利是宪章所确认的基本权利的基石。根据本指令下达的调查方法对这种权利的任何限制都应当完全符合宪章第52条倡导的必要性、比例性和目的性，特别是保护他人的权利和自由的规定。

（13）为了保证将欧洲调查令递交给执行国的主管机关，签发机关可以使用一切可以利用的传送方法，如欧洲司法网的安全通信系统、欧洲司法局，或可以被司法或执法机关使用的其他渠道。

---

① Convention implementing the Schengen Agreement of 14 June 1985 between the Governments of the States of the Benelux Economic Union, the Federal Republic of Germany and the French Republic on the gradual abolition of checks at their common borders（OJ L 239，22.9.2000，p.19）.

（14）鼓励成员国在做出语言声明时包含至少一种欧盟通用的非本国官方语言。

（15）在实施本指令时，应充分考虑有关刑事诉讼中程序性权利的欧洲议会和欧盟理事会的第 2010/64/EU 号指令，① 第 2012/13/EU 号指令，② 和第 2013/48/EU 号指令。③

（16）非强制性措施是根据国内法诸如不侵犯隐私权和财产权的措施。

（17）"一事不再理"是宪章所承认的并得到欧盟法院案例法发展的欧盟法律的基本原则。因此，如果欧洲调查令的执行有违该原则，则执行机关有权拒绝。考虑到欧洲调查令处于诉讼程序的初步阶段，当它有助于确定是否存在与"一事不再理"原则相冲突的可能时，或者当签发机关已经做出保证，作为执行欧洲调查令的结果而被移交的证据将不被用于对某个已经基于同一事实在另一成员国被做出终局性处理的人的起诉或制裁，就不应拒绝欧洲调查令的执行。

（18）同其他相互承认文件一样，本指令不具有修正宪章和《欧洲联盟条约》第 6 条所庄严载明的对各项基本权利和基本法律原则的尊重的义务的效力。为了表明这一点，在文本中插入了一个特别条款。

（19）在欧盟范围内创建一个"自由、安全和公正"区域是基于相互信任以及各成员国对欧盟法律特别是基本权利的遵守的设想。但是，这种设想是可以被推翻的。因此，如果有实质理由相信，执行欧洲调查令指定的调查方法可能导致对相关人员的基本权利的侵犯，并且执行国对宪章所承认的基本权利不能尽到保护义务，欧洲调查令就可以被拒绝执行。

（20）当执行国对欧洲调查令的承认或执行可能导致对本国所给予的豁免

---

① Directive 2010/64/EU of the European Parliament and of the Council of 20 October 2010 on the right to interpretation and translation in criminal proceedings（OJ L 280，26.10.2010，p.1）.

② Directive 2012/13/EU of the European Parliament and of the Council of 22 May 2012 on the right to information in criminal proceedings（OJ L 142，1.6.2012，p.1）.

③ Directive 2013/48/EU of the European Parliament and of the Council of 22 October 2013 on the right of access to a lawyer in criminal proceedings and in European arrest warrant proceedings，and on the right to have a third party informed upon deprivation of liberty and to communicate with third persons and with consular authorities while deprived of liberty（OJ L 294，6.11.2013，p.1）.

或特权的违反时，它可以拒绝执行欧洲调查令。在欧盟法律中，没有一个通用的关于豁免和特权的定义；对这些术语的明确定义留给国内法。在国内法上，豁免和特权可以包括适用于医疗和司法领域的保护，但不应被理解为一种与废除《欧盟成员国间刑事司法协助公约》附加议定书[①]规定的拒绝理由的义务相对抗的途径。这方面也可以包括与出版自由和在其他媒体上的表达自由有关的规则，即使这种自由不必被看作特权或豁免权。

（21）为了保证成员国之间在刑事事务上的快速、有效和持续合作，时间限制是必需的。承认或执行的决定，包括实际执行调查方法，应该像在国内相同情况下那样，迅速做出并优先执行。应规定时间限制，以保证在合理的时间内做出决定并予以执行，或符合签发国程序上的约束。

（22）可用来对抗欧洲调查令的法律救济应至少与国内对抗有关调查方法可以利用的法律救济相当。根据成员国的国内法，成员国应保证可以适用这种法律救济，包括在适当的时间告知利害关系人寻求这种法律救济的可能性和程序。当执行国的利害关系人对签发欧洲调查令提出实质性的反对理由时，可取的做法是将有关信息传递给签发机关并随后告知相关利害关系人。

（23）在执行国发生的欧洲调查令的执行费用应全部由执行国承担。这种安排符合相互承认的基本原则。但是，执行欧洲调查令可能在执行国发生巨额费用。例如，这种巨额费用可以是专家的综合意见，大规模的警察行动或长期的监视行动。这不应妨碍欧洲调查令的执行，并且签发和执行机关应争取确认哪些费用是巨额的。签发国和执行国可以协商费用问题，并且可以在协调阶段解决这个问题。作为一种最后的救济手段，签发机关可以做出撤销欧洲调查令的决定，或者坚持执行它，签发国估计花费特别巨大但绝对需要的部分应由签发国承担。这种机制不应构成拒绝的额外理由，并且在任何情况下都不应被滥用以延迟或阻止欧洲调查令的执行。

（24）欧洲调查令建立起一种单一的取证机制。但是，欧洲调查令指定的某些形式的调查方法，如对在押人员的临时移交，视频听证或电话会议听证，

---

① Protocol established by the Council in accordance with Article 34 of the Treaty on European Union to the Convention on Mutual Assistance in Criminal Matters between the Member States of the European Union（OJ C 326，21.11.2001，p.2）.

取得与银行账户或银行往来业务有关的信息，控制下交付或秘密调查，也需要其他规则。欧洲调查令可以包括实时、持续和在一定时间段内取证的调查方法，但是，为了协调签发国和执行国国内法上的不同规定，实际方案应由两国一致同意。

（25）本指令制定刑事诉讼各个阶段的调查方法的执行规则，包括审判阶段为了收集证据而需要某人参与的执行规则，如可以为了将某人临时移交到签发国出席听证或通过视频会议听证而签发欧洲调查令。但是，当基于起诉的目的将该人移交到另一个成员后，包括为了接受审判而将该人带到法庭，应依据 2002/584/JHA 号框架决定[①]签发欧洲逮捕令。

（26）考虑到欧洲逮捕令的适当性，签发机关应考虑在刑事诉讼中适用欧洲调查令是否是一种有效且适当的方法。签发机关应当特别考虑，为了让犯罪嫌疑人或被告人通过视频会议听证，签发欧洲调查令是否是一种有效的选择。

（27）欧洲调查令的签发可以是为了获取与刑事诉讼所涉人员在银行或其他金融机构所持有的任何性质的账户有关的证据。这些人员应做广义上的理解，不限于犯罪嫌疑人或被告人，也包括主管机关在刑事诉讼中认为需要获取这种信息的任何其他人。

（28）在本指令中，当提及金融机构时，该术语应当理解为与欧洲议会和欧盟理事会第 2005/60/EC 号指令第 3 条对该术语的定义一致。[②]

（29）当欧洲调查令的签发是获取某个具体账户的“详细情况”时，该“详细情况”应被理解为至少包括该账户所有人的姓名和住址，该账户代理人的详细情况，以及该账户开户时账户所有人提供的任何情况或文件以及银行仍持有的相关文件。

（30）依据本指令进行的任何有关电信侦听方面的合作，不限于电信的内

---

① Council Framework Decision 2002/584/JHA of 13 June 2002 on the European arrest warrant and the surrender procedures between Member States（OJ L 190，18.7.2002，p.1）.

② Directive 2005/60/EC of the European Parliament and of the Council of 26 October 2005 on the prevention of the use of the financial system for the purpose of money laundering and terrorist financing（OJ L 309，25.11.2005，p.15）.

容，也包括收集与该电信相关的交通和位置的数据，还允许主管机关为了获取对当事人更少干扰的电讯数据而签发欧洲调查令。为了获取某电信过去的交通和位置而签发欧洲调查令，应当依据与执行欧洲调查令有关的基本制度进行，并且可以考虑执行国国内法上有关执行强制性调查方法的相关规定。

（31）当几个成员国都可以提供所需的技术协助时，欧洲调查令只能发送给其中的一个国家并且应优先发送给相关人员所在的成员国。根据本指令，窃听对象所在的成员国和不需要提供技术协助的成员国都应当被告知。但是，当技术协助不可能只从一个成员国接收到时，欧洲调查令可以发送给一个以上执行国。

（32）如果欧洲调查令包含有电信窃听的请求，签发机关应向执行机关提供足够的信息，如正在调查的犯罪行为的具体情况，以便让执行机关评估在相同的国内案件中，是否有权实施这种调查方法。

（33）为了有利于本指令下有关合法窃听电信的合作，成员国应考虑到，在相关成员国境内，保证公众电信网络和服务运营商能够提供这种技术协助是非常重要的。

（34）根据本指令的范围，本指令只处理与收集证据有关的临时措施。在这方面，应当强调的是，包括经济收益在内的所有物品在刑事诉讼中可以适用于各种临时措施，不仅有关收集证据，也包括没收。这两种临时措施的区别并不总是十分明显，并且在诉讼过程中临时措施的目的可能发生变化。因此，在这方面的不同法律文件之间保持一个平稳关系非常关键。此外，基于同样理由，一个物品是否作为证据使用并因此可以成为欧洲调查令的对象，应由签发机关来判断。

（35）当互相协助与国际文件有关时，如由欧洲理事会通过的公约，对受本指令约束的成员国而言，本指令优先于那些公约。

（36）附件 D 所列的犯罪种类应当被解释为与依据现有的相互承认法律文件所做的解释始终相一致。

（37）根据 2011 年 9 月 28 日成员国《联合政治宣言》及其欧盟委员会的解释文件，[①] 在合理情况下，成员国在告知他们的转化措施时应同时附有一个

① OJ C 369，17.12.2011，p.14.

或多个解释指令各个组成部分与国内转化文件的相应部分的关系的文件。欧洲委员会和欧盟理事会认为，就本指令而言，递交这些文件是合理的。

（38）因为本指令的目的，也即相互承认获取证据的决定，不能由成员国完全达成，但是，根据它的范围和效力，可以在联盟的层面上更好的达成，联盟可以根据《欧洲联盟条约》第 5 条确立的辅助性原则采取相应措施。根据该条确立的适当性原则，本指令不超出为了达成这个目标所需要的范围。

（39）本指令尊重基本权利并且遵守《欧洲联盟条约》第 6 条和宪章，尤其是第六编，以及国际法和欧盟或所有欧盟成员国是其成员国的国际条约，包括《保护人权和基本自由的欧洲公约》，以及适用于各成员国的宪法所承认的各项原则。当根据客观条件，有理由相信，签发欧洲调查令的目的是由于他或她的性别、种族或种族起源、宗教、性取向、国籍、语言或政治观点或该人因为这些理由被歧视而起诉或惩罚他，本指令的任何规定都不得被解释为禁止拒绝执行欧洲调查令。

（40）在处理私人数据过程中保护有关的自然人是一项基本权利。根据宪章第 81 条第 1 款和《欧洲联盟条约》第 16 条第 1 款，每个人都有权保护与他们有关的私人数据。

（41）在适用本指令时，成员国应提供与处理私人数据有关的透明政策，并且为了保障个人行使保护私人数据的权利，成员国要允许自然人为了保护他们的私人数据而寻求法律救济。

（42）只能在需要时处理依据本指令获得的私人数据，并且与预防、调查、侦查和起诉犯罪或执行刑事制裁以及行使辩护权相当。只有经授权的人才能访问通过远程准入程序获得的私人数据资料。

（43）根据《欧洲联盟条约》和《欧洲联盟运作条约》关于联合王国和爱尔兰在“自由、安全和公正”区域地位的第 21 号附加议定书第 3 条的规定，联合王国已经表示它愿意接受并执行本指令。

（44）根据《欧洲联盟条约》和《欧洲联盟运作条约》关于联合王国和爱尔兰在“自由、安全和公正”区域地位的第 21 号附加议定书第 1 条、第 2 条和第 4a 条第 1 款的规定，并且不妨碍该附加议定书第 4 条的规定，爱尔兰不接受本指令并且不受它的约束或不需要执行它。

（45）根据《欧洲联盟条约》和《欧洲联盟运作条约》第 22 号附加议定

书第1条和第2条的规定，丹麦不接受本指令并且不受它的约束或不需要执行它。

（46）欧洲数据保护监督局根据欧洲议会和欧盟理事会第45/2001号条例[①]第41条第2款的规定于2010年10月5日提交了一份意见。

已经通过的本指令如下：

第一章　欧洲调查令

第1条　欧洲调查令和执行它的义务

1. 依照本指令，欧洲调查令（EIO）是一项由某个成员国（签发国）的司法机关签发或确认的、由另一个成员国（执行国）采取一种或几种具体的调查方法以获取证据的司法命令。

欧洲调查令也可以为了获取已经被执行国的主管机关所拥有的证据而签发。

2. 成员国应基于相互承认原则并依照本指令执行欧洲调查令。

3. 欧洲调查令可以应犯罪嫌疑人或被告人或他的代理律师的请求而签发，该请求权须在与国内刑事程序相一致的可行使辩护权的框架内行使。

4. 本指令不具有修正尊重基本权利和《欧洲联盟条约》第6条庄严载入的包括刑事诉讼中犯罪嫌疑人和被告人的辩护权在内的各项法律原则的效力，也不影响司法机关在这方面的义务。

第2条　定义

为了本指令的目的，适用下列定义：

（a）“签发国”是指签发欧洲调查令的成员国；

（b）“执行国”是指采取调查方法执行欧洲调查令的成员国；

（c）“签发机关”是指：

（ⅰ）负责相关案件的法官、法庭、调查法官或检察官；或

（ⅱ）签发国指定的其他主管机关。该机关在具体案件的刑事诉讼中行使

① Regulation（EC）No 45/2001 of the European Parliament and of the Council of 18 December 2000 on the protection of individuals with regard to the processing of personal data by the Community institutions and bodies and on the free movement of such data（OJ L 8，12.1.2001，p.1）.

调查机关的职能，根据国内法有权下达收集证据的命令。另外，在移交给执行机关之前，欧洲调查令应当由签发国的法官、法庭、调查法官或公共检察官在检查它符合本指令有关签发欧洲调查令的条件特别是第6条第1款确立的条件后，予以确认。当欧洲调查令被司法机关确认后，为了移交欧洲调查令的目的，该机关也可以被看作签发机关；

（d）“执行机关”是指有权承认欧洲调查令并保证它的执行符合本指令和国内类似案件的程序规定。这种程序根据执行国法律规定可能需要执行国法庭授权。

第3条 欧洲调查令的范围

除了《欧盟成员国间刑事协助公约》（公约）① 第13条和第2002/465/JHA号框架决定② 所规定的成立联合调查小组和由这种小组收集证据这种调查方法（不包括公约第13条第8款和框架决定第1条第8款）以外，欧洲调查令涵盖了所有其他的调查方法。

第4条 可以签发欧洲调查令的程序的类型

在下列程序中可以签发欧洲调查令：

（a）根据签发国法律，可以由司法机关提起或向司法机关提起的与刑事犯罪有关的刑事程序；

（b）根据签发国法律，因为违反法律规则而由行政机关提起的与可罚行为有关的程序，在该程序中，有管辖权的法庭可以就特定的刑事事务做出裁定；

（c）根据签发国法律，因为违反法律规则而由司法机关提起的与可罚行为有关的程序，在该程序中，有管辖权的法庭可以就特定的刑事案件做出裁定；以及

（d）与上述（a）（b）和（c）项相应的程序，在这些程序中，应对犯罪

① Convention established by the Council in accordance with Article 34 of the Treaty on European Union, on Mutual Assistance in Criminal Matters between the Member States of the European Union（OJ C 197, 12.7.2000, p.3）.

② Council Framework Decision 2002/465/JHA of 13 June 2002 on joint investigation teams（OJ L 162, 20.6.2002, p.1）.

或违法行为负责或应受处罚的是签发国的法人。

第5条　欧洲调查令的内容和格式

1. 由附件A确定的欧洲调查令的格式应被完成并签名，它的内容应由签发机关证明是准确的和正确的。

欧洲调查令应特别包括以下信息：

（a）有关签发机关的信息以及，如果有的话，确认机关的信息；

（b）欧洲调查令的目的和理由；

（c）已经掌握的相关人员的必要信息；

（d）对调查或诉讼所涉的犯罪行为的描述，以及适用的签发国刑事法律的相关条款；

（e）对所请求的调查方法的描述以及需要取得的证据。

2. 各成员国应当说明，除了本国的官方语言之外，当其为有关的执行国时，签发国在完成或翻译欧洲调查令时可以使用欧盟机构的官方语言中的哪种语言。

3. 签发国的主管机关应将附件A确定的欧洲调查令翻译成执行国的一种官方语言或执行国根据本条第2款的规定说明的其他语言。

第二章　签发国的程序和保障

第6条　签发和移交欧洲调查令的条件

1. 签发机关只有在符合下列条件时才可以签发欧洲调查令：

（a）基于第4条提到的程序的目的，考虑到嫌疑人或被告人的权利，签发欧洲调查令是必需的和适当的；并且

（b）在国内类似案件的同等条件下，可以下令采取欧洲调查令所指的调查方法。

2. 第1款所指的条件应由签发机关逐案评估。

3. 当执行机关有理由相信不符合第1款所指的条件时，执行机关可以向签发机关咨询执行欧洲调查令的重要性。咨询后，签发机关可以决定撤回欧洲调查令。

第7条　送交欧洲调查令

1. 根据第5条规定完成的欧洲调查令应当在能让执行机关确定其真实性的条件下，以任何能留下书面记录的方式由签发机关送交给执行机关。

2. 进一步的官方联系应在签发机关和执行机关之间直接进行。

3. 在不妨碍第 2 条（d）款的情况下，各成员国可以指定一个中央机关或者按照它的国内法规定指定一个以上中央机关，以协助主管机关。根据国内司法体系结构的需要，成员国可以让中央机关负责欧洲调查令的行政移交和接收，以及有关欧洲调查令的其他官方通信。

4. 签发机关可以通过欧盟理事会第 98/428/JHA 号《联合行动》① 建立起来的欧洲司法网的电讯体系来送交欧洲调查令。

5. 如果不知道执行机关的性质，签发机关应采取包括通过欧洲司法网联系点在内的所有调查方法，以从执行国获取相关信息。

6. 当收到欧洲调查令的执行国机关没有资格承认该命令或没有资格采取必要措施执行该命令时，它应当依照职权将该欧洲调查令移交给执行机关并告知签发机关。

7. 有关送交或执行欧洲调查令所需的文件真实性的所有困难都应当由签发机关和涉及的执行机关通过直接联系来解决，适当时成员国中央机关也可以介入。

第 8 条 和先前欧洲调查令相关的欧洲调查令

1. 当签发机关签发的欧洲调查令是对先前送交的欧洲调查令的补充时，它应当在附件 A 的欧洲调查令格式的 D 部分说明这个事实。

2. 如果签发机关根据第 9 条第 4 款的规定在执行国协助执行欧洲调查令，它可以在不妨碍第 33 条第 1 款（c）项的告知的情况下，在到达执行国时，将补充早先的欧洲调查令的新欧洲调查令直接递交给执行机关。

3. 补充早先欧洲调查令的欧洲调查令应依照第 5 条第 1 款第 1 项规定被证明，并且在适当时依据第 2 条（c）项的规定被确认。

第三章 执行国的程序和保障

第 9 条 承认和执行

1. 除非执行机关决定援引本指令所规定的不承认或不执行或延期执行的

---

① Joint Action 98/428/JHA of 29 June 1998 adopted by the Council on the basis of Article K.3 of the Treaty on European Union, on the creation of a European Judicial Network（OJ L 191, 7.7.1998, p.4）.

理由，执行机关对于依照本指令移交来的欧洲调查令，不需要其他的手续就应予承认，并应保证，就像有关的调查方法是由执行国命令的那样，以同样方法和同等模式予以执行。

2. 除非本指令另作说明，只要签发机关明确指定的手续和程序不违反执行国的基本法律原则，执行机关就应当遵守。

3. 如果执行机关收到的欧洲调查令不是由第 2 条（c）款规定的签发机关签发的，它应当将欧洲调查令退回签发机关。

4. 在支持执行国的主管机关方面，当签发国的特定机关在国内相同的情况下，能在执行欧洲调查令指定的调查方法时提供协助时，签发机关可以请求签发国的一个或几个机关协助欧洲调查令的执行。如果这种协助不违反执行国的基本法律原则或者不妨害本国的基本安全利益，执行机关应当接受这种请求。

5. 签发国的机关在执行国执行欧洲调查令的过程中应遵守执行国的法律。他们在执行国不具有任何执法权，除非在执行国行使这种权力是依据执行国的法律，并且在签发机关和执行机关都同意的情况下行使。

6. 为了有助于有效地执行本指令，签发机关和执行机关可以通过任何适当的方式互相协调。

第 10 条　寻求其他调查方法

1. 当具有下列情形时，执行机关在可能的情况下应当寻求不同于欧洲调查令指定的调查方法的其他方法：

（a）欧洲调查令指定的调查方法在执行国法律中不存在；或者

（b）欧洲调查令指定的调查方法在国内相同情况下不能使用。

2. 在不妨碍第 11 条的适用的情况下，第 1 款规定不适用下列调查方法：

（a）取得执行机关已经拥有的信息或证据并且根据执行国法律在刑事诉讼的框架下或为了欧洲调查令的目的可以取得该信息或证据；

（b）取得包含在警察或司法机关的数据库中并且执行机关在刑事诉讼的框架内可以使用的信息；

（c）在执行国境内对证人、专家、被害人、嫌疑人或被告人或第三方进行听证；

（d）按照执行国法律定义的非强制性调查方法；

（e）持有特定的付费电话号码或网络地址的人的身份。

3. 执行机关也可以寻求欧洲调查令指定的方法以外的其他方法，只要执行机关选择的调查方法比欧洲调查令指定的方法更少干扰但又可以取得同样效果。

4. 当执行机关决定可能适用本条第 1 款和第 3 款所指的方法时，它应当首先通知签发机关，签发机关可以决定撤回或补充欧洲调查令。

5. 当出现本条第 1 款所述的欧洲调查令指定的调查方法不存在于执行国的法律或者不能适用于其国内类似案件的情况并且没有其他调查方法可以取得与所请求的调查方法同样的结果时，执行机关应当通知签发机关它不可能提供协助。

第 11 条 不承认与不执行的理由

1. 在不损害第 1 条第 4 款的情况下，执行国可基于以下理由拒绝承认或执行欧洲调查令：

（a）依据执行国法律，因为有豁免或特权而不可能执行欧洲调查令，或者存在着有关出版自由和在其他媒体上的表达自由的刑事责任的裁定或限制从而不可能执行欧洲调查令；

（b）执行欧洲调查令在特定情况下可能损害国家基本利益、危害信息来源或涉及使用与特定情报有关的机密信息；

（c）第 4 条（b）款和（c）款所指的程序中签发的欧洲调查令和调查方法不可能在执行国的类似案件中得到授权；

（d）执行欧洲调查令将违反“一事不再理”原则；

（e）欧洲调查令所针对的刑事犯罪是在签发国领域外实施的，并且全部或部分实施于执行国领域，且与签发欧洲调查令相关的行为在执行国不是犯罪行为；

（f）承认或执行欧洲调查令将违反执行国依据《欧洲联盟条约》第 6 条和宪章的义务；

（g）据以签发欧洲调查令的行为依据执行国法律不构成犯罪，但是，如果正如签发机关在欧洲调查令所指出的，该犯罪属于附件 D 所列的犯罪清单上的犯罪且在签发国可处 3 年以上监禁刑或羁押令的，则除外；或者

（h）依据执行国法律，欧洲调查令所指定的调查方法仅限适用于某些犯

罪或有最低处罚门槛的犯罪，而欧洲调查令所涉及的犯罪并不属于这类犯罪。

2. 本条第 1 款（g）项和（h）项不适用于第 10 条第 2 款所指的调查方法。

3. 当欧洲调查令相关的犯罪与税收或关税、海关和兑换有关时，执行机关不应因为执行国法律没有征收相同种类的税收或关税或没有与签发国法律相同的税收、关税、海关和兑换规则而拒绝承认或执行。

4. 本条第（1）款（a）（b）（d）（e）和（f）项所指的不予承认或执行欧洲调查令的决定，不管是全部还是部分不承认或执行，执行机关都应以适当方式与签发机关进行协商，并且在适当时请求签发机关及时提供所需的补充资料。

5. 在本条第 1 款（a）项所指的情形下，当执行国的有关机关有权放弃给予特权或豁免时，执行机关应当请求该机关行使这种权力。当放弃特权或豁免的权力属于另一个国家的机关或国际组织时，签发机关应当请求相关机关行使这种权力。

第 12 条　承认与执行的时间限制

1. 如同在国内相同情况下那样，在任何情况下，都应在本条规定的时间限制内迅速并优先做出承认或执行的决定及采取调查方法。

2. 如果由于程序的截止日期、犯罪的严重性或其他特殊紧急情况，签发机关在欧洲调查令中表示需要的期限比本条所规定的期限更短，或者，签发机关已经在欧洲调查令中表明，必须在指定的时间内采取调查方法，执行机关则应当对这种请求尽可能给予充分考虑。

3. 在不损害第 5 条的情况下，执行机关应尽可能在有权执行的机关收到欧洲调查令后 30 天内对承认或执行欧洲调查令做出决定。

4. 除非有第 15 条规定的延迟理由或欧洲调查令指定的调查方法要获得的证据已经被执行国拥有，执行国机关应在本条第 3 款所指的决定做出后 90 天内毫不迟延地采取调查方法并不得损害本条第 5 款的规定。

5. 如果在特定情况下，执行机关不可能遵从本条第 3 款规定的期限或本条第 2 款指定的日期，它应当立即通过任何方式通知签发机关，说明延迟理由以及预计的做出决定所需要的时间。在这种情况下，本条第 3 款的时间限制可以最多延长 30 天。

6. 如果在特定情况下，执行机关不可能遵从本条第 4 款规定的期限，它应当立即通过任何方式通知签发机关，说明延迟理由并就采取调查方法的适当时间与签发机关进行协商。

第13条 移交证据

1. 作为执行欧洲调查令的结果，执行机关应当没有任何不适当延误地将取得的证据或已经被执行国主管机关拥有的证据移交给签发国。

在欧洲调查令中有请求并且执行国法律准许的情况下，证据应立即移交给签发国根据第9条第4款协助执行欧洲调查令的签发国机关。

2. 在法律救济未做出决定之前，移交可以延迟，除非欧洲调查令中有足够的理由表明，立即移交证据对适当的调查行为或保护个人权利是必要的。但是，如果证据移交会对有关人员引起严重的并且是不可逆转的损害，则证据移交应当推迟。

3. 在移交证据时，执行机关应当表明，当签发国不再需要这些证据时，是否需要将这些证据归还给执行国。

4. 当相关物品、文件或数据已经与其他程序相关时，执行机关可以明确请求并经与签发机关协商之后临时将证据附条件移交，条件即签发国不再需要证据时或在两机关商定的任何时间立即将证据归还给执行国。

第14条 法律救济

1. 成员国应保证对欧洲调查令指定的调查方法可以适用与国内类似情况下的同等法律救济。

2. 在不损害执行国对基本权利的保障的情况下，对签发欧洲调查令的实质理由的质疑只限于在签发国采取的行动。

3. 在不损害第19条第1款规定的对调查保密的需要的情况下，签发机关和执行机关应采取适当措施保证提供依据国内法可以适用的有关寻求法律救济的可能性的信息，并保证在适当的时间内可以有效适用这些救济方法。

4. 成员国应保证寻求法律救济的时间限制与国内相同情况下提供的法律救济一样并且可以保证当事人有效利用这些法律救济方法。

5. 签发机关和执行机关应互相告知有关反对签发、承认或执行欧洲调查令的法律救济。

6. 对欧洲调查令的反对不能推迟调查方法的执行，除非在国内类似情况下可以这样做。

7. 签发国应根据本国法律对已经提起的反对承认或执行欧洲调查令的控诉进行考虑。在不损害国内程序规则的情况下，成员国应保证，当判断通过欧洲调查令取得的证据时，在签发国的刑事诉讼中尊重辩护权和公平程序。

第 15 条　推迟承认或执行的理由

1. 执行国可以基于以下理由推迟对欧洲调查令的承认或执行：

（a）执行欧洲调查令可能对正在进行的刑事调查或起诉不利，直到执行国认为合理的时间；

（b）有关的物品、文件或数据正在被其他程序使用，直到他们不再基于这个目的而需要。

2. 只要推迟的理由一消失，执行机关就应立即采取必要措施执行欧洲调查令并以任何能留下书面记录的方式告知签发机关。

第 16 条　告知的义务

1. 在任何情况下，收到欧洲调查令的执行国主管机关都应当在收到欧洲调查令的一周内毫不迟延地完成和发送附件 B 的表格以确认收到了欧洲调查令。当根据第 7 条第 3 款指定了中央机关时，这项义务同时适用于中央机关和从中央机关接收到欧洲调查令的执行机关。在第 7 条第 6 款所指的情况下，这项义务同时适用于最初接收到欧洲调查令的主管机关和欧洲调查令最终被移交给的执行机关。

2. 在不损害第 10 条第 4 款和第 5 款的情况下，执行机关应通过一切途径告知签发机关：

（a）因为所提供的附件 A 中的表格不完整或明显不准确，所以执行机关不可能做出承认或执行的决定；

（b）在执行欧洲调查令的过程中，执行机关认为，如果没有进一步的询问，为了让签发机关在具体案件中采取其他行动，采取最初没有预见到的或者签发欧洲调查令时没有规定的调查方法是适当的；或者

（c）执行机关确信，在某个具体案件中，它不能遵守签发机关根据第 9 条明确指定的手续和程序。

经签发机关请求，应毫不迟延地以任何能留下书面记录的方式对告知进行确认。

3. 在不损害第 10 条第 4 款和第 5 款的情况下，执行机关应毫不迟延地以任何能留下书面记录的方式告知签发机关：

（a）根据第 10 条或第 11 条做出的决定；

（b）推迟执行或承认欧洲调查令的决定及其理由，以及，如果可能的话，预期的推迟期限。

第 17 条 有关公务人员的刑事责任

当签发国的公务人员在适用本指令的框架下出现在执行国的境内时，这些人应被看作犯罪行为所针对的或实施犯罪的执行国的公务人员。

第 18 条 有关公务人员的民事责任

1. 当某个成员国的公务人员在适用本指令的框架下出现在另一个成员国境内时，前一个成员国应当对它的公务人员在执行公务期间依据所在成员国法律所造成的一切损害负责。

2. 本条第 1 款所述的造成损害所在的成员国应依照可适用于本国公务人员造成损害的条件补偿所造成的损害。

3. 其公务人员给另一个成员国的人造成损害的成员国应对后者已经支付给被害人或他们的代理人的费用进行足额补偿。

4. 在不妨碍各成员国对第三方行使权利的情况下并且除了第 3 款规定的情形，每个成员国均应避免在第 1 款所述的情况下对遭受另一个成员国的损害提出赔偿请求。

第 19 条 保密

1. 各成员国应采取必要措施以保证，签发机关和执行机关在执行欧洲调查令的过程中对调查的保密性给予充分考虑。

2. 除了执行调查方法所需要的情形，执行机关应当根据本国法对欧洲调查令的事实和实质进行保密。如果执行机关不能遵守保密性的需要，它应毫不迟延地告知签发机关。

3. 依据本国法并且除非执行机关另有说明，除为了欧洲调查令描述的调查或程序的需要而暴露的情形外，签发机关不能泄露执行机关提供的任何证据或信息。

4. 各成员国应采取必要措施，以保证银行不将根据第 26 条和第 27 条已经移交给签发国的相关信息或正在进行调查的信息泄露给相关的银行客户或其他第三人。

第 20 条　对个人数据的保护

在执行本指令时，成员国应保证个人数据受到保护并且只能依据欧盟理事会第 2008/977/JHA 号框架决定[①]和 1981 年 1 月 28 日欧盟理事会《关于保护与自动处理个人数据有关的个人保护欧洲公约》及其附加议定书的原则处理个人数据。在不损害数据主体的权利的情况下，应严格限制得到这种数据。只有经授权的人才可得到这种数据。

第 21 条　费用

1. 除非本指令另有说明，执行国应承担与执行欧洲调查令有关的发生在执行国的所有费用。

2. 当执行机关认为执行欧洲调查令的费用可能会异常高时，它可以与签发机关协商，看该费用是否可以分摊以及如何分摊，或者欧洲调查令是否需要修改。执行机关应提前将它认为花费过高部分的具体情况告知签发机关。

3. 在没有就第 2 款所指的费用达成协议的情况下，签发机关可以决定：

（a）全部或部分撤回欧洲调查令；或者

（b）继续欧洲调查令，并且承担花费过巨部分的费用。

第四章　对调查方法的具体规定

第 22 条　为了实施调查方法的目的而将在押人员临时移交给签发国

1. 如果为了收集证据而需要被羁押在执行国的人员出现在签发国境内，签发国可以基于实施与该收集证据有关的调查方法而签发欧洲调查令，目的是临时移交在执行国羁押的人员，条件是该人必须在执行国规定的期限内送还给执行国。

2. 除了第 11 条规定的不承认或不执行的理由，欧洲调查令的执行还可以基于以下理由被拒绝：

（a）在押人员不愿意；或者

（b）移交会延长在押人员的羁押期限。

---

① Council Framework Decision 2008/977/JHA of 27 November 2008 on the protection of personal data processed in the framework of police and judicial cooperation in criminal matters（OJ L 350，30.12.2008，p.60）.

3. 在不损害第 2 款（a）项的情况下，当执行国认为考虑到有关人员的年龄或身体或精神状况，应由在押人员的法定代理人就临时移交表达意见。

4. 在第 1 款所指的情形下，通过第三国（“经过国”）运送在押人员应根据附有所需文件的申请获得该国许可。

5. 临时移交在押人员的实际安排，包括他在签发国的关押条件，以及他被移交的日期和返回执行国的日期，应经签发国和执行国双方一致同意，并保证考虑到被移交人员的身体和精神条件以及在签发国的安全。

6. 除非执行国申请将被移交人员释放，签发国以及途经国都应对其保持羁押状态，因为他在执行国因所实施的行为或罪行一直被关押着。

7. 该人在签发国的羁押期限应折抵他在或将在执行国被羁押的期限。

8. 在不损害本条第 6 款的情况下，被移交人员不应在签发国因其从执行国离开前的不在欧洲调查令指定范围内的行为或罪行被起诉或羁押或受制于任何其他对人身自由的限制。

9. 本条第 8 款所指的豁免不再适用，如果被移交人从签发国不再需要他之日起 15 天内曾有机会离开，而他：

（a）仍留在签发国境内；或者

（b）曾经离开但又返回。

10. 除将该人移交到签发国和从签发国返回的费用应由签发国承担外，适用本条而产生的费用应根据第 21 条来承担。

第 23 条 为了实施调查方法的目的而将在押人员临时移交给执行国

1. 为了实施一项让某人到执行国做证的收集证据的调查方法，可以通过签发欧洲调查令将签发国羁押的人员临时移交给执行国。

2. 经必要修正的第 22 条第 2 款（a）项和第 3 款到第 9 款适用于本条的临时移交。

3. 除向执行国移交和从执行国移出人员产生的费用由签发国承担外，适用本条产生的费用依据第 21 条来承担。

第 24 条 通过视频会议或其他视听传播进行听证

1. 当在执行国境内的人必须作为证人或专家由签发国主管机关听证时，签发机关可以为了通过本条第 5 款到第 7 款规定的视频会议或其他视听传播听取该证人或专家的证言而签发欧洲调查令。

签发机关也可以基于通过视频会议或其他视听传播听取嫌疑人或被告人的目的而签发欧洲调查令。

2. 除第 11 条规定的不承认或不执行的理由外，也可以在下列情形下拒绝执行欧洲调查令：

（a）嫌疑人或被告人不愿意；或

（b）执行这种欧洲调查令在特定情况下违反执行国的基本法律原则。

3. 签发机关和执行机关应就实际安排达成一致意见。当同意这种安排时，执行机关应：

（a）向有关的证人或专家送达传票，指定听证的时间和地点；

（b）根据执行国的法律规则通知嫌疑人或被告人出席听证，并告知他们根据签发国法律享有的权利，听证时允许他们行使有效辩护的权利；

（c）保证该人的身份可以被听证。

4. 如果在特定案件的条件下执行机关没有视频会议听证的技术方法，可以通过双方协定由签发国向其提供这种方法。

5. 在通过视频会议或其他视听传播听证时，应遵守下列规则：

（a）执行国主管机关应出席听证，必要时由翻译协助，并且也应负责保证出席听证的人的身份以及尊重执行国法律的基本原则。

如果执行机关认为在听证过程中执行国的基本法律原则受到侵犯，他应当立即采取必要措施以保证在遵守这些原则的情况下继续听证。

（b）在需要时，签发国和执行国的主管机关应对被听证人员的保护措施达成一致意见。

（c）听证应由签发国主管机关或在其指导下依据其本国法律直接进行；

（d）经签发国或被听证人请求，执行国应保证被听证人在需要时能得到口译的帮助。

（e）嫌疑人或被告人在听证之前被告知执行国和签发国法律赋予他们的包括不做证的权利在内的程序性权利。证人和专家可以主张他们依据执行国或签发国法律赋予他们的不做证的权利，并且在听证前就应被告知这种权利。

6. 在不损害经双方同意的保护这些人的措施的情况下，执行机关应对听证会的结论起草听证备忘录，载明听证的时间和地点，被听证人的身份，执行国参与听证的所有其他人的身份和职能，宣誓以及举行听证的技术条件。

该文件应由执行机关提交给签发机关。

7. 当某人根据本条在本国境内听证并当其有做证的义务而拒绝做证或拒绝证明事实时，各成员国应采取必要措施保证就像听证发生在国内程序中的那样适用本国的国内法。

第 25 条 通过电话会议听证

1. 如果某人在某一成员国并且须作为证人或专家由另一成员国的主管机关听证，当该人不适合或不可能到后一成员国出庭做证时，该国的签发机关在检查了其他方法后，可以为了通过电话会议对让该证人或专家进行听证而签发欧洲调查令。

2. 除非另有同意，第 24 条第 3 款、第 5 款、第 6 款和第 7 款应经修正适用于通过电话会议举行的听证。

第 26 条 有关银行账户和其他金融账户的信息

1. 为了查明涉及刑事诉讼的自然人或法人是否在执行国银行拥有或控制一个或多个性质不限的账户，并且在拥有账户的情况下，为了获知特定账户的具体情况，可以签发欧洲调查令。

2. 各成员国应采取必要措施以使自己能够提供本条第 1 款所述的符合本条规定条件的相关信息。

3. 如果欧洲调查令请求，本条第 1 款所述信息还应包括涉及刑事诉讼的相关人员有权代理的账户。

4. 本条确立的义务只适用于持有账户的银行掌握的信息。

5. 在欧洲调查令中，签发机关应说明，它认为被请求的信息对刑事诉讼具有实质意义的理由，以及它认为执行国的该银行拥有该账户的理由，可能的话，还要说明牵涉到的银行有哪些。在欧洲调查令中还应包括任何有利于它的执行的信息。

6. 为了查明涉及刑事诉讼的自然人或法人是否在执行国境内的非银行的金融机构拥有一个或多个账户，也可以签发欧洲调查令。本条第 3 款到第 5 款应经修正而适用。除了第 11 条所述的不承认和不执行的理由，在这种情况下，如果在国内相同情况下执行调查方法不会得到授权，也可以拒绝欧洲调查令。

第 27 条 有关银行或其他金融机构的操作信息

1. 为了获取某个具体银行账户的详细情况以及在特定期间内银行通过一

个或多个包括寄出或接收账户在内的特定账户操作方面的详细情况，可以签发欧洲调查令。

2. 各成员国应采取必要措施以使自己能够提供本条第1款所述的与本条规定的条件相符合的信息。

3. 本条确立的义务只适用于持有账户的银行所掌握的信息。

4. 在欧洲调查令中，签发机关应说明它认为基于刑事诉讼的目的请求相关信息的理由。

5. 欧洲调查令签发的目的也可以是为了获取由非银行金融机构实施的本条第1款所指的金融运作信息。本条第3款到第4款应经修正而适用。除了第11条所述的不承认和不执行的理由，在这种情况下，如果在国内相同情况下执行调查方法不会得到授权，也可以拒绝欧洲调查令。

第28条 包含现场取证、持续取证和在特定时间段时取证的调查方法

1. 当欧洲调查令的签发是为了执行需要现场取证、持续取证和在特定时间段时取证的调查方法，例如：

（a）对通过一个或多个特定账户进行的银行或其他金融操作进行监视；

（b）在执行国境内控制下交付。

除了第11条所述的拒绝承认或执行的理由，如果执行这种调查方法在国内相同情况下得不到授权，可以拒绝执行。

2. 有关本条第1款（b）项所指的调查方法以及无论需要的其他什么地方的实际安排均应在签发国和执行国之间达成一致意见。

3. 签发机关应在欧洲调查令中说明它认为所请求的信息与刑事诉讼的目的有关的理由。

4. 与执行本条第1款所述的欧洲调查令相关的执行权、领导权和控制权应由执行国的主管行使。

第29条 秘密调查

1. 欧洲调查令可以基于请求执行国在签发国公务人员以秘密或虚假身份调查犯罪的行动（“秘密调查”）中给予协助的目的而签发。

2. 签发机关应在欧洲调查令中说明，它认为秘密调查可能与刑事诉讼的目的有关的理由。对根据本条签发的欧洲调查令的承认和执行的决定应由执行国主管机关在充分考虑本国法律和程序的情况下逐案做出。

3. 除了第 11 条所述的拒绝承认和执行的理由，执行机关也可以基于以下理由拒绝执行本条第 1 款所述的欧洲调查令：

（a）在国内相同情况下，执行秘密调查的方法得不到授权；或者

（b）不可能达成本条第 4 款规定的有关秘密调查的协议。

4. 秘密调查应根据秘密调查行为所在的成员国的国内法和程序进行。与秘密调查相关的秘密调查权、领导权和控制权由执行国主管机关行使。秘密调查的期限、具体条件以及有关公务人员在秘密调查中的法律地位应由签发国和执行国在充分考虑本国法律和程序的情况下达成一致意见。

第五章　窃听电信

第 30 条　在另一成员国的技术协助下窃听电信

1. 欧洲调查令可以为了让某个成员国协助窃听在该国的电信而签发。

2. 当一个以上的成员国可以为窃听相同的电信提供完全必要的技术协助时，欧洲调查令应当只发送给其中的一个国家，并应优先发送给窃听对象所在或将在的国家。

3. 本条第 1 款所指的欧洲调查令应包含以下信息：

（a）用于识别被窃听对象的信息；

（b）期望窃听的期限；以及

（c）足够的技术数据，特别是目标标识码，以保证欧洲调查令能够被执行。

4. 签发机关应在欧洲调查令中说明它认为所指定的调查方法对相关的刑事诉讼有用的理由。

5. 除了第 11 条规定的不承认或不执行的理由，当本调查方法在国内类似情况下得不到授权时，本条第 1 款所指的欧洲调查令的执行也可以被拒绝。执行国可以在国内类似情况限定的条件下表示同意。

6. 本条 1 款所指的欧洲调查令可以通过以下方式得到执行：

（a）立即将电信传送给签发国；或者

（b）窃听、记录然后将截获的电信结果传送给签发国。

窃听是通过本条（a）项还是（b）项完成，签发机关和执行机关应通过协商达成一致意见。

7. 在签发本条第 1 款所指的欧洲调查令时或在窃听过程中，如果具有特

别理由，签发机关也可以在执行机关同意的前提下请求对所记录的内容进行转录、解码或解密。

8. 除了对窃听来的通信进行转录、解码和解密的费用应由签发国承担以外，适用本条所产生的费用应根据第 21 条的规定来承担。

第 31 条　通知不需要技术协助的被窃听人所在的成员国

1. 为了实施调查方法，当窃听电信得到某个成员国（“窃听国”）主管机关的授权并且窃听令所指定的被窃听对象的通信地址正在另一个不需要对窃听提供技术协助的成员国（“被通知国”）境内被使用时，窃听国应将窃听事宜通知被通知国的主管机关：

（a）当窃听国主管机关知道，在下令窃听时，窃听对象在或将在被通知国境内，那么，在窃听前通知；

（b）在窃听过程中或完成窃听之后，在他意识到窃听对象在或在窃听期间一直在被通知国时，立即通知。

2. 本条第 1 款所指的通知应使用附件 C 确定的格式发出。

3. 如果在国内类似情况下窃听不可能得到授权，被通知国的主管机关可以毫不迟延地并且最晚在收到本条第 1 款所指的通知后 96 小时内通知窃听国主管机关：

（a）不能进行窃听或应终止窃听；并且

（b）必要时，当窃听对象在其他境内时所有窃听到的资料都不能被使用，或者只能在他所规定的条件下被使用。被通知国主管机关应将适用该条件的合法理由告知窃听国主管机关。

4. 第 5 条第 2 款经修正后可适用于本条第 2 款所指的通知。

第六章　临时措施

第 32 条　临时措施

1. 签发机关可以为采取防止破坏、转换、搬迁、转让或处置可作为证据使用的物品的临时措施而签发欧洲调查令。

2. 执行机关应尽快，适当时在收到欧洲调查令 24 小时内，对临时措施做出决定并就该措施进行沟通。

3. 当请求本条第 1 款所指的临时措施时，签发机关应在欧洲调查令中说明该证据应移送给签发国还是仍留在执行国。执行机关应承认并执行欧洲调查令，并应根据本指令确立的程序移交该证据。

4. 根据本条第 3 款，当欧洲调查令附有该证据仍留在执行国的指令时，签发机关应说明解除本条第 1 款所指的临时措施的日期，或者预计的请求将该证据移交到签发国的时间。

5. 在与签发机关协调后，根据本国法律和实践，执行机关可以结合案件的具体情况制定适当的条件来限制本条第 1 款所指的临时措施持续的期限。根据这些条件，如果执行机关想解除该临时措施，他应当通知签发机关以使其对此发表意见。签发机关应立即通知执行机关本条第 1 款所指的临时措施已经被解除了。

第七章　最后条款

第 33 条　通知

1. 各成员国应在 2017 年 5 月 22 日前通知欧盟委员会：

（a）当其为签发国或执行国时，根据本国法律，哪个或哪些机关是第 2 条（c）款和（d）款规定的机关；

（b）正如第 5 条第 2 款所指的那样，为了承认或执行欧洲调查令可以接受的语言；

（c）如果成员国愿意利用第 7 条第 3 款规定的可能性，那么有关指定中央机关的信息。该信息对签发国的机关具有拘束力。

2. 各成员国还可以向委员会提供依据第 22 条第 4 款所需要的文件的清单。

3. 如果本条第 1 款和第 2 款所指的信息在后来发生了变化，成员国应通知委员会。

4. 委员会应将依据本条收到的信息向所有成员国及欧洲司法网公布。欧洲司法网应将这些信息在欧盟理事会第 2008/976/JHA 号框架决定[①]第 9 条所指的网站上公布。

第 34 条　与其他法律文件、协议和安排的关系

① Council Decision 2008/976/JHA of 16 December 2008 on the European Judicial Network（OJ L 348, 24.12.2008, p.130）.

1. 不损害下列文件在成员国与第三国之间的适用以及根据第35条的过渡性适用，本指令从2017年5月22日起替代下列适用于成员国之间的公约的相应规定：(a) 1959年4月20日欧洲理事会制定的《刑事司法协助欧洲公约》及其两个附加议定书，以及根据其26条签订的双边协定；(b)《执行申根协定的公约》；(c)《欧盟成员国间刑事司法协助公约》及其附加议定书。

2. 在成员国间，本指令取代了第2008/978/JHA号框架决定。在冻结证据方面，本指令取代了第2003/577/JHA号框架决定的规定。受本指令约束的成员国，在有关冻结证据方面，本指令代替了第2003/577/JHA号框架决定。

3. 除了本指令，只要有助于进一步巩固本指令的目标，有助于简化取证程序或使收集证据更容易，尊重本指令所确立的保障水平，2017年5月22日以后，成员国可以和其他成员国签订或继续适用双边或多边协定或安排。

4. 成员国应在签订本款所指的新协议或新安排的3个月内告知委员会。

第35条 过渡性条款

1. 2017年5月22日前收到的相互协助的请求应继续适用现有的与刑事事务相互协助有关的法律文件。2017年5月22日前根据第2003/577/JHA号框架决定做出的冻结证据的决定和接收仍适用该框架决定。

2. 在第2003/577/JHA号框架决定下做出冻结决定后，第8条第1款经必要的修正后可以适用于欧洲调查令。

第36条 转化

1. 成员国应在2017年5月22日前采取必要措施以遵守本指令。

2. 成员国采取的这些措施应包含对本指令的参照或者应在正式颁布时附有本指令的参照。这类参考方法应由成员国自行确定。

3. 2017年5月22日之前，成员国应将根据本指令规定的强制转化为国内法的义务的转化文本提交给委员会。

第37条 适用报告

在2014年5月21日后的5年内，委员会应向欧洲议会和欧盟理事会提交一份在定性和定量信息基础上的有关适用本指令的报告，特别应包括对刑事事务合作和个人的保护的影响的评估，还有根据技术的发展有关窃听规定的执行。该报告在必要时应附加对本指令的修正议案。

第 38 条 生效

本指令应在《欧盟官方公报》上公布第 20 天生效。

第 39 条 适用对象

根据相关条约，本指令的适用对象是各成员国。

致欧洲议会主席 M.SCHULZD 和欧盟理事会主席 KOURKOULAS

2014 年 4 月 3 日于布鲁塞尔

附件 A

欧洲调查令

本欧洲调查令由主管机关签发。签发机关证明，考虑到嫌疑人或被告人的权利，为了诉讼的目的，签发本欧洲调查令是必要且适当的，并且在国内类似情况下可以下令实施所请求的调查方法。我请求，在充分考虑对调查进行保密的情况下实施下面指定的调查方法并将执行欧洲调查令而取得的证据进行移交。

A 部分 签发国：______________________ 执行国：______________________
B 部分：紧急情况 请说明是否属于紧急情况，由于 ☐ 证据被隐藏或被损坏 ☐ 迫近审判期限 ☐ 其他理由 请在下面详细说明： 第 2014/41/EU 号指令规定的执行欧洲调查令的期限。但是，如果需要更短的时间或指定的时间，请提供时间并说明理由： ______________________ ______________________

C 部分：需要实施的调查方法

1. 对需要实施的协助/调查方法进行描述并在适当时说明它是否属于下列调查方法之一：

____

____

☐ 取得已经被执行机关拥有的信息或证据

☐ 取得警察或司法机关数据库中的信息

☐ 听证

　☐ 证人

　☐ 专家

　☐ 嫌疑人或被告人

　☐ 被害人

　☐ 第三方

☐ 对拥有特定电话号码或网址的人的身份进行认证

☐ 向签发国临时移交在押人员

☐ 向执行国临时移交在押人员

☐ 通过视频会议或视听传播听证

　☐ 证人

　☐ 专家

　☐ 嫌疑人或被告人

☐ 通过电话会议听证

　☐ 证人

　☐ 专家

☐ 银行和其他金融账户的信息

☐ 银行和其他金融账户的操作信息

☐ 现场取证、持续取证或在某个时间段内取证的调查方法

　☐监视银行或其他金融账户的操作

　☐控制下交付

　☐其他

☐ 秘密调查

☐ 窃听电讯

☐ 为防止破坏、转换、搬迁、转让或处置可作为证据使用的物品的临时措施

D 部分：与先前签发的欧洲调查令的关系

说明本欧洲调查令是否是对先前欧洲调查令的补充。如果是，提供识别先前欧洲调查令的信息（签发该欧洲调查令的时间、被送交给的机关，以及可能的话，被送的时间）：

____

____

如果相关，请说明对同一个案件的欧洲调查令是否已经送交给另一个成员国：

____

E 部分：对有关人员的识别

陈述所有已知的用以识别对调查方法所涉及的有关（ⅰ）自然人或（ⅱ）法人的信息（如果所涉及的是两个以上的人，请分别陈述各自的信息）：

（ⅰ）自然人的情形

姓：______________________________

名：______________________________

如果有的话，其他相关的名字：______________________________

如果有的话，别名：______________________________

性别：______________________________

国籍：______________________________

身份证号或社会保障号：______________________________

类型和身份文件的号码（可以适用的身份证、护照）：

____

出生时间：______________________________

出生地点：______________________________

住所及其地址，如果不知道地址，最近所知道的地址：

____

该人懂的语言：

____

（ⅱ）法人的情形

名称：______________________________

法人的形式：______________________________

如果有的话，简称，通常使用的名称或商标名：

____

注册地：______________________________

注册号：______________________________

法人的地址：______________________________

法定代表人的名字：______________________________

请对相关人员最近在诉讼中的地位进行描述：

□ 嫌疑人或被告人

□ 被害人

□ 证人

□ 专家

□ 第三方

□ 其他（请具体说明）

2. 如果采取调查方法的地点与上述地址不同，请提供：

____

3. 请提供其他可以协助执行欧洲调查令的信息

____

F 部分：签发欧洲调查令的程序的类型

□（a）根据签发国法律，可以由司法机关提起或向司法机关提起的与刑事犯罪有关的刑事程序；

□（b）根据签发国法律，因为违反法律规则而由行政机关提起的与可罚行为有关的程序，在该程序中，有管辖权的法庭可以就特定的刑事事务做出裁定。

□（c）根据签发国法律，因为违反法律规则而由司法机关提起的与可罚行为有关的程序，在该程序中，有管辖权的法庭可以就特定的刑事案件做出裁定；以及

□（d）与上述（a）（b）和（c）相应的程序，在这些程序中，应对犯罪或违法行为负责或应受处罚的是签发国的法人。

G 部分：签发欧洲调查令的理由

1. 事实概要

陈述签发欧洲调查令的理由，包括事实概要，被起诉或被调查犯罪的描述，调查所处的阶段，风险因素的理由及其他相关信息：

____

____

2. 签发欧洲调查令所针对的犯罪的性质和特征，以及适用的法律条款或法典：

____

____

3. 根据签发国法律，签发欧洲调查令所针对的犯罪是否可处最低 3 年监禁刑或羁押令？是否包含在下列犯罪清单中？

□ 参加犯罪组织

□ 恐怖主义

□ 买卖人口

□ 对儿童进行性剥削或从事儿童色情活动

□ 非法交易麻醉药品和精神药品

□ 非法交易武器、军火及爆炸物

□ 腐败

□ 欺诈，包括影响 1995 年 7 月 26 日《保护欧洲共同体财政利益公约》意义范围内的欧共体财政利益

□ 清洗犯罪收益

□ 伪造包括欧元在内的货币

□ 计算机犯罪

□ 环境犯罪，包括非法交易濒危动物种类和濒危植物种子及其他物种

□ 非法入境及居留

□ 谋杀和严重伤害

□ 非法交易人体器官和人体组织

□ 绑架、非法羁押和劫持人质

□ 种族主义和仇外

□ 有组织或武装抢劫

□ 非法交易包括古董和艺术品在内的文物

□ 诈骗

□ 敲诈勒索

□ 伪造及假冒产品

□ 伪造及买卖行政文件

□ 伪造支付手段

☐ 非法交易荷尔蒙物质和其他生长激素
☐ 非法交易核物质或放射性物质
☐ 买卖被盗车辆
☐ 强奸
☐ 放火
☐ 国际刑事法院管辖的犯罪
☐ 非法劫持航空器或船只
☐ 恶意破坏

H 部分：特定调查方法所需要的附加条件

勾选与请求的调查方法有关的部分：

H1 部分：移交在押人员

（1）基于所请求的调查的目的将在押人员临时移交给签发国，请说明该人是否同意移交：

☐ 同意　　☐ 不同意　　☐ 我请求征得该人的同意

（2）基于所请求的调查的目的将在押人员临时移交给执行国，请说明该人是否同意移交：

☐ 同意　　☐ 不同意

H2 部分：视频或电话会议或其他可视传播

如果请求通过视频或电话会议或其他可视传播进行听证，请说明举行听证的机关的名称（联系方式和语言）：

____

请说明请求这种方法的理由：

____

☐（a）通过视频或其他可视传播听证
☐ 嫌疑人或被告已经同意
☐（b）通过电话会议听证

H3 部分：临时措施

如果为防止破坏、转换、搬迁、转让或处置可作为证据使用的物品而请求采取临时措施，请求说明：

□ 该物品是否移交到签发国 □ 该物品继续留在执行国；请说明预估的： 解除临时措施的时间：__________ 将来就该物品提交请求的时间：__________
H4 部分：关于银行和其他金融账户的信息 （1）如果请求的是某人拥有或控制的银行或其他金融账户的信息，请分别说明，你采取刑事调查方法的理由以及你认为执行国银行拥有该账户的理由： □ 该人拥有或有权代理银行账户的信息 □ 该人拥有或有权代表其他金融账户的信息 __________ __________ （2）如果请求的是银行账户或其他金融账户的操作信息，请分别说明，你采取刑事调查方法的理由： □ 银行账户的操作信息 □ 其他金融账户的操作信息 __________ __________ 指定期限和相关账户 __________ __________
H5 部分：现场取证，持续取证和在一定时间段内取证的调查方法 如果请求的是这种调查方法，请说明你认为应采取这种刑事调查方法的理由： __________ __________
H6 部分：秘密调查 如果请求秘密调查，请说明你认为采取这种刑事调查方法的理由： __________ __________

H7 部分：窃听电信

（1）如果请求窃听电信，请说明你认为基于刑事诉讼的目的采取这种调查方法的理由：

____

____

（2）请提供以下信息：

（a）用以识别窃听对象的信息：

____

（b）期望窃听的期限：

____

（c）技术数据（特别是目标识别码，如手机、固定电话、电子信箱、网络联结），以保证欧洲调查令的执行。

____

（3）请说明你希望采取的窃听方法

□ 立即传送

□ 记录，随后传送

如果你还需要对被窃听的内容进行转录、解码或解密，请说明（ * ）：

____

____

（ * ）请注意，所有转录、解码或解密的费用均由签发国负担。

I 部分：执行的手续和程序

1. 如果适用，勾选和完成

□ 请求执行机关遵守以下手续和程序：

____

____

2. 如果适用，勾选和完成

□ 请求一个或几个签发国的官员协助执行国的主管机关执行欧洲调查令。

这些官员的联系方式：

____

沟通使用的语言：

____

J 部分：法律救济

1. 请说明是否已经针对欧洲调查令提起法律救济程序，如果已经提起，请提供进一步的具体情况（对法律救济进行描述，包括需要采取的步骤和截止日期）：

____

____

2. 签发国的机关，该机关可以就在签发国寻求法律救济的程序以及是否可以得到司法协助和口译及翻译补充进一步的信息：

名称：____________________________________

联系人（如果适用）：____________________________

电话号码：（国家代码）（区域或城市代码）____________________

传真号码：（国家代码）（区域或城市代码）____________________

电子信箱：____________________________________

K 部分：签发欧洲调查令机关的详细情况

勾选签发欧洲调查令机关的类型：

☐ 司法机关

☐（＊）签发国法律规定的其他主管机关

____

（＊）请同时完成 L 部分

机关名称：

____

代表或联系点的名称：

____

文件号：____________________________________

地址：____________________________________

电话号码：（国家代码）（区域或城市代码）____________________

传真号码：（国家代码）（区域或城市代码）____________________

电子信箱：____________________________________

和签发机关沟通的语言：____________________________

如果和以上不同，了解其他信息或者具体安排传递证据的联系人的联系方式：

名称 / 头衔 / 组织：____________________________

电子信箱 / 联系电话号码：＿＿＿＿＿＿＿＿＿＿＿＿＿＿＿＿

签发机关和代表人签名确认欧洲调查令是正确无误的：

名称：＿＿＿＿＿＿＿＿＿＿＿＿＿＿＿＿＿＿＿＿＿＿＿＿＿＿

职位（头衔 / 级别）：＿＿＿＿＿＿＿＿＿＿＿＿＿＿＿＿＿＿＿

日期：＿＿＿＿＿＿＿＿＿＿＿＿＿＿＿＿＿＿＿＿＿＿＿＿＿＿

官方印章（如果适用）：＿＿＿＿＿＿＿＿＿＿＿＿＿＿＿＿＿＿

L 部分：验证欧洲调查令的司法机关的详细情况

请说明验证本欧洲调查令的司法机关的类型：

□（a）法官或法庭

□（b）调查法官

□（c）公共检察官

验证机关的官方名称：

＿＿＿＿＿＿＿＿＿＿＿＿＿＿＿＿＿＿＿＿＿＿＿＿＿＿＿＿＿＿

它的法定代表人的名称：

＿＿＿＿＿＿＿＿＿＿＿＿＿＿＿＿＿＿＿＿＿＿＿＿＿＿＿＿＿＿

职位（头衔 / 级别）：

＿＿＿＿＿＿＿＿＿＿＿＿＿＿＿＿＿＿＿＿＿＿＿＿＿＿＿＿＿＿

文件号：＿＿＿＿＿＿＿＿＿＿＿＿＿＿＿＿＿＿＿＿＿＿＿＿＿

地址：＿＿＿＿＿＿＿＿＿＿＿＿＿＿＿＿＿＿＿＿＿＿＿＿＿＿

电话号码：（国家代码）（区域或城市代码）＿＿＿＿＿＿＿＿＿＿

传真号码：（国家代码）（区域或城市代码）＿＿＿＿＿＿＿＿＿＿

电子信箱：＿＿＿＿＿＿＿＿＿＿＿＿＿＿＿＿＿＿＿＿＿＿＿＿

与验证机关沟通的语言：

＿＿＿＿＿＿＿＿＿＿＿＿＿＿＿＿＿＿＿＿＿＿＿＿＿＿＿＿＿＿

＿＿＿＿＿＿＿＿＿＿＿＿＿＿＿＿＿＿＿＿＿＿＿＿＿＿＿＿＿＿

请说明执行机关联系的主要机关是：

□ 签发机关

□ 验证机关

签名和验证机关的详细情况：

名称：＿＿＿＿＿＿＿＿＿＿＿＿＿＿＿＿＿＿＿＿＿＿＿＿＿＿

职位:(头衔 / 级别)________________
日期:________________
官方印鉴:(如果适用)________________

附件 B

确认收到欧洲调查令

本表格由执行国收到欧洲调查令的机关完成

(A)与本欧洲调查令有关的情况 签发欧洲调查令的机关: ________________ 文件编号:________________ 签发日期:________________ 收到日期:________________
(B)收到欧洲调查令的机关([1]) 主管机关的名称: ________________ 它的法定代表人的名称: ________________ 职位(头衔 / 级别): ________________ 地址:________________
(C)(当适用时)欧洲调查令被(B)项下的机关移交给的机关: 该机关的官方名称: ________________

① 这部分由每一个接收到欧洲调查令的机关完成,包括有权承认与执行欧洲调查令的机关,中央机关或者传递欧洲调查令的机关。

它的法定代表人的名称： ________________________ 职位（头衔 / 级别）：____________ 地址：____________ 电话号码：（国家代码）（区域 / 城市代码）____________ 传真号码：（国家代码）（区域 / 城市代码）____________ 电子邮箱：____________ 移交日期：____________ 文件编号：____________ 可以使用的沟通语言：____________
（D）与签发机关有关的其他信息： ________________________
（E）签名和日期： 签名：____________ 日期：____________ 官方印章（如果适用）：

附件 C

告　知

本表格用来告知某个成员国，在其领域内将要、正在或已经进行不需要其技术协助的电讯窃听。我谨在此将窃听通知……（被告知成员国）

（A）主管机关[①] 窃听成员国主管机关的官方名称： ________________________

① 该机关是指将要与签发机关进一步联系的机关。

它的法定代表人的名称：

____

职位（头衔/级别）：______________________________

地址：______________________________

电话号码：（国家代码）（区域/城市代码）______________________________

传真号码：（国家代码）（区域/城市代码）______________________________

电子邮箱：______________________________

移交日期：______________________________

文件编号：______________________________

可以使用的沟通语言：______________________________

（B）有关窃听的信息

（Ⅰ）窃听状态的信息。本通知在（请勾选）：

☐ 窃听之前

☐ 窃听过程中

☐ 窃听之后

（Ⅱ）预期的窃听期限（如果签发机关知道的话）：

______________，（开始于）______________________________

（Ⅲ）窃听的目标：（电话号码，IP 号码或电子信箱）

____

（Ⅳ）相关人员的识别

陈述所知道的有关（ⅰ）自然人或（ⅱ）法人信息，针对该人的程序正在进行：

（ⅰ）自然人的情形

姓：______________________________

名：______________________________

其他相关名字，如果有的话：______________________________

别称，如果有的话：______________________________

性别：______________________________

国籍：______________________________

身份证号或社会保障号：______________________________

出生日期：______________________________

出生地点：____________________

居住地以及所知道的住址；如果不知道住址，说出最后知道的住址：

____

该人懂得的语言：____________________

（ii）法人的情形

名称：____________________

法人的形式：____________________

简称，通常使用的名称或交易名称，如果有的话：____________________

注册席位：____________________

注册号码：____________________

法定代表人的名称及其联系方式：____________________

（V）有关窃听目的的信息：

陈述所需的一切信息，包括案件的描述，罪行的类型以及适用的法律条款或法典，以使被通知机关对以下情况进行评估：

☐ 在国内相同情况下，是否准许窃听；通过窃听取得的材料是否可以在司法程序中使用

☐ 在窃听已经完成的情形下，通过窃听取得的材料是否可以在司法程序中使用

____

____

请注意：任何对窃听或对使用窃听来的材料的反对务必在收到本通知 96 小时内提出。

（C）签名和日期

签名：____________________

日期：____________________

官方印章（如果有的话）：____________________

附件 D

第 11 条所指的犯罪种类

——参加犯罪组织

——恐怖主义

——买卖人口

——对儿童进行性剥削或从事儿童色情活动

——非法交易麻醉药品和精神药品

——非法交易武器、军火及爆炸物

——腐败

——欺诈，包括影响 1995 年 7 月 26 日《保护欧洲共同体财政利益公约》意义范围内的欧共体财政利益

——清洗犯罪收益

——伪造包括欧元在内的货币

——计算机犯罪

——环境犯罪，包括非法交易濒危动物种类和濒危植物种子及其他物种

——非法入境及居留

——谋杀和严重伤害

——非法交易人体器官和人体组织

——绑架，非法羁押和劫持人质

——种族主义和仇外

——有组织或武装抢劫

——非法交易包括古董和艺术品在内的文物

——诈骗

——敲诈勒索

——伪造及假冒产品

——伪造及买卖行政文件

——伪造支付手段

——非法交易荷尔蒙物质和其他生长激素

——非法交易核物质或放射性物质

——买卖被盗车辆

——强奸

——放火

——国际刑事法院管辖的犯罪

——非法劫持航空器或船只

——恶意破坏

图书在版编目(CIP)数据

欧盟刑事司法合作领域相互承认原则研究暨相关法律文件 / 高秀东主编.
—北京：中国法制出版社，2019.9

ISBN 978-7-5216-0457-3

Ⅰ. ①欧…　Ⅱ. ①高…　Ⅲ. ①国际刑法—司法协助—国际合作—研究　Ⅳ. ①D997.9

中国版本图书馆CIP数据核字(2019)第184785号

责任编辑：孙璐璐　　封面设计：杨泽江

欧盟刑事司法合作领域相互承认原则研究暨相关法律文件

OUMENG XINGSHI SIFA HEZUO LINGYU XIANGHU CHENGREN YUANZE YANJIU JI XIANGGUAN FALÜ WENJIAN

主编/ 高秀东

经销 / 新华书店

印刷 / 北京京华虎彩印刷有限公司

开本 / 710毫米 × 1000毫米　16开　　印张 / 24.75　字数 / 392千

版次 / 2019年9月第1版　　2019年9月第1次印刷

中国法制出版社出版

书号ISBN 978-7-5216-0457-3　　定价：129.00元

北京西单横二条2号　邮政编码100031　　传真：010-66031119

网址：http://www.zgfzs.com　　**编辑部电话：010-66066620**

市场营销部电话：010-66033393　　**邮购部电话：010-66033288**

（如有印装质量问题，请与本社印务部联系调换。电话：010-66032926）